HORST KUNZE  DAS GROSSE BUCH VOM BUCH

W0054723

HORST KUNZE DAS GROSSE BUCH VOM BUCH

Benno Pludra

TAMBARI

ILJA MUROMEZ
und der Räuber Nachtigall

Heldensagen aus dem alten Rußland

Krieger, Landsknecht und Soldat

Ludwig Renn
Helmut Schnitter

SERGEJ PROKOFJEW

Peter und der Wolf

Uwe Kant **Roter Platz und ringsherum**

Arkadi Gaidar

TIMUR

und sein Trupp

Alex Wedding

Ede und Unku

Sie alle heißen
INDIANER

Eva Lips

HORST KUNZE

Das große Buch vom Buch

Eine Geschichte des Buches
und des Buchgewerbes
von den Anfängen bis heute
vorgestellt in Wort und Bild
Mit 470 Abbildungen

DER KINDERBUCHVERLAG
BERLIN

ISBN 3-358-00793-6

INHALT

AN DEN LESER

N allen Ländern der modernen Welt, in denen Schulpflicht besteht, wächst jedes Kind, jeder Jugendliche mit Büchern auf. Die Zahl der Menschen, die zu ihrer beruflichen Weiterbildung Bücher benötigen, erhöht sich ständig. So auf das Lesen hingelenkt, greifen immer mehr Kinder, Jugendliche und Erwachsene auch aus freien Stücken zu Büchern, einfach weil es ihnen Freude macht.

Bücher werden von Schriftstellern, Wissenschaftlern oder erfahrenen Berufspraktikern geschrieben. Sie werden hergestellt von Setzern, Druckern, Buchbindern und Verlegern, die häufig Künstler hinzuziehen, um ihren Erzeugnissen eine ansprechende Gestalt zu geben. Andere Berufsgruppen vertreiben und propagieren Bücher: Buchhändler, Antiquare, Bibliothekare. Wer mit dem Büchermachen und der Bücherverbreitung unmittelbar zu tun hat, erfährt mindestens während seiner Ausbildungszeit einiges von dem Werdegang des Buches. Aber sonst wissen nur wenige etwas davon, obwohl das Buch rund 5000 Jahre alt und seine Geschichte ein besonders aufschlußreiches Kapitel der Kulturgeschichte der Menschheit ist. Wo immer eine höhere gesellschaftliche Stufe erreicht wurde, hat sich das Buch als Bildungselement und bleibendes Gedächtnis bewährt und die Kulturentwicklung mitbestimmt.

Das Äußere des Buches, seine Gestalt, hat sich im Laufe seiner langen Geschichte mehrfach grundlegend gewandelt. Alle diese Veränderungen seiner Form sind nicht zufällig eingetreten, sondern haben Ursachen gehabt, die mit der Geschichte der menschlichen Gesellschaft aufs engste zusammenhängen. Eine dieser Veränderungen beruht nun darauf, daß das Bild in den letzten 2000 Jahren mehr und mehr in das Buch Eingang fand. So wirkt das Buch nicht nur durch seine handschriftlichen, später gedruckten Aufzeichnungen, sondern auch durch seine Bilder, die künstlerische Bildvorstellungen – also Kunst – vermitteln. Ein persönliches Verhältnis zur künstlerischen Bilderwelt hat sich für die Massen des Volkes erst durch das Bild im Buch herausgebildet. Buchstaben, Zeichen und Bilder in Büchern haben Licht verbreitet, haben sich als unentbehrlich im Kampf gegen Unwissenheit erwiesen.

Der Weg des Buches bis heute wird in diesem vorliegenden Buch auf zweierlei Weise beschrieben: einmal durch einen reichhaltigen Bilderteil, zum anderen durch einen Text, der in zehn Kapiteln den inneren Zusammenhang der einzelnen Entwicklungsstufen des Buches darlegt. Wer also lieber vom Bild ausgeht, mag zuerst dem Ablauf der Bilder folgen; sie sind ausführlich beschriftet. Und wer über das eine oder andere noch mehr wissen möchte, findet in dem Literaturverzeichnis Bücher genannt, die ihn weiterführen. Im letzten Teil des Buches, im Register, sind alle behandelten Gegenstände, Personen und Orte so angeordnet, daß man Aussagen darüber jederzeit im »Großen Buch vom Buch« wiederfinden kann.

Dank sagen möchte ich dem Kinderbuchverlag Berlin sowie mehreren Bibliotheken und ihren Mitarbeitern, besonders der Deutschen Staatsbibliothek Berlin für vielerlei Hilfe. Ein ganz besonderer Dank gilt Herrn Hans-Joachim Walch, Leipzig, der die Gestaltung dieses Buches übernommen hat und mir zugleich wie schon oft ein unermüdlicher Berater und Helfer auch bei inhaltlichen Fragen gewesen ist. Aus jahrzehntelanger Zusammenarbeit ist uns die Überzeugung erwachsen, daß bei jedem Buch die Übereinstimmung von Inhalt und Form so früh wie möglich zu erstreben ist. Die Gestalt eines Buches erwächst aus gemeinsamen Vorstellungen des Verfassers und des Gestalters, in dessen persönlicher Verantwortung deren künstlerische Bewältigung aus der Idee des Buches heraus liegt. Und das erst recht, wenn es sich darum handelt, Kinder und Jugendliche zur Bücherliebe hinzuführen. Das ist jedenfalls unser gemeinsames Bemühen gewesen.

DIE SCHRIFT

Nur durch die Schrift erhalten sich die Toten im
Andenken der Lebenden, verkehren die Entfernten
miteinander, als stünden sie sich zur Seite. Nur die
Schrift allein bewahrt die trefflichen Gedanken
weiser Männer und die Aussprüche der Götter, ja
selbst alle Philosophie und Wissenschaft, und übergibt sie immer von Jahrhundert zu Jahrhundert den
kommenden Geschlechtern.

Diodorus Siculus (1. Jahrhundert v. u. Z.)

Der Knoten im Taschentuch. Es gibt eine Fülle von Gedächtnishilfen, einfache und komplizierte. Die einfachste ist der Knoten im Taschentuch.

Von dem Perserkönig Darius zum Beispiel wird erzählt: Als er eines Tages sein Heer verlassen mußte, hat er seinem Hauptmann eine Schnur mit 60 Knoten übergeben mit der Weisung, jeden Tag einen Knoten zu öffnen. Wenn alle Knoten aufgelöst wären, ohne daß er zurückgekommen sei, sollte das Heer ohne ihn weiterziehen.

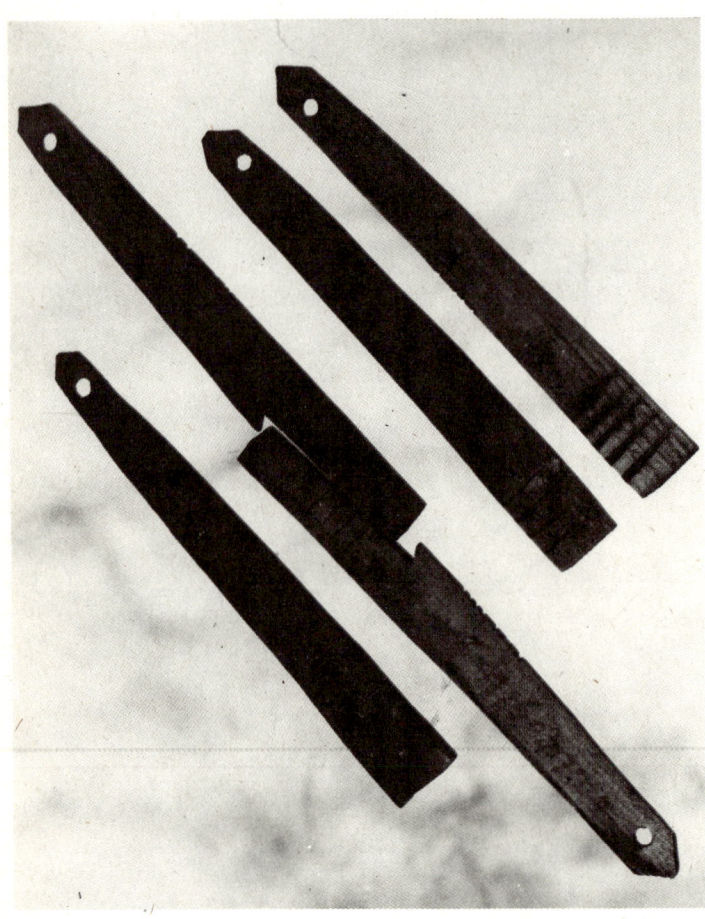

Botenstab aus Australien. Zur Nachrichtenübermittlung wurden zum Beispiel auch in Australien **Botenstäbe** verwendet. Hier einer mit der Aufforderung, sich an einem bestimmten Versammlungsplatz einzufinden, mit der Beschreibung des Geländes, durch das der Weg dahin führt.

»Der hat was auf dem Kerbholz.« – Die uralten Kerbhölzer aus schriftloser Zeit haben sich durch Jahrhunderte als bequemes und sicheres Verständigungsmittel erhalten. So wurden beispielsweise Schuldbeträge »ins Holz gekerbt«, dann dieses Holz der Länge nach gespalten. Jede der Parteien erhielt eine der Hälften »als Quittung«, so daß ein Betrug ausgeschlossen war. Hier ein Kerbholz von 1613; Kerbhölzer waren vereinzelt sogar noch im 19. Jahrhundert in Gebrauch.

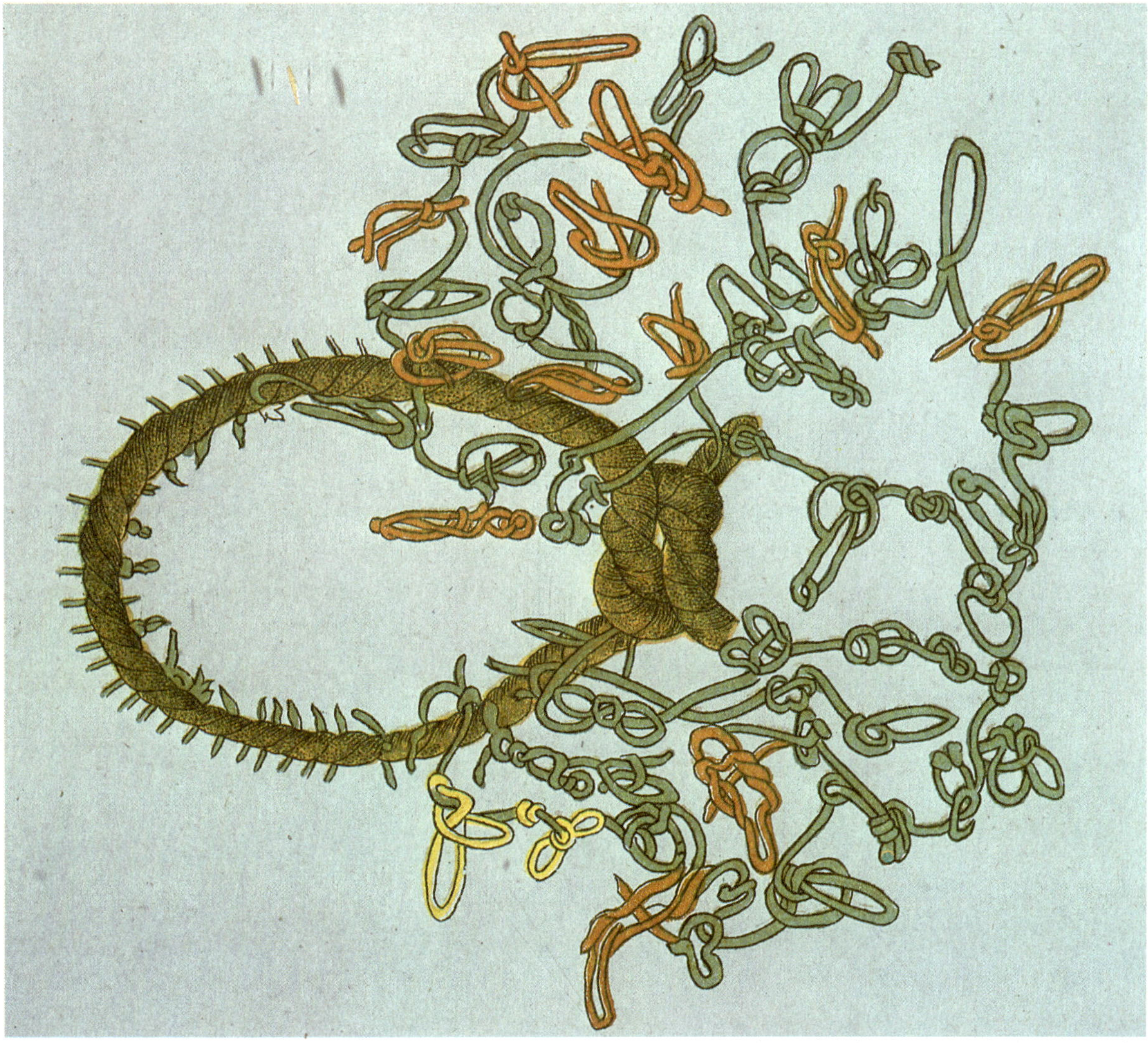

Quipu bedeutet indianisch Knoten. Knotenschnüre sind unter anderem aus China, dem Reich der Inkas an der Westküste Südamerikas und von Indianerstämmen bekannt. Hier ein indianisches Quipu aus Peru, bei dem die verwendeten Farben ihre besondere Bedeutung haben, so zum Beispiel rot = Soldaten, gelb = Gold, schwarz = Zeit. Die Zahl der Knoten bezeichnet jeweils die Anzahl, beispielsweise der Soldaten.

Ein Vertrag in Form eines **Wampum**(= Muschelscheiben)-**Gürtels** aus dem 18. Jahrhundert: William Penn (1644–1718) erwarb von Irokesen-Indianern Siedlungsland in Nordamerika und wurde so der Begründer des Staates Pennsylvanien, was nichts anderes hieß als »Penns Waldland«.

9

Weit verbreitet war **Eigentumskennzeichnung** in Form von Brandmalen oder Brandmarken; sie hat auch vor lebenden Wesen nicht haltgemacht. Schon aus der Frühzeit der Menschheitsgeschichte sind uns Darstellungen überliefert, wie hier der Stier mit Brandstempel auf einem altägyptischen Relief. In der zweitausendjährigen Geschichte des Sklavenhandels wurden in ähnlicher Weise auch die Sklaven gebrandmarkt.

Nicht besser erging es unserer Lipizzanerstute aus dem rumänischen Gestüt Fagarras. Sind das nicht eigentlich barbarische Bräuche aus dem Altertum?

In den Städten waren die Handwerke vom 11. Jahrhundert an in Zünften organisiert. Häufig wurden die **Zunftzeichen** als Wappenschilder dargestellt. Hier einige solcher Wappen aus Augsburg 1548.

Alte **Gewerbezeichen:** Bäcker, Apotheker, Zimmermann.

Jahrhundertelang haben die Goldschmiede ihre Arbeiten mit **Stempeln** gekennzeichnet. Hier figürliche Zeichen, die in stets abgewandelter Form die menschliche Gestalt verwenden.

An den Giebeln alter Häuser gibt es eine Fülle von **Zeichen** aller Art. Die gebräuchlichste Form ist die, daß die sich kreuzenden Firstbretter figürlich gestaltet werden. Der Formenreichtum ist groß und reicht häufig bis in heidnische Zeiten zurück. Die hier abgebildeten Zeichen sind vor rund 100 Jahren im damaligen Westpreußen aufgespürt worden.

Die »Weiße Dame« von Aouanrhet im Tassili (Afrika) – vielleicht eine Priesterin oder Göttin des Ackerbaus? Jedenfalls stellt sie künstlerisch bereits eine hohe Stufe der **Felsmalerei** dar. Diese und andere Malereien, Ritzungen und Gravierungen wurden in neuerer Zeit auch in der Sahara entdeckt, die nicht immer eine kahle Sandwüste gewesen ist. Unsere Zeichnung ist nicht zu datieren, müßte aber in den 5000 Jahren v. u. Z. entstanden sein, jedenfalls bevor die Austrocknung des Bodens begonnen hat (um 200 v. u. Z.).

So »schrieben« die Dakotas: Indianer-Bilderschrift von 1866, einen Pferdediebstahl darstellend.

Diese **Indianer-Bilderchronik** der nordamerikanischen Dakota-Indianer stammt aus den Jahren 1800/1801 bis 1870/1871. Die Bildzeichen sind in der Regel stark verkürzt und halten nur die Hauptmerkmale eines Sachverhaltes fest. Sie sind hier in Form einer Spirale angeordnet und müssen von innen nach außen gelesen werden.

Ereignisse, die besonders vermerkt werden, sind zum Beispiel eine Keuchhustenepidemie 1813/1814 (🐾) oder das Ertrinken vieler Indianer bei einer Überschwemmung (∿∿∿∿).

Aus dem 19. Jahrhundert sind uns, meist auf Büffelhäuten, sogenannte **Indianerschriften** überliefert. Eigentlich sind es gar keine Schriften, vielmehr Abbilder von Geschehnissen: es wurden Abläufe von Vorgängen in Bildern festgehalten und ausgemalt. Entwicklungsgeschichtlich entspricht diese Art der Aufzeichnung der Kultur der Jungsteinzeit (50000 bis 8000 v. u. Z.), aus der wir Ritzzeichnungen und farbige Höhlenmalerei kennen.

Das **Bilderrätsel** ist eine alte beliebte Rätselform, auch Rebus (etwas durch Dinge Ausgedrücktes) genannt – eine späte Erinnerung an Bilderschriften.

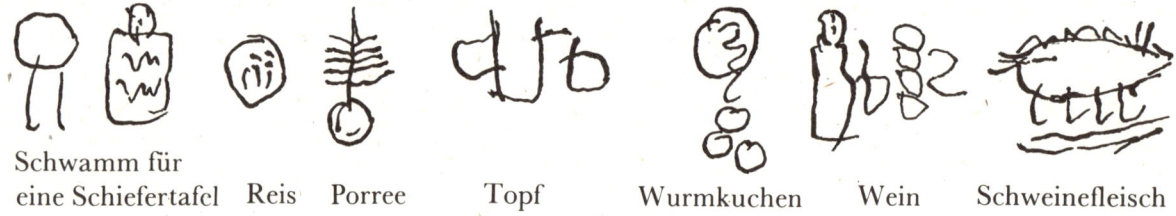

Schwamm für eine Schiefertafel   Reis   Porree   Topf   Wurmkuchen   Wein   Schweinefleisch

Aufforderung an den Schlächter, zum Schlachten zu kommen.

Erinnerung, daß ein Brief zu besorgen ist.

Die zum persönlichen Gebrauch angefertigten **Zeichen in dem Bestellbuch** einer schriftunkundigen Botenfrau aus Ostfriesland, entstanden zu Beginn unseres Jahrhunderts, sind ein hübsches Beispiel für die Verwendung einer Bilderschrift. Es sind Gedächtnisstützen für zu erledigende Aufträge, äußerst zweckmäßig angelegt.

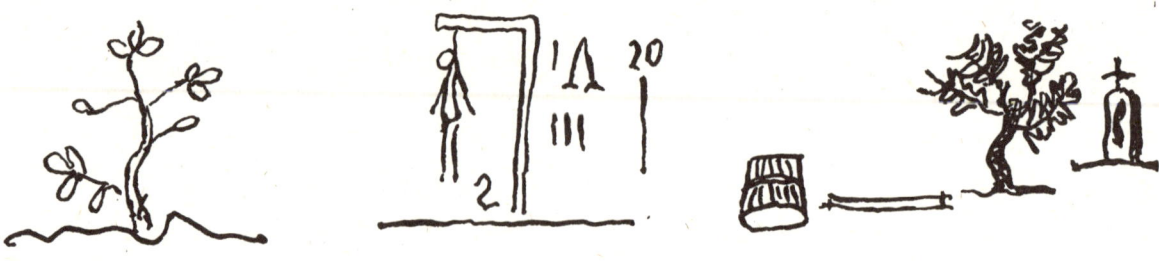

14

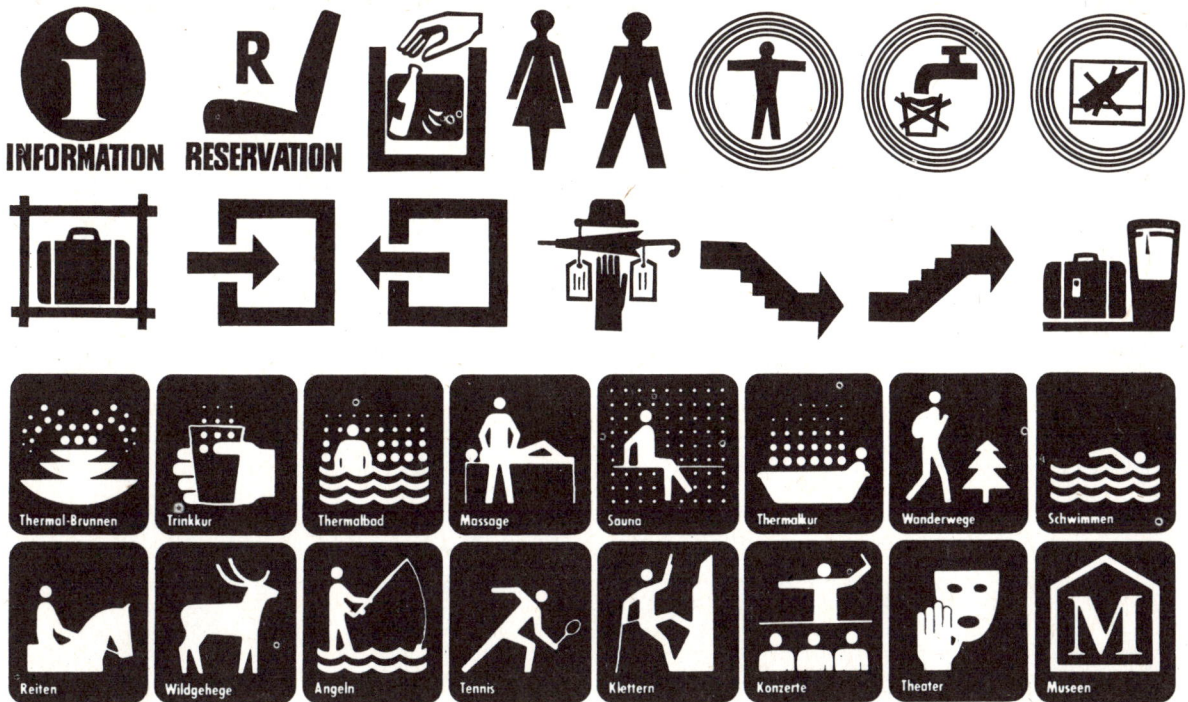

Zur Erleichterung der internationalen Verständigung und zur Vereinfachung der Mitteilungen (Informationen) werden heute gern **Zeichen** verwendet, zum Beispiel im Flug- und Eisenbahnverkehr. Oben eine Zeichentafel aus dem »Kursbuch der DDR«. Verkehrszeichenkenntnis gehört heute zur Grundvoraussetzung im modernen Straßenverkehr – nicht nur für Autofahrer, sondern auch für Radfahrer und Fußgänger. Die **Zeichensprache** ist in unseren Tagen überhaupt dort weit verbreitet, wo Gäste aus den verschiedensten Ländern zusammentreffen, wie in internationalen Hotels. – Ein weiteres und weites Gebiet ist das der **Signete,** aus dem hier einige Beispiele von namhaften Bibliotheken zu sehen sind.

Stadtbibliothek
der Stadt Doberlug-Kirchhain

Gaunerzinken (links) kann man noch heute in älteren Häusern an Türrahmen oder Wänden als kleine unscheinbare Ritzungen entdekken. Das waren Zeichen, die Bettler angebracht haben, um die betreffende Wohnung oder ein bestimmtes Haus als für sie mehr oder weniger ergiebig sowie in anderer Hinsicht (bissiger Hund!) zu kennzeichnen. Fahrende, Landstreicher, Gauner und Bettler verständigten sich untereinander durch solche Zeichen. Es können Wort- oder Satzbildschriftzeichen bildhaft dargestellt werden. Hier einige Proben: 1. Wurzeln schlagen bedeutet »warten und verstecken«. – 2. Ich bin verhaftet, dreimal verhört und habe 20 Stockschläge bekommen. Ich kenne dich nicht und lasse mich eher aufhängen, bevor ich gestehe. – 3. Wir treffen uns im Wald, auf einem ebenen Platz, in der Nähe einer Bildsäule.

Unsere **Schriftrichtung** von links nach rechts
ist gar nicht selbstverständlich. Voraussetzung
für eine bestimmte Schreib-Richtung ist ein
möglichst glatter Beschreibstoff. Die Chinesen
schrieben von oben nach unten, die Babylonier
von links nach rechts, die Ägypter von rechts
nach links, wie heute noch viele Schriften des
Orients (zum Beispiel das Arabische und das
Hebräische) linksläufig sind. Selbst in der Richtung wechselnde Schriften hat es gegeben, man
nannte sie übrigens sehr hübsch »bustrophe-
don«, das heißt rinderwendig. Sie wechselten
die Richtung nämlich so, wie der von Rindern
gezogene Pflug jeweils am Feldende in die
Gegenrichtung wendete.

Dieses **älteste Alphabet** zählt zu den wertvollsten Ausstellungsstücken des syrischen Na-
tionalmuseums in Damaskus. Es ist ein Fund
aus dem Jahre 1949. Auf einer Tontafel von 6 cm
Länge und 1,8 cm Breite sind Keilschrift-
zeichen erstmalig als Alphabet angeordnet.
Dieses Uralphabet von Ugarit (dem Fundort
in Phönikien) ist rund dreiundeinhalbtausend
Jahre alt. Die Fachleute sind jedenfalls der
Meinung, daß es zwischen 1600 bis 1200 v. u. Z.
entstanden sein muß. Von den Phönikiern
haben die Griechen das Alphabet übernommen
und dann verändert.

Besonders bedeutsame Texte wurden in dauer-
haften **Stein** gemeißelt. Eines der eindrucksvollsten Zeugnisse ist die altbabylonische Ge-
setzesstele des Hammurapi. Am Kopf dieser
Stele sind zwei Figuren dargestellt: Hammurapi, König von Babylon, empfängt von
Schamasch, dem babylonischen Gott der Gerechtigkeit, die 282 Gesetze, die vieles aus
der Rechtsprechung der Sumerer enthalten.
Die vollständige Gesetzsammlung heißt »Codex Hammurapi«; die 2,25 m hohe Stele aus
Diorit verkündet nur einen Teil davon.

Auf einem fast 6000 Jahre alten Tonplättchen ist eine **babylonische Landkarte** des nördlichen Mesopotamien, des jahrtausendelang umkämpften Zweistromlands zwischen Euphrat und Tigris, dargestellt. Der größere Teil Mesopotamiens gehört heute zu Irak, ein kleinerer zu Syrien.

Das fruchtbare Mesopotamien, reich an Tonvorkommen (abgelagerte Sinkstoffe vom Euphrat und Tigris), ist neben Ägypten ganz altes Kulturland. Es hat in den vier Jahrtausenden v. u. Z. viele Völkerschaften angelockt und wurde das Kerngebiet des babylonischen, dann des assyrischen Reiches. Aber schon zuvor sind Anfänge der Schriftbildung in Mesopotamien zu suchen: in den letzten Jahrhunderten des 4. Jahrtausends bei den damals dort lebenden Sumerern. Die ersten Schriftträger waren aus Stein oder Metall, von der Mitte des 3. Jahrtausends an wurde das Schreiben auf oder besser in Ton die Regel. Der ursprünglich weiche Ton wurde entweder nur in der Sonne getrocknet oder im Feuer gebrannt. Geschrieben wurde mit einem spitzen Griffel, so daß ein dreieckiger, keilförmiger Abdruck erfolgte. So entstand die **Keilschrift,** die sumerischen Ursprungs ist. Durch Ausgrabungen und Funde sind uns rund 400000 **Tontafeln** aus dem Vorderen Orient erhalten. Im Löwensaal des Palastes des Assurbanipal (668–626 v. u. Z.) in Ninive am linken Ufer des Tigris wurde 1853 die berühmte Bibliothek dieses Herrschers ausgegraben: sie umfaßte 20000 Tontafeln.

1908 fand man auf Kreta eine Tonscheibe, deren Alter die Wissenschaft auf 3700 Jahre schätzt und die ihrer Form wegen als **Diskus von Phaistos** bezeichnet wird. Bemerkenswert ist, daß es sich zwar nicht um eine reine Bilderschrift handelt, die einzelnen Zeichen aber mit einem Stempel in Ton gedrückt wurden.

17

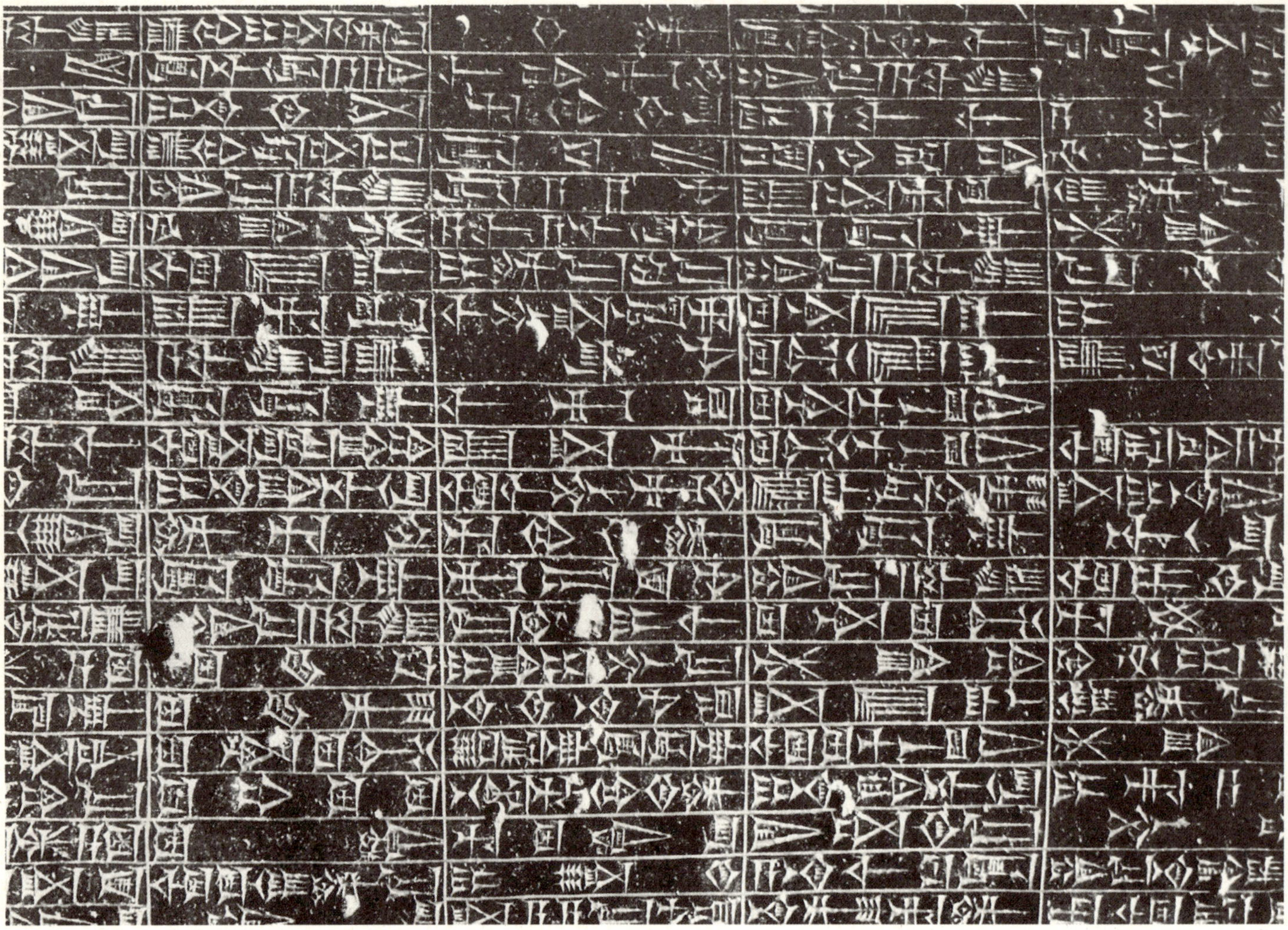

Die **Entzifferung der Keilschrift** gelang etwa 5000 Jahre nach ihrer Erfindung. Die ersten entscheidenden Schritte unternahm Georg Friedrich Grotefend (1775–1853), ein gelehrter Pädagoge, dessen Hobby das Entziffern von Geheimschriften war. Da er aber nicht zur »Zunft« der Orientalisten gehörte, fanden seine Entzifferungsergebnisse lange Zeit nicht die gebührende Beachtung. Nach ihm beschäftigten sich mehrere Forscher damit. Als 1857 vier bedeutende Keilschriftenforscher gleichzeitig in London weilten, hatte die Königliche Asiatische Gesellschaft dort den Einfall, jedem für sich in einem gesonderten Raum einen Keilschrifttext vorzulegen. Als ihre Deutungen im wesentlichen übereinstimmten, konnte an der Zuverlässigkeit des von Grotefend zuerst betretenen Weges niemand mehr ernsthaft zweifeln. Das besagt jedenfalls eine hübsche Geschichte, die bis zum heutigen Tage erzählt wird.

Altägyptische Zierschrift (etwa 1850–1800 v. u. Z.) auf einer über zwei Meter breiten Kalksteinplatte. – Auch nachdem die Ägypter sich ein Alphabet geschaffen hatten, liebten sie es, in ihrer Schrift noch allerlei Elemente aus ihrer alten Bilderschrift zu verwenden, also aus einem frühen Zustand ihrer Schriftentwicklung. Hier hat die Schrift auch eine dekorative Aufgabe neben derjenigen der Information über 10 Namen des Königs und der Götter.

Ägyptische Hieroglyphen	Semiitisch-Vorsinaitisch	Früh-Kanaanitisch	Kanaanitisch	Früh-Phönikisch	Archäisch-Griechische Formen	Lateinisches Alphabet

Schema der **Buchstabenentwicklung** aus den altägyptischen Hieroglyphen bis zum lateinischen Alphabet der Römer – über einen Zeitraum von rund 3000 Jahren.

Gegenüber zwei Täfelchen der etwa 5000 Jahre alten **Indusschrift,** an deren Entzifferung Wissenschaftler verschiedener Länder, darunter der Sowjetunion, heute noch arbeiten.

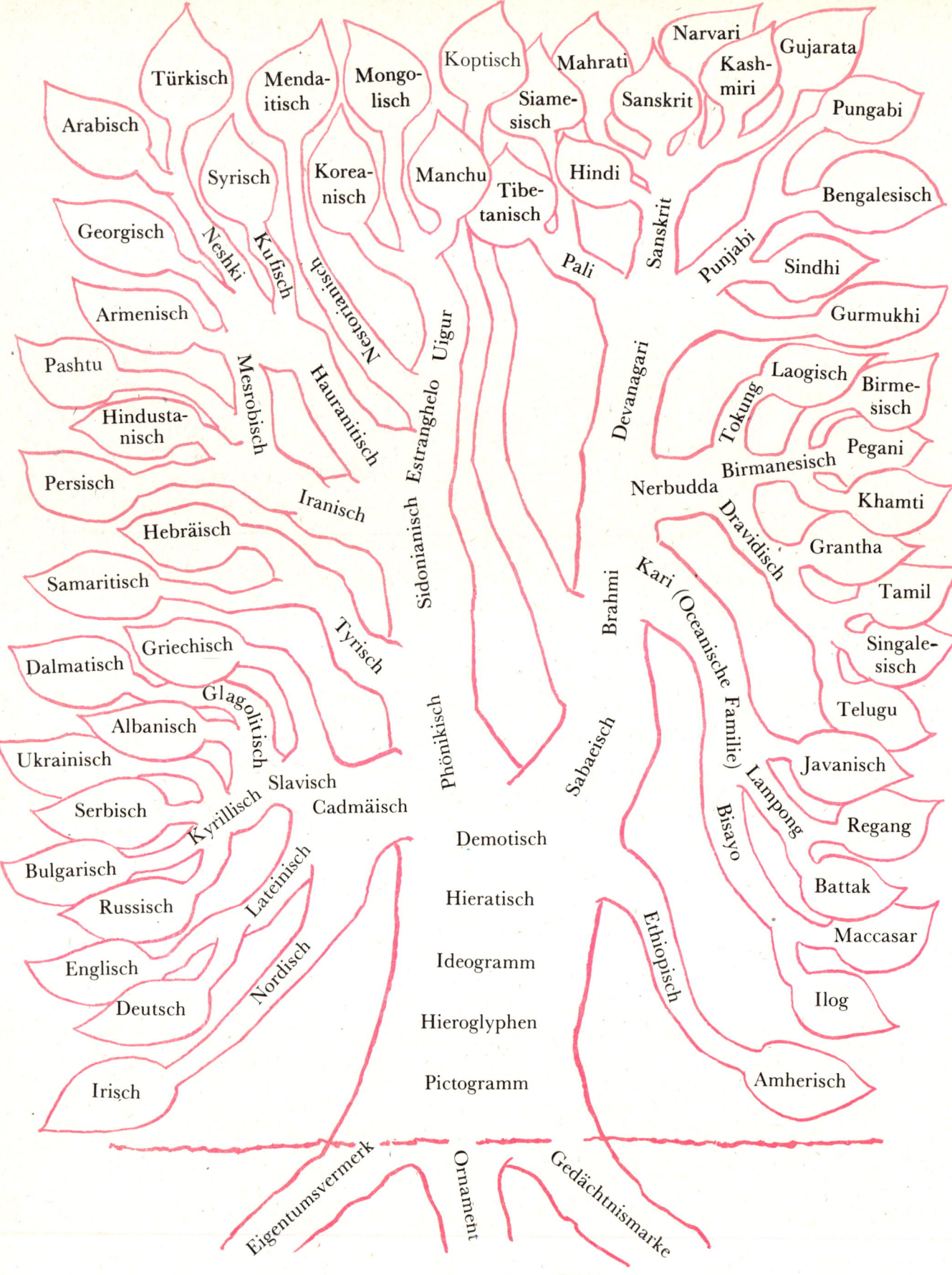

Türkisch
Arabisch
Mendaitisch
Mongolisch
Koptisch
Mahrati
Narvari
Gujarata
Kashmiri
Sanskrit
Syrisch
Koreanisch
Manchu
Siamesisch
Hindi
Pungabi
Georgisch
Tibetanisch
Bengalesisch
Neshki
Kufisch
Nestorianisch
Armenisch
Hauranitisch
Uigur
Pali
Sanskrit
Punjabi
Sindhi
Pashtu
Mesrobisch
Devanagari
Gurmukhi
Hindustanisch
Laogisch
Birmesisch
Tokung
Persisch
Iranisch
Birmanesisch
Pegani
Hebräisch
Nerbudda
Khamti
Samaritisch
Tyrisch
Dravidisch
Grantha
Dalmatisch
Griechisch
Brahmi
Kari (Oceanische Familie)
Tamil
Glagolitisch
Singalesisch
Albanisch
Sabaeitisch
Telugu
Ukrainisch
Slavisch
Phönikisch
Lampong
Javanisch
Serbisch
Kyrillisch
Cadmäisch
Bisayo
Regang
Bulgarisch
Lateinisch
Demotisch
Battak
Russisch
Hieratisch
Ethiopisch
Maccasar
Englisch
Nordisch
Ideogramm
Ilog
Deutsch
Hieroglyphen
Irisch
Pictogramm
Amherisch

Eigentumsvermerk
Ornament
Gedächtnismarke

Versuch, einen Teil der **Weltschriften-Entwicklung** in Form eines Baumes darzustellen. Seine Wurzeln gehen zurück bis in die Epoche, als sich die Menschen untereinander durch Zeichen, dann »schreibend« mit Bildern verständigten.

20

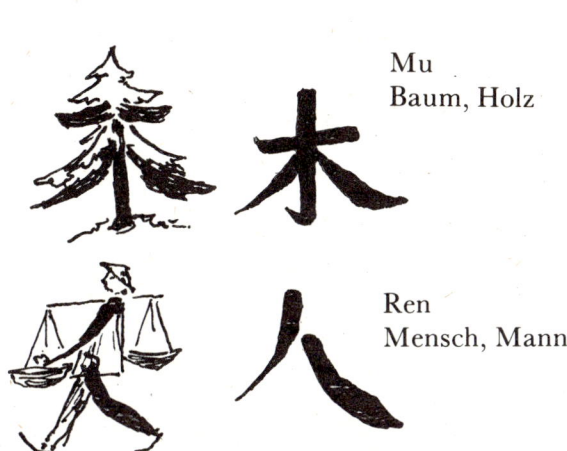

Mu
Baum, Holz

Ren
Mensch, Mann

Ursprüng-lich	Alt	Modern	
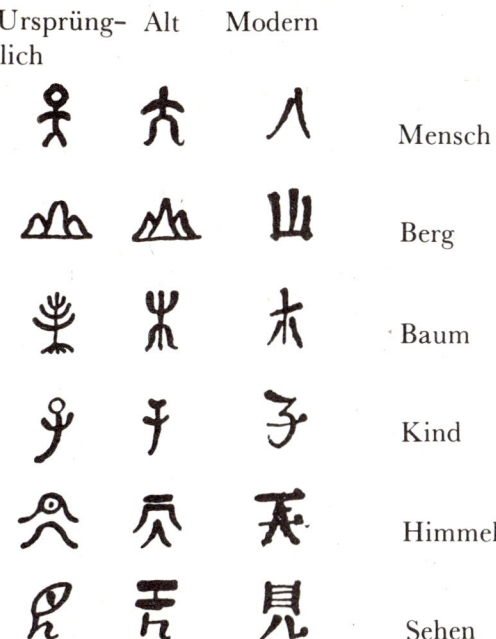			Mensch
			Berg
			Baum
			Kind
			Himmel
			Sehen

Zwei chinesische Schriftzeichen-Beispiele, und zwar das moderne Zeichen für »Baum oder Holz« sowie »Mann oder Mensch« und ihr Bildursprung.

Die **chinesische Schrift** hat eine große Bedeutung für die gesamte ostasiatische Kultur, zum Beispiel auch für das Japanische. Hier eine vereinfachte Übersicht über die Entwicklung der chinesischen Schrift, die ursprünglich eine Bilderschrift gewesen ist. Die ältesten chinesischen Schriftzeichen, aus der Zeit um 1500 v. u. Z. auf Orakelknochen überliefert, sind zwar bestimmten Gegenständen noch ähnlich, aber doch schon weitgehend von ihnen weggeführt (»abstrahiert«).

Die Alaska-Halbinsel im Nordwesten Nordamerikas, erst 1741 entdeckt und erst 1959 zum 49. Bundesstaat der USA proklamiert, ist für die Schriftgeschichte von Bedeutung. Die **Alaska-Schrift** hat sich zwischen 1892 und 1910 von der Bilderschrift (Piktographie) im

ursprünglichsten Sinne (unsere Abbildung) zu einer reinen Alphabetschrift entwickelt. Schrift kann also unmittelbar aus Bilderschrift hervorgehen, unter bestimmten Bedingungen sogar in sehr kurzer Zeit.

21

MATRONIS
AFLIABVS
M·MARIVS
MARCELLVS
PROSEETSVIS
EX·IMPERIOIPSARVM

Eine schöne **römische Kapitalschrift** auf einem Votivstein aus dem 1. Jahrhundert u. Z. Votiv- (von lat. votum = Gelübde) oder Gelübdetafeln wurden bei den alten Römern einer Gottheit als Zeichen der Dankbarkeit geweiht. Wenn zum Beispiel Schiffer für ihre Errettung aus Seenot nach ihrer glücklichen Heimkehr dem Meeresgott Neptun eine **Votivtafel** in einem Tempel aufstellen ließen, so begründeten sie damit vor 2000 Jahren einen Brauch, der mit christlichem Vorzeichen heute noch in der katholischen Kirche fortgeführt wird.

Griechische Monumentalschrift, hier eine Inschrift für Kaiser Augustus aus dem Jahre 4 unserer Zeitrechnung.

Wandinschriften sind uralt. Helle Wände haben schon immer zum Beschreiben gereizt – allen Verboten zum Trotz. Nicht alles, was dorthin gekritzelt wurde, ist freilich von Wert, aber immer ist es kulturgeschichtlich interessant. So doch auch, wenn vor rund 2000 Jahren reisende Römer in einem Gasthof dem Wirt folgende lateinische Inschrift hinterließen, die zu deutsch besagt: Wir haben ins Bett gepinkelt – zugegeben, das war schändlich, Herr Wirt. Fragst du allerdings, warum? – nun: ein Nachttopf war nicht zur Hand!

23

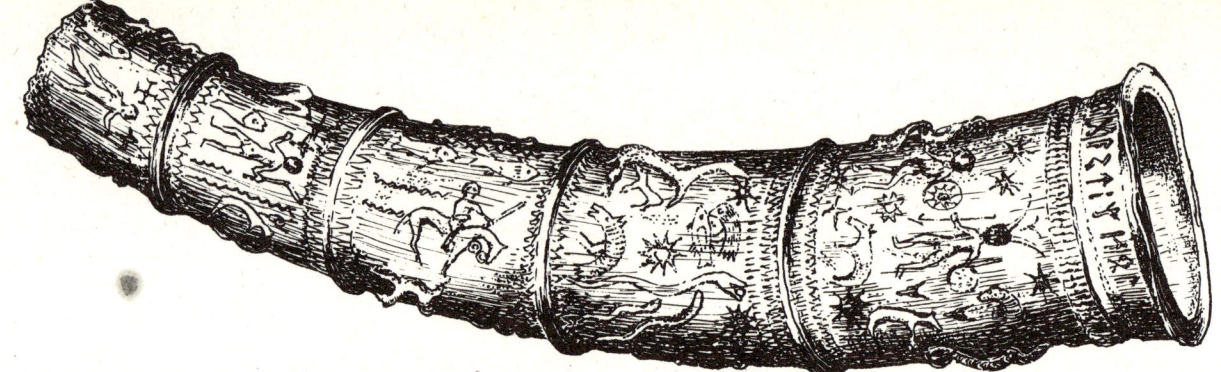

Das **Runenhorn von Gallehus.** Runen, also Schrift aus frühgermanischer Zeit, sind auf diesem Horn aus Gold zu sehen, das um 400 u. Z. gefertigt worden ist. Mit diesem Runenhorn hat es eine besondere Bewandtnis: es existiert nicht mehr. 1734 aufgefunden, hat sein Goldwert gierige Räuber angelockt, die es 1802 gestohlen und eingeschmolzen haben. Zum Glück existierte damals bereits eine Abbildung davon.

Die **Runenschrift** hat ihre größte Verbreitung in Skandinavien gefunden. Sie war in den germanischen Ländern vor Eindringen des Christentums heimisch. Überliefert sind uns Runen auf Denkmälern aus Metall und Stein. Eines dieser Zeugnisse aus sehr früher Zeit ist der Möjbro-Stein aus Uppland (Schweden), der vermutlich noch aus dem 4. Jahrhundert u. Z. stammt. Die hier linksläufige Schrift (bei Runen die seltenere Schriftrichtung) besagt, daß der Held Frawaradaz auf seinem Hengst erschlagen worden sei.

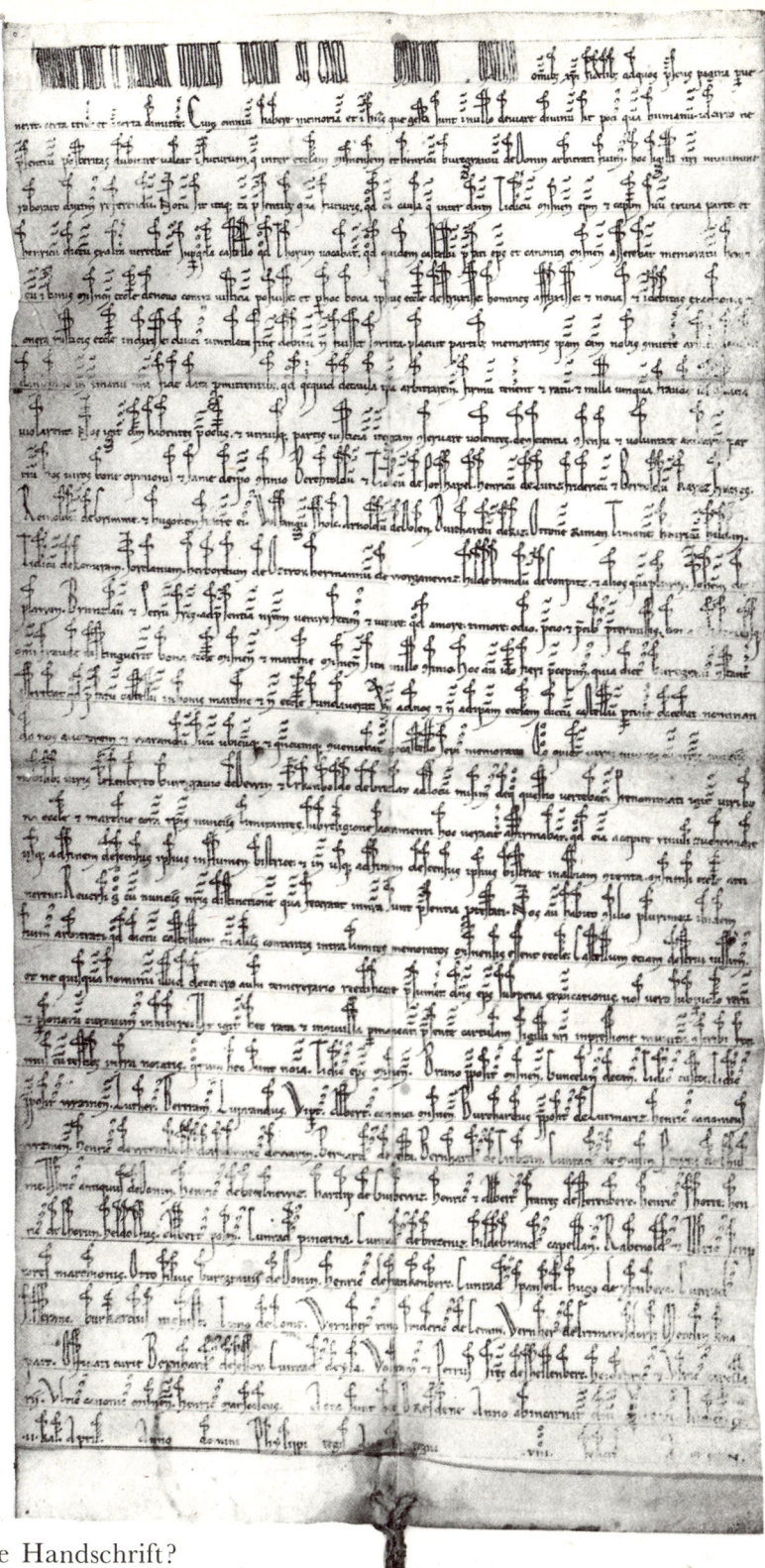

Was ist das? Eine indianische Handschrift? Indisch oder Afghanisch? – Es ist eine durch ihre gewaltigen Oberlängen fremdartig wirkende deutsche Kanzleischrift aus dem 13. Jahrhundert: In dieser Urkunde aus dem Jahr 1206 entscheidet Markgraf Dietrich von Meißen einen Streit zwischen Bischof Dietrich von Meißen und Burggraf Heinrich von Dohna. Auf der vorletzten Zeile wird Dresden erstmalig schriftlich erwähnt.

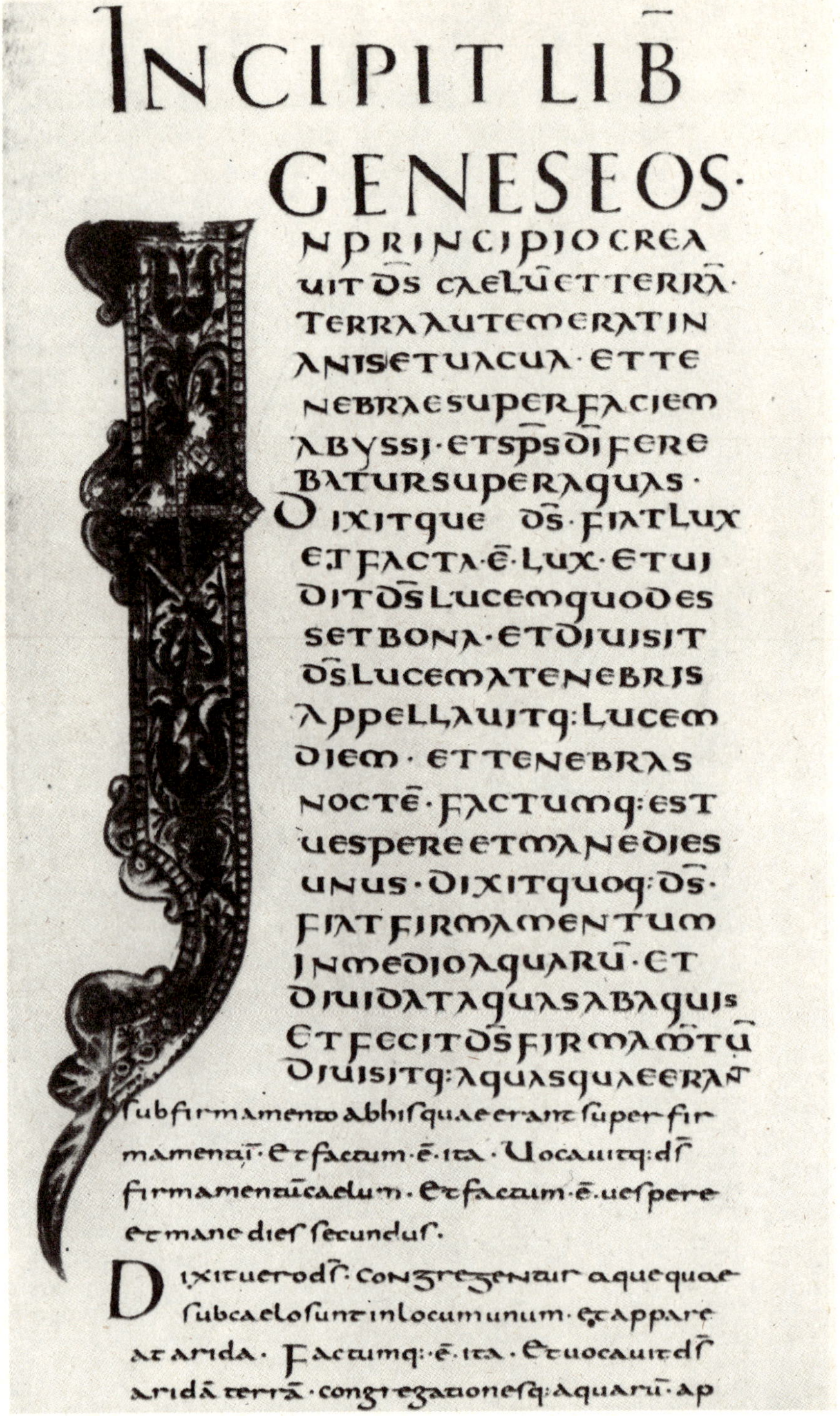

INCIPIT LIB
GENESEOS·

Vier **alte Schriften** auf einer Seite zeigt dieser Ausschnitt aus einer Bibelhandschrift, die in dem Kloster St. Martin in Tours um 800 geschrieben worden ist. Als Überschrift die der alten römischen Schrift nachgeahmte Kapitalis (Quadrata), das Mittelstück in der gerundeten Form (Unziale), gleichfalls nach dem Vorbild der Griechen und Römer. Die Rundungen hatten sich bei der Verwendung des Beschreibstoffes Papyrus und Pergament – im Gegensatz zur werkbedingten Geradlinigkeit bei Stein und anderen harten Materialien – von selbst ergeben. Darunter eine Karolingische Minuskel, und wer ganz genau hinsieht und einzelne Buchstaben vergleicht (zum Beispiel das a), wird in der vierten Zeile von unten noch eine andere Schrift, eine »Halbunziale« entdecken.

26

N VLLA DIES SINE LINEA

Schreibmeister-Kunststücke. Im 13. Jahrhundert hat sich der Berufsstand der Schreib- und Rechenmeister in den Städten herausgebildet. Sie haben seit dem 16. Jahrhundert vielfach Lehr- und Musterbücher, sogenannte Schreibmeisterbücher herausgegeben, die ihre Kunstfertigkeit herausstellen und Anleitung zum Erlernen verschiedener Schriftarten geben wollten. – Oben: eine Frakturprobe des größten Schreibmeisters der deutschen Renaissance, Johann Neudörffers d. Ä., in Nürnberg. Er gab 1519 die erste gedruckte deutsche Schreibanweisung heraus. Unsere Abbildung ist der zweite Titel seiner »Anweysung einer gemeinen hanndschrift. Nürnberg 1538«. – Unten: ein typisches kalligraphisches »Federspiel« von höchster Meisterschaft. (Kalligraphie bedeutet Schönschreibkunst.)

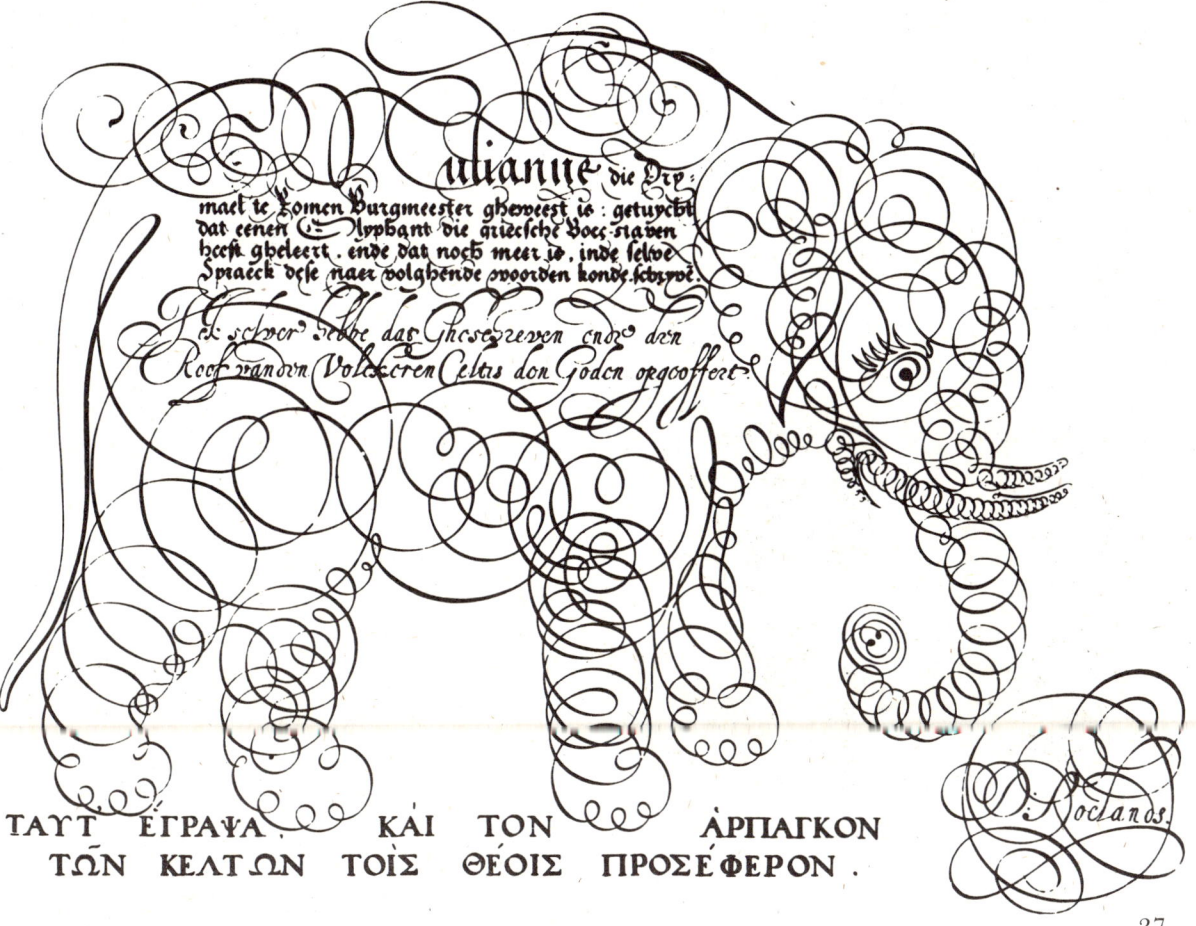

ΤΑΥΤ ΕΓΡΑΨΑ ΚΑΙ ΤΟΝ ΑΡΠΑΓΚΟΝ ΤΩΝ ΚΕΛΤΩΝ ΤΟΙΣ ΘΕΟΙΣ ΠΡΟΣΕΦΕΡΟΝ.

27

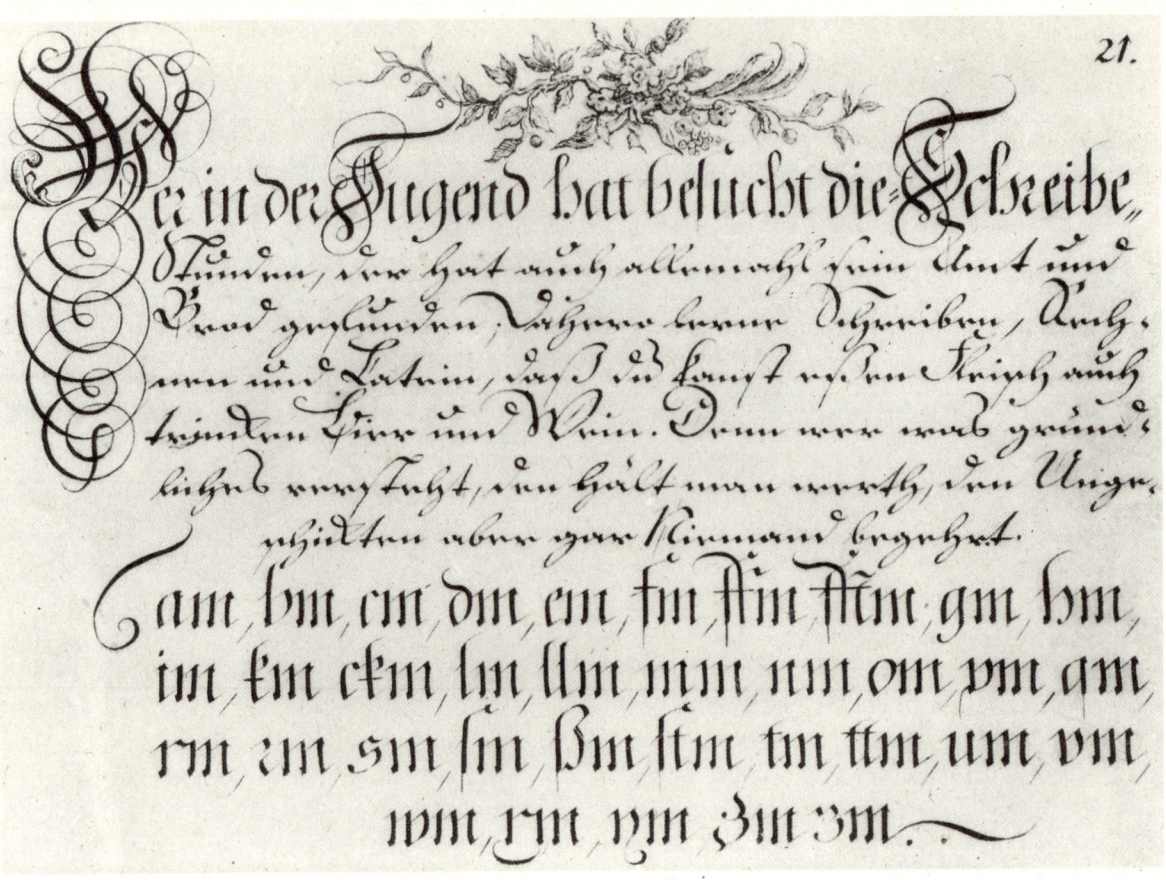

»Wer in der Jugend hat besucht die Schreibestunden...« Hier auf dieser Seite, oben, ein Blatt aus einem **Schreibmeisterbuch** des 18. Jahrhunderts: Johann Friedrich Vicum, Der Cantzleymäßige und Geographische Schreibe-Schüler, Dresden um 1755. Vorgeführt werden hier Fraktur, Kurrent nebst Buchstabenverbindungen der Frakturschrift. (Mit Kurrent wird eine schnell schreibbare Schrift bezeichnet.)

Braille und die Blindenschrift. Zu einem Wohltäter für blinde Menschen ist der Franzose Louis Braille (1809–1852), ein Blindenlehrer, geworden, indem er 1825 sechzehnjährig die auf einem Punktsystem beruhende Blindenschrift erfand.

Gibt es eine Affensprache? – Man kann es schon verstehen, daß die »**Tiersprache**« seit Jahrhunderten die Menschen beschäftigt hat. Heute wissen wir, daß lautliche Äußerungen von Tieren nicht als Sprache angesehen werden können. Es ist also nicht richtig, von »Tiersprache« zu reden, weil die Tiere nur ein im wesentlichen unverändertes Signalsystem haben, das auf bedingten Reflexen beruht. Hier das »affige« Titelblatt einer Tier- und Ursprachenlehre, aus dem Jahre 1931, die heute als überholt gilt. Eine ganze »Gesellschaft« hat sich seinerzeit damit befaßt.

Sprechen Sie Schimpansisch?

Einführung in die Tier- und Ursprachenlehre

von

Georg Schwidetzky

Verlag der Deutschen Gesellschaft für Tier- und Ursprachenforschung
Buchhändlerische Auslieferung durch Lühe & Co., G.m.b.H., Leipzig C1

Die moderne Forschung befaßt sich mit dem Verhalten der Tiere und Menschen unter bestimmten Bedingungen. So »verhalten« sich auch Ameisen untereinander sehr verschieden, indem ihre Haltung bestimmte Reaktionen ausdrückt. Man bezeichnet solche Verhaltensweisen mit Gestus. **Gesten und Gebärden** waren früher in ihrer Aussagekraft und Bedeutung auch in der menschlichen Gesellschaft von der Antike bis zum Mittelalter viel gebräuchlicher als heute. Sie waren eine Ergänzung der Sprache, häufig sogar eine Verständigungshilfe (vergleiche Gebärdensprache der Taubstummen); Gesten und Gebärden haben in der älteren Kunst vielfachen Niederschlag gefunden.

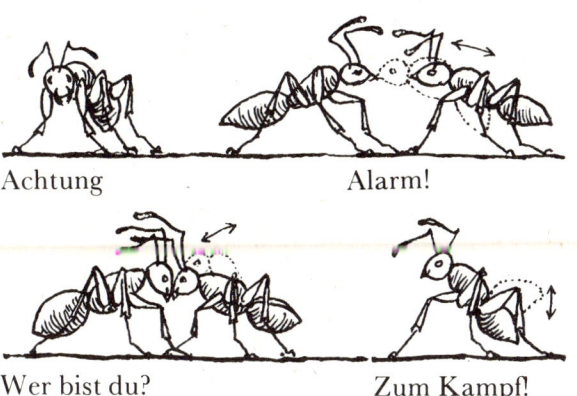

Achtung   Alarm!

Wer bist du?   Zum Kampf!

Gib mir zu fressen!   Fremder Geruch!

Vorsicht!   Ich bitte sehr: Gib mir zu fressen!

Blinder beim »Lesen« einer Relief-Karte mit Text in Blindenschrift.

Viele Jahrzehnte sind in Blindenschrift gedruckte Bücher für Blinde deren einzige objektive Verbindung zur Außenwelt gewesen. Mit der Entwicklung der modernen Technik, insbesondere der Tontechnik, sind »sprechende Bücher«, Schallplatten und Tonbänder, die sogenannte Hörliteratur, hinzugekommen. Die Deutsche Demokratische Republik besitzt eine der bedeutendsten Bibliotheken für Blinde in ganz Europa, die »Zentralbücherei für Blinde« in Leipzig. Diese verfügt über 35000 Bände in Blindenschrift und 75000 Tonbänder, mit denen sie rund 1600 Leser in unserer Republik laufend versorgt.

BESCHREIBSTOFFE

Daß wir als Menschen leben und ein ehrlich Gedächtnis hinterlassen können, das haben wir dem
Papier zu verdanken.

Plinius der Ältere (1. Jahrhundert u. Z.)

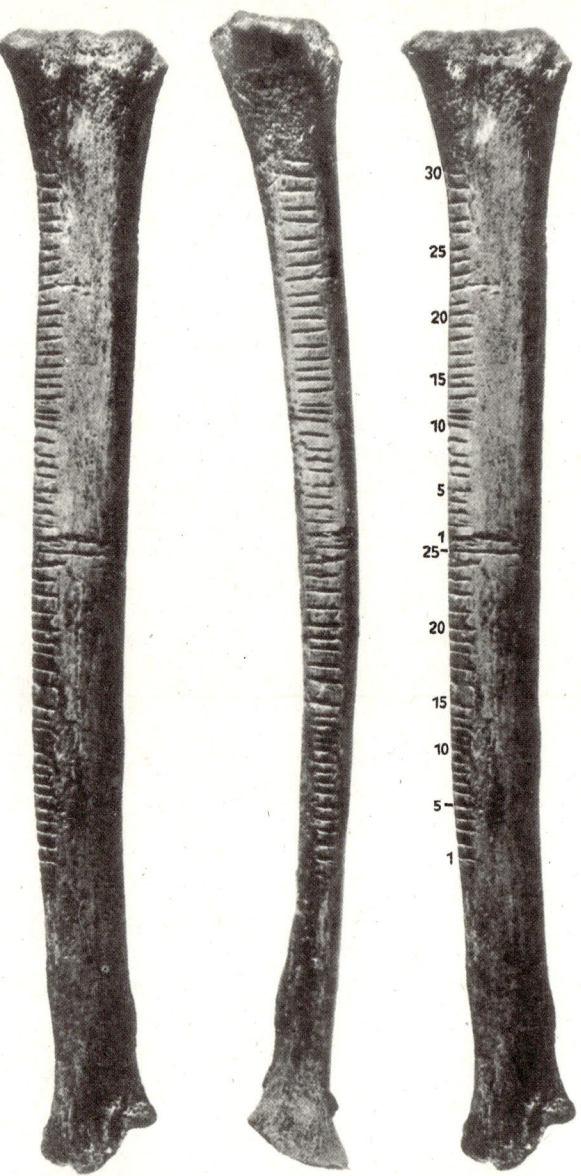

In der frühen Menschheitsgeschichte bediente man sich glatter und flächiger Materialien als Schreibunterlage. 1936 wurde in Věstonice bei Brno (ČSSR) ein **Kerbknochen** ausgegraben, der gut und gerne seine 25 000–30 000 Jahre alt ist. Vermutlich wurde er von Mammutjägern der Frühzeit zum Zählen verwendet.

»Nur« etwa 12 000 Jahre alt ist das Fragment eines Lochstabs aus **Rengeweih** (unten). Es wurde im französischen Lorthet, Departement Hautes-Pyrénées, gefunden. Mit unglaublicher Kunstfertigkeit sind diese großartigen Ritzzeichnungen in das harte Material graviert. Es sind drei Hirsche, von Lachsen umspielt, beim Durchschwimmen eines Flusses dargestellt.

Holz wie Stein wurden in höchst vollendeter Form im alten Ägypten als Beschreibstoffe mit Hieroglyphen bedeckt. Die Bezeichnung Hieroglyphen setzt sich aus den griechischen Wörtern »heilig« und »einmeißeln« zusammen. Die Holztafel rechts unten ist rund 4700 Jahre alt; sie stammt aus dem Grab des Hesire in Saqqara.

In Ostasien, besonders in Indien, hatte man herausgefunden, daß sich die Blätter bestimmter Palmenarten nach einfacher Bearbeitung zum Beschreiben eigneten. Mehrere solcher Blätter, gleichmäßig beschnitten, wurden mit einer Schnur zu einem »**Palmblatt-Buch**« zusammengehalten. Hier eine Handschrift mit kampucheanischer Schrift in der indischen Pali-Sprache aus dem Besitz der Deutschen Staatsbibliothek Berlin. Das Alter dieser Handschrift ist nicht bekannt.

Eine kleine Kostbarkeit ist diese **Zeichnung auf einem Baumblatt,** vermutlich aus dem 20. Jahrhundert; es stammt aus China und stellt einen Heiligen einer ostasiatischen Religion dar.

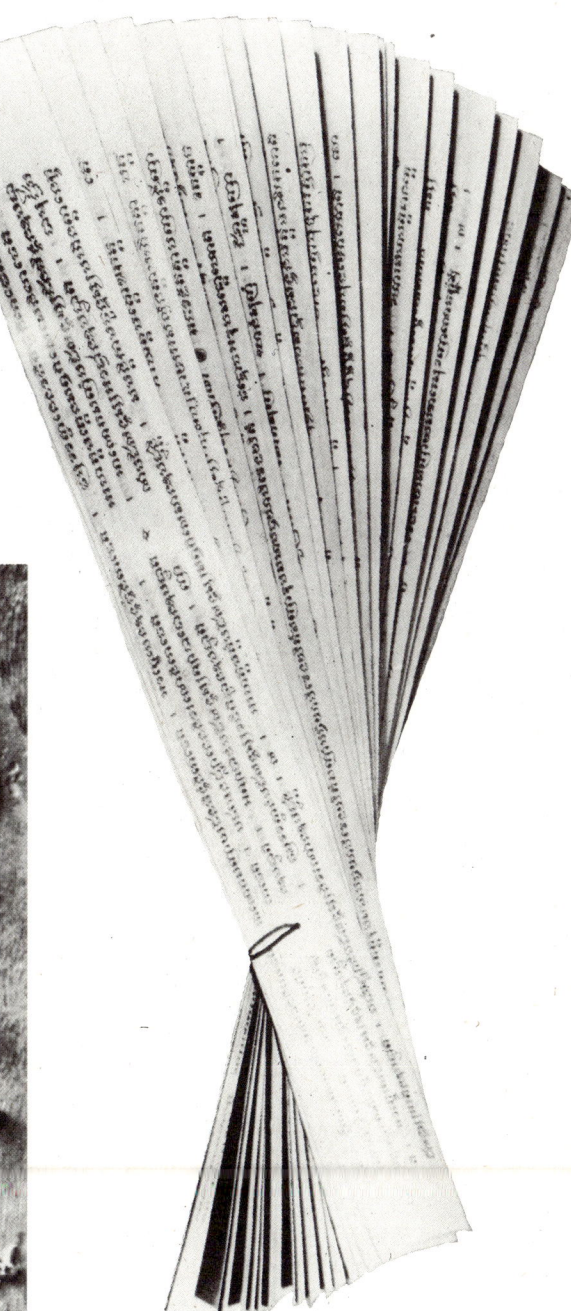

33

Vor vier Jahrtausenden war die selbstverständliche Buchform die Rolle, und zwar die **Papyrusrolle.** Papyrus ist bis zur Mitte des 1. Jahrtausends u. Z. gebräuchlich gewesen, in einzelnen Fällen sogar bis ins 12. Jahrhundert. In Rollenform kam dieser Beschreibstoff bereits in den Handel, und in den Rollen wurden die einzelnen beschriebenen, häufig auch zusätzlich bebilderten Papyri aufbewahrt. Dadurch waren sie besser haltbar. Bis zu zehn Meter waren die Papyrusrollen in der Regel lang, das war nämlich gerade das Maß, um noch bequem mit der Hand die Rolle beim Lesen zu halten. – Unsere Abbildung zeigt eine ungeöffnete Schriftrolle von den jüngsten, aufsehenerregenden Höhlenfunden am Toten Meer 1952. Eine Ziege aus einer Herde eines jungen Beduinen hatte sich verirrt – so wurde der Eingang zu dieser Höhle von Qumran entdeckt.

Oben eines der rund 10000 erhaltenen **Papyrusfragmente.** Meistens sind es Briefe oder Urkunden, oder sie betreffen den Geschäftsverkehr. Nur etwa 2000 Papyri sind literarischen Inhalts.

34

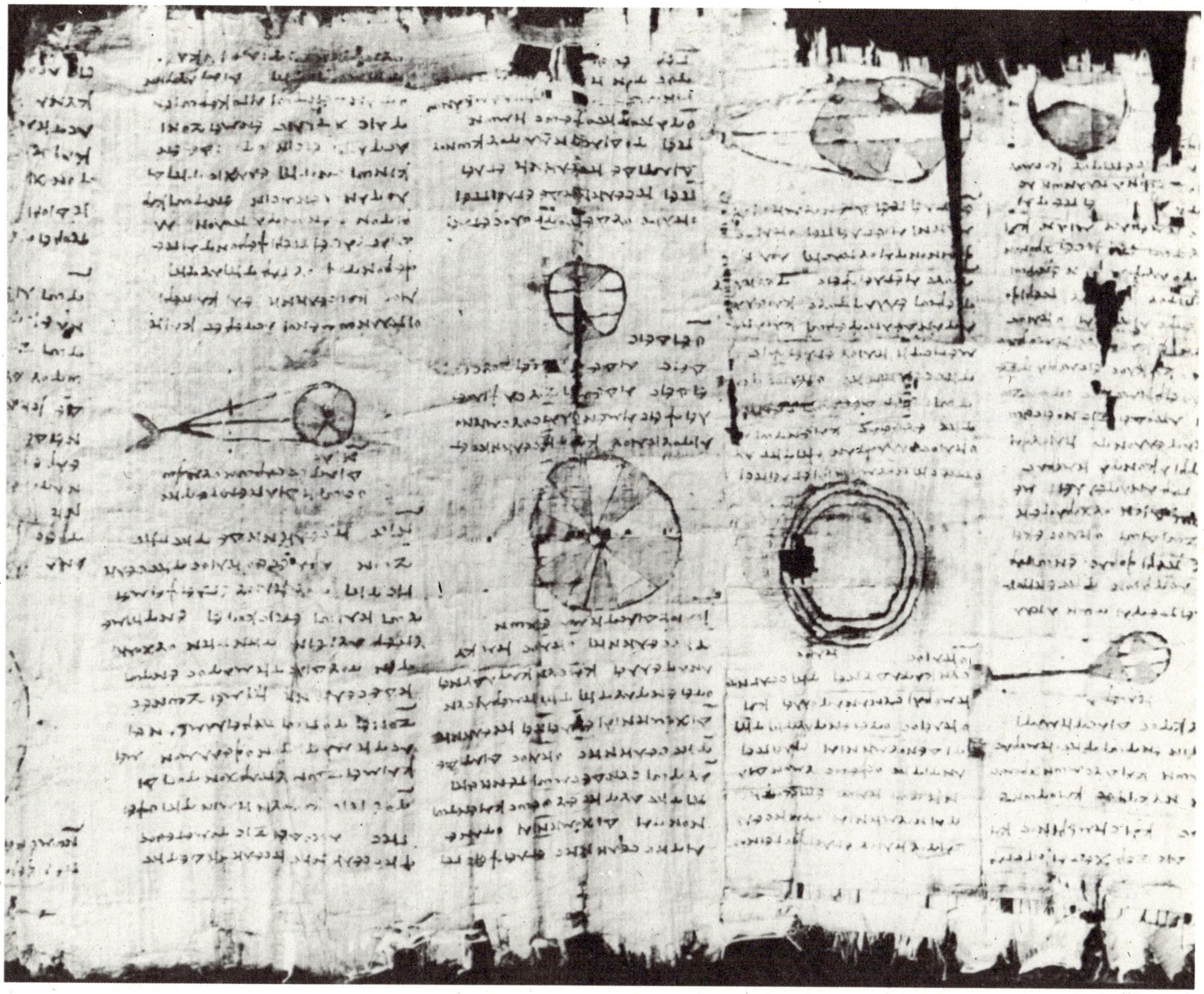

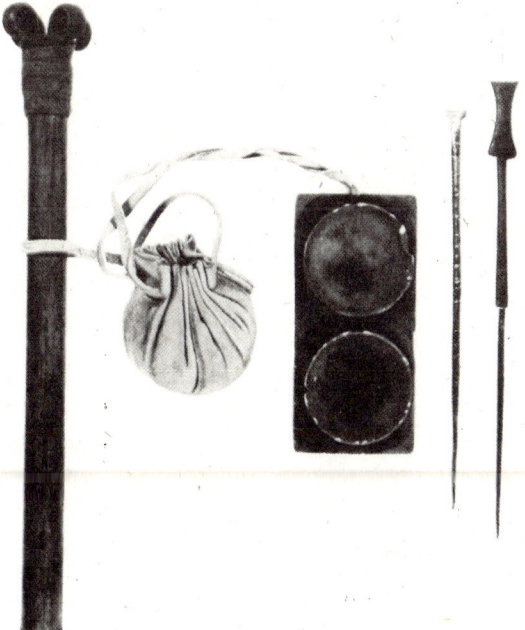

Der **Letronne-Papyrus** ist einer der ältesten bis heute bekannten illustrierten Papyri in griechischer Sprache. Es ist ein astronomischer Text, in dem roh skizzierte wissenschaftliche Zeichnungen zu den Himmelssphären und Tierkreisen eingestreut sind.

Jeder Beschreibstoff verlangt ein bestimmtes Schreibgerät; so der Papyrus das aus einer dünnen Binse mit schräg gekappter Spitze bestehende **Schreibrohr,** griechisch Kalamos genannt. Mit einem solchen Schreibrohr konnte man sowohl breite als auch – mittels Drehung – feine Striche machen. Dazu gehörten ein Beutel mit Tinte in fester Form sowie ein kleines Gefäß mit Wasser zum Anrühren der Farben. Tiefschwarz und Rot waren die Grundfarben der Schreiber.

»Mit Schreiben und Lesen fängt das Leben erst an«. So lautet die griechische Inschrift auf diesem mit Wachs ausgestrichenen Brettchen (Abb. oben). **Wachstafeln** bildeten die unmittelbare Vorstufe des Codex. Sie dienten im Alltag zu Notizen, zum Beispiel in der Schule, wie bei dieser Wachstafel (Abb. unten), die vermutlich aus dem 4. Jahrhundert u. Z. stammt. Unser Text ist natürlich von einem Lehrer vorgeschrieben. Es sind aber auch Inschriften von Schülern auf solchen Tafeln erhalten. Eine von ihnen lautet: »Wer dies liest, ist ein Affe«.

Neben den verbreiteten einfachen **Diptychen** gab es besonders kunstvoll in Elfenbein geschnitzte Tafeln, wie sie zum Amtsantritt oder zum Neujahrstag von den römischen Konsuln verschenkt wurden. Hier eines der berühmtesten (um 400 u. Z.) des Rufius Probianus. Oben ist der Konsul mit seinen beiden Schnellschreibern, unten sind die sich streitenden Parteien dargestellt. Die beiden Tafeln sind später, im 11. Jahrhundert, im Kloster Werden an der Ruhr als Einbandschutz für eine liturgische Handschrift verwendet worden.

Aus dem antiken Griechenland stammen diese 2 000 Jahre alten **Theaterkarten aus Bronze:** Auf den Einlaßmarken für Theatervorstellungen bezeichnete der Buchstabe den dafür gültigen Abschnitt der Zuschauerplätze.

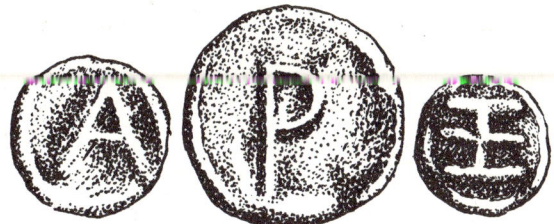

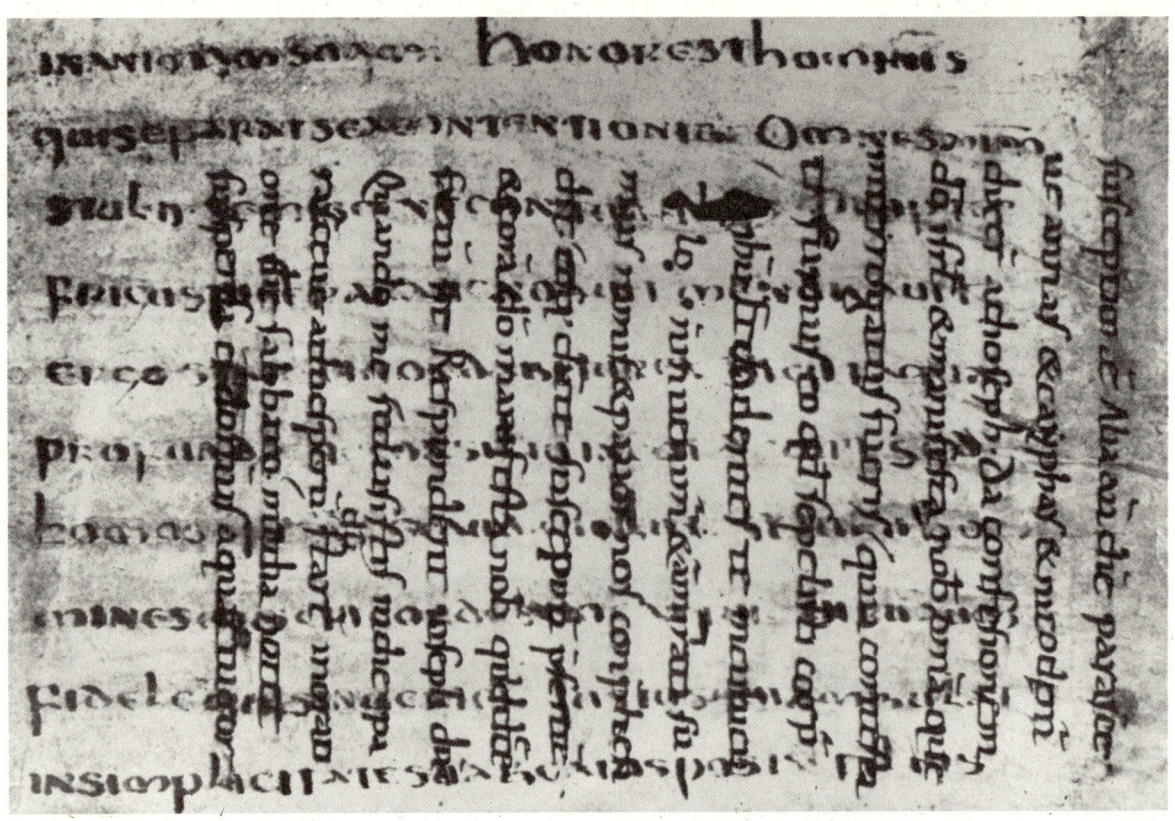

Was ist ein Palimpsest? – Pergament war ein kostbarer Beschreibstoff. Es lag nahe, daß man diese haltbaren Schriftträger, wenn man die aufgeschriebenen Texte für veraltet oder entbehrlich hielt, wieder zu verwenden suchte. So kratzte man, so gut es ging, die alte Schrift mit einem Messer ab oder rieb das Pergamentblatt mit Bimsstein ab, um es aufs neue beschreiben zu können. Das griechische Wort **Palimpsest** besagt nichts anderes als »wieder« und »Abgeschabtes«. Jahrhundertelang hat man große Mühe aufgewandt, die für uns häufig interessante ursprüngliche Beschriftung zu entziffern, und überwiegend ist dies nur zum Teil gelungen. Mit Hilfe moderner Spezialverfahren kann man heute die erste, mit bloßem Auge kaum noch erkennbare Schrift wieder sichtbar machen.

Die erste nachweisbare **Papiermühle** auf deutschem Boden ist die Gleismühle Ulman Stromers in Nürnberg, die aber 1479, vielleicht schon früher, abgebrannt ist. Sie kann immerhin so ähnlich ausgesehen haben wie das vordere Gebäude auf unserer Ansicht Nürnbergs aus Hartmann Schedels Weltchronik von 1493.

38

Der Papyrer.

Ich brauch Hadern zu meiner Mül
Dran treibt mirs Rad deß waffers viel/
Daß mir die zschnitn Hadern nelt/
Das zeug wirt in waffer einquelt/
Drauß mach ich Bogn/auff dē filtz bring/
Durch preß das waffer darauß zwing.
Denn henck ichs auff/laß drucken wern/
Schneweiß vnd glatt/so hat mans gern.

F ij   Der

59

Über Jahrhunderte änderte sich die **Technik des Papierschöpfens** kaum. Der Blick in die Papiermühle, den uns Jost Amman (oben links) in seinem »Ständebuch« von 1568 tun läßt, unterscheidet sich kaum von der nebenstehenden Nürnberger Darstellung aus dem Jahre 1689. Auch hier wird das Papier mit dem Rahmen aus der Bütte geschöpft. Im Hintergrund sieht man ein »Deutsches Geschirr«, ein **Hammerstampfwerk,** womit die Schöpfmasse vorbereitet wurde. Diese Abbildung findet sich in einem wertvollen alten Buch von Elias Porcelius, der auf gut deutsch Porzel hieß: »Curiöser Spiegel, in welchem der allgemeine Lauff des ganzen Menschlichen Lebens... in allerhand schönen Figuren vorgestellt wird«, 1689.

Der »**Holländer**« wurde um 1670 in Holland erfunden und nach 1700 auch in Deutschland verbreitet. Diese Maschine zum Mahlen und Umtreiben des Papierstoffes löste das bis dahin in der Regel mit Wasserkraft betriebene Stampfwerk, das »Deutsche Geschirr« ab. Der Holländer war eine bahnbrechende Erfindung. Sein Prinzip gilt auch noch für die modernen Mahlmaschinen bei der Papierstofferzeugung.

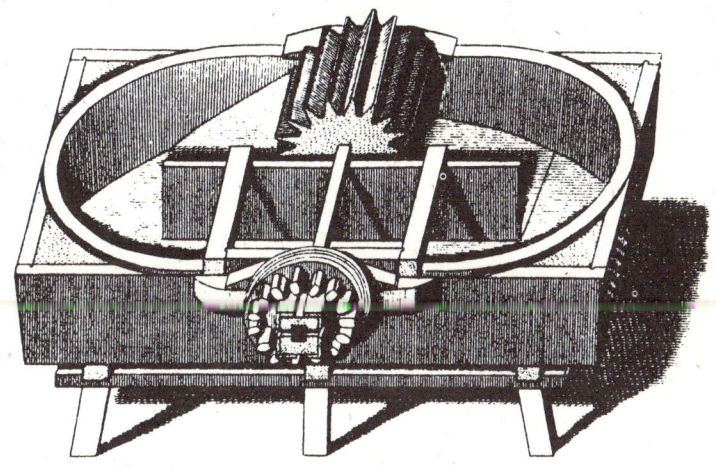

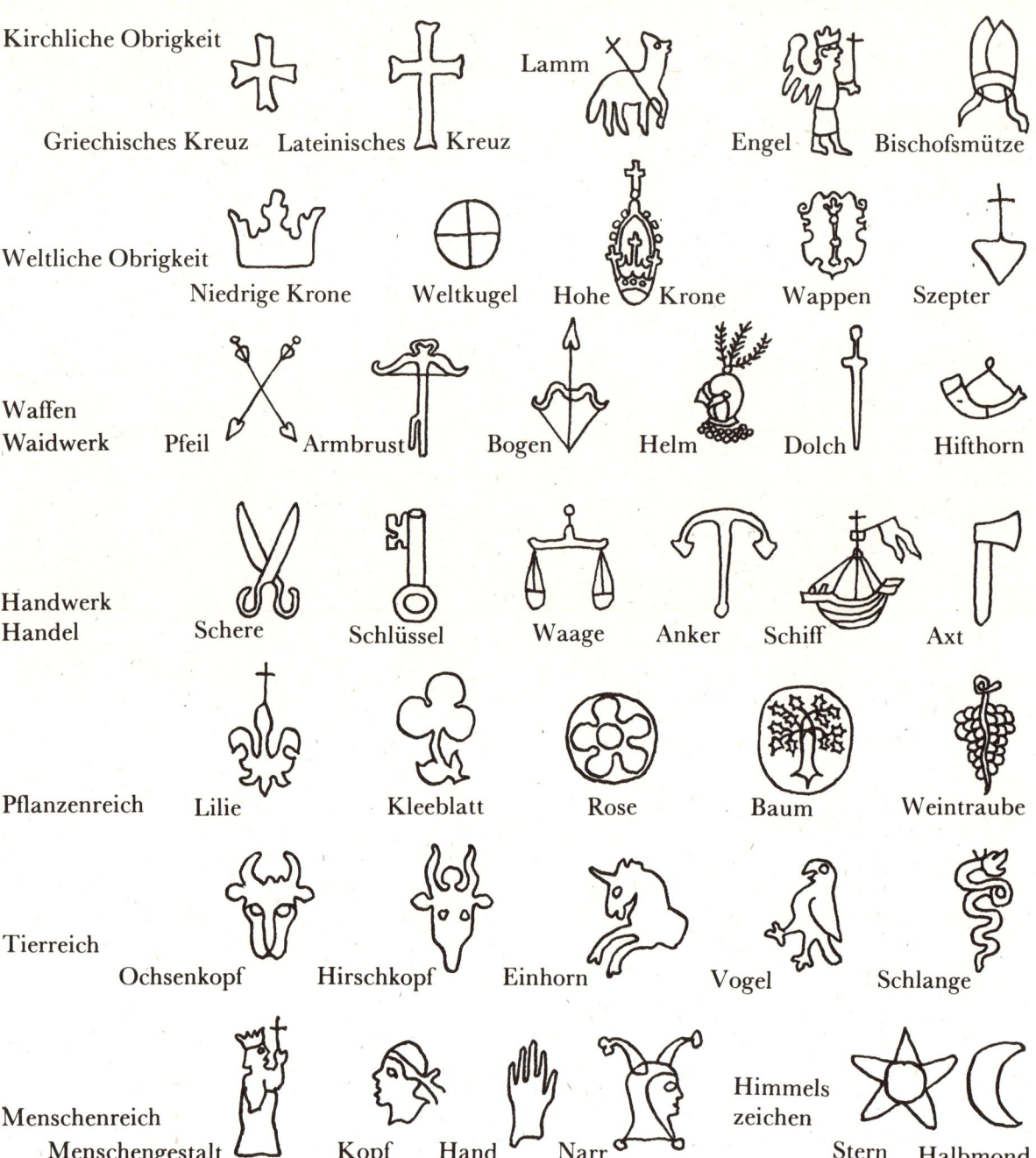

Kirchliche Obrigkeit

Griechisches Kreuz   Lateinisches Kreuz   Lamm   Engel   Bischofsmütze

Weltliche Obrigkeit

Niedrige Krone   Weltkugel   Hohe Krone   Wappen   Szepter

Waffen Waidwerk   Pfeil   Armbrust   Bogen   Helm   Dolch   Hifthorn

Handwerk Handel   Schere   Schlüssel   Waage   Anker   Schiff   Axt

Pflanzenreich   Lilie   Kleeblatt   Rose   Baum   Weintraube

Tierreich   Ochsenkopf   Hirschkopf   Einhorn   Vogel   Schlange

Menschenreich Menschengestalt   Kopf   Hand   Narr   Himmelszeichen   Stern   Halbmond

Wasserzeichen sind ursprünglich als Zeichen einer bestimmten Papiermühle oder eines Papiermachers verwendet worden. Das ist ein glücklicher Umstand für die moderne Buchwissenschaft, denn mit Hilfe von Wasserzeichen ist es häufig möglich, alte Papiere nach ihrer örtlichen Herkunft und nach ihrer Entstehungszeit festzulegen. Dies ist auch für die Datierung alter Druckerzeugnisse ohne Zeitangabe von Bedeutung. Die Papiermacherzeichen wurden in das Schöpfsieb eingeflochten. So markiert sich bei jedem Bogen, sofern man ihn gegen das Licht hält, neben der Siebrippung das Zeichen als dünne Stelle im Papier. Es gibt 100 000 verschiedene Wasserzeichen oder auch mehr. Eine der größten Wasserzeichensammlungen besaß der Genfer Papierhändler Charles-Moïse Briquet (1839–1918): 44 000 Stück enthielt sie. Über 16 000 davon hat er in seinem großen vierbändigen Werk »Les filigranes« (französisch für Wasserzeichen) 1907 veröffentlicht. Das ist heute noch ein wichtiges Nachschlagewerk.

Hier eine kleine Auswahl nach Briquet. Man sieht, daß bei den Papiermachern die natürlichen Gegenstände besonders beliebt waren. Vor allem der Ochsenkopf hatte es ihnen angetan, er taucht in vielen Varianten auf.

40

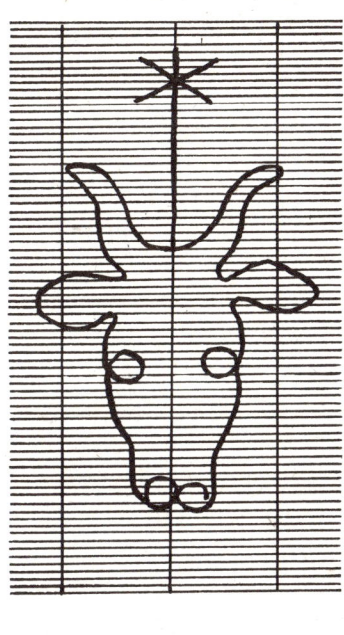
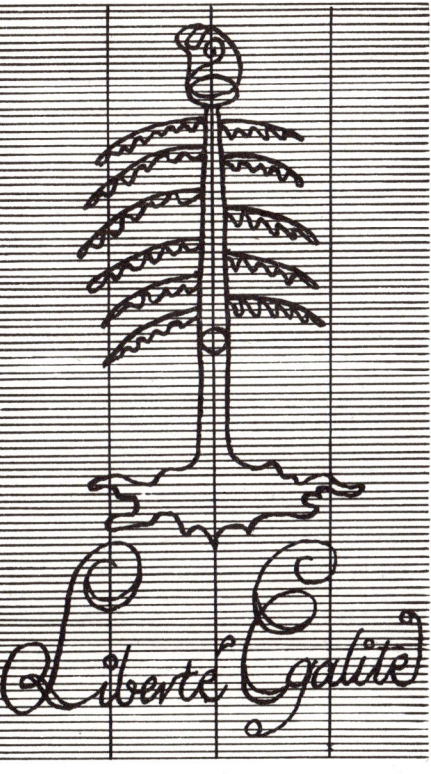

Wir kennen rund 1400 verschiedene **Ochsen-kopf-Wasserzeichen.** Der Ochsenkopf ist früher auch in anderen Gewerben als Kennzeichen bester Qualität verwendet worden. Er hat als eine Art Gütezeichen — freilich ohne Gütekontrolle — gegolten. Berühmt wurde das oben gezeigte Ochsenkopf-Wasserzeichen: es kennzeichnet das Papier, auf dem Gutenberg seine zweiundvierzigzeilige Bibel gedruckt hat. Zuweilen haben sich auch historische Ereignisse in der **Kunst des Wasserzeichens** niedergeschlagen. Aus der Zeit der **Französischen Revolution** (um 1800), die ja ein politisches Fanal nicht nur in Europa gewesen ist, zwei Wasserzeichen mit den berühmten Losungen dieser Revolution: Freiheit (liberté) und Gleichheit (égalité). Eigentlich gehört dazu noch die Brüderlichkeit (fraternité).

Das nebenstehende Bild zeigt die aus Längs- und Querdrähten entstehende **Rippung des Papiersiebes,** in das hinein das Wasserzeichen gewoben ist. Deutlich erkennt man den in einem Wellenkranz schwimmenden Schwan.

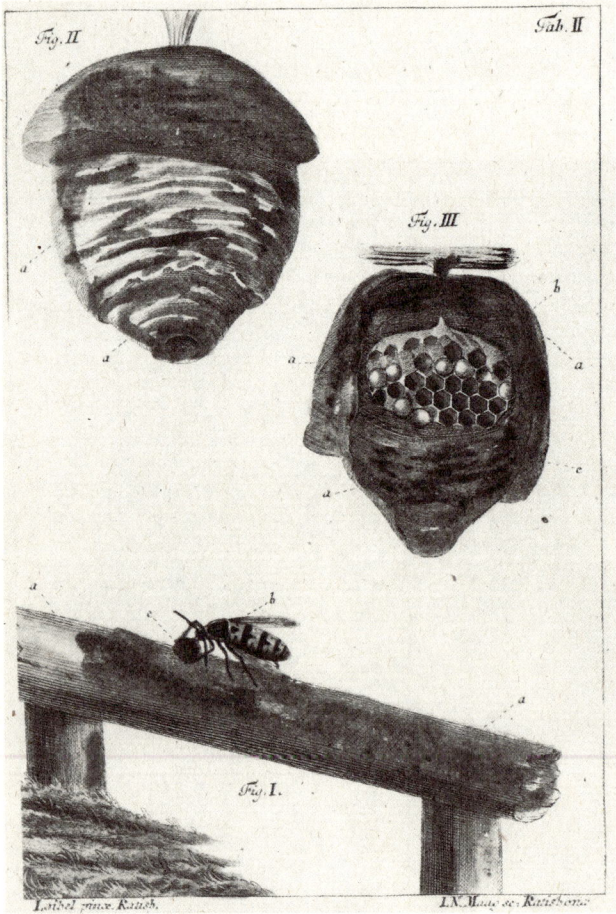

Seit Jahrhunderten wimmelt es in der bildenden Kunst von »**Putten**« (putti, italienisch = Kinder). Meist sind sie lieblich anzusehen, aber faul und unnütz. Auf diesem Kupferstich aus dem 18. Jahrhundert (1765) sind sie zwar nicht besonders hübsch ausgefallen, dafür tun sie aber etwas Nützliches: sie machen Papier.

Zur Vorbereitung der Papierherstellung gehörte vor Erfindung des Holzschliffs das **Sortieren und Waschen der Hadern** oder Lumpen. Das war Frauenarbeit.

Wer jemals ein Wespennest in Ruhe betrachten konnte, wird die Anekdote von der Eingebung, die der Erfinder des Holzschliffs, **Friedrich Gottlob Keller,** beim Betrachten der arbeitsamen nestbauenden Wespen gehabt haben soll, für gar nicht so abwegig halten. – Keller ersetzte die immer knapper werdenden Lumpen durch den zunächst reichlich zur Verfügung stehenden Rohstoff Holz, das geschliffen Ausgangsstoff für das Papier wurde.

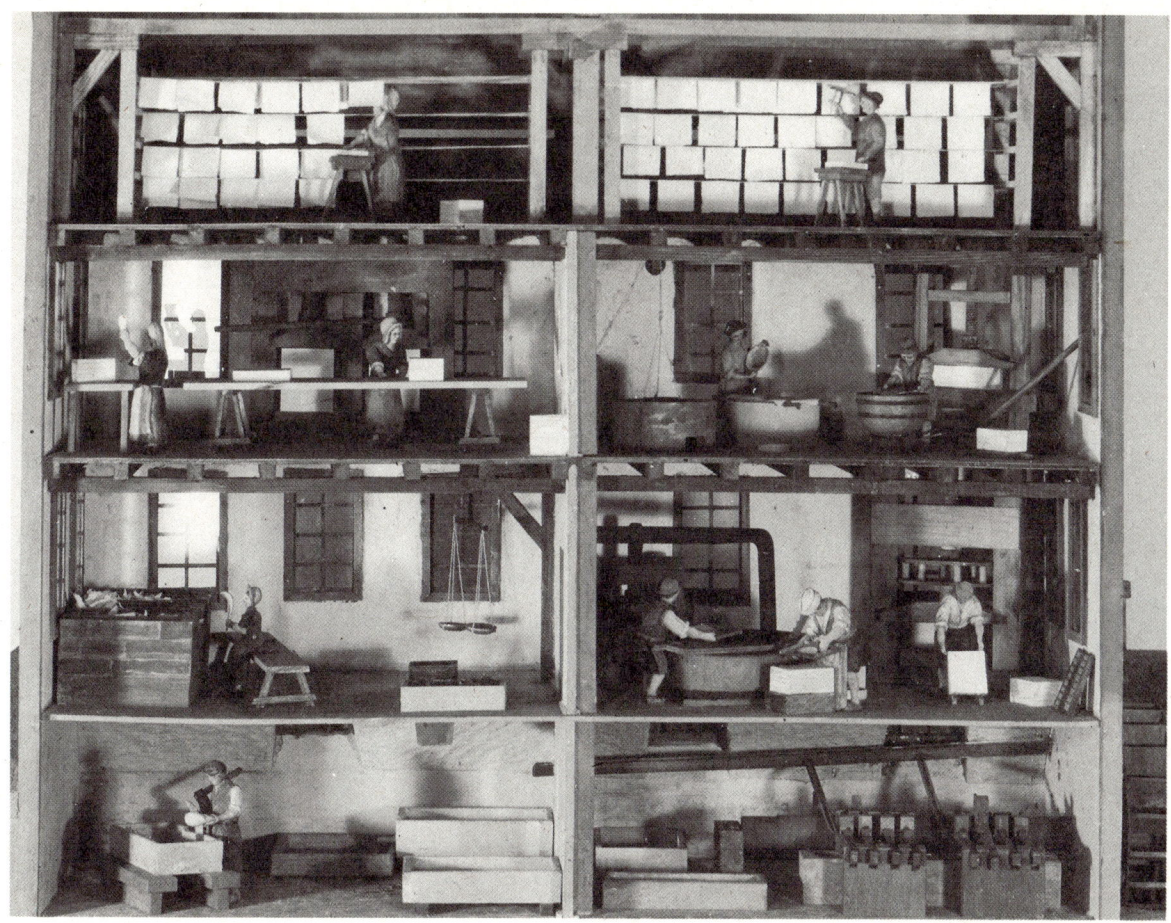

Dieses **Modell einer Papiermühle,** das im Deutschen Buch- und Schriftmuseum der Deutschen Bücherei in Leipzig zu besichtigen ist, zeigt die wichtigsten Arbeitsgänge bei der Papiermacherei (siehe die obere Abbildung von unten nach oben). Sie reichen von den Stampfwerken bis zum Abnehmen der zum Trocknen aufgehängten Papierbogen.

Papier aus der Bütte schöpfen war und ist eine Kunst, die noch in zahlreichen Ländern, in der DDR in Eberswalde (VEB Wolfswinkel), gepflegt wird (siehe unten).

44

Wie fast alle ehemaligen Handwerke so ist auch die Papierherstellung im Zuge der Industrialisierung in zunehmendem Maße mechanisiert und automatisiert worden. Elektronisch gesteuerte Anlagen sorgen heute dafür, daß **Papiermaschinen,** die mitunter Längen von 100 bis 150 m erreichen, Papiere in jeder gewünschten Art und Stärke in absolut gleichmäßiger Qualität »fahren«. Für hochwertige, also sogenannte holzfreie Papiere ist die chemisch aufgeschlossene Zellulose der Ausgangsstoff.

Die Abbildung links oben zeigt das Plattenband eines Turbolösers, in dem zunächst die Faserstoffe aufgeschwemmt werden. Der fertig aufbereitete Papierbrei läuft über endlose Siebe, auf denen ihm das Wasser entzogen wird (links unten). Die so verfestigte, verfilzte Masse wird dann in unmittelbarem Übergang über geheizte Trockenzylinder geführt, anschließend zwischen Stahlzylindern (»Kalandern«) unter Druck geglättet. Am Ende der Papiermaschine läuft das Papier als endloses, je nach Maschinengröße bis zu 6 Meter breites Band auf sogenannte Tampoure (rechts oben). Von diesen wird es dann im Bogenschneider wieder abgerollt und automatisch zu Bogen in der jeweils gewünschten Größe geschnitten. Die Leistung einer solchen Maschine kann 250 bis 500 Tonnen je Tag erreichen. Die drei Fotos zeigen eine Anlage des VEB Papiermaschinenwerke Freiberg.

So wird das gesammelte **Altpapier** wieder verwendet: ein Stapelplatz in Schwedt an der Oder. Jährlich werden in der DDR rund 500 000 Tonnen Altpapier wieder verwendet. Das entspricht 2 Millionen Festmeter Holz, die dadurch erhalten bleiben.

Der moderne Mensch verbraucht in seinem Leben durchschnittlich etwa 200 Bäume!

Nach wie vor aber geht es nicht ohne den Rohstoff Holz. Auf dem Bild unten sehen wir den **Holzlagerplatz** der Papier- und Kartonfabrik Schwedt/Oder. Täglich werden hier bis zu 800 Raummeter Holz verarbeitet.

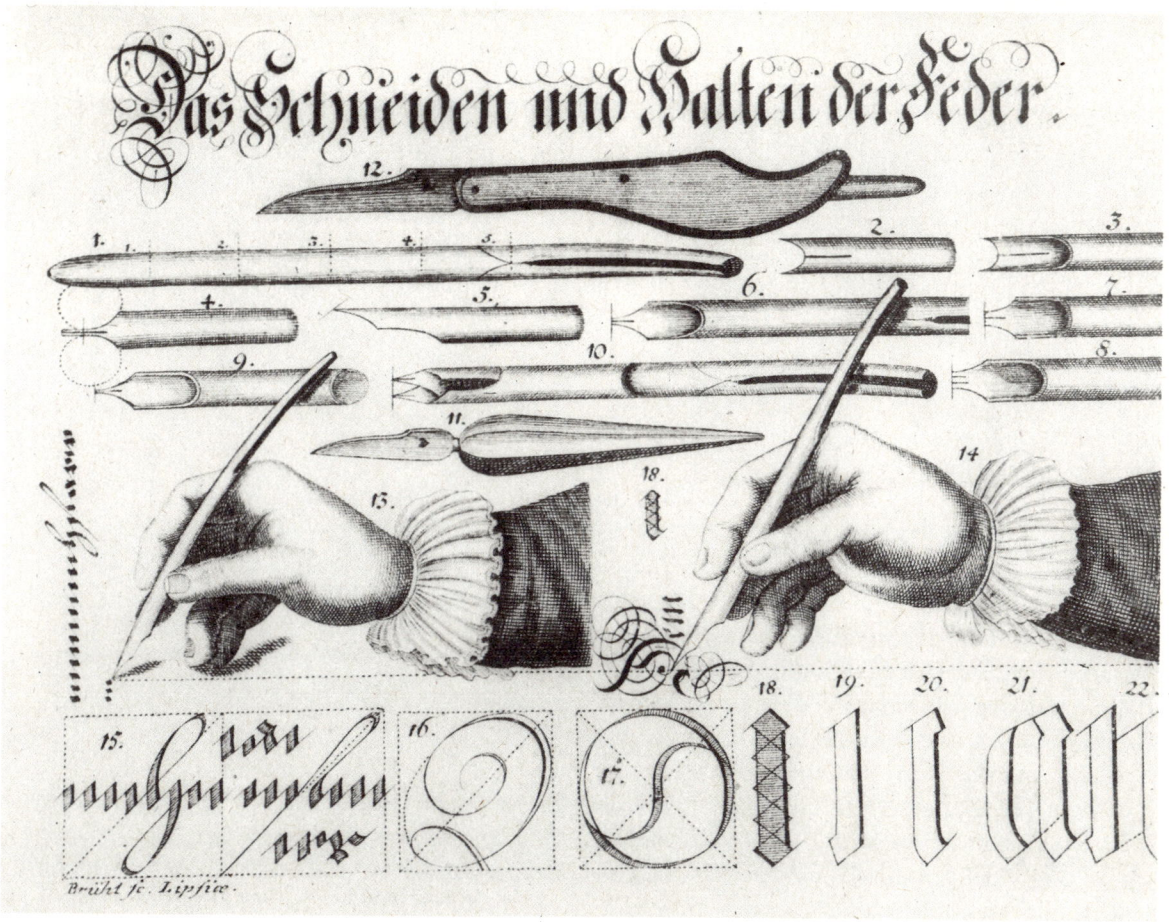

Über das Federschneiden und Federhalten: Johann Stäps führt die richtige und wichtige Pflege der Produktionsmittel eines Schreibers im Bild vor, nämlich in seiner »Selbstlehrenden Canzleymäßigen Schreibe-Kunst«, Leipzig 1748. An die Stelle des Schreibrohres trat im Mittelalter die Gänsefeder, die rund 1 000 Jahre in ganz Europa genutzt wurde.

Womit werden wir morgen schreiben? So schnell wie heutzutage hat sich das **Schreib-** **gerät** noch nie verändert. Viele Jahrtausende herrschte das Schreibrohr, einundeinhalb Jahrtausend war der Gänsekiel dem Schreibenden unentbehrlich. Eine umwerfende Neuerung bedeutete in der zweiten Hälfte des 19. Jahrhunderts die Erfindung der Stahlfeder, zu der Federhalter und Tintenfaß gehörten. Inzwischen hat der »Kuli« schon wieder den möglichst mit Goldfeder versehenen Füllfederhalter abgelöst.

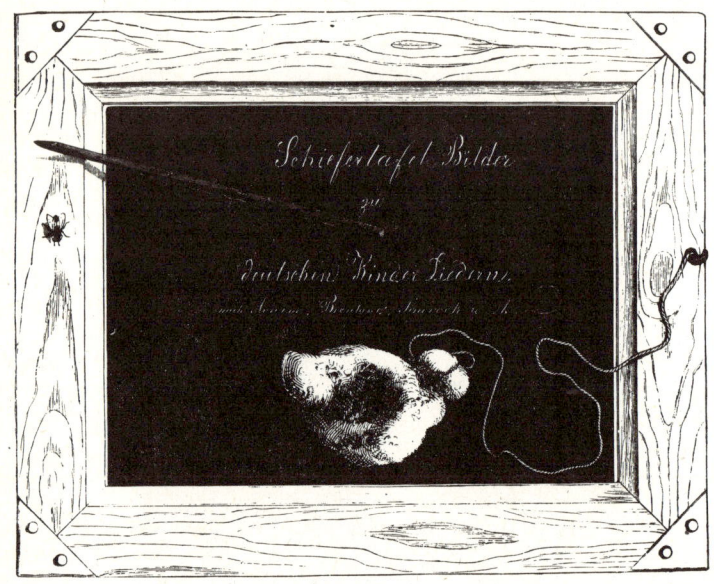

Zu den besonders wertvollen Kinderbüchern des 19. Jahrhunderts gehören die »Schiefertafel-Bilder zu deutschen Kinderliedern nach Arnim, Brentano, Simrock und anderen«, 1851 mit 24 Lithographien in Schiefertafelmanier erschienen. Sie sind eine Kostbarkeit der älteren deutschen Kinderliteratur. Die Volkslieder-sammlung »Des Knaben Wunderhorn« (1808) von Achim von Arnim und Clemens Brentano hat mit den **Schiefertafelbildern** noch eine späte Ernte gehalten. Zwei Künstler haben die

Bilder dazu gemacht, die meisten sind von Eduard Wilhelm Engelmann (1825–1853), einige von einem Künstler, dessen Namen wir nicht einmal mehr kennen; er hat nur mit O.H. gezeichnet. Im Verlag Edition Leipzig ist 1969 ein Neudruck dieses Buches erschienen.

HANDSCHRIFTENWESEN

Die älteren Handschriften sind die Übermittler der
geistigen Werke des Mittelalters und Träger für die
Überlieferung aus der Antike. Auch in der neusten
Zeit spielt die Handschrift eines bestimmten Werkes
als Grundlage des Druckes – das Manuskript – im
Buchwesen noch eine entscheidende Rolle.

Nach Karl Löffler (1875–1935)

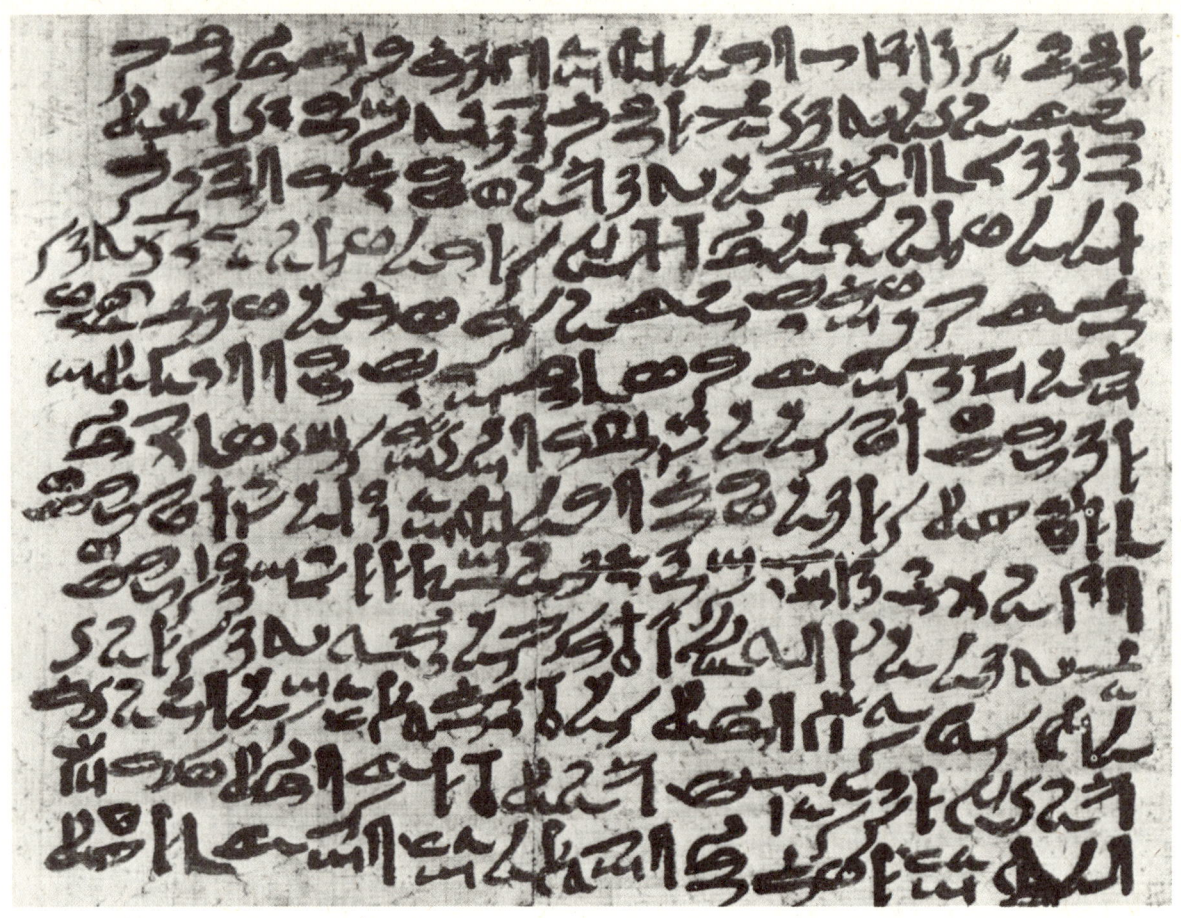

Das älteste Buch der Welt? – Wer es darauf anlegte, könnte wohl ein halbes Dutzend Bücher benannt finden, die als »älteste« bezeichnet werden. Solche Angaben sind mit Vorsicht auf-

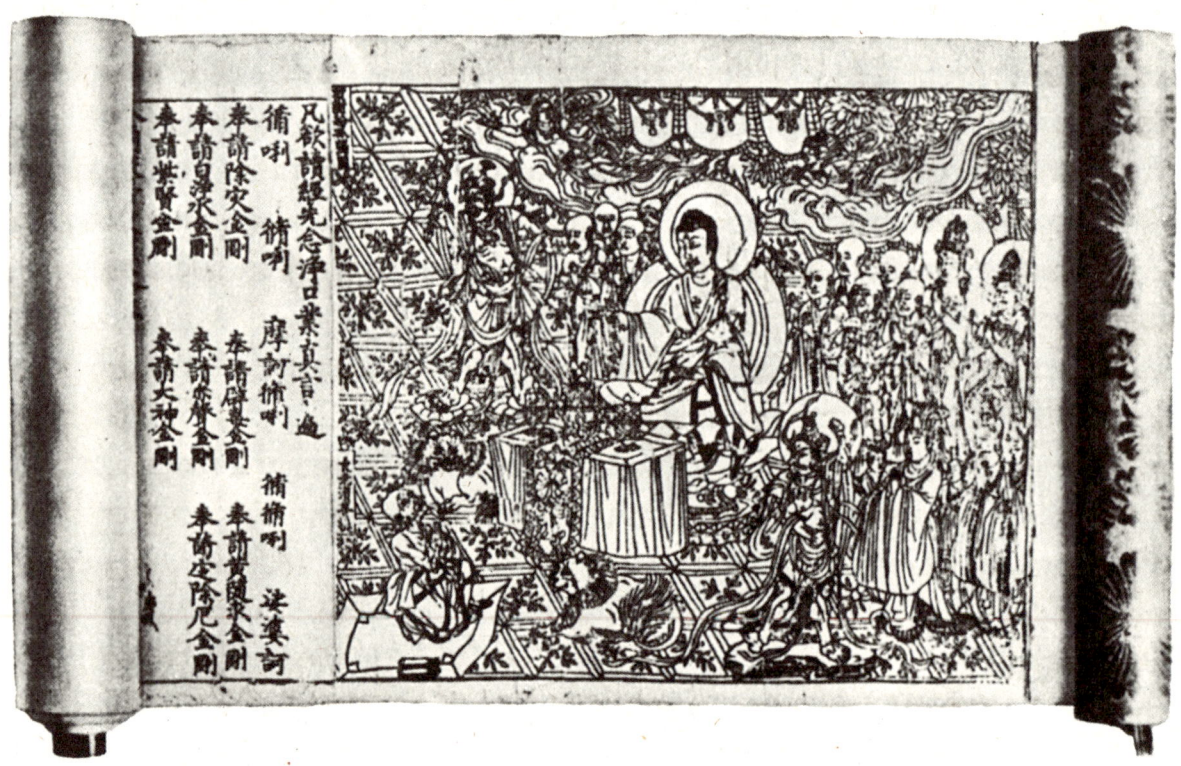

zunehmen, ganz abgesehen davon, daß künftige Funde nicht ausgeschlossen sind. Ganz gewiß aber ist der vor 2000 Jahren v. u. Z. entstandene »Papyrus Prisse« ein sehr altes Dokument. Er wurde in Theben gefunden und ist
heute im Besitz der französischen Nationalbibliothek (Bibliothèque nationale) in Paris.
Er hat die Form einer Rolle und ist sieben Meter
lang. Die Schriftzeichen sind rot und schwarz.
Überhaupt muß man dabei unterscheiden, ob
es sich beim »ältesten« Buch um ein hand-
geschriebenes oder vervielfältigtes Buch handeln soll. Wenn es nämlich um Holztafeldruck
geht, so kann sich auf jeden Fall als sehr alt die
chinesische Übersetzung eines buddhistischen
Textes aus dem Jahre 868 sehen lassen. Das
»Vajracchedika Prajñña Paramita« wurde 1900
in einer Felsgrotte in Tun-huang entdeckt, in
der eine Bibliothek buddhistischer Mönche ein-
gemauert war (links unten).

Ein **Schreiber** des ägyptischen Königs Ame-
nophis, um 1380 v. u. Z. Die Figur aus schwar-
zem Granit ist im Amuntempel in Karnak gefunden worden. Sie ist im Besitz des Ägyptischen Museums in Kairo.

Griechisches Schriftwesen. Ein Lehrer aus
dem alten Griechenland mit Schreibtafel, Griffel – und neben sich, uraltes Symbol des Er-
ziehers, den Stock.

51

Was man zum Schreiben brauchte (Griffel, Schreibfeder, Tinte usw.) bezeichnete man im Lateinischen als **scriptorium.** Dasselbe Wort wurde dann auch für **Schreibstube** verwendet. Schreibstuben oder Skriptorien gab es in allen größeren Klöstern. In Klöstern mit einer besonders hohen Schreibkultur, wie in Fulda und Hirsau, sollen zeitweilig bis zu 12 Mönche in der Schreibstube mit Schreiben und Ausschmücken (Illuminieren) von handgeschriebenen Büchern beschäftigt gewesen sein. Hier ein Bildausschnitt aus einer spätmittelalterlichen Schreibstube vom Jahre 1456. Für die großformatigen Beschreibstoffe (Papier oder Pergament) sowie für die entsprechend großen Bücher benutzte man Pulte, an denen man sitzen konnte, oder andere, an denen man stehend arbeitete. Vom 15. Jahrhundert an gab es auch gut organisierte weltliche Schreibwerkstätten.

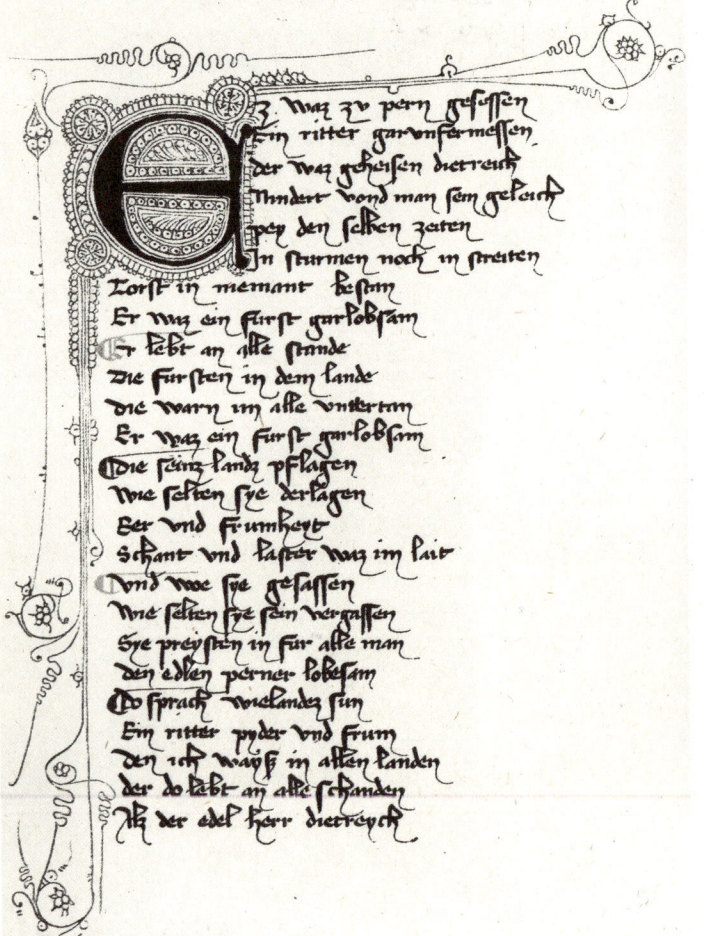

Mit reich verzierten Initialen ist die Handschrift aus dem **Sagenkreis um Dietrich von Bern,** dessen Kampf mit dem Zwergenkönig Laurin behandelnd, geschmückt. Sie wurde um die Mitte des 14. Jahrhunderts geschrieben (Besitz der Königlichen Bibliothek in Kopenhagen). Die ersten drei Zeilen der wiedergegebenen Strophe lauten:

Ez waz zu Pern gesessen
ein ritter gar unfermessen
der waz geheisen Dietreich...

Daneben: Das Nibelungen-Lied nach der Hohenems – Münchner Handschrift aus dem 13. Jahrhundert.

Sprechende Bänder in Verbindung mit Bildern kennen wir bereits in der antiken Vasenmalerei. Erst im Mittelalter ist dieser Brauch wieder aufgenommen worden. Zunächst ist es eine Buchrolle, die der sprechenden Figur in die Hand gegeben wird. Später verselbständigen sich diese Sprechbänder und werden zum ornamentalen schmückenden Gestaltungselement. Wir begegnen ihnen nicht nur in der Buchillustration, sondern auch auf Tafel- und Wandbildern sowie auf Bildteppichen. Und wie so oft eine alte Technik sehr viel später wieder auflebt, so auch das **Spruchband:** Die Sprechblasen in den modernen, aus den USA nach Europa importierten Bildstreifen (Comics) sind eine primitive Nachahmung der zweitausend Jahre alten Spruchbänder.

Das Geschäft mit den Comics ist im westlichen Ausland gewaltig. In den USA werden monatlich 100 Millionen Comic-Hefte, in der BRD monatlich 12 Millionen Exemplare hergestellt.

53

Oben links eine Textseite aus der einzigen **Bilderhandschrift des Nibelungenliedes,** einer Papierhandschrift des 15. Jahrhunderts, der sogenannten Hundeshagenschen Handschrift (die ihren Namen nach ihrem ehemaligen Besitzer Bernhard Hundeshagen trägt): Sie ging in den Besitz der Königlichen Bibliothek zu Berlin über. Auf dieser Seite beginnt das Abenteuer Siegfrieds, wie er Brunhilde gewann. Daneben eine **Liederhandschrift mit Noten.** Sie stammt von Michel Behaim (1416 bis nach 1474), einem fahrenden Meistersänger. Er hat eigenhändig Gedichte und Meistergesänge aufgeschrieben sowie historische Ereignisse geschildert, wie die Belagerung von Wien 1462 im Türkenkrieg, an denen er selbst teilgenommen hatte.

Auch im Orient findet man reichen Buchschmuck. Die **Pessach-Haggadah** ist eine hebräische Sammlung von Erzählungen und Gebeten, die in vielen Handschriften erhalten ist. Hier eine Seite aus dem prachtvollen Darmstädter Pessach-Haggadah aus dem 14. Jahrhundert, an der die Initiale in der Mitte und die Buchsymbole bei allen Figuren bemerkenswert sind.

Zwei Monatsbilder aus einer **kostbaren Handschrift des 15. Jahrhunderts,** dem »Dresdner Gebetbuch«, von einem flämischen Künstler, dem sogenannten »Brügger Meister des Dresdner Gebetbuches« (Landesbibliothek Dresden). Er hat mit Wasserfarben auf Pergament gemalt. Dargestellt sind hier der September mit dem Tierkreiszeichen der Waage und der Oktober mit dem Skorpion.

Holzschnitt aus dem Jahre 1530 von Hans Burgkmair d. Ä., einem bedeutenden Maler und Zeichner: **Ein gelehrter Schreiber** oder ein Gelehrter beim Abschreiben aus einem Buch, das auf einem Lesepult steht. Diese sehr praktischen, augenfreundlichen und verstellbaren Pulte sind leider aus der Mode gekommen. Nur in Bibliotheken trifft man sie zuweilen noch an. Unser Schreibender ist allerdings mit seinem Lesepult nicht auf der Höhe seiner Zeit gewesen. Für große Bücher (Folianten) gab es Pulte mit seitlich angebrachten Haltevorrichtungen.

Schon in den ältesten Pergamenthandschriften wurden die Texte häufig mit ornamentalem und figürlichem Schmuck versehen, ja es gab auch reine Bildseiten. Ein Beispiel hierfür ist dieses Blatt aus dem **Quedlinburger Itala-Fragment,** um 400 in Italien entstanden.

Etwa 100 Jahre später, also um 500, wurde der sogenannte **Wiener Dioscurides-Codex** in Byzanz geschaffen. Neben dem griechischen Grundtext zeigt er handschriftliche arabische und griechische Randbemerkungen.

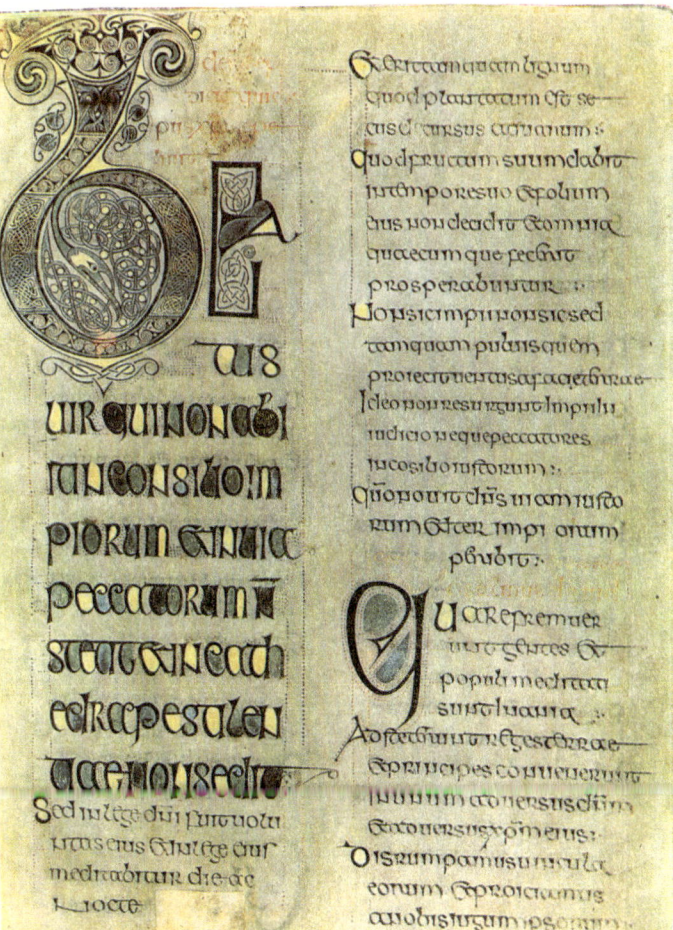

In den klösterlichen Schreibstuben sind manchmal Kunstwerke von einmaliger Schönheit entstanden. Das nebenstehende Blatt aus dem **Psalter der Äbtissin Salaberga** aus der Mitte des 8. Jahrhunderts ist ein glänzendes Beispiel der irisch-angelsächsischen Buchmalerei mit den typischen Fisch-Vogel-Initialen. Ein nicht minder eindrucksvolles Beispiel für den ornamentalen Erfindergeist ist die prächtige **Maria-Initiale** aus einem **Reichenauer Evangeliar** von 970 (links oben).

Das **Beutelbuch** oder der **Buchbeutel** ist
eine Einbandform, die im späten Mittelalter
Mode geworden war. Dadurch, daß man den
Überzugsstoff eines Buches, bei dem es sich zumeist um Leder handelte, am unteren Rand
nicht einschlagen und befestigen, sondern ein
gutes Stück in der Länge überstehen ließ,
konnte man das Buch wie einen Beutel fassen
und tragen. Zuweilen sieht man es auch am
Gürtel angehängt. Man kann das Beutelbuch
häufig auf alten Bildern entdecken. Das Buch
war damals überhaupt noch ein recht seltener
und wertvoller, da ja teurer Gegenstand. Deshalb wurde das Beutelbuch zuweilen ein Mittel
weltlicher Pracht, wenn zum Beispiel Damen
der Oberschicht ihr Stundenbuch mit sich
trugen.

Auf der gegenüberliegenden Seite, oben, sind
zwei spätmittelalterliche Holzschnitzereien mit
Buchbeuteln abgebildet.

Oben: Rechter Flügel des Marien-Altars der
Kirche St. Nicolai zu Röbel 1490.

Die **Nachbildung** eines 1975 in der DDR erschienenen **Beutelbuches** hat der VEB Polygraph Leipzig unter dem Titel »Alter Wein in
neuen Schläuchen« herausgebracht. Leider ist
es so gut wie unbekannt geblieben, weil es
außerhalb des Buchhandels erschienen ist und
nur zu Werbezwecken verwendet wird.

9plé	(9pleª) completa XIV m.	9pō̃	(9pᵡo) complexo XIV p.
9pleᵐ	(9pleᵐ) complementum XV p.	9pōᵃ	(9poᵃ) composita XIV f.
9pleᵘᵉ	(9pleᵛᵉ) completive XIV p.	ꝯpōᵐ	(ꝯpom) compositum XIII f.
9plib;	(9plib) compluribus XV	ꝯpoe	(ꝯpoe) compositione XIV m.
9plli	(9plli) compelli XIV p.	ꝯpoí	(ꝯpoiª) composita XIV p.
9pl͂m	(9plm) completorium XV m.	ꝯpōm	(ꝯpom) comparationem XIII f.
9pl͛o	(9plo) complexio XIV m.	ꝯpone	(ꝯpone) comparatione XIV
9pm͛ti	(9pmᵗti) compromitti XIV	ꝯpōt͛	(9poᵃtr) contraponatur XIII f.
ꝯpn͛d	(ꝯpnd) comparendum XV	ꝯp͂r̃	(ꝯpr) compater (Urkunde aus Lodi) XV m.
9pnd͂e	(9pnde) comprendere XV f.	ꝯp͂sso	(9psso) compresso XV f.
9pnd͛it	(9pndit) comprehendit XIII	ꝯp͂t̃	(ꝯpᵃtr) comparatur XV
9pnt͂	(9pnt) comparentis XV f.	ꝯpta	(ꝯpta) comperta XIII p.
9pnt	(9pnt) comparent XIV f.	9pū̃	(9pxu) complexum XIV m.
ꝯp͂o	(9po) compositio XIV	9pū̃ᵈᵒᵉ	(9puᵃoe) computatione XV p.
ꝯp͂o 9po͛z	(ꝯpo) compositionem XV p.	9puit	(9puit) comparuit XV f.
ꝯp͛oz	(ꝯpo) comparationem XIII f.	9pū̃ndo	(9puᵃndo) computando XIV f.

9pū̃re	(9puᵃre) computare XV f.	9ß	(9s) consulibus XIV f.
9q̄²	(9qr) conqueritur XV	9s.	(9ᵃs) contrarietas XIV p.
9qsta	(9qsta) *conquista* XV m.	9s	(9s) conveniens XIV p.
9̃r̃	(9ᵃr) contrarium XV p.	9̇s, 9s	(9ⁱs, 9ⁱs) communis XV
9r̃ⁿᵉ	(9rⁿᵉ) cum recommendatione XV f.	9s°. 9s°	(9s°) consilio XV f.
9ⁱr̃	(9ⁱr) conveniret XIV f.	9sa affi.	(9sa affi) [de] consanguinitate et affinitate (abbr. jur.) XV f.
9̃re	(9ⁱre) convenire XIII f.	9sag͛t	(9sagⁱt) consanguinitatis XV f.
9̃ret	(9ⁱret) conveniret XII	9sc̄ᵃ°³	(9scaᵒ) consecrationem XV p.
9̃ʳi	(9ri) conveniri XV	9sce	(9ᵒsce) cognoscere XV
9r̄ia	(9ᵃria) contraria XII	9sciaz	(9scia) conscientiam XV
9̄rie	(9rie) contrariae XV f.	9scie	(9scie) conscientiae XV
9r̄io	(9rio) contrario XV	9sēc̄t	(9secᵃt) consecravit XV f.
9̄ri²	(9ᵃriᵃs) contrarietas XIII f.	9sēc̄t̄²	(9secᵃtr) consecratur XV p.
9riu	(9ᵃriu) contrarium XV m.	9sēc̄to3	(9secᵃto) consecrationem XV
9f	(9s) consortialis XIV	9sēq̄ⁿᵉ	(9seqns) consequens XV p.
9f	(9s) consilium XV	9séq̄r̃	(9seqr) consequire (conseguire) XVI p.

Cappelli, Abbreviaturen 6

Signa Chemica

I. Elementorum.

II. Metallorum.

III. Mineralium.

IV. Productorum Mineralium

V. Vegetabilia

Über das Lesen alter Schriften. In alle alten Schriften muß man sich einlesen. Wer aber mittelalterliche Handschriften entziffern will, muß die Lehre von alten Schriftarten, die **Paläographie** (deutsch »alte Schreibkunst«), studieren. Die Schreiber dicker Bücher, oft jahrelang damit beschäftigt, hatten nämlich einige Eigenheiten zur Vereinfachung ihres Handwerks erdacht, zum Beispiel **Abkürzungen** von häufig wiederkehrenden Silben (Abbreviaturen) und Verkürzungen oder **Zusammenziehungen** (Kontraktionen). Hier eine Probe nach einem international bekannten Lexikon solcher Schreibergewohnheiten (von Adriano Cappelli). Dem Buchdruck verdanken wir es, daß diese Erschwernisse der Lektüre allmählich weggefallen sind.

Auch die Fachwissenschaftler bedienten sich schon vor Jahrhunderten bestimmter Zeichen. Wie die Chemiker sich heute noch durch Formeln international verständigen, haben die Naturwissenschaftler schon vor Jahrhunderten **Zeichen für Metalle und Mineralien** usw. verwendet. Die Abbildung links ist einer Handschrift der Deutschen Staatsbibliothek aus dem 18. Jahrhundert entnommen.

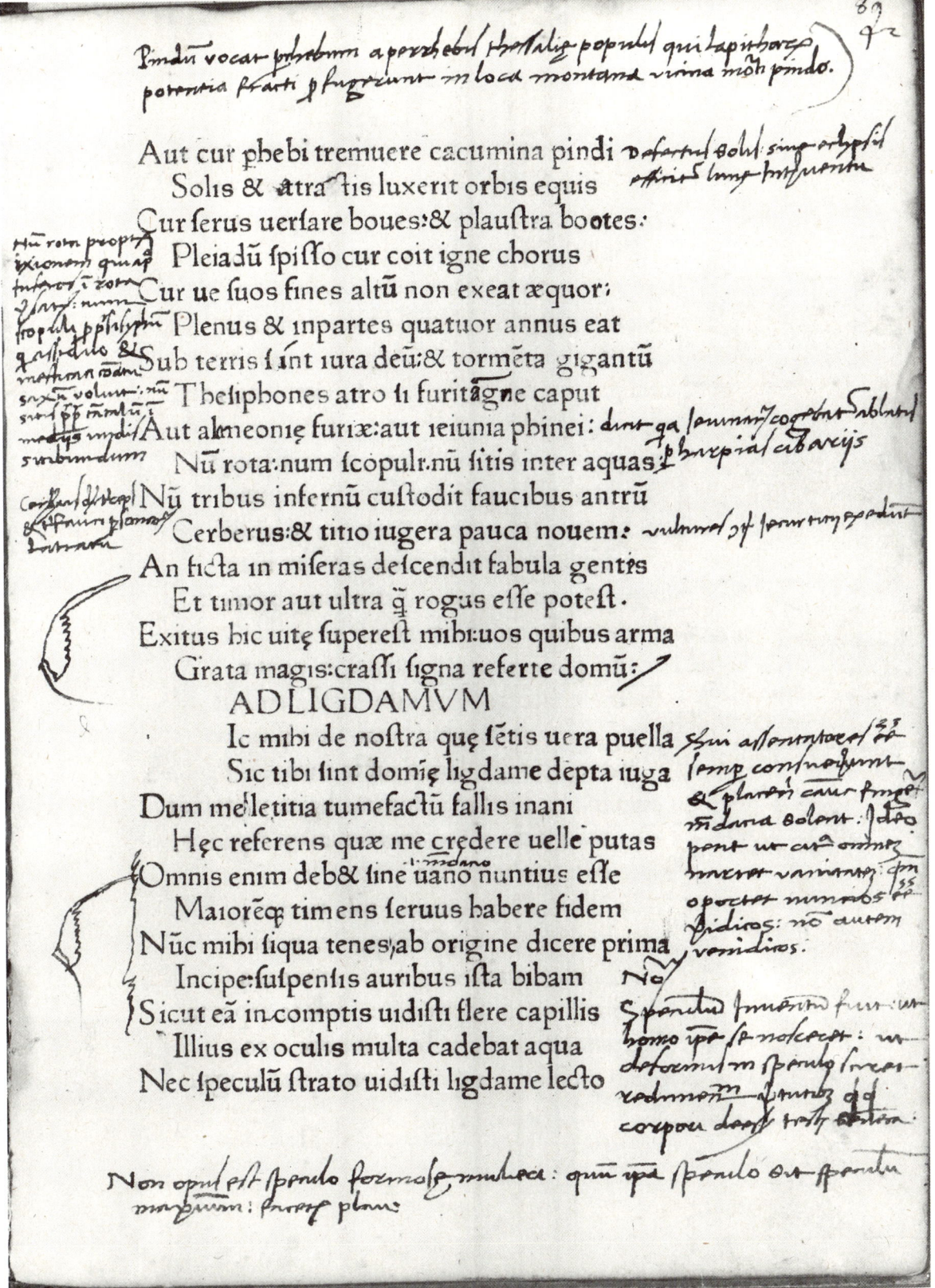

Viele auf uns gekommene alte Handschriften und Drucke sind voller **handschriftlicher Notizen** ihrer einstigen Besitzer. Hier und auf den folgenden Seiten drei Drucke aus dem 15. Jahrhundert, mit denen offensichtlich fleißig gearbeitet worden ist. Es handelt sich um Ausgaben römischer Autoren, im 15. Jahrhundert in Italien gedruckt – Werke, wie sie zuerst die gelehrten Humanisten mit Vorliebe herausgegeben haben.

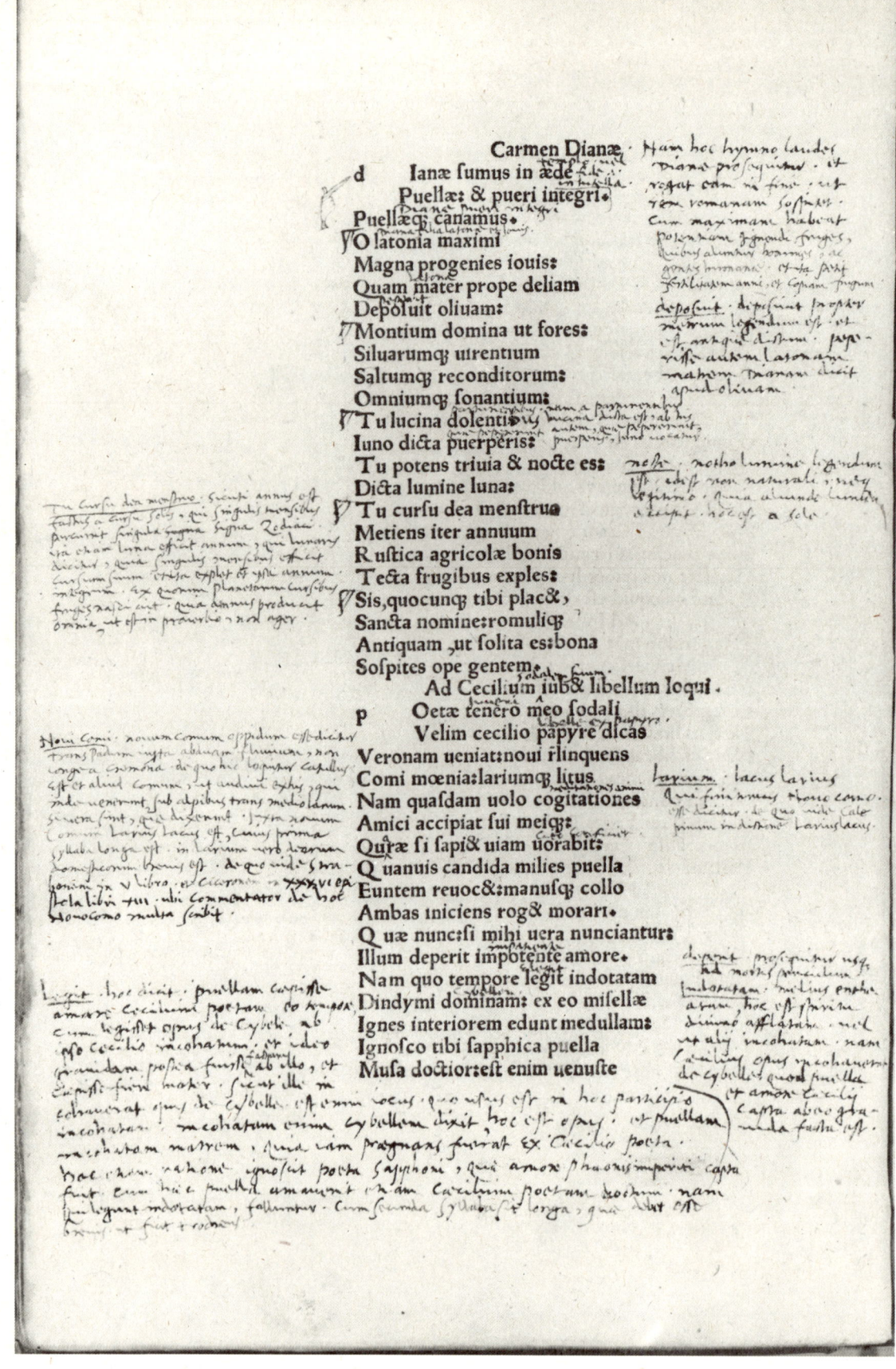

Auch diese beiden italienischen Drucke des 15. Jahrhunderts mit Texten antiker Autoren weisen Spuren eingehender Beschäftigung auf. Daß solche **Randbemerkungen** nicht nur ge-

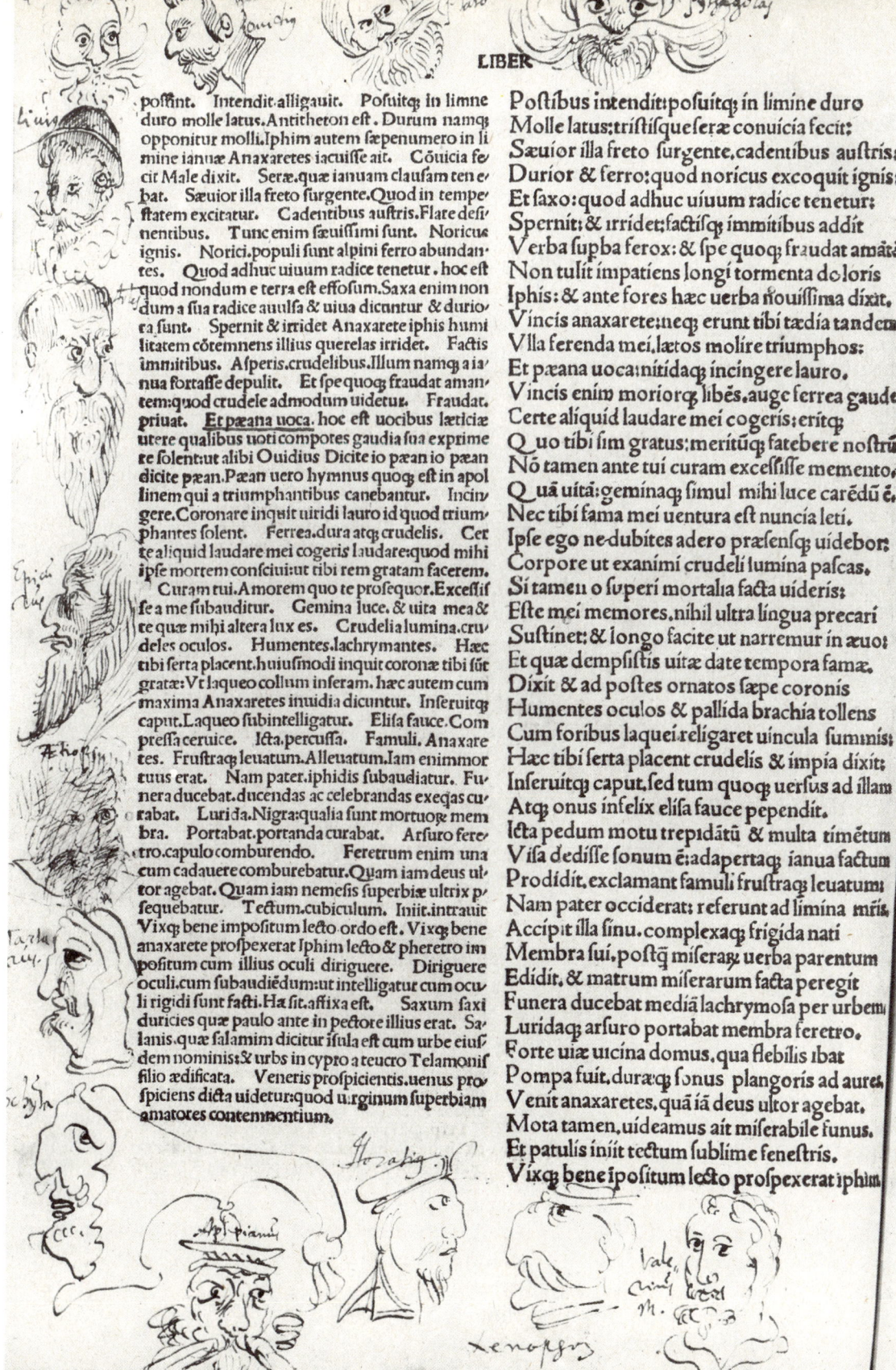

possint. Intendit alligauit. Posuitq; in limine duro molle latus. Antitheton est. Durum namq; opponitur molli.Iphim autem sæpenumero in limine ianuæ Anaxaretes iacuisse ait. Couicia fecit Male dixit. Seræ.quæ ianuam clausam tenebat. Sæuior illa freto surgente.Quod in tempestatem excitatur. Cadentibus austris.Flare desinentibus. Tunc enim sæuissimi sunt. Noricus ignis. Norici.populi sunt alpini ferro abundantes. Quod adhuc uiuum radice tenetur.hoc est quod nondum e terra est effosum.Saxa enim nondum a sua radice auulsa & uiua dicuntur & duriora sunt. Spernit & irridet Anaxarete iphis humilitatem cötemnens illius querelas irridet. Factis immitibus. Asperis.crudelibus.Illum namq; a ianua fortasse depulit. Et spe quoq; fraudat amantem:quod crudele admodum uidetur. Fraudat priuat. Et pæana uoca. hoc est uocibus læticiæ utere qualibus uoti compotes gaudia sua exprimere solent:ut alibi Ouidius Dicite io pæan io pæan dicite pæan.Pæan uero hymnus quoq; est in apollinem qui a triumphantibus canebantur. Incingere.Coronare inquit uiridi lauro id quod triumphantes solent. Ferrea.dura atq; crudelis. Certe aliquid laudare mei cogeris laudare:quod mihi ipse mortem conscuiu:ut tibi rem gratam facerem. Curam tui.Amorem quo te prosequor.Excessif se a me subauditur. Gemina luce. & uita mea & te quæ mihi altera lux es. Crudelia lumina.crudeles oculos. Humentes.lachrymantes. Hæc tibi serta placent.huiusmodi inquit coronæ tibi sunt gratæ:Vt laqueo collum inseram.quæ autem cum maxima Anaxaretes inuidia dicuntur. Inseruitq; caput.Laqueo subintelligatur. Elisa fauce.Compressa ceruice. Icta.percussa. Famuli. Anaxaretes. Frustraq; leuatum.Alleuatum.Iam enimmortuus erat. Nam pater.iphidis subaudiatur. Funera ducebat.ducendas ac celebrandas exeqas curabat. Lurida.Nigra:qualia sunt mortuog; membra. Portabat.portanda curabat. Arsuro feretro.capulo comburendo. Feretrum enim una cum cadauere comburebatur.Quam iam deus ultor agebat. Quam iam nemesis superbiæ ultrix psequebatur. Tectum.cubiculum. Iniit.intrauit Vixq; bene impositum lecto ordo est. Vixq; bene anaxarete prospexerat Iphim lecto & pheretro impositum cum illius oculi diriguere. Diriguere oculi.cum subaudiédum:ut intelligatur cum oculi rigidi sunt facti.Ha sit.affixa est. Saxum saxi duricies quæ paulo ante in pectore illius erat. Salanis.quæ salamim dicitur isula est cum urbe eiusdem nominis:& urbs in cypro a teucro Telamonis filio ædificata. Veneris prospicientis.uenus prospiciens dicta uidetur:quod u.rginum superbiam amatores contemnentium.

Postibus intendit:posuitq; in limine duro
Molle latus:tristisque seræ conuicia fecit:
Sæuior illa freto surgente.cadentibus austris:
Durior & ferro:quod noricus excoquit ignis:
Et saxo:quod adhuc uiuum radice tenetur:
Spernit:& irridet:factisq; immitibus addit
Verba supba ferox:& spe quoq; fraudat amatē
Non tulit impatiens longi tormenta doloris
Iphis:& ante fores hæc uerba ñouissima dixit.
Vincis anaxarete:neq; erunt tibi tædia tandem
Vlla ferenda mei.lætos molire triumphos:
Et pæana uoca:nitidaq; incingere lauro.
Vincis enim moriorq; libēs.auge serrea gaude
Certe aliquid laudare mei cogeris:eritq;
Quo tibi sim gratus:merituq; fatebere nostrū
Nó tamen ante tui curam excessisse memento.
Quã uitã:geminaq; simul mihi luce carēdū é.
Nec tibi fama mei uentura est nuncia leti.
Ipse ego ne dubites adero præsensq; uidebor.
Corpore ut exanimi crudeli lumina pascas.
Si tamen o superi mortalia facta uideris:
Este mei memores.nihil ultra lingua precari
Sustinet:& longo facite ut narremur in æuo:
Et quæ dempsistis uitæ date tempora famæ.
Dixit & ad postes ornatos sæpe coronis
Humentes oculos & pallida brachia tollens
Cum foribus laquei religaret uincula summis:
Hæc tibi serta placent crudelis & impia dixit:
Inseruitq; caput.sed tum quoq; uersus ad illam
Atq; onus infelix elisa fauce pependit.
Icta pedum motu trepidātū & multa timetum
Visa dedisse sonum é:adapertaq; ianua factum
Prodidit.exclamant famuli frustraq; leuatum:
Nam pater occiderat: referunt ad limina mris.
Accipit illa sinu.complexaq; frigida nati
Membra sui.postq; miseraz; uerba parentum
Edidit. & matrum miserarum facta peregit
Funera ducebat media lachrymosa per urbem
Luridaq; arsuro portabat membra feretro.
Forte uiæ uicina domus.qua flebilis ibat
Pompa fuit.duraq; sonus plangoris ad aures
Venit anaxaretes.quã iã deus ultor agebat.
Mota tamen.uideamus ait miserabile funus.
Et patulis iniit tectum sublime fenestris:
Vixq; bene ipositum lecto prospexerat iphim

lehrten Charakter haben müssen, beweisen hier die humorig typisierten Porträts bedeutender Persönlichkeiten, unter denen wir Plato wie Pythagoras, Plinius wie Epikur genannt sehen.

63

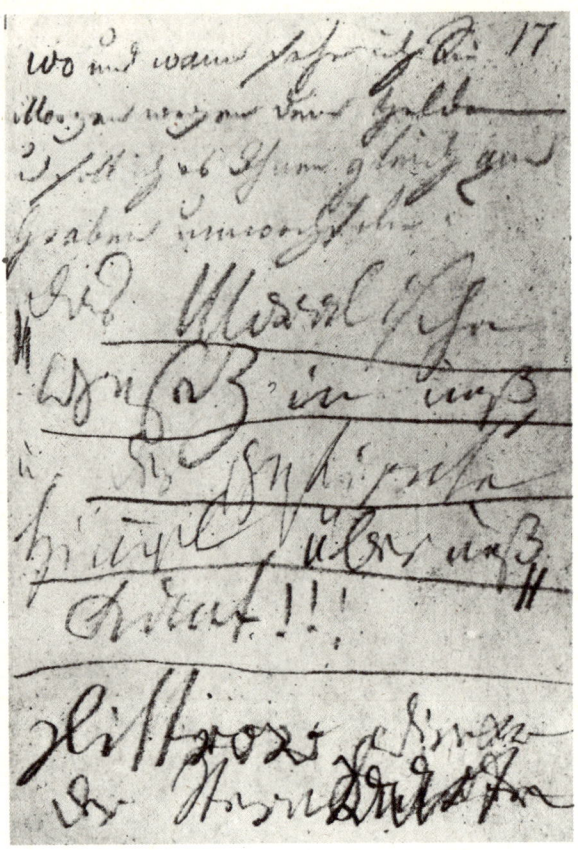

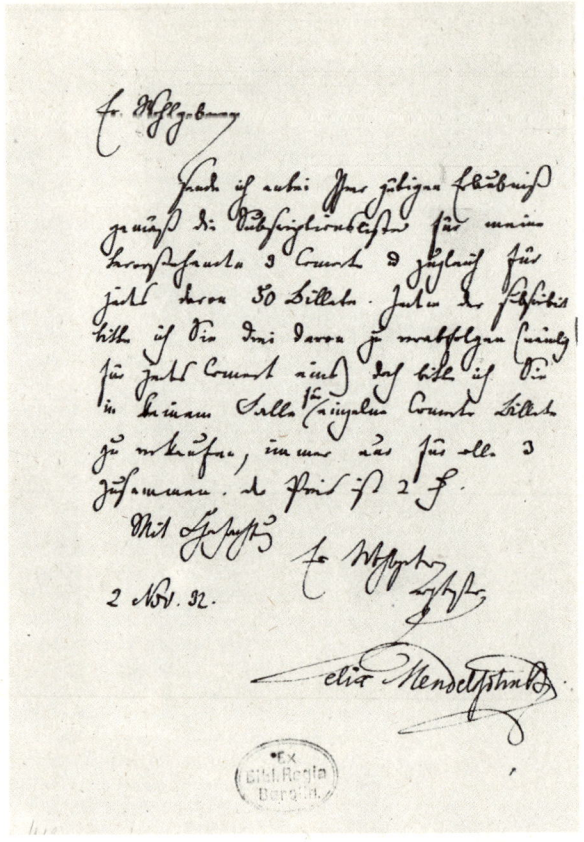

Ex Bibl. Regia Berolin.

Ludwig van Beethoven (1770–1827), der in den letzten acht bis neun Jahren seines Lebens taub war, mußte sich zur Verständigung mit seinen Gesprächspartnern ihren Teil der Unterhaltung aufschreiben lassen (»**Konversationshefte**«). Oft hat er auch eigene Notizen hinzugefügt. Er verwendete dafür zu Heften gefaltete Papierbogen, die sich zum größten Teil erhalten haben. 1846 erwarb die Königliche Bibliothek zu Berlin (heute: Deutsche Staatsbibliothek) 138 dieser sogenannten »Konversationshefte«. Sie werden zur Zeit erstmalig vollständig von der Deutschen Staatsbibliothek im Druck herausgebracht. Diese Gesamtausgabe ist eine wichtige Dokumentensammlung für die Wissenschaft. Die kostbaren Hefte haben schon eine bewegte Geschichte. 1951 wurden sie von einem Agenten der Organisation Gehlen, einer westdeutschen Spionagegruppe, gestohlen und in die BRD verbracht. Sie galten zehn Jahre als verschollen. Erst dann sind sie, durch Vermittlung fortschrittlicher westdeutscher Wissenschaftler, der rechtmäßigen Eigentümerin, der Deutschen Staatsbibliothek, zurückgegeben worden.

Als Probe ist eine Seite (Januar/Februar 1820) gewählt, auf der Beethoven den Philosophen Immanuel Kant, seinen Zeitgenossen (1724 bis 1804), erwähnt. Die seitdem oft zitierten Worte Kants lauten: »Zwei Dinge erfüllen das Gemüt mit immer neuer und zunehmender Bewunderung und Ehrfurcht. . . : der bestirnte Himmel über mir und das moralische Gesetz in mir.« (Kant, Kritik der praktischen Vernunft).

Autographen sind vielfach ein Stück Lebensgeschichte: Ein Brief des Komponisten Felix Mendelssohn Bartholdy (1809–1847) an seinen Verleger Trautwein in Berlin (1832). Briefe und Handschriften berühmter Männer und Frauen zählen zu den Schätzen der Bibliotheken und Archive als Zeugnisse des kulturellen Erbes. Die Deutsche Staatsbibliothek Berlin, Besitzerin dieses Autographs, ist besonders reich an Musiker-Autographen.

Ausschnitt aus einem **Brief** des Schriftstellers **Ludwig Renn.** Seine Kinderbücher, z. B. Herniu, Camilo, Nobi, sind sehr beliebt. Er hat sich große Verdienste um die neue sozialistische Kinderliteratur erworben.

Aus dem **Manuskript** des Buches »Der Untergang der Jaguarkrieger« des Schriftstellers Willi Meinck, der viele beliebte Bücher für Kinder geschrieben hat. (Kinderbuchverlag Berlin, zuerst 1968).

Oben rechts: Eine Manuskriptseite des 1980 im Kinderbuchverlag erschienenen Buches »Insel der Schwäne« von Benno Pludra.

vom Hange gelaufen und rief: „Der Baum, der Baum!" Und sie führte sie zu einer kleinen Mulde am Hange. Da war das Steingeröll beiseite geräumt und zu einem niedrigen Wall geschichtet,

25

Auch im 20. Jahrhundert gibt es noch das **handgeschriebene Buch.** Bücher nach dem Vorbild mittelalterlicher Handschriften zu schreiben und sie zu vervielfältigen hat immer wieder gereizt. Hier ein Beispiel aus dem Jahre 1925: Ernst Preczang (1870–1949), Im Satansbruch. Die Schrift dieses Kunstmärchens stammt von Kurt Reibetanz aus Leipzig, der Österreicher O. R. Schatz hat es mit Holzschnitten geschmückt.

»Ferdinand der Stier« von Munro Leaf ist nicht nur **eines der schönsten Kinderbücher der DDR,** sondern auch eines der interessantesten. Es ist mit 40 farbigen Zeichnungen geschmückt – wie andere illustrierte Bücher auch –, aber der ganze Text ist handgeschrieben. Er erschien zuerst 1965 im Alfred Holz Verlag, Berlin, seitdem schon oft aufs neue. Es hat auch im Ausland Beachtung gefunden, z. B. auf der Biennale der Kinderbuch-Illustration 1967 in Bratislava. Der »Ferdinand« ist eines der Meisterwerke von Prof. Werner Klemke.

„Warum läufst du nicht umher und spielst mit den andern jungen Stieren und puffst dich mit ihnen?" fragte sie ihn dann.
Aber Ferdinand schüttelte jeweils den Kopf. „Mir gefällt es besser hier, wo ich ruhig da sitzen und an den Blumen riechen kann."

BUCHDRUCK-ERFINDUNG

Mehr als das Gold hat das Blei die Welt verändert.
Und mehr als das Blei in der Flinte das Blei im
Setzkasten.

Georg Christoph Lichtenberg (1742–1799)

IEAN GVTTEMBERG, INVENTEVR
de l'Imprimerie   Chapitre 97. 5010.

Hat Johannes **Gutenberg** (um 1398 bis 1468),
der **Erfinder des Buchdrucks,** gewußt, daß
im fernöstlichen **Korea** bereits im 8. Jahrhundert kleine Zettel mit einer Holztafel bedruckt worden sind, daß dort bereits 868
ein **Holztafelbuch,** also ein Blockbuch, fertig
vorgelegen hat und daß dort, vermutlich erstmals in der ganzen Welt, vom 11. Jahrhundert
an, bestimmt aber zwischen 1403 und 1409,
Bücher mit metallnen Lettern hergestellt worden sind? Über irgendwelche Zusammenhänge
zwischen der ganz anderen Drucktechnik Gutenbergs und den koreanischen Druckanfängen
wissen wir überhaupt nichts. Um so reizvoller
ist es, darüber allerlei Vermutungen anzu-
stellen, und das geschieht immer wieder aufs
neue. – Übrigens reiste Marco Polo 1272 über
Vorder- und Innerasien nach China; er kehrte
erst 1295 wieder in seine Heimat Venedig
zurück.

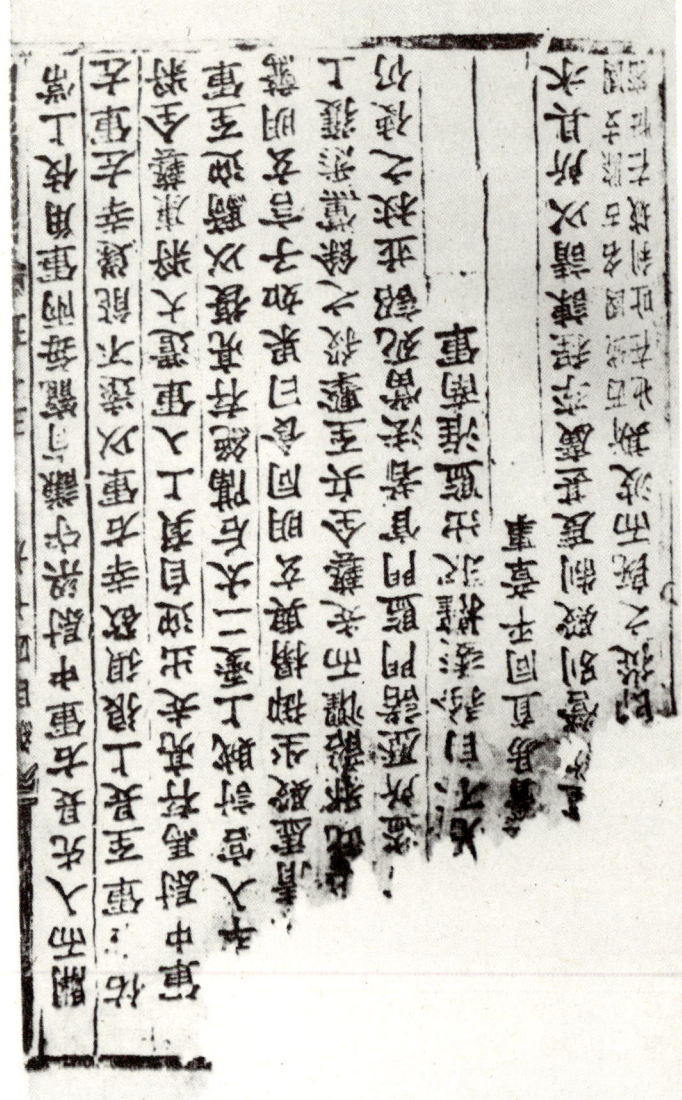

68

Im Gegensatz zu den üblichen **Gutenberg-bildnissen** hat der Bildhauer und Maler Willi Reue den Erfinder in den zwanziger Jahren unseres Jahrhunderts modelliert (Bronzebüste): jung, energisch und zielbewußt. Da niemand weiß, wie Gutenberg wirklich ausgesehen hat (es gibt kein zeitgenössisches Bild), hat diese Auffassung viel für sich. Sie entspricht den Charakterzügen, die wir uns nach seinen Werken machen können.

Meistens wird als Gutenberg-Bild ein zuerst 1584 von einem unbekannten Künstler stammendes gewählt, das sich in einem in Paris gedruckten Buch von Thevet über berühmte Leute (Vrais portraits et vies des hommes illustres) findet. – Wie viele andere Länder ehrte auch die DDR Gutenberg mit einer Briefmarke.

Der Schrifftgiesser.

Ich geuß die Schrifft zu der Druckrey
Gemacht auß Wißmat/ Zin vnd Bley/
Die kan ich auch gerecht justiern/
Die Buchstaben zusammn ordniern
Lateinisch vnd Teutscher Geschrifft
Was auch die Griechisch Sprach antrifft
Mit Versalen/ Puncten vnd Zügn
Daß sie zu der Truckrey sich fügen.

Die Erfindung Gutenbergs bestand vor allem in der Konstruktion des sogenannten **Handgieß-instruments,** mit dessen Hilfe alle gegossenen Lettern die gleiche Höhe erhielten. Ein Holzschnitt Jost Ammans aus seinem »Ständebuch« von 1568 vermittelt einen lebendigen Eindruck, wie es bei einem **Schriftgießer** seiner Tage zuging. In der Ecke steht der mit Holzscheiten geheizte Ofen, in dessen Kessel das Blei siedet. Daraus wird es mit einer Handkelle geschöpft und in die Gießform gefüllt. Jedesmal entsteht ein einziger Buchstabe. Alles in allem ein mühsames Handwerk.

Jxit insipiens in corde suo: nō
est deus, Corrupti sunt ⁊ ab=
hominabiles facti sūt ī iniqui
tatibz: non est qui facit bonū,
Deus de celo prspexit sup filios hoim: ut
videat si est intelligens aut requirens deū,
Omnes declinauerūt simul inutiles facti
sūt: non est qui faciat bonū: nō est usqᷓ ad
vnū Nonne scient oēs qui opant̄ iniq=
tatem: qui deuorant plebem meā sicut cibū
panis: Deū non inuocauerūt illic trepida=
uerūt timore: vbi nō fuit timor, Qm ds
dissipauit ossa eoꝝ qui hominibz placent:
confusi sūt qm ds spreuit eos Quis dabit
eꝝ syon salutare isrl cū āuterit ds captiuita
tē plebis sue: exultabit iacob ⁊ letabit̄ isrl,
Caudi deus orationē meā: ⁊ ne
despexeris deprecationē meā: intende
michi et exaudi me, Contristatus sū in ex
ercitacōne mea: et conturbatus sum a voce

Das erste mit beweglichen Lettern gedruckte
größere Buch ist die **42zeilige Bibel** Gutenbergs. Es gilt bis heute als eines der vollkom-
mensten und schönsten Druckwerke. Die farbigen Initialen, (Anfangsbuchstaben) wurden
mit der Hand eingefügt. In manchen uns erhaltenen Exemplaren sind die breiten Ränder
um den Text herum zusätzlich mit Rankenwerk
und reichem Figurenschmuck versehen.

Der Mainzer Psalter wurde von Fust und
Schöffer 1457 gedruckt. Verwendung fanden
die von Gutenberg geschaffenen Lettern.
Wir sehen daraus: oben eine Textseite mit ein-

gedruckten zweifarbigen Initialen und Rankenwerk und unten das Druckersignet Fusts und
Schöffers.

bienſes ad Albiã fluuium icolentes:& poſtea iteʒ i bohemos ducere iuſſit . Et quidé Carolus
filius genitori uirtute aſſimilis exercitu.qué acceperat ex Bauaris:Burgundiōibus:Alemániſq
aucta utraqʒ expeditione fœliciter eſt uſus.Ná ſorbieſib⁹ q̄primũ ſunt aditi: pacatis: & pſidiis
duob⁹ eoʒ.puinciæ fluuiis Sale & Albino ipoſitis:terrã Bohemoʒ ingreſſus:quú fugietes illi
nō eſſent iueni:agros deuaſtauit.Quo i tépore Mauris Corſicã italiæ inſulá premétibus:Pipi
nus rex claſſem duce ademaro franco Genuæ comitis imiſit:ad primáqʒ extenſioné: & ſi Ade
marus dux pugnás occiſus é:mauri pfligati:inſula ſunt pulſi:pariqʒ ſ ſaracenos fœlicitate p id
téporis uſus Impator carolus:Nauarros:pápilonéſeſqʒ hiſpanos qui pauloante ad iſideles de
fecerát:i deditioné p legatos accepit.Mauriqʒ túc hiſpanias taraconéſem ac Luſitaniã impio
premétes paratiſſima claſſe Sardiniã corſicãqʒ ſunt aggreſſi.In quos carolus claſſe apud citerio
rem hiſpaniã cōparata cui Buccharedus comes ſtabuli ſui pfecit: duci curauit.Sardis autē pbe
reſiſtentib⁹:Mauri pſlio ſuperati ad quinqʒ milia amiſerūt.Et bucharedus eoſdé i corſicã oſté
ſione facta delatos fudit:fugauitqʒ tredecim nauib⁹ dũ fugerent itercæptis.Per quod tempus
Nicea patricius a Nicephoro cõſtantinopolitano iperatore miſſus ingéti claſſe i hadriaticum
ducta.Dalmatas & uenetos ab ictis cũ carolo iperatore fœderib⁹ recedere compulſos: ad ſuas
ptes reduxit.Et tamen nō multos dies ueneciis cum claſſe moratus: induciiſqʒ cum Pipino i
paucos menſes conſtitutis:Cõſtantinopolim cum omni claſſe reuerſus eſt.
Blondi Forliuienſis Ab inclinatione Romani Impii Decadis ſecundæ Liber ſecundus.

c   ONSIDERANTI Mihi nunc orbis olim Romanis ſubiecti ſtatū:nulla
uidet iclináti pridé impio fundit⁹ euertédo cauſa efficacior fuiſſe q̄ inchoa
ta nup conſtantinopolitani cũ romano pricípe diſſenſio. Si nãq̄ Nicepho
rus græcus ita in Aſiã & Africã menté cogitationéſqʒ intédiſſet:ſicut caro
lus magnus domandis uel impio uel fidei chriſtianæ rebellib⁹:europæ po
pulis icubuerat:facile potuit iſtaurari romanæ rei dignitas:quã uterqʒ impa
tor titulo pſerebat.Sed dũ carolus hinc Danos genté oceani germanici ac
eolam p carolũ filiũ romano ſubigit nomini.Inde Saracenos hiſpanias pmentes p Ludouicũ
filiũ agitat.Niceforus omiſſa ſaracenoqʒ Thraciã & ipſos cõſtantinopolitanæ urbis fines ua
ſtantiũ cura:omnes impii ſui uires in dána Italiæ ſub Pipino rege quieſcétis conuertit.Siquidé
eius claſſis i mare inferʒ delata populoniã etruriæ urbé partim fraude:partim uirib⁹ captã diri
puit.& niceta patricius idutiis quas cũ Pipino Venetiis cõſtitutas fuiſſe diximⁱ: uix dum exa
ctis claſſe ingéti i hadriaticũ ducta:ſupplemétiſqʒ in Dalmatia accæptis expoſita ſupo mari ita
liæ loca Pipino parétia iuadere cõſtituit.Reſciuerat eius aduentũ Pipinus:& Comaclo: quod
oppidũ mari ſtagniſqʒ pene i inſulã circundatũ.Venetis primũ opponi:cõmunito copias im
poſuerat ex omni Italica:gallicaqʒ militia ſe lectas.Duxit tamé i comaclũ Niceta & græc⁹ dal
mata:uenetuſqʒ miles multis acceptis uulnerib⁹ é repulſus.Quáobrem niceta primo fruſtra
tus conatu uenetias ſe recepit:& eius urbis duces imperatoré iter conſtantinopolitanũ & regé
italicum:pacé ut conſtituerent intétarunt.Veneta eni urbs p eos trecétos & circiter quiriqua
ginta qui ab eius cõditione effluxerát annos multũ populo & opib⁹ aucta erat ut eã uterqʒ pri
ceps multifacere cogeret.Scribit uero Paulus aquileiéſis diacon⁹ Vbeleriũ & Beatũ duces Ve
netiaʒ:qui græcos & fràcos ad pacé pducere ſimulaſſent Pipino iſidiatos fuiſſe:eaſqʒ inſidias:
quú pipinus ſenſiſſet a pacis tractatu re iſecta diſceſſum eſſe.In monumétis autem reipublicæ
uenetorũ habet Vbeleriũ quia uxoré ex Galliis haberet fràcis cõtra républicã cõſéſiſſe:ideoqʒ
ipm & beatũ fratré patria pulſos ad impatoré ſe cõtuliſſe.Quod quidé ut credã facit ipſe pau
lus:qui paulo infra Vbeleriũ enumerat iter oratores:quos carolũ pro pace conſtituta ad Nice
phoʒ miſiſſe oſtendem⁹:Ea quú fieri primarios intra chriſtiani nominis principes romanum
& græcum fama uulgaſſet:extulerunt animos ſarraceni & ſardiniam primo: deinde corſicam
inſulam ipſo Sanctæ paſcæ ſabbato ingreſſi Aleria urbe ſpoliata mortales omnes præter epi
ſcopum & Senes admodũ perpaucos cũ facta regʒ omnium præda abduxerūt.Pipinus interea
indigne ferens inſidias ſibi a Venetis:ſicut rebatur bellũ in eos maioré q̄ unq̄ antea apparatu
terra mariqʒ mouit.Id bellũ uarie a multis ſcriptũ inuenio.paulus enim Diaçoñ aquileieñſis
qué uidemus uenetoʒ gloriæ libenter detrahere Venetiã dicit terra mariqʒ bello appetitã Pi
pino regi ſubiectã:& illius duces i deditioné acceptos fuiſſe.Gothofredus autē uiterbienſis:&
ipa uenetoʒ monuméta habét eã uenetiæ ſubiectioné ſupiori bello factã:quãdo Pipini copias
heracliã equileiũqʒ ſcripſimus inuaſiſſe.Vnde quú aliquádo attéte cõſiderauim⁹:quæ potuerit

Signet des Peter Drach, Speyer,
1476 bis 1504
Signet der Mohnkopf-Drucke-
rei, Lübeck, 1487 bis 1520

Unfertige Drucke des 15. Jahrhunderts.

Die Buchdrucker des 15. Jahrhunderts haben
nach dem Vorbild der Handschriften häufig bei
Text- oder Kapitelanfängen einen rechteckigen
Raum freigelassen, damit ein »Rubrikator«
(von lateinisch rubrum = rot) mit der Hand
einen schönen Anfangsbuchstaben in roter
oder blauer Farbe einfügen konnte. Gleichsam
als Hilfestellung für diesen wurde der ent-
sprechende Buchstabe mit einer kleinen Type
in dieses ausgesparte Feld eingedruckt. Das
nachträgliche Ausschmücken des Druckes ist
aber nicht immer erfolgt, wie man hier am Beispiel eines 1484 in Venedig gedruckten Ge-
schichtswerkes von Flavius Blondus sieht.

Die älteste Abbildung einer Druckerwerk-
statt und einer Buchhandlung ist uns in einem
Totentanz-Druck überliefert. Der Tod ist hier
in mehrfacher Gestalt mit von der Partie, er
streckt seine Hand nach Setzer, Drucker und
Buchhändler aus. Totenschilderungen waren
im Mittelalter weit verbreitet. Unsere Darstellung stammt aus einem 1500 in Lyon
(Frankreich) von Matthias Huss gedruckten
Totentanz-Gedicht, das von der Vergänglich-
keit des Lebens erzählt. Diese erste Abbildung
einer kompletten Werkstatt ist kaum ein halbes
Jahrhundert nach Gutenbergs Erfindung entstanden und bietet uns auch die früheste
Darstellung einer Druckerpresse.

Mors refecat/mors omne necat quod carne creatur
Magnificos premit & modicos/cunctis dominatur.

Nobiliū tenet imperiū nulli reuretur
Tam ducibus q̃ principib⁹ cōmunis habetur.

Nunc ubi ius/ubi lex/ubi uox/ubi flos iuuenilis hic nisi pus/nisi fex/nisi terre precio uilis.

Le mort

Uenez danser ung tourdion
Imprimeurs sus legierement
Uenez tost/pour conclusion
Mourir vous fault certainement
Faictes ung sault habillement
Presses/& capses vous fault laisser
Reculer ny fault nullement
A louurage on congnoist louurier.

Les imprimeurs

Helas ou aurons nous recours
Puis que la mort nous espie
Imprime auons tous les cours
De la saincte théologie
Loix/decret/& poeterie/
Par nr̃e art plusieurs sont grans clers
Releuee en est clergie
Les vouloirs des gens sont diuers

Le mort

Sus auant vous ires apres
Maistre libraire marchez auant
Uous me regardez de bien pres
Laissez voz liures maintenant
Danser vous fault/a quel galant
Mettez icy vostre pensee
Comment vous reculez marchant
Cōmencement nest pas fusee

Le libraire

Me fault il maulgre moy danser
Je croy que ouy/mort me presse
Et me contrainct de me auancer
Nesse pas dure vestresse
Mes liures il fault que ie laisse
Et ma boutique desormais
Dont ie pers toute lyesse
Tel est blece qui nen peult mais.

6

Druckerpressen aus dem 15. Jahrhundert sind nicht erhalten. Fachleute haben einige Pressen rekonstruiert. Neben dem Gießinstrument für die Herstellung der Buchlettern war die Druckerpresse der wichtigste Bestandteil der Gutenbergschen Erfindung. Die Druckleistung an solch einer Presse betrug etwa 300 Bogen je Arbeitstag.

Druckschriften-Proben von 1486. Erhard Ratdoldt, einer der namhaftesten Drucker im 15. Jahrhundert, hatte seine Heimatstadt Augsburg verlassen, um in Italien sein Glück zu versuchen. Als er 1486 nach Augsburg zurückkehrte, empfahl er sich mit diesem Schriftmusterblatt (rechts) seiner Kundschaft. Damit vermittelte er als erster in Deutschland die neuen geschmackvollen, gerundeten, italienischen Schriften (Rundgotisch).

Bereits im 15. Jahrhundert gab es eine deutsch-polnische **Buchdruckkooperation.** Man kann nur immer wieder staunen, wie klein die Welt im 15. Jahrhundert gewesen ist. Der deutsche Drucker Meinrat Ungut und der polnische Drucker Stanislaus Polonius druckten von 1491 bis 1499 in Spanien (Sevilla) gemeinsam. Als ihr Gütezeichen verwendeten sie diese oben abgebildete Druckmarke mit den Anfangsbuchstaben ihrer Vornamen. Beide haben zeitweilig auch in der 1490 gegründeten Genossenschaft deutscher Drucker in Sevilla mitgewirkt. Diese Genossenschaft hatte ein Druckerzeichen mit der Aufschrift PIMT Alemani. PIMT ist zusammengesetzt aus den Anfangsbuchstaben der vier deutschen Drucker.

Aue maria gfa plena dominus tecū bene dicta tu in mulierib' et benedictus fruct' uentris tui : ihesus christus amen.

Gloria laudis resonet in ore omniū Patri genitoqz proli spiritui sancto pariter Resul tet laude perhenni Labori bus dei vendunt nobis om nia bona. laus : honor : virtus potētia : 7 gratiaz actio tibi christe. Amen.

Viue deū sic 7 vines per secula cun cta. Prouidet 7 tribuit deus omnia nobis. Proficit absque deo null9 in orbe labor. Illa placet tell9 in qua res parua beatū. Me facit 7 tenues luxuriantur opes.

Si fortuna volet fies de rhetore consul. Si volet hec eadem fies de cōsule rhetor. Quicquid amor iussit nō est cōtēdere tutū Regnat et in dominos ius habet ille suos Uita data é utēda data é sine fenere nobis. Mutua : nec certa persoluenda die.

Usus 7 ars docuit quod sapit omnis homo Ars animos frangit 7 firmas dirimit vrbes Arte cadunt turres arte leuatur onus Artibus ingenijs quesita est gloria multis Principijs obsta sero medicina paratur Cum mala per longas conualuere moras Sed propera nec te venturas differ in horas Qui non est hodie cras minus aptus erit.

Non bene pro toto libertas venditur auro Hoc celeste bonum pterit orbis opes Precunctis animi est bonis veneranda libertas Seruitus semper cunctis quoque despicienda Summa petit liuor perflant altissima uenti Summa petunt dextra fulmina missa iouis In loca nonnunquam siccis arentia glebis De prope currenti flumine man at aqua

Quisquis ades scriptis qui mentem forsitan istis Ut noscas adhibes protinus istud opus Nosce : augustensis ratdolt germanus Erhardus Litterulas istos ordine quasqz facit Ipse quibus veneta libros impressit in vrbe Multos 7 plures nunc premit atqz premet Qui que etiam varijs celestia signa figuris Aurea qui primus nunc monumenta premit Quin etiam manibus proprijs vbicanqz figuras Est opus : incidens dedalus alter erit

Nobis benedicat qui i trinitate vinit 7 regnat Amen : Honor soli deo est tribuends Aue regina celo x mater regis angelo rum o maria flos virginum velut rosa velilium o maria : Tua est potentia tu rtgniz domine tu es super omnes gen tes da pacem domine in dieb' nostris mirabilis deus in sanctis suis Et glori osus in maiestate sua otb pantbon kyr

Quod prope sacce diem tibi sum conuiua futurus forsitan ignoras at fore ne dubites Ergo para cenam non qualem stoicus ambit Sed lautam sane more cirenaico Nanque duas mecum florente etate puellas Adducam quarum balsama cunnus olet Vernula sola domi sedeat quam nuper habebas Si nondum cunnus vepribus botruerit Sunt qui insimulent 7 auari crimen amici O biciant facito rumor utiste cadat Hec Pbilelpbus

Nunc adeas mira quicunqz volumina querens Arte vel ex animo pressa fuisse tuo Seruiet iste tibi : nobis iure sorores Incolumem seruet usqz rogare licet

Est homini uirtus fuluo preciosior auro : xnxas Ingenium quondam fuerat preciosius auro. Miramurqz magis quos munera mentis adornāt: Quam qui corporeis emicuere bonis. Si qua uirtute nites ne despice quenquam Ex alia quadam forsitan ipse nitet

Nemo sue laudis nimium letetur honore Ne uilis factus post sua fata gemat. Nemo nimis cupide sibi res desiderat ullas Ne dum plus cupiat perdat & id quod habet. Ne ue cito uerbis cuiusquam credito blandis Sed si sint fidei respice quid moneant Qui bene proloquitur coram sed postea praue Hic erit inuisus bina cp ora gerat

Pax plenam uirtutis opus pax summa laborum pax belli exacti precium est preciumque pericli Sidera pace uigent consistunt terrea pace Nil placitum sine pace deo non munus ad aram Fortuna arbitriis tempus dispensat ubi Ita rapit iuuenes illa serit senes

κλιω τευτερπη τε θαλεια τε μελπομενη τε ιερμαχορη τερατω τε πολυμυεια τουρανιη τε καλλιοπη θελη προφερεεστη ισιναντα σαων ιεσνις χρισουδ μαρια τελοσ.

Indicis charactex diuersax mane rierū impressioni paratarū : Finis.

Erhardi Ratdolt Augustensis viri solertissimi : preclaro ingenio 7 miri fica arte : qua olim Venetijs excelluit celebratissimus. In imperiali nunc vrbe Auguste vindelicox laudatissi me impressioni dedit. Annoqz salu tis. M.LLLL.LXXXVJ. Kalē. Aprilis Sidere felici compleuit.

Eyn manūg d' cristēheit widd' die durkē

Oalmechtig konig in himels tron
Der uff ertrich ein dorne crone Vñ
sin streit baner vō blude roit Das heilge
creutze in sterbend not Selb hat getragē
zu d' mart' grois Vñ dē bittñ dot nacke
vñ blois Dar an vmb mentschlich heil
gelittē Vñ vns do mit erloist vñ erstrittē
Vñ den bosē fyant ob wuden Hilff vns
vorbas in allē studen widd' onser fynde
durcken vñ heiden Rache en yren bosen
gewalt leidē Den sie zu cōstantinopel in
kriech ē lant An manchē tristē mentschē
begangē hant Mit fahen marter vñ dot
slagē vñ usmehē Als den aposteln vor
zistē ist gescheen Vmb die xij stucke des
heilgen glaubē gut Halt xij die gulden
zale in hut Auch werden dis iar xij nu-
wer schin Visieren die xij zeichē des him
mels din Als mā zelet noch diū geburt
offenbar M · cccc · lu · iar Sibē wochē

*Liber Eximie Raritatis et inter Cimelie
Bibliotheca aservandus. F. C.*

Der älteste vollständig erhaltene Druck, eine Kalenderseite, stammt aus Mainz: Eine Mahnung der Christenheit wider die Türken, kurz »**Türkenkalender**« genannt, von 1454. Der junge Buchdruck wurde also bereits für politische Zwecke eingesetzt, für einen Kreuzzug gegen die Türken, die 1453 Konstantinopel erobert hatten. Die Kalenderform mit Neumondberechnungen für das Jahr 1455 wurde gewählt, um den herrschenden Glauben an den Einfluß der Gestirne auf das tägliche Leben für diese Kreuzzugszwecke zu nutzen.

And otherWhile they deceyue theyr souerayns Whan they may do hit couertly / For there is no thyng at this day that so moche greueth rome and Italie as doth the college of notaryes and aduocates publique / for they ben not of one accorde. Alas and in Engelond What hurte doon the aduocates men of lawe and attorneyes of court to the comyn peple of the royame as Wel in the spirituel lawe as in the temporalle . HoW torne they the laWe and statutes at their plesure / hoW ete they the peple / hoW enpouere they the comynte / I suppose that in alle cristendom are not so many pletars attorneys and men of the laWe as been in

Englischer Frühdruck. Eine für den ersten englischen Drucker, William Caxton, charakteristische Buchseite. Auffällig an dieser von ihm gewählten, aber nicht selbst gefertigten Schrift (»Bastardschrift«) sind die großen Wortzwischenräume (»Ausschluß«). Die Wirkung ist, wie bei einer Handschrift, sehr schön, aber der Papierverbrauch war entsprechend groß. Wenn man bedenkt, daß damals das Papier etwa die Hälfte der insgesamt anfallenden Druckkosten ausmachte, war das ein Luxus. Deshalb ist Caxton später sehr viel sparsamer mit dem kostbaren Rohstoff Papier umgegangen, besonders nachdem ihm in London durch andere Drucker spürbare Konkurrenz erwachsen war (ab 1480).

Caxton ist der einzige Drucker, dem in seinem Heimatland Großbritannien eine ganze Briefmarkenserie gewidmet worden ist.

500 YEARS OF PRINTING IN BRITAIN

Eine der Vorstufen des Bilderdrucks ist der **Bildzeugdruck,** der sich aus dem rein ornamentalen Holzmodel-Stoffdruck entwickelte: Als bemerkenswertes ältestes Zeugnis ist uns ein Zeugdruckmodel aus dem 14. Jahrhundert erhalten: der sogenannte »Bois Protat«, der sich beim Abriß eines alten Hauses in einer Treppe verarbeitet fand. – Wir sehen ihn nebenstehend mit einem Abdruck.

Der **älteste** uns bekannte **Holzschnitt** ist eine Darstellung des heiligen Christophorus: Er trägt die Jahreszahl 1423 und stammt aus dem Kloster Buxheim bei Memmingen. – Schon frühzeitig gingen die Hersteller von Heiligenbildern, die mit Hilfe der Kirche gut verkäuflich waren, dazu über, rationelle Arbeitsweisen zu entwickeln. So gibt es Einblattdrucke, bei denen Hintergrund und Unterkörper mit ausgewechselten Oberkörpern und Köpfen – je nach Bedarf – einen anderen Heiligen entstehen ließen.

Aus H. Brunswigs Pestilenzbuch, Straßburg 1500, stammt dieser **Holzschnitt.** Er verdeutlicht, »wo von die pestilentz kumpt«; man sieht es: der »Sünden Sold« und göttliche Strafe von oben.

78 .

Das **Flugblatt** ist der Vorläufer der Zeitung. Es war nicht nur viel billiger als ein Buch und damit auch dem »gemeinen Mann« erschwinglich, es hatte darüber hinaus noch den Vorteil, sehr aktuell zu sein. Bevorzugte Gegenstände der Darstellung waren Naturkatastrophen, Kriegsereignisse und Mißgeburten, aus denen mancherlei warnende Zukunftsprognosen abgeleitet wurden. In der Regel enthält das Flugblatt dominierend ein Bild, lockt somit auch den des Lesens wenig oder gänzlich Unkundigen an; der erläuternde Text wird häufig gereimt dargeboten. Hier kündet eine Flugschrift Sebastian Brants 1495 von einer Mißgeburt aus Worms.

Das Signet des Straßburger Druckers **Johann Grüninger,** der sich auch als Verleger liturgischer Texte, wissenschaftlicher Werke und humanistischer Dichtung einen Namen machte.

Dieser schöne, **in Holz geschnittene Titel** aus der frühen Buchdruckzeit erinnert uns noch an die Praktiken der Flugblatt-Hersteller. Der Freiburger Drucker Friedrich Riederer verfaßte und druckte 1493 den »Spiegel der wahren Rhetorik«. Vielleicht stammen die Figuren, deren untere im Wappen das Signet des Druckers vorweist, sogar von der Hand Albrecht Dürers.

Nigella latinsch. Melanchion effte Gitmelanchiu grekisch. Carruon. effte Stanix arabisch ¶ De mester Paulus beschrift vns vñ sprikt dat de raden synt heit vñ droghe an dē vaudden grade ¶ Vnde dat saet bruket me in der arstedye. vnde dat is ghenomet nigella. Dit krut wasset meyn liken an stenighē steden. vnde sunderghen wasset yd gherne mank dē korne. ij ¶ Dyt saet waret.x.iar vnuozseret an siner nature iij ¶ Serapio in dem boke Aggregatoris in dē cap. Carruon (dat is nigella) sprikt. dat dit krut hebbe lutke blade vnde hefft klene subtile stēgele by na twyer spannen lank. An ō spissen hefft id bouede gelik den korne blomen. dar in hefft id saet dat is swart vnde scarp vnde hefft eynen guden roke. iiij ¶ Dyascorides sprikt. dat meel van radensade ghemenget mit wormeden sap vñ dar uth ghemaket ein plaster vnde dat up den buek gelecht. dodet de worme in deme buke. vnde is sunderghen guet den yungen kinderen. v ¶ Dyt obghescreuē stucke (also tempereret) vnde honnich dar to ghemenget. vnde dat ghenuttet. is ock gans guet den rudighen myn schen vj ¶ Dit sulue is gans guet vor de quade placke des antlates. dat antlat vñ de plakken dar mede ghesmeret.

vij ¶ Raden saet ghestot to puluer vnde dat puluer ghemenget mit ettike. vnde dat ghelaten in de oren. dodet de worme dar inne. viij ¶ De naturlike mester Platearius beschrifft vns van dissem radē sade Nigella ghenomet vnde sprikt.

Die Kräuter- und Pflanzenkunde läßt sich – nicht zuletzt in ihrer Bedeutung als Zweig der Heilkunde – bis in die Antike zurückverfolgen. Es ist also kein Wunder, daß sich unsere rührigen Frühdrucker auch diesem einträglichen Erwerbsgebiet mit allem Nachdruck widmeten. So liegt es nahe, wenn Steffen Arndes 1492 in Lübeck auch einen »Gaerde der suntheit« herausgibt. Dieses umfangreiche **Kräuterbuch** ist in niederdeutscher Sprache abgefaßt, über den sehr instruktiven Pflanzenholzschnitten finden wir deren Namen in lateinischer, griechischer und arabischer Benennung.

Gee hin weg du zöbrer wan du würdest mich uff disen tag nit erbitten / vnd gee hinuß für die tür vñ würdst du zwo krän sehen so sag mir das wan es ist ain güte bedütung zwo krän sehen. Oder aine ist über böß. Esopus gien hin vß vnd sach zwo krän uff ainem böm sitzen vnd saget daz bald dē herren. Xanthus gieng vß dem huß / vnd so er nit mer wan aine sicht / wan die ain was hinweg geflogen / vnd sprach zu esopo. Sag mir galgen tra̋ger wa sint die zwo krän die du gesehen hast / Sprach esopus / die wyl ich dir daruon gesagt hän so ist die ain hinweg geflogen. Xanthus sprach du trugenhafter schwätzer / dir ist der sitt angeborē dz du mich mit dynem geschwätz allweg vnderstäst zelaichen / aber zeletst würdst von dynem böß list den lon enpfahen nach dynem verdienen / da mit hieß er im die klaider abziehen / vnd über die maß übel schlahen. Die wyl man esopum schlüg kam ainer vnd beruffet xanthum über das mal / do sprach esopus / wee mir armsten über all armē vñ

Schon in Handschriften begegneten wir den **Spruchbändern.** Natürlich bedient sich der Buchdruck wie auf Flugblättern auch im Buch dieses Gestaltungsmittels: Die dargestellte Figur »spricht« so zu uns. Hier weist sich im reich illustrierten Volksbuch des Apollonius von Tyrus, 1476 von Johann Bämler gedruckt, ein gekröntes Haupt als Alexander aus.

Erhard Ratdolt, der Augsburger Drucker, war der erste, der typographisch gestaltete, vorn und hinten mit Bordüren geschmückte **Buchhüllen** druckte, Vorläufer unserer heutigen Schutzumschläge. Der hier gezeigte Holzschnitt-Umschlag ist von 1494.

An die zweieinhalb Jahrtausende läßt sich die Überlieferung der Fabeln des Aesop zurückverfolgen. Die **Holzschnittillustrationen** eines nicht namhaft zu machenden Ulmer Meisters von 1476 haben in jenen Jahren in Deutschland nichts Vergleichbares aufzuweisen.

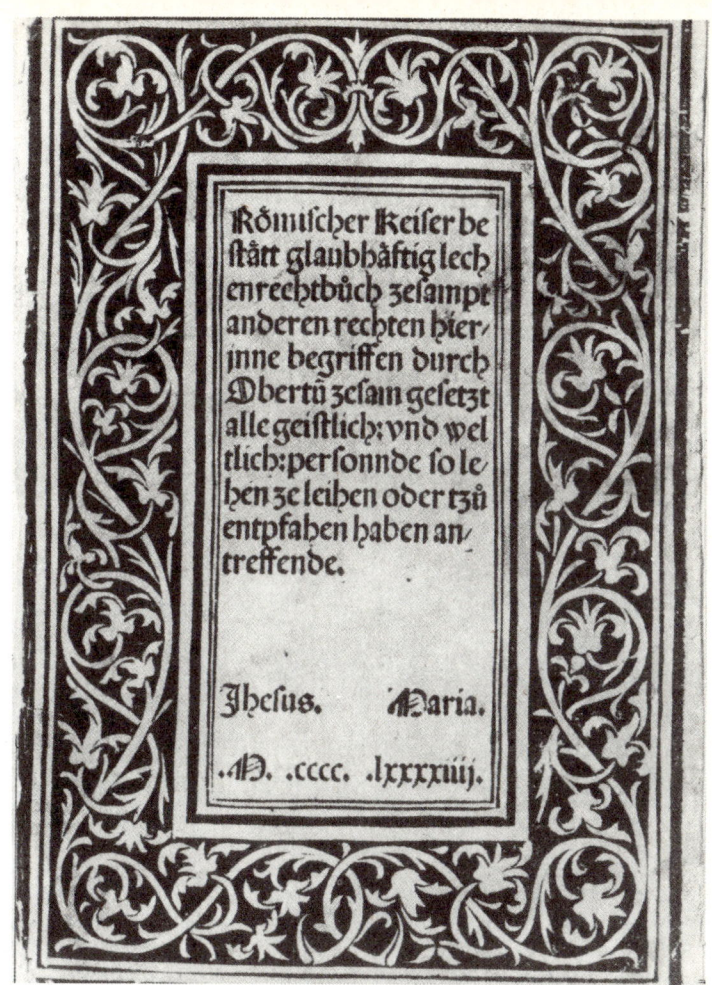

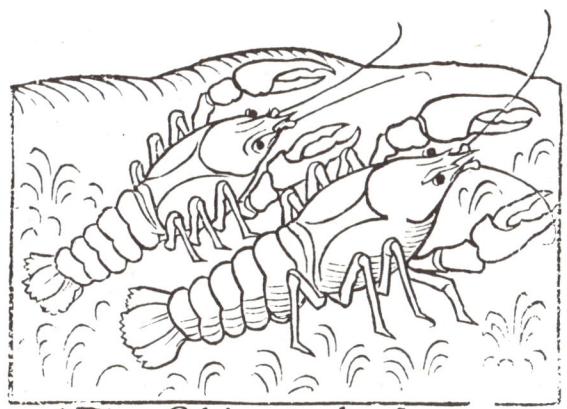

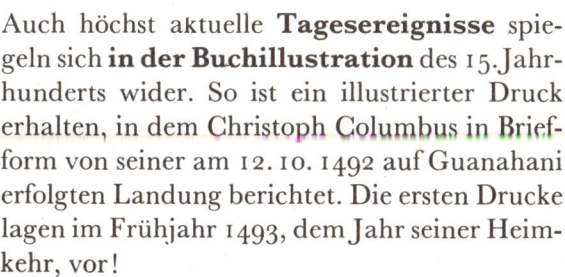

Die ·iii· Fabel von den krepsen.

Auch höchst aktuelle **Tagesereignisse** spiegeln sich **in der Buchillustration** des 15. Jahrhunderts wider. So ist ein illustrierter Druck erhalten, in dem Christoph Columbus in Briefform von seiner am 12. 10. 1492 auf Guanahani erfolgten Landung berichtet. Die ersten Drucke lagen im Frühjahr 1493, dem Jahr seiner Heimkehr, vor!

81

Ansichten von Städten waren und sind sehr beliebt. Hier eine Ansicht von Mainz am Rhein aus der Weltchronik des Hartmann Schedel von 1493. Dort ist am Schluß des Werkes ausdrücklich vermerkt, daß die Illustrationen von den Nürnberger Künstlern Michael Wolgemut und Wilhelm Pleydenwurff angefertigt worden sind. Neben echten, meist nach topographisch getreuen Vorlagen gearbeiteten Städtebildern – wie diesem hier – gibt es andere aus fremden Ländern, die reine Phantasieprodukte sind. Gleichermaßen phantastisch ist die dem Hang zum Grotesken Rechnung tragende Darstellung »von mancherley gestaltung der menschen«.

Signet **Erhard Reuwichs,** der Breidenbachs »Reise ins Heilige Land« 1486 illustriert hat und als erster Illustrator im Impressum genannt worden ist.

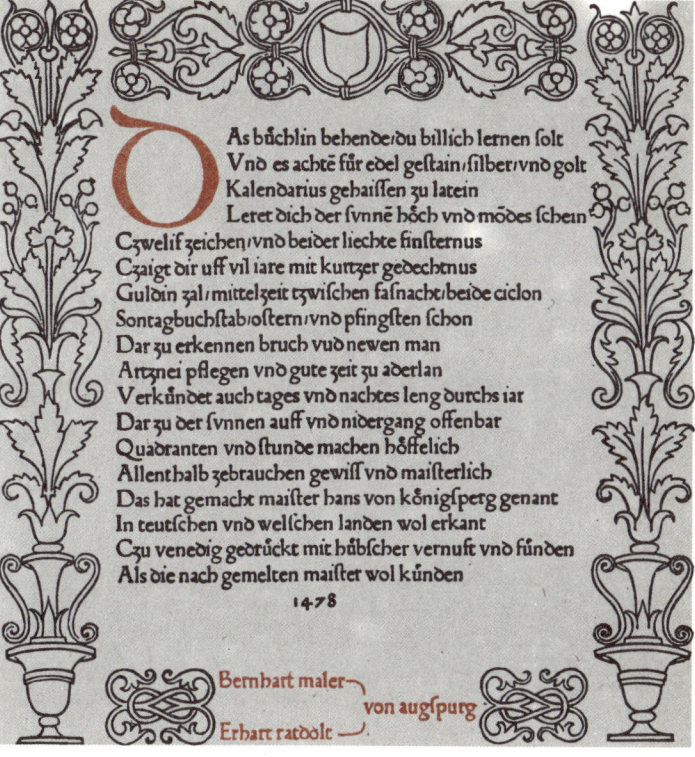

Frühester Musiknoten-Druck Rom 1476.
Bevor noch ein Drucker in Deutschland Musiknoten gedruckt hat, ist in Rom ein erster Versuch damit gelungen. Es handelt sich um den Druck eines Missale, also eines Chor- oder Meßbuches für den Gottesdienst. Sein Drucker war Ulrich Han, der als einer der ersten deutschen Buchdrucker nach Italien gezogen und dort geblieben ist.

Es handelt sich um »dickköpfige« Noten, die sogenannte römische Choralnote (nota quadrata). Vorher wurden die Noten noch vielfach in die gedruckten Linienfelder mit der Hand eingefügt.

Kleine Kalender-Drucke zu kleinen Preisen waren auch schon im 15. Jahrhundert beliebt. Wenn ihn ein so begabter Drucker wie Erhard Ratdolt (zusammen mit seinem zeitweiligen Partner Bernhard Maler) herstellte, konnte eine sehr ansprechende Veröffentlichung daraus werden. Hier ist aus einem **Kalender von 1478** die erste Seite mit Randschmuck und einer werbenden Empfehlung in Gedichtform wiedergegeben. Der darin genannte Regiomontanus, eigentlich Johann Müller, war der bedeutendste Astronom seiner Zeit und ein unternehmungstüchtiger Mann, der kaum 40jährig in Rom an der Pest gestorben ist (1476). Seine Kalender waren sehr begehrt und sind oft nachgedruckt worden.

Einer der ersten Drucker des ausgehenden 15. Jahrhunderts in der Handels- und Universitätsstadt Leipzig ist **Konrad Kachelofen.** Hier sein Signet, das Namenswappen gepaart mit dem der Heimatstadt.

Der Formschneider.

Ich bin ein Formen schneider gut/
Als was man mir für reissen thut/
Mit der federn auff ein form bret
Das schneid ich denn mit meim geret/
Wenn mans deñ druckt so find sichs scharff
Die Bildnuß/wie sie der entwarff/
Die steht/denn druckt auff dem papyr/
Künstlich denn auß zustreichen schier.

Der Buchdrucker.

Ich bin geschicket mit der preß
So ich aufftrag den Firniß reß/
So bald mein dienr den bengel zuckt/
So ist ein bogn papyrs gedruckt.
Da durch kombt manche Kunst an tag/
Die man leichtlich bekommen mag.
Vor zeiten hat man die bücher gschribn/
Zu Meintz die Kunst ward erstlich triebn.

Büchermacher und ihre Helfer im Holzschnitt. Ständebuch mit dem Titel »Eigentliche
Beschreibung aller Stände auf Erden...«,

Frankfurt am Main 1568. Die Bilder sind von
Jost Amman, die Verse dazu stammen von
Hans Sachs.

Der Brieffmaler.

Ein Brieffmaler bin aber ich/
Mit dem Pensel so nehr ich mich/
Anstreich die bildwerck so da stehnd
Auff Papyr oder Pergament/
Mit farben/und verhöchs mit gold/
Den Patronen bin ich nit hold/
Darmit man schlechte arbeit macht/
Darvon auch gringen lohn empfacht.

Der Buchbinder.

Ich bind allerley Bücher ein/
Geistlich und Weltlich/groß und klein/
In Perment oder Bretter nur
Und beschlags mit guter Clausur
Und Spangen/und stempff sie zur zier/
Ich sie auch im anfang planier/
Etlich verguld ich auff dem schnitt/
Da verdirn ich viel geldes mit.

84

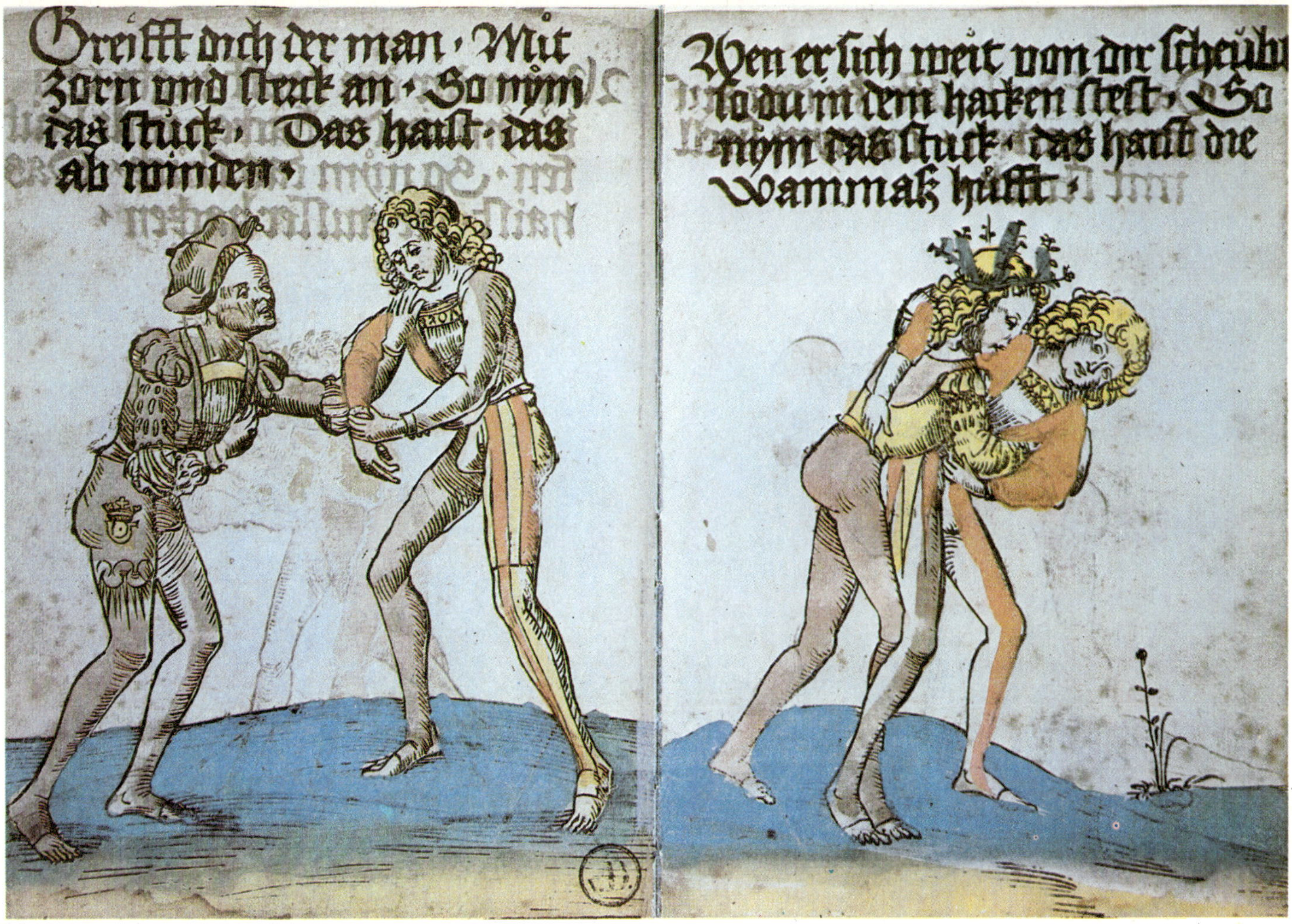

Greifft dich der man · Mit
Zorn vnd streck an · So nym
das stuck · Das hausz das
ab winden ·

Wen er sich weit von dir scheubt
so du in dem hacken stest · So
nym das stuck · das hausz die
Vammasz hüfft ·

Hans Wurm druckte um 1500 dieses **Block-buch** in Landshut: das Ringerbuch – ein sport-liches Handbuch für Angriff und Verteidigung. **Spielkarten** aus dem 15. Jahrhundert sind nicht erhalten, sie wurden bis zum Verschleiß genutzt. Dieses »höfische Spiel« aus der Ambra-ser Sammlung mit Berufsdarstellungen, um 1455 entstanden, diente nur zum Anschauen.

85

Ein regiment der jungen kinder
Wie man sy halten vnd erziechen sol von irer gepurt biß sy zů iren tagen kömen.

Ein **Titelholzschnitt aus dem 15. Jahrhundert:** Bücher über Fürsten- und Prinzen-Erziehung gab es schon seit dem 14. Jahrhundert. Im Kampf des städtischen Bürgertums gegen den Feudalismus galt es als wichtig, daß die Kinder, die meist Beruf und Vermögen der Eltern erbten, streng zu Gehorsam erzogen wurden. »Die jungen Kinder«, das sind die Kleinen bis zu sieben Jahren. In diesem einst so beliebten Buch, zuerst 1473 erschienen, werden Ratschläge für Säuglingspflege und Erziehung gegeben. Verfasser war Bartholomäus Metlinger, ein Augsburger Arzt.

Regiment steht hier in seiner ursprünglichen, das heißt lateinischen Bedeutung von »Anleitung«.

86

Zeitgeschichte in einem Druck des 15. Jahrhunderts. Der gelehrte Nürnberger Humanist
Hartmann Schedel hatte eine große Geschichte der Welt von ihrem Beginn bis in seine
Zeit geschrieben, die der reiche Druckherr
Anton Koberger unter dem Titel »**Das Buch
der Chroniken**«, mit 1809 Illustrationen ausgestattet, 1493 herausgebracht hat. Unser Sze-
nenbild ist ein wertvolles Dokument: es zeigt
den Pfeifer von Niklashausen, Hans Böheim,
der in der Vorgeschichte des Deutschen Bauern-
krieges eine wichtige Rolle gespielt hat. Er
predigte 1476 gegen Kaiser und Papst und für
gerechte Behandlung der Bauern. Freilich waren seine Zuhörer nicht ein Dutzend, wie hier
zu sehen, sondern sie sollen nach Tausenden
gezählt haben. Der mutige Prediger wurde eines
Sonntags mit seinen Zuhörern von dem Würzburger Bischof und seinen Landsknechten über-
wältigt. Hans Böheim wurde hingerichtet.

Lehrer-Schüler-Szene. Es war üblich, daß
der gelehrte Verfasser dem Illustrator-Hand-
werker seine Abbildungswünsche übermittelte.
Hier hat es Geiler von Kaisersberg für seine
»Heilsame Lehre und Predigt« (1490) getan.
Der Ulmer Drucker Johannes Zainer mußte

dafür sorgen, daß das Alphabet wie verlockende
Früchte an einem Baum den Schüler zum Lernen reizte.

87

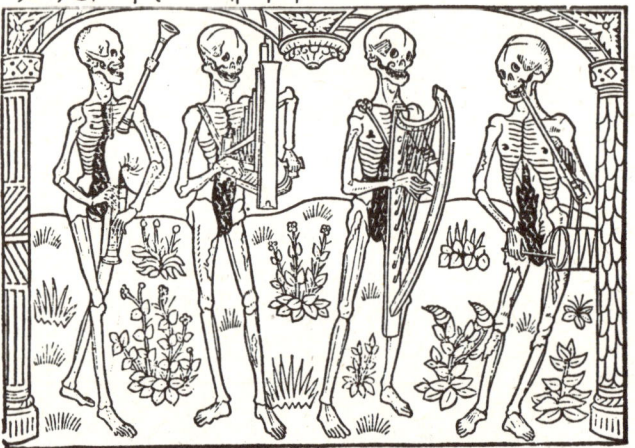

Der Apt.   Der Ackerman.   Der Rych man.

Eine Doppelseite aus einem weltberühmten Pariser Druck in lateinischer Sprache von 1490 – **Darstellung eines Totentanzes** nach Wandmalereien auf einem Pariser Friedhof von 1424/25, von dessen Existenz es nur noch gedruckte Zeugnisse gibt. Die erste Ausgabe, von Guy Marchant 1485 gedruckt, hatte großen Erfolg: Häufige Pestepidemien sowie Lebensunsicherheit breiter Schichten des Volkes mündeten in Angst vor dem Tode. Diese Drucke, wiederholt zwischen 1485 und 1500 erschienen, zählen zu den eindrucksvollsten illustrierten Büchern des ausgehenden Mittelalters.

Die »Bilder vom Tode« von Hans Holbein dem Jüngeren (um 1497–1543) sind ein **Höhepunkt des deutschen Holzschnittes** aus dem Anfang des 16. Jahrhunderts. Darstellungen des Todes, sogenannte »Totentänze«, waren vom Mittelalter an sehr verbreitet. Bei Holbein ist der Tod ein gerechter Richter, der jedem zumißt, was er verdient. Seine Gerechtigkeit entspricht den Auffassungen des einfachen Volkes. Die um 1525 entstandene Bilderfolge ist erstmals 1538 als Buch in Lyon gedruckt worden. Seitdem gab es viele Ausgaben, so in jüngster Zeit auch in der Insel-Bücherei, Leipzig.

DAS BUCH
IM 16. BIS 18. JAHRHUNDERT

Unter den lebensnotwendigen Dingen gibt es nichts
Kostbareres als die Bücher. Die Kunst der Typographie, die sie hervorbringt, leistet für die Gesellschaft unschätzbare Dienste. Sie dient der Unterrichtung des Bürgers, dem Fortschritt der Wissenschaft und der Künste, der Pflege des Geistes und der
Erhebung der Seele: sie deutet Weisheit und Wahrheit. Sie ist gleichsam ein Maler des Geistes. Man
könnte sie die Kunst der Künste und die Wissenschaft der Wissenschaften nennen.

Pierre Simon Fournier (1712–1768)

Ein Kupferstich aus dem Jahre 1642 aus J. L. Gottfrids »Historischer Chronik«. In diesem **Druckwerkstatt-Bild** sind geschickt alle wichtigen Tätigkeiten eingefangen, die in einem Druckereibetrieb ausgeübt werden.

Das Grundmaß für den Satz ist **der typographische Punkt.** Für jeden einwandfreien Druck war zu jeder Zeit nach gleichen Maßen gearbeitetes Druckmaterial Grundbedingung. Wenn noch heute Schriften und Schriftgrade nach Punkten und zum Teil mit französischen Namen bezeichnet werden, so geht das auf den ersten »Normer« der Typographie, auf den Franzosen Fournier den Jüngeren zurück, der 1764 ein typographisches System veröffentlicht hat. F.-H. Didot und vor allem sein Sohn Firmin in Paris verbesserten es dann wesentlich. – Ein typographischer Punkt mißt 0,376 mm, 2660 typographische Punkte ergeben 1 m. Diese im Bezug zum Meter etwas seltsame Zahl ist darauf zurückzuführen, daß zur Zeit Fourniers noch nach Zoll gerechnet worden ist. Nebenstehend eine aus den einzelnen Typen zusammengesetzte Textzeile in der Ansicht von vorn, oben und von der Seite.

Die Wahl passender Schrift und Schriftgröße ist auch heute noch eine wichtige Entscheidung beim Büchermachen. Hier eine Tabelle der »Schriftgrade« mit ihren Namen und den Angaben ihrer Größe nach »Punkten«.

4 Punkt	▪	Diamant
5 Punkt	▪	Perl
6 Punkt	▪	Nonpareille
7 Punkt	▪	Kolonel
8 Punkt	▪	Petit
9 Punkt	▪	Borgis
10 Punkt	◼	Korpus
12 Punkt	◼	Cicero
14 Punkt	◼	Mittel
16 Punkt	◼	Tertia
20 Punkt	◼	Text

Kegel-stärke

← Schrifthöhe →

Der Handsatz. 500 Jahre lang hat der Schriftsetzer so, am Setzkasten stehend, gearbeitet: in der linken Hand den Winkelhaken und mit seiner rechten Hand die einzelnen Lettern sowie die Wortzwischenräume (Spatien) aneinanderreihend. Die Fächer für die einzelnen Buchstaben und den »Ausschluß« haben drei verschiedene Größen; sie sind so angeordnet, daß die am häufigsten gebrauchten Buchstaben (wie a, e, n) der Hand des Setzers am nächsten liegen. Noch heute werden Kleindrucksachen so gesetzt, zum Beispiel in Bibliotheken beim Satz von Titelkarten für die Kataloge. Ein Blick in die Setzerei der Deutschen Staatsbibliothek Berlin.

Geschlossene Druckform. Um einen 16seitigen Druckbogen zu erhalten, wird ein Bogen beidseitig mit je 8 Textseiten bedruckt. Die Abfolge und Stellung der Seiten in der Druckform ergibt sich aus dem Falzschema. Die unbedruckten Streifen zwischen den Seiten heißen Bund-, Kopf- und Mittelsteg. – Auf dem Bild unten sehen wir eine »geschlossene« Form; deutlich erkennt man um den Satz herum das nicht mitdruckende »Blindmaterial«.

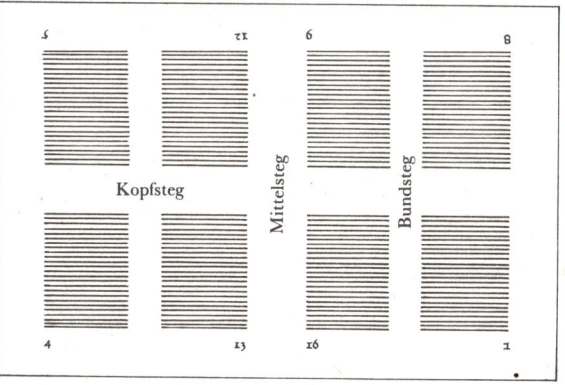

ANTONIVS   KOBVRGER.
Norimbergenfis.
Sub initium ftatim nafcentis Typographiae totius Germaniae Typo
graphorium et Bibliopolarum praecipuus et ab A. 1400
numerofioris Senatus Norimb. Adjunctus
Nat. A 14.   Den A. 1513. d.
Ex collectione Friderici Roth - Scholtzi Norimberg

Aldus Pius Manutius

Antonio Baratti s.

CHRISTIAN   EGENOLPHVS

Celebris et eruditus Bibliopola et
Typographus Moeno-Francofurtarius
Nat. A. 1503. d.   Den. A. 1555. d. 9 February.
Ex collectione Friderici Roth-Scholtzi Norimb.
I.F.S. fculpfit.

SIGISMONDVS FEYRABENDIVS BIBLIOPOLA FRANCOFVRTI AD MOENVM.
ANNO ÆTATIS SVÆ LIX FILIVM ALLOQVITVR

Adfpice, nate, tui vultûque atque ora parentis;
Et cura, quoties adfpicis, illud habe:
Vt virtutis iter mea per veftigia curras,
Et fatagas famae expandere vela tuae.
Inmortale etenim erectum virtute trophaeum est
Cætera funt fumus, fomnia vana, nihil

Fr. Medus F.

92

I.G.I.BREITKOPF.

nat.Lips.d.23.Nov.1719.   den.d.28.Ian.1794.

Hic ille est Magnus, typica quo nullus in arte
Plures depromsit divitias, veneres.

Berühmte Drucker und Verleger des 15. bis 20. Jahrhunderts

Anton Koberger (um 1440–1513) Drucker-verleger in Nürnberg.

Aldus Manutius (1449–1515), italienischer Drucker und Stammvater einer ganzen Druk-kerfamilie.

Christian Egenolff (1502–1555), Buchdrucker in Frankfurt am Main.

Sigismund Feyerabend (1528–1590), Buch-drucker und Formschneider in Frankfurt am Main.

Johann Gottlob Immanuel Breitkopf (1719 bis 1794), Verleger und Buchhändler in Leipzig.

Giambattista Bodoni (1740–1813), italieni-scher Buchdrucker und Schriftschneider.

Carl Ernst Poeschel (1874–1944), Buchdrucker und Verleger in Leipzig.

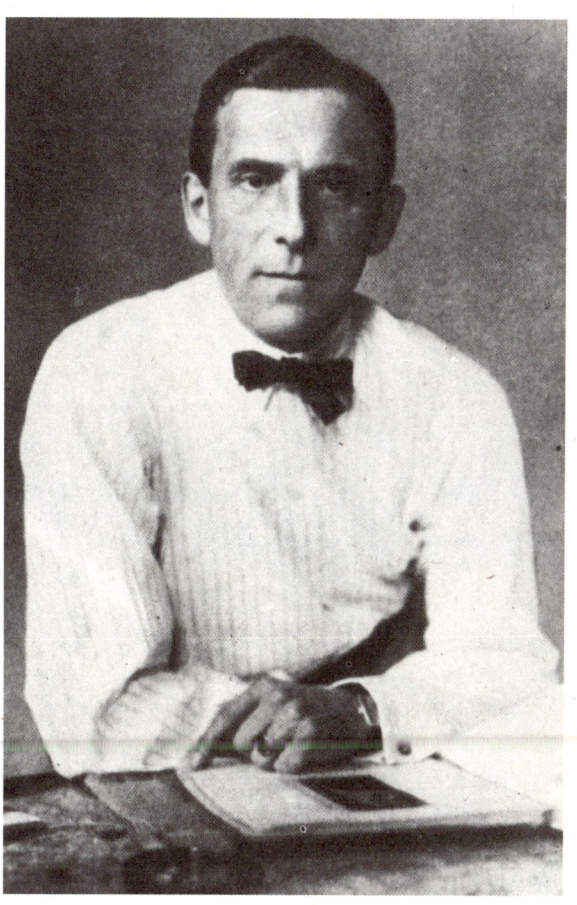

IMAGO · ERASMI · ROTERODA
MI · AB · ALBERTO · DVRERO · AD
VIVAM · EFFIGIEM · DELINIATA ·

ΤΗΝ · ΚΡΕΙΤΤΩ · ΤΑ · ΣΥΓΓΡΑΜ
ΜΑΤΑ · ΔΙΞΕΙ

· MDXXVI ·

Der Humanist Erasmus von Rotterdam auf einem **Porträt-Einblattdruck.** Die Wertschätzung der Wissenschaften und des Lebens ist ein Grundzug des Humanismus, dabei galt das Buch als Quelle des Wissens und der Bildung. Deshalb hat Albrecht Dürer (1471–1528) den gelehrten Erasmus in seine Welt der Bücher hineingestellt. Großformatige Bücher, wie sie für jene Periode charakteristisch waren, umgeben ihn: in Holzdeckeln mit Leder- oder Pergamentüberzug, mit Buchspangen und metallnen Krampen. Die griechische Inschrift besagt: »Seine Werke werden dir ein noch besseres Bild von ihm vermitteln.«
Darunter das Künstlermonogramm von Albrecht Dürer: AD.

94

Ein gedrucktes Buch mit Originalzeichnungen von Hans Holbein d. J. (1497 oder 1498–1543), dessen Werk zur Weltkunst zählt. 1515/16 hat er ein Exemplar des von Erasmus von Rotterdam verfaßten Buches »Lob der Torheit« für einen Freund mit Handzeichnungen versehen. Wir wählten davon eine aus: die »Gewaltherrschaft der Schulmeister«. Dieses Thema muß die Menschen schon zu jener Zeit sehr beschäftigt haben, und wie oft ist es seitdem aufgegriffen worden! Das kostbare Buch mit echten, einmaligen »Holbeins« ist im 17. Jahrhundert in den Besitz der Stadt Basel übergegangen und zählt heute zu den bedeutendsten Schätzen der Kunstsammlung dieser Stadt in der Schweiz.

TOMAS MVNCER PREDIGER ZV ALSTET IN DVRINGEN.

Die grundt=
lichen vnd rechtē haupt
Artikel / aller Baursch
afft vnd Hyndersessen
der Gaistlichē vñ welt
lichen oberkeyten / von
welchē si sich beschwert
vermainen.

Ein new Lied / wie es in
dem Fränckischen Pawren krieg
ergangen ist.
In dem thon / Sie sind geschickt
zum sturm zum streyt.

Ob **Thomas Müntzer** (1490–1525), der berühmte Führer des Bauernaufstandes von 1525, so ausgesehen hat, wissen wir nicht, denn es gibt kein zeitgenössisches Porträt von ihm. Dieser **Kupferstich** von Christoph von Sichem ist das älteste überlieferte Bild (1608).

Das Buch als Waffe im Bauernkrieg. – Der Urdruck der 12 Hauptartikel kam 1525 in Augsburg heraus – und wurde wenige Tage später verboten. Trotzdem erschienen 25 Drucke der 12 Artikel, davon allein in Erfurt vier. Hier das Titelblatt eines besonders seltenen, in Erfurt hergestellten Druckes aus dem Besitz der Forschungsbibliothek Gotha.

Seltenheiten des frühen Buchdrucks. Zu den Kostbarkeiten öffentlicher und erst recht privater Büchersammlungen zählen die kleinen billigen Drucke, die einstmals zu besonderen politischen Ereignissen schnell herausgebracht worden sind. Meist sind nur wenige Exemplare von solchen Drucken erhalten, weil sie regelrecht verbraucht wurden. Hier der Titelholzschnitt einer **Flugschrift** zum Bauernkrieg in Franken von 1525 und ein **Flugblatt** (Einblattdruck), ein Lied gegen die Türken, gleichfalls aus dem Anfang des 16. Jahrhunderts. – Das Lied aus der Zeit nach dem Bauernkrieg ist in Nürnberg, und zwar in der Druckerei einer Frau, Kunigunde Hergot, hergestellt. Sie war die Witwe des Buchdruckers und Buchführers (Buchhändlers) Hans Hergot in Nürnberg, der auf der Seite der Bauern und Thomas Müntzers gestanden hatte und wegen des Druckes einer »aufrührerischen« Schrift am 20. Mai 1527 in Leipzig hingerichtet worden ist. – Beide Drucke stammen aus der Sammlung Meusebach der

96

Ain Christlich lied wider das grausam thyroen vnd Tyranney des Türckhens / vnnd abge=
fallen Christen / In Tollner Melodey.

Wacht auff ir frümmen Christen / secht was vor augen ist. Darumb so thuet
euch rüsten / yetzund zů diser frist. Die not die ist verhanden / das sag ich euch für=
war / in allen Christen landen / der Türckh hat sich vnderstanden / will vns ver=
derben gar.

Zům ersten wöllen wir schreien / zů vnserm sterckesten got. Er wöll vns tron=
nen beye / vnnd helffen aus aller not. Wöllen vnns mit jm versönen / aus hertzen
grunde mit leyde / von sünden abstene / dürffen wir darnach thüene / streytten zů
aller zeyt.

Gotte will vns nit verlassen / wenn wir sein willen thon. Vnd vnns der sünde
massen / so will er vns helffen schon. Doch bleibt in im bestane / das er sorget für
vns / spreche wer vns leid ist thone / rür sein augapffel ane / er ist der kirche gsponst.

Zach. 2.

Sich wie halff got der herre / dem Israel daruon. Vnnd ertrenckhet in dem
möre / den künig Pharaon. Hiericho die müst fallen / vor gottes volck geschwind /
von der trometten schallen / also hülffet got allen / die vertrawen auff jn.

Exodi. 14.

Josue. 6.

Auch die Midianiter / thetten dem volck gottes not. Vnnd die Amalekiter /
Israel rüeffe zů got. Gnedig sy got errette / durch sein knecht Gedeon / da gottes
volck trometre / ain hayd den andern tödte / hundert zwaintzig tausen man.

Judi. 7.

Dencke wie offt got bebüetete / vor Saul den künig Dauid. Der nach seinem
leben wüetete / got in auch wol befride. Vor seinen aignen süne / dem schönen Ab=
solon / der nach seinem leben range / aus seinem reich er erranne / darein doch wi=
der kham.

1 Reg. 18. 19.
23. 24. vn. 26.
2. Reg. 16.
17. vnd. 19.

Merckt auch wie got ehet streitten / wider Ieroboam. Zů künig Abia zeiten /
den er vmblegt alsam. Das er nie mocht errinnen / da rüeffe das volckh zů got /
do floch das höer von hinnen / das volckh schlüeg von jnen / fünff hundert tausen
zů todt.

2. Para. 13.

Dergleichen halff got kempffen / Assa dem künig frumb. Die das volck gotes
wolt dempffen / Serach mit grosser sum. Tausent mal tausent moren / griffens
volckh gottes an / da ergrimet gottes zoren / das gross höer was verloren / jr kainer
nie entran.

2. Para. 14.

Scharo wie thet got erretten / den künig Ezechiam. Den auch betrot hette /
Sennacharib mit nam. Der sein höer hette gesteller / wider Ierusalem / der engel
gots ir feller / achtzig tausent gezeler / vnd machet in gezem.

4. Reg. 19.

Her auch wie Got thet kriegen / für den künig Josophat. Do vber in thet zie=
hen / Amon Moab da het. Das volck gottes gross klagen / zů got bet es sein trost /
die haiden thet got plagen / theten sich selbs erschlagen / gottes volck war erlöst.

2. Para. 20.

O Christenhait merck eben / wie got sein feind stürtzt. Die wider sein volckh
streben / sein arm ist nie verkürtzt. Er kan dich wol bewaren / all dein haar sein ge=
zelt / lass türcken vnnd ketzer scharren / vnd thüe in got verharren / so bist du aus=
erwöle.

Esr. 50.
Luce. 12.
Math. 24.

Gedruckt zů München durch Andre Schobsser.

122,526

Deutschen Staatsbibliothek zu Berlin, die leider im zweiten Weltkrieg schwere Verluste gehabt hat. Karl Hartwig Gregor von Meusebach (1781–1847) war ein wissenschaftlicher Sammler, besonders deutscher Literatur des 16. und 17. Jahrhunderts.

97

Der **Einblattdruck** ist noch älter als der Buchdruck. Im 15. und vor allem im 16. Jahrhundert benutzten u. a. die gelehrten Humanisten das Flugblatt oder »Fliegende Blatt« für die verschiedensten Zwecke. Es hatte den Vorteil, viel billiger als jedes Buch oder jede Broschüre zu sein.

So entstanden bereits vom 15. Jahrhundert an politische und religiöse Flugblätter mit moralisch-erzieherischer Tendenz. Aber auch der uralte und im Mittelalter ausgeprägte Hang zum Wunderbaren meldete sich im Flugblatt an, wobei Verquickungen von politischen Ereignissen mit Prophetien und seltsamen Wunderzeichen besonders beliebt waren. Wunderzeichen am Himmel wurde eine besondere Bedeutung zugemessen; oben links ein kolorierter Holzschnitt von Hans Glaser, Nürnberg 1561, in dem von Mond- und Sonnensäulen über Nürnberg am 2. März 1561 berichtet wird. Daneben ein Flugblatt von Leonhard Blümel,

Nürnberg 1576. Es verbreitet die Nachricht vom Untergang der ungarischen Stadt Temesvár, die sich im Besitz der gefürchteten Türken befand, durch Brandstiftung.

Signet des Augsburger Druckers Erhard Ratdolt (1447 bis um 1528), der zu den künstlerisch-schöpferischsten Persönlichkeiten seiner Zeit gehörte.

98

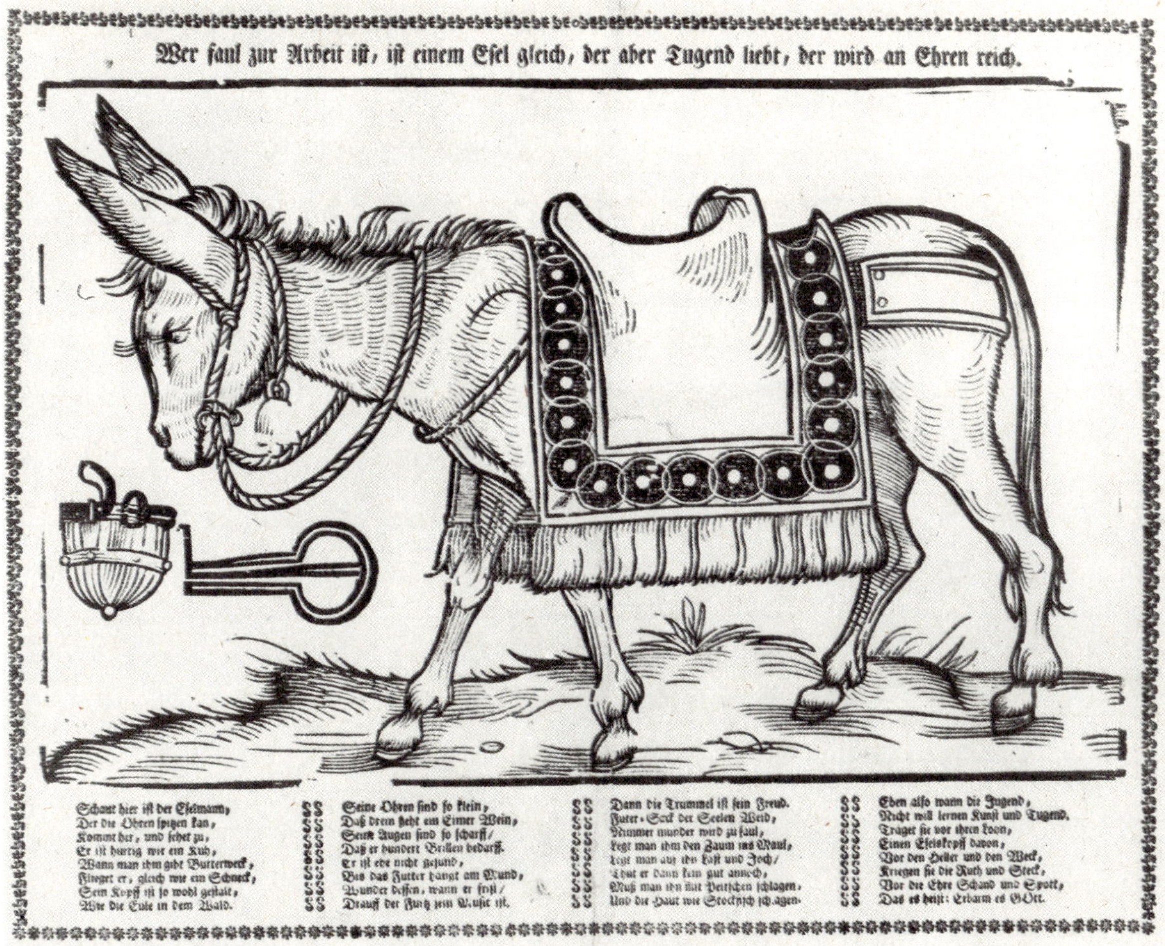

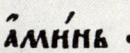

Wer faul zur Arbeit ist, ist einem Esel gleich, der aber Tugend liebt, der wird an Ehren reich.

Schaut hier ist der Eselsmann,
Der die Ohren spitzen kan,
Kommet her, und sehet zu,
Er ist hurtig wie ein Kuh,
Wann man ihm gibt Butterbrock,
Springet er, gleich wie ein Schneck,
Sein Kopf ist so wohl gestalt,
Wie die Eule in dem Wald.

Seine Ohren sind so klein,
Daß drein steht ein Eimer Wein,
Seine Augen sind so scharf,
Daß er hundert Brillen bedarf,
Er ist eben nicht gesund,
Wo das Futter hangt am Mund,
Wunder dessen, wann er frist,
Drauf der Furz sein Music ist.

Dann die Trummel ist sein Freud,
Futter-Sack der Seelen Weid,
Wimmer munder wird zu faul,
Legt man ihm den Zaum ins Maul,
Legt man auf ihn Last und Joch,
Thut er dann kein gut annoch,
Muß man ihn mit Peitschen schlagen,
Und die Haut wie Stockfisch schlagen.

Eben also wann die Jugend,
Nicht will lernen Kunst und Tugend,
Träget sie vor ihren Loon,
Einen Eselskopf davon,
Vor den Heller und den Weck,
Kriegen sie die Ruth und Steck,
Vor die Ehre Schand und Spott,
Das heißt: Erbarm es GOtt.

Der Esel, der dem Menschen so viele Dienste geduldig erweist, hat mehr Mißachtung als Dankbarkeit geerntet. Dumm und faul, das wurde geläufig für das geplagte Tier. Als Schulstrafe war das Anhängen einer Esel-Darstellung lange verbreitet. Hier ein **Esel-Flugblatt** aus dem 16. Jahrhundert.

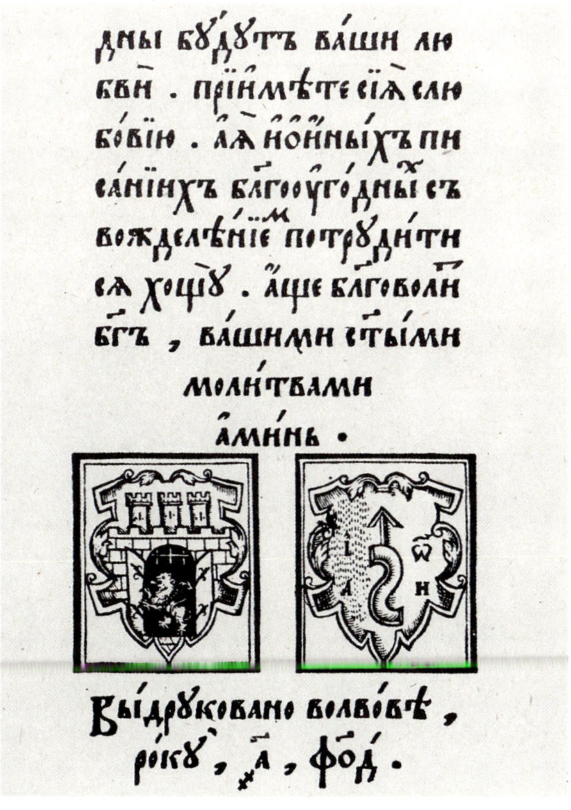

Die **Druckermarke des ersten Buchdruckers in Rußland,** Iwan Fedorow († 1583), der im Auftrage des Zaren in Moskau 1553 eine Druckerei einrichtete. Sie findet sich unter anderem in diesem ersten weltlichen Druck in Rußland, einer Fibel von 1574, gedruckt in Łwow (Lemberg).

Ermanung für die Jugend.

O Wee dem man Jung vnbesint
Der mehr verthůt dañ er gewind/

Můß der darnach denn bleiben Arm
Man findt nie vil die es erbarm.

Da ich hie also nacket ston
Vnd in dem lande můß betlē gon
Das hat die alchamey gethon
Die wolt ich mir nit weren lon.

Do ich jung was/ sach ich nit an
Die straff/ vñ kert mich nit daran
Vnd das ich nichts gelernet han
Des bin ich jetz ein bettel mann.

Vor zeyten do ich dienen solt
Was ich Pfaffen vñ Leyen holt
Ein jeder fůrt mich wo er wolt
Des nim ich jetz den betler solt.

Mein vatter schickt mich auß zůr ler
Ich solt werden ein grosser Herr
Ich hab verlassen nutz vnnd eer
Der betler wesen ich mich neer.

Ich bůlt gieng hüpsche frawē noch
Biß man mir als mein gůt ab zoch
Des můß ich jetzund leiden schmoch
Billich trag ich der bettler roch.

An allen diensten was ich treg
Faul vñ vngehorsam allweg pfleg
Meins mauls vnd dienst het ich nit
Des gehe ich jetz den betler steg.

Zů spilen stůnd all mein begir
Würffel vnd karten liebten mir
Es bringt mir kein nutz dz ich spür
Groß armůt ligt mir vor der thür.

Allweg man mir zůn eeren riet
Es half an mir kein straff noch gůt
Darumb ich mich groß armůt niet
Ich geh vnnd sing der betler lied.

Allzeit lag ich in allem praß gbaß
Wer wolhauß hielt dem was ich
In mir gar nie kein sparen was
Jetz sitz ich an der betler straß.

Ich wolt bey allen meinen tagen
Vil fechten vñ mit jedem schlagen
Mit vbermůt groß lob erjagen
Des můß ich den bettel sack tragē.

Ich wolt allzeyt in meinem hauß
Vol sein vnd leben in dem sauß
Vnd wolt die reychen zeren auß
Des beißt mich jetz die bettel lauß.

Ob ich schon bettel dz sind nie mdē
Ich habs ererbt von alter har
Darumb ist es mir nit so schwer.
Als ob ich reych gewesen wer.

Beschluß.

Dz mancher vmbs Almůsen godt
Darzů bringt in des hungers not
Es seyen Frawen oder Mann
Sie wöllen nit arges fahen an
Eüchñ narung durch Gottes eer
Daruß so habt von mir die leer.

Laßt euch beuolen sein Arm leüt
Wann Gott der Herr in diser zeit
Ward Arm geboren in die welt
Ein jeder kan mit haben gelt
Das er jm kauff was er můß han
Ist er dann so ein frummer mañ

Ehe das er args wöll vnderstan
So will er ehe hie betlen gan
Vñ der ist warlich gerecht vñ gůt
Der in jm hat ein solchen můt
Ehe er sein nächsten vber näm
Vil lieber er in Armůt käm

Es stet geschriben sicherlich
Hab Gott lieb den nächsten als
Jr solt euch vber die armen (dich
Hie in diser zeit erbarmen
Wan ich halt dz für wol gethan
Ehe vnrecht thůn/ ehe betlen gon.

Getruckt zů Basel/ bey Samuel Apiario.

Hier die alte **Prügelschule im Bild** aus dem Jahre 1592, mit mehreren Szenen des Unterrichts und der Züchtigung, ist vordergründig und besonders deutlich dargestellt.

Die handgreifliche Methode, das Lesen zu lehren, gehörte zu den sinnreichen Erfindungen der Pädagogen und diente unter anderem dazu, den betreffenden Laut bildlich darzustellen, wie z. B. auf dem Flugblatt rechts. Da das Prügeln an der Tagesordnung war, wurde – wie hier im Bild – der Buchstabe w = weh »eingebleut«, das heißt durch Schläge beigebracht. Wie zum Hohne heißt das Buch, dem diese Abbildung entnommen ist, »Neu erfundener Lustweg zu allerley schönen Künsten und Wissenschaften« (1770). – Zur **Prügelpädagogik** seiner Zeit hat Jean Paul vom Prügelstock gesagt, daß er »überhaupt in guten Schulen an den Kinderrücken als Saftrohre und Stechheber aufläuft und solchen mit wissenschaftlichem Nährsafte tränkt«.

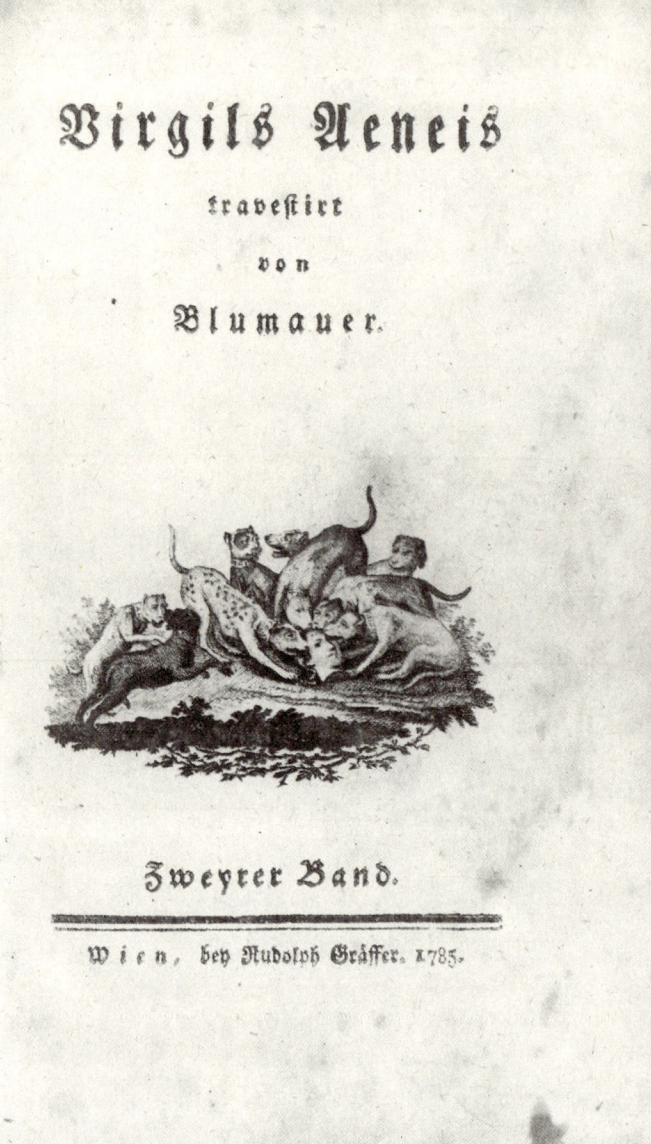

Honorare für Schriftsteller sind erst sehr spät, im 18./19. Jahrhundert, üblich geworden. Im Mittelalter und noch später suchten sie sich, wie übrigens auch die Verfasser wissenschaftlicher Werke, wenn sie nicht selbst vermögend waren, einen Gönner aus der geistlichen oder weltlichen Feudalaristokratie, der den Schreibenden mit Geschenken von unterschiedlichem Wert belohnte. Dafür pflegte der Autor seinen Gönner durch eine gedruckte Widmung zu ehren und über den grünen Klee zu loben. Zuweilen ist solchen **Widmungen,** wie hier, ein Bild (Holzschnitt) beigefügt: Der Übersetzer der altindischen Fabelsammlung Bidpai oder »Buch der Beispiele der alten Weisen« (nach 1483) überreicht sein Werk dem König Anastres Taßri.

Räuberische Nachdrucker, die sich auf Neuerscheinungen stürzten, die guten Absatz versprachen, waren mit Recht Verlegern und Autoren verhaßt. So entluden sich die Schriftsteller gern bei jeder Gelegenheit gegen sie. In dem Räuberroman »Rinaldo Rinaldini« (1789) ließ sein Autor Christian Vulpius einen auftauchenden Nachdrucker aufhängen, weil dieser selbst für seine Räuberbande zu schlecht sei. – Hier ein anderer Racheakt. Der Schriftsteller Aloys Blumauer (1755–1798) ließ im 2. Band seines Buches »Die Abenteuer des frommen Helden Aeneas« dieses Titelbild mit Versen abdrucken. Sie erläutern, daß die abgebildeten Hunde Nachdrucker darstellen, die an Menschenschädeln nagen und deren Gehirn verzehren.

Ein verschollenes Gemälde hat gleichfalls von einer **Bücherverbrennung** gekündet: Lucas Cranach hat **um 1530** diese »Verbrennung der Hus-Schriften vor einem Fürsten«, vermutlich als eine Auftragsarbeit, gemalt. Es hat sich ehemals im Schloßmuseum Gotha befunden. Jan Hus, der tschechische Reformator (um 1370 bis 1415) wurde selbst – wie hier seine Bücher – als Ketzer verbrannt. Aber seine Ideen und sein Wirken wurden Ausgangspunkt der revolutionären Hussitenbewegung, die ihrerseits wieder auf die Bauernkriege in Deutschland Einfluß genommen hat.

In einem großen Geschichtswerk des 17. Jahrhunderts, der »Historischen Chronik« von J. L. Gottfrid (1642) wird dieses Bild einer **Bücherverbrennung aus der Reformationszeit** so erläutert: Nachdem der Papst in Rom Luther verdammt habe und dessen Bücher verbrennen ließ, vergalt es ihm Luther, indem er am 10. Dezember 1520 in Wittenberg päpstliche Veröffentlichungen ins Feuer warf. Er rechtfertigte sein Vorgehen in einer Druckschrift. Der Kupferstich ist in der Werkstatt von Matthäus Merian, der auch diese Chronik verlegte, in Frankfurt am Main gefertigt.

Nach antiker Sage war Atlas, der Sohn eines Titanen, Träger oder Stütze des Himmels. Seine Darstellung auf dem Titel eines Kartenwerkes, das in Buchform selbständige Blätter von Land- oder Himmelskarten vereinigt, gab den **Atlanten** ihren Namen. Der Geograph und Kartograph Gerhard Mercator, aus Flandern gebürtig, hat es 1595 in Duisburg, wohin er 1552 übergesiedelt war, herausgegeben.

Das ganze Menschenleben in einem Bild – auf einem Kupferstich zu einem 1699 in Frankfurt am Main gedruckten Buch. Zwei Jahrhunderte lang, im 16. und 17. Jahrhundert, hat man immer wieder aufs neue versucht, das Leben des Menschen in einem Bilde einzufangen. Diese in Holzschnitt oder Kupferstich ausgeführten Abbildungen, auch als »Spiegel des menschlichen Lebens« bezeichnet, wurden »Cebes-Tafeln« genannt. Man berief sich dabei auf den Bericht eines antiken Philosophen namens Cebes aus dem ersten Jahrhundert u. Z., der ein solches Bild beschrieben hat.

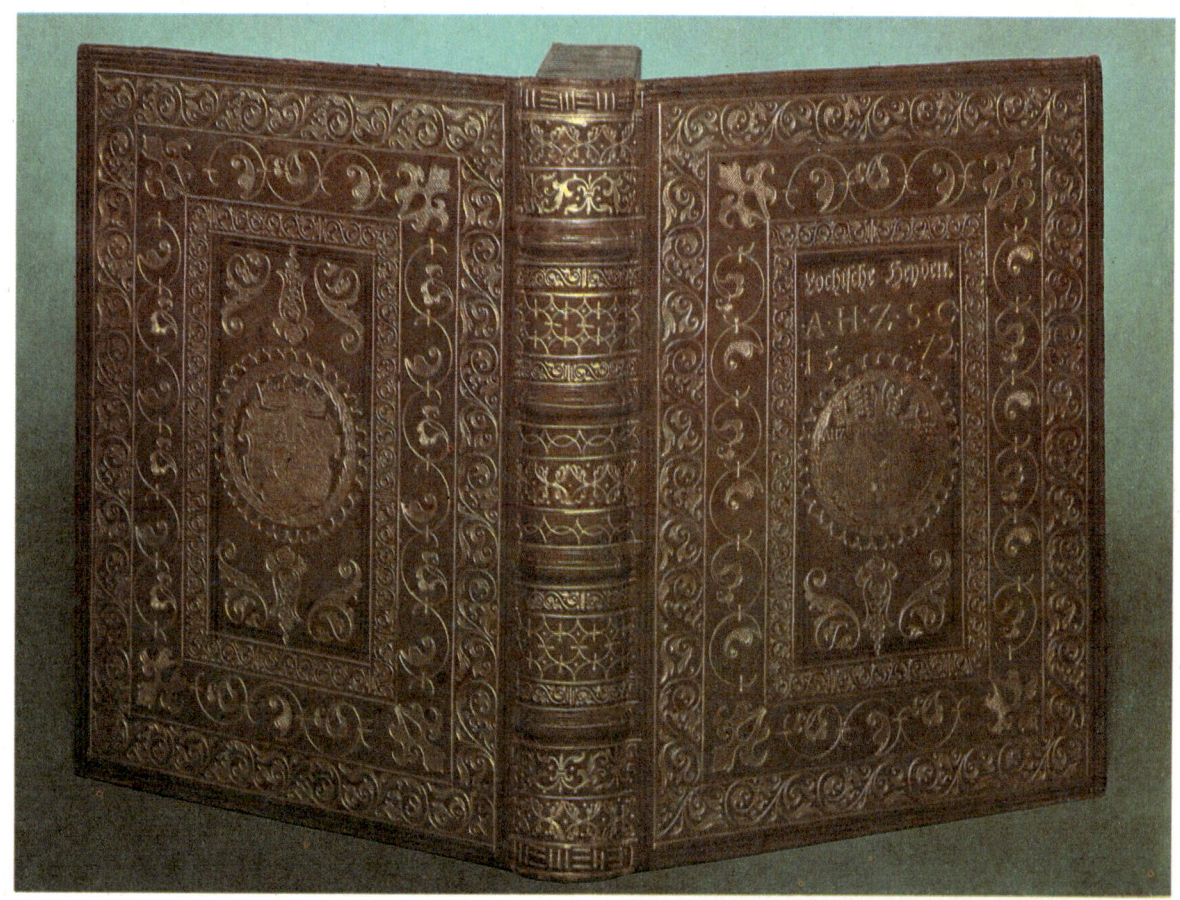

Jakob Krause zählt zu den besten europäischen Buchbindermeistern der Vergangenheit und ist der berühmteste unter den deutschen. Um 1531 in Zwickau geboren, hat er nach seiner Lehre und Gesellenwanderzeit in Augsburg, der alten Handelsstadt, gearbeitet. Von dem Kurfürsten August von Sachsen wurde er nach Dresden verpflichtet, und hier hat er bis zu seinem Tode (1585) als Hofbuchbinder gewirkt. Jakob Krause hat die Einbandtechnik seiner Zeit in vollem Umfang beherrscht und kunstreich einzusetzen gewußt. Je nach Wunsch seiner Auftraggeber vermochte er, deutsche, französische oder italienische Einbandarten herzustellen. Es sind von ihm schlichte einfarbige Lederbände mit Prägungen sowie reich verzierte und mit Gold geschmückte Einbände erhalten, auch solche mit orientalischen Motiven. Von ihm gibt es auch sehr schöne Verzierungen der Schnittkanten des Buchblocks, wie sie seit dem Mittelalter beliebt gewesen sind. Im Buchmuseum der Sächsischen Landesbibliothek Dresden kann man Meisterwerke von seiner Hand bewundern.

Verrückte Bucheinbände gab es schon früher: Kann man Bücher nicht auch einmal anders als herkömmlich binden? Das haben sich geschickte Buchbinder bereits im 16. Jahrhundert gefragt und Zwillings-, Drillings- und sonstige Mehrfachbände gebastelt. Hier ein Sechsfachband, so bezeichnet, weil er nach sechs Seiten hin zu öffnen ist und sechs verschiedene Drucke – religiöse Erbauungsbücher – umschließt. Die sechs Buchteile sind zwischen 1571–1575 in Breslau (Wrocław) bei Crispinus Scharffenberg gedruckt worden. Um diese Zeit wird auch dieser kuriose Einband entstanden sein. Auf dem Deckel sind die verwendeten Bandmuster bemalt. Das kuriose Buch befindet sich im Besitz der Deutschen Staatsbibliothek zu Berlin.

Caspar Meuser aus Suhl († 1593), zunächst Gehilfe des bedeutenden sächsischen Hofbuchbinders Jakob Krause, später dessen Nachfolger am sächsischen Hofe, hat auch Einbände in ungewöhnlichen Formen geliefert. Sein **kreisrunder Einband** (um 1587) ist eine Handwerkerleistung besonderer Art, auch durch seinen künstlerischen Schmuck. Bei einem herzförmigen Einband mußten zwei Buchblöcke in halber Herzform mit dem Rücken aneinandergeleimt und in dem nach vier Seiten zu öffnenden Deckel befestigt werden.

Neben dem Deckel bietet sich der Schnitt zum Verzieren an. Mit »Schnitt« bezeichnet man die drei Seiten des Buchblocks, die sich zum Lesen öffnen lassen müssen.
Da man früher Bücher häufig liegend, und zwar mit der langen Schnittseite nach vorn, aufbewahrt hat, bot sich das Schmücken und **Verzieren des Schnittes** geradezu an.
Verzierungen wie die hier abgebildeten, besonders kunstvoll durch ihre Farbigkeit wirkend, sind sehr häufig gewesen. Neben ornamentalem Schmuck wurde auch figürlicher gern verwendet: zum Beispiel das Wappen des feudalen Buch- bzw. Bibliotheksbesitzers, Porträts und anderes mehr, bis hin zu ganzen Landschaften.

Unsere schönen Schnittverzierungen stammen aus der 2. Hälfte des 16. Jahrhunderts, gehören zum Stil der Renaissancekunst und sind in Sachsen nach italienisch-französischen Vorbildern gearbeitet worden. Heute ist der Schnitt meist schmucklos, bestenfalls an allen drei Seiten oder nur am oberen Schnitt mit Farbe versehen. Da das schnell und maschinell geschehen muß, sieht das häufig noch nicht einmal schön aus, besonders dann nicht, wenn die Farbe an den Schnitträndern Flecken erzeugt hat oder in die Buchseiten hineingelaufen ist.

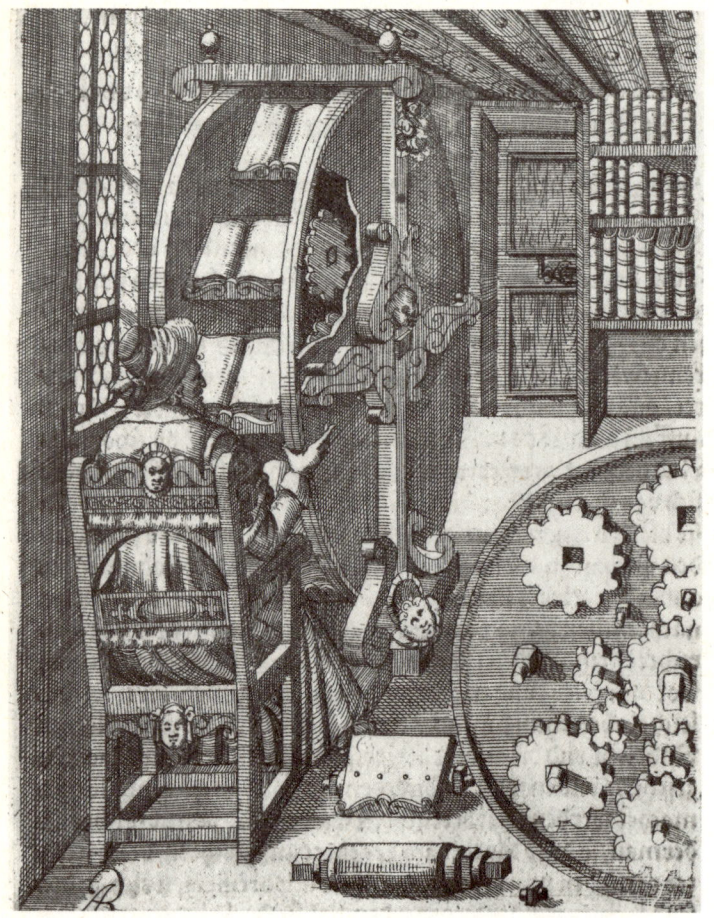

In der Zeit der überdimensionalen schweren Folianten (15.–17. Jahrhundert) waren **Bücherlesemaschinen** eine große Annehmlichkeit für alle Leute, die viel mit Büchern umzugehen hatten. Agostino Ramelli, der »Ingenieur des Königs von Frankreich«, eine Stellung, die vor ihm sein Landsmann Leonardo da Vinci innegehabt hatte, gilt als Erfinder dieser vom 16. bis 18. Jahrhundert sehr beliebten Lesemaschinen. Die erste veröffentlichte Abbildung ist jedenfalls in seinem 1588 in Paris in italienischer und französischer Sprache herausgegebenen prächtigen Werk über Maschinen aller Art enthalten; es hat 195 Kupfertafeln. Später ist davon auch eine deutschsprachige Ausgabe erschienen. In einer großen Trommel hängen – in dem dargestellten Falle – acht Bücherpulte an Achsen, die mit einem Zahnradmechanismus verbunden sind. Das Wesentliche an solchen Leserädern ist, daß alle Bretter stets in horizontaler Lage schweben, so daß keines der gleichzeitig benutzten Bücher herausfallen kann. Leider sind die meisten Lesemaschinen später als altes Gerümpel vernichtet worden. In der Deutschen Bücherei in Leipzig und in der Staatsbibliothek der ČSSR in Prag sind zum Beispiel solche Leseräder noch erhalten.

Die ersten deutschen **Zeitungen** erschienen 1609: In Straßburg diese »Relation« und in Helmstedt eine andere (»Avisa, Relation oder Zeitung«). Sie kamen anfangs nur wöchentlich heraus und waren nur für die Oberschicht erreichbar. Erst im 19. Jahrhundert, im Zusammenhang mit drucktechnischen Neuerungen, findet die billige Zeitung bei den Volksmassen zunehmende Verbreitung.

Rechts das barocke Titelblatt zu einem einst berühmten Buch. Charakteristisch für das 17. Jahrhundert ist die üppige Gestaltung der **Titelseite** mit reichem, einfassendem Schmuck. Hier zu einem grundlegenden Werk von Martin Opitz (1597–1639), der große Verdienste um die Förderung der deutschen Sprache und einer eigenständigen deutschen Nationalliteratur hat.

Hier das erste **Signet der französischen Staatsdruckerei** von 1648, die als königliche Druckerei 1640 gegründet wurde. Die Lilien im Wappen der Bourbonen, der französischen Könige (bis zur Französischen Revolution 1789), sind ein uraltes Sinnbild und Herrschaftszeichen. Als Nationaldruckerei in Paris ist sie heute ein sehr moderner, führender Druckbetrieb Frankreichs.

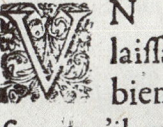

Die erste **Märchensammlung** stammt von dem Franzosen Charles Perrault und erschien 1697. Sie enthielt eine Anzahl von Märchen, wie hier »Der gestiefelte Kater«, die uns in der Fassung der Brüder Grimm geläufig sind. Von wem die bescheidenen Illustrationen sind, wissen wir nicht.

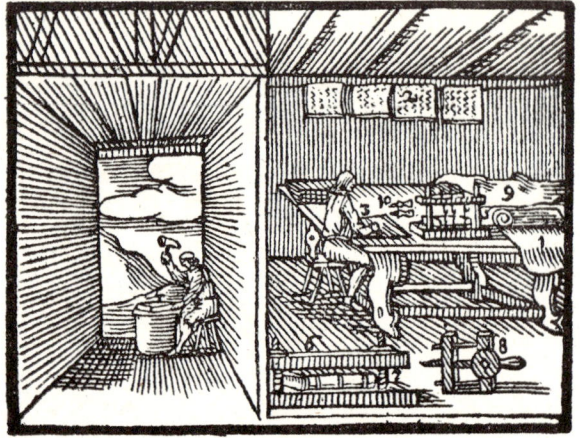

Orbis pictus von 1658.

Orbis pictus von 1755.

Bilder zum Buchwesen aus dem weltberühmten »Orbis pictus« des Tschechen Jan Amos Komenský aus drei Jahrhunderten: oben nach der Originalausgabe des Orbis sensualium pictus von 1658, in der Mitte nach einer im gleichen Verlag mit schlechten Bildwiedergaben gedruckten Ausgabe von 1755. Bis 1742 waren die Bilder unverändert geblieben. –

Orbis pictus von 1883.

Unten nach einer Ausgabe in Königgrätz (Hradec Králové) 1883 mit modernisierten Bildern. Der »Orbis pictus« des Jan Amos Komenský (Comenius) ist ein Markstein in der Geschichte des Schul- und Lehrbuches und zugleich Vorläufer moderner fremdsprachiger Bilderlexika. Zum ersten Mal wurde von ihm die Anschauung zur Grundlage des Unterrichts gemacht: »Es ist aber nichts in dem Verstandt, wo es nicht zuvor im Sinne gewesen«, so heißt es in dem Vorwort. Die Welt des Bürgertums und des Handwerks war umfassend einbezogen. Der »Orbis pictus« erschien bei Michael Endter in Nürnberg: »Die sichtbare Welt, das ist aller vornehmsten Weltdinge und Lebensverrichtungen Vorbildung und Benamung.«

Das wegen seines Ideenreichtums und seiner künstlerischen Vollkommenheit mit Recht berühmt gewordene **Kinderalphabet** des begabten und vielseitigen Künstlers Hans Weiditz, der in der ersten Hälfte des 16. Jahrhunderts gewirkt hat, entstand 1521.

Bilderrätsel aller Art waren und sind immer wieder beliebt. Manchmal trifft man diese uralte, aus dem Orient herkommende Rätselform plötzlich in modernstem Gewande, wie hier bei diesem hübschen Werbeplakat für den Friedrichstadtpalast in Berlin (Graphiker: Klaus Vonderwerth) wieder.

Die **erste Zeitschrift für Kinder** war das »Leipziger Wochenblatt für Kinder« von Johann Christoph Adelung (1732–1806). Sie hatte kein langes Leben (1772–1774). Erst der 1775 einsetzende »Kinderfreund« von Christian Felix Weiße (1726–1804) wurde ein vielfach nachgedruckter Erfolg.

»**Bildnis eines durch und durch Gelehrten**«. So heißt diese Radierung aus der zweiten Hälfte des 18. Jahrhunderts, die Carl Christian Glassbach (geb. 1751) nach einer Zeichnung von Johann Wilhelm Rosenberg (geb. 1737) fertigte. Sicher kannte er Arcimboldis Meisterwerke ähnlicher Art aus dem 16. Jahrhundert.

Johann Winckelmanns,
Präsidentens der Alterthümer zu Rom, und Scrittore der Vaticanischen Bibliothek,
Mitglieds der Königl. Englischen Societät der Alterthümer zu London, der Malerakademie
von St. Luca zu Rom, und der Hetrurischen zu Cortona,

Geschichte der Kunst
des Alterthums.

Erster Theil.

Mit Königl. Pohlnisch- und Churfürstl. Sächs. allergnädigsten Privilegio.

Dresden, 1764.
In der Waltherischen Hof-Buchhandlung.

Die
Räuber.

Ein Schauspiel
von fünf Akten,
herausgegeben
von
Friderich Schiller.

Zwote verbesserte Auflage.

Frankfurt und Leipzig.
bei Tobias Löffler.
1782.

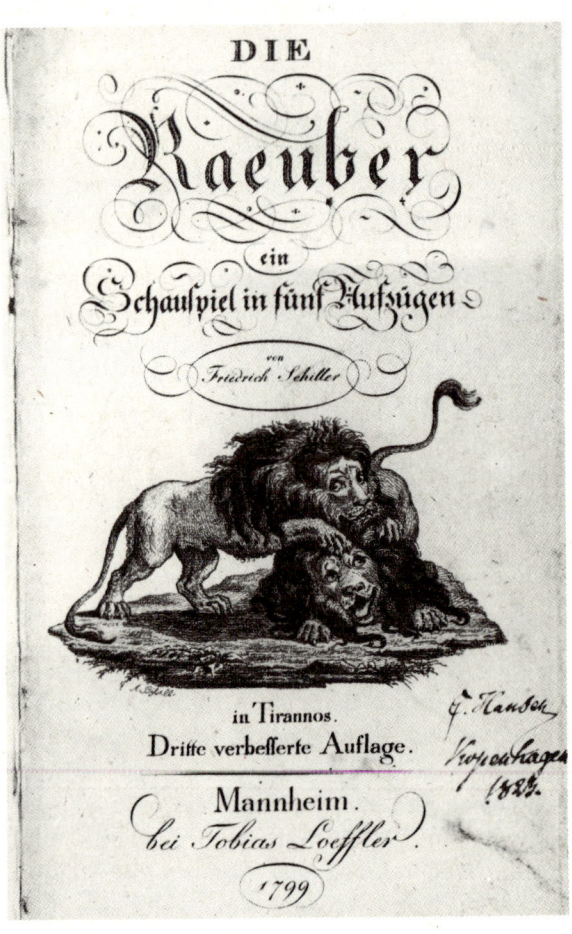

DIE
Raeuber
ein
Schauspiel in fünf Aufzügen
von
Friedrich Schiller

in Tirannos.
Dritte verbesserte Auflage.

Mannheim.
bei Tobias Loeffler.
1799.

Der Schuhmachersohn Johann Joachim Winkkelmann aus Stendal hat die Archäologie in Deutschland begründet und der deutschen Klassik den Weg bereitet. Sein Hauptwerk, die »Geschichte der Kunst des Altertums« empfiehlt sich bereits äußerlich durch sein schönes **Titelblatt.**

Das Buch beginnt übrigens mit einer Widmung »Dem durchlauchtigsten Fürsten und Herrn, Herrn Friedrich Christian, königlichen Prinzen zu Pohlen und Litthauen etc. Herzoge zu Sachsen, Jülich, Cleve, Berg, Engern und Westphalen... Meinem gnädigsten Herrn...« Unterschrieben ist sie: »Ew. Königl. Hoheit unterthänigster Knecht Johann Joachim Winkkelmann«. Das gehörte sich so. So waren die Bräuche im Feudalismus bis zu Beginn des 19. Jahrhunderts im deutschen Untertanenstaat!

Faust.

Ein Fragment.

Von

Goethe.

Ächte Ausgabe.

Leipzig,
bey Georg Joachim Göschen,
1790.

C. M. WIELANDS

SÄMMTLICHE WERKE

FUNFZEHNTER BAND

VERMISCHTE PROSAISCHE AUFSÄTZE

LEIPZIG
BEY GEORG JOACHIM GÖSCHEN. 1795.

SALOMON GESSNERS SCHRIFTEN IIR BAND. ZÜRICH BEYM VERFASSER. M.DCC.LXXVIII.

Titelblätter von berühmten Ausgaben deutscher Dichtung als Zeugen der Buchkunst im Zeitalter der Klassik. Sie verdeutlichen die Breite der Gestaltungspalette vom schlichten typographischen Titel – bei Goethes Faust – bis hin zu den reichgeschmückten Titeln von Geßners und Wielands Werken.
Links die Titelblätter der zweiten und dritten Ausgabe von Friedrich von Schillers Räubern mit dem berühmten Motto »In Tyrannos« (Gegen die Tyrannen).

LE MALADE
IMAGINAIRE,
COMÉDIE-BALLET.

ACTE PREMIER.

Le théatre représente la chambre d'Argan.

SCENE PREMIERE.

ARGAN *affis, ayant une table devant lui, comptant avec des jettons les parties de fon apoticaire.*

Rois & deux font cinq, & cinq font dix, & dix font vingt. Trois & deux font cinq. *Plus, du vingt-quatriéme, un petit clyftére infinuatif, préparatif, & rémolliant pour amollir, humecter, & rafraîchir les entrailles de monfieur.* Ce qui me plaît de monfieur Fleurant mon apoticaire, c'eft que fes parties font toujours fort civiles. *Les entrailles*

THE

POEMS OF OSSIAN:

TRANSLATED BY

JAMES MACPHERSON, ESQ.

IN TWO VOLUMES.

WITH

DISSERTATIONS

ON

THE ÆRA AND POEMS OF OSSIAN;

AND A

LIFE OF MACPHERSON.

VOL. I.

EDINBURGH:

PRINTED FOR MACREDIE, SKELLY, & MUCKERSY,
52, PRINCES STREET.

1814.

Weltliteratur in erlesener Ausgabe: Ein weltberühmtes Literatur- und Kunstwerk ist die sechsbändige Ausgabe der Werke des französischen Lustspieldichters Molière, 1734 in Paris, mit 200 Vignetten, wie die hier abgebildete erste Seite des »Eingebildeten Kranken« und 33 Vollbildern von François Boucher.

Eine **literarische Fälschung** mit großem Erfolg: Der Schotte James Macpherson (1736 bis 1796) veröffentlichte 1760 Gedichte, deren Verfasser angeblich der Sänger Ossian war, ein altkeltischer Volksdichter aus dem 3. Jahrhundert u. Z. und Sohn des Königs Fingal von Morwed. Nach dem Erfolg dieser Gedichtsammlung folgten 1761 und 1763 zwei weitere Drucke unter anderen Titeln, 1765 erschien die erste Gesamtausgabe wie noch viele andere Ausgaben. Weil sie genau den literarischen Geschmack der Zeit trafen, schlugen sie wie eine Bombe in Europa ein. In Deutschland (deutsche Ausgabe des ersten Bandes 1764) pries sie Johann Gottfried Herder als »traurigsüße Harfe, die Stimme vergangener Zeiten«, und Johann Wolfgang von Goethe hat Ossian in seinen »Leiden des jungen Werthers« ein Denkmal gesetzt. In Wirklichkeit handelte es sich um literarische Fälschungen eines der Lyrik hoffnungslos verfallenen jungen Mannes, der mit seinen Musenkindern bis dahin erfolglos geblieben war.

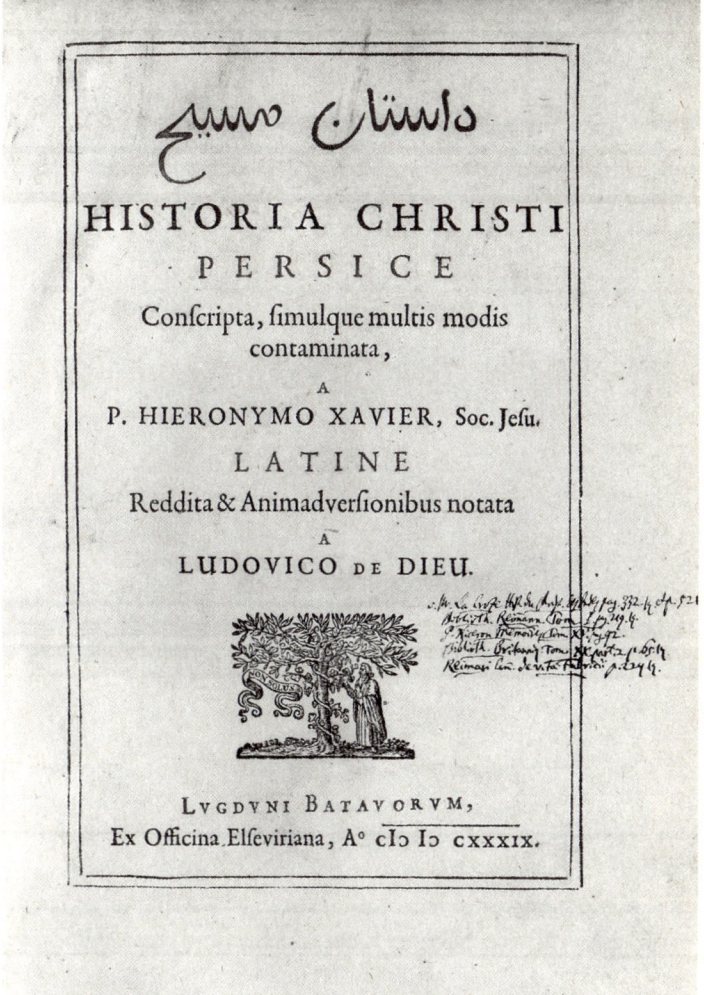

HISTORIA CHRISTI
PERSICE

Confcripta, fimulque multis modis
contaminata,

A

P. HIERONYMO XAVIER, Soc. Jefu.

LATINE
Reddita & Animadverfionibus notata

A

LUDOVICO DE DIEU.

LVGDVNI BATAVORVM,
Ex Officina Elfeviriana, Aº cIↃ Iↄ CXXXIX.

Schriftsteller und Drucker. Die Schriftsteller, die ihre Werke gern ohne sinnentstellende Druckfehler und ordentlich gedruckt sehen, haben seit Jahrhunderten immer wieder Freud und Leid mit ihren Partnern, den Setzern und Druckern, zu teilen gehabt. Hier ein hübsches Dokument davon, ein Schreiben Jean Pauls (1763–1825) an seinen Setzer.

Wenn man näher hinsieht, hat der **Buchdruck** sehr viel mit **Politik** – innerer Politik und Weltpolitik – zu tun. Nach dem Niedergang der Hanse, der politischen und wirtschaftlichen Interessengemeinschaft deutscher und ausländischer Kaufleute im Mittelalter, und im Zusammenhang mit der Verlagerung der Handelswege nach Norden entfalteten sich die Niederlande zu einer bedeutenden Kolonialmacht (1602 Niederländisch-Ostindische, 1621 Niederländisch-Westindische Kompanie). An der Universität Leiden entstand eine bedeutende Orientalisten-Schule, und es wurden seltene Sprachen, die für den Handel mit Asien von Wichtigkeit waren, gelehrt, so unter anderem das Persische. Da auch die Jesuiten als Missionare den Kaufleuten auf dem Fuße folgten, kam es dazu, daß das erste in persischer Sprache gedruckte Buch 1639 in Leiden erschien, während die erste persische Druckerei im Lande selbst erst 1816/1817 eingerichtet worden ist. Man muß aber beachten, daß Persien, seit 1935 als Iran bezeichnet, eine seit dem 12. Jahrhundert nachweisbare, wahrscheinlich aber viel ältere und später hochentwickelte Buchmalerei aufzuweisen hat. Übrigens ist dort schon seit der ersten Hälfte des 17. Jahrhunderts der Buchdruck bekannt gewesen, aber nur in armenischer Sprache. Unser Bild zeigt einen der über 2000 Drucke, die in dem berühmten holländischen Druck- und Verlagshaus der Elzevire im 16. und 17. Jahrhundert entstanden sind.

Welcher Berliner kennt schon das **Senefelder-
denkmal,** 1892 von R. Pohle geschaffen, selbst
wenn er den Senefelderplatz unterzubringen
weiß? – Dabei gehört der Name Alois Senefelder
wie der Johannes Gutenbergs zu denjenigen, die
auf dem Gebiet des Druckwesens eine technische Revolution einleiteten: Bis Ende des
18. Jahrhunderts hat die Buchdrucktechnik
Gutenbergs nur wenige Veränderungen erfahren. Erst um die Wende vom 18. zum

19. Jahrhundert setzt sich auch im Buchwesen
allerlei an technischen Neuerungen durch. Eine
der bedeutendsten Erfindungen aus dieser Zeit
ist die Lithographie, und mit ihr der Steindruck, die Grundlage für alle modernen Druckverfahren, die man als Flachdruck zusammen-
faßt. Hier das erste Lehrbuch der Lithographie,
verfaßt von ihrem Erfinder Alois Senefelder.
Die erste Auflage war, weniger ausführlich, bereits 1818 erschienen.

Vollständiges
Lehrbuch der Steindruckerey
enthaltend
eine richtige und deutliche Anweisung
zu den
verschiedenen Manipulations-Arten derselben in allen ihren Zweigen und Manieren
belegt mit den nöthigen
Musterblättern
nebst einer vorangehenden
ausführlichen Geschichte dieser Kunst
von ihrem Entstehen bis auf gegenwärtige Zeit.

Verfaßt und herausgegeben
von dem Erfinder der Lithographie und chemischen Druckerey
Alois Senefelder.

Mit einer Vorrede des General-Sekretärs der Königlichen Akademie der Wissenschaften zu München,
des Directors
Friederich von Schlichtegroll.

Zweyte wohlfeilere Ausgabe.

München 1821.
Beym Verfasser und bey C. A. Fleischmann.

DAS BUCH IM TECHNISCHEN ZEITALTER

Die Kultur der Menschheit besitzt nichts Ehrwürdigeres als das Buch, nichts Wunderbareres und nichts, was wichtiger wäre.

Gerhart Hauptmann (1862–1946)

ŒUVRES

POÉTIQUES

DE

BOILEAU DESPRÉAUX

———

TOME PREMIER.

A PARME

DE L'IMPRIMERIE BODONI
——
MDCCCXI.

Der Italiener **Giambattista Bodoni** (1740 bis 1813) ist einer der bedeutendsten Drucker Europas gewesen. Er war besessen von seiner Aufgabe und hatte sich ganz und gar dem rein typographischen Buch, das heißt der Schönheit des Druckes ohne zusätzlichen Schmuck, verschrieben. Weil er bereits zu Lebzeiten eine europäische Berühmtheit gewesen ist, hat ihn auch der reisefreudige französische Dichter Stendhal (1783–1842) besucht. Bodoni hatte seinem Besucher einige seiner Drucke vorgelegt, so unter anderem das Titelblatt zu einer Werkausgabe des französischen Dichters Boileau-Despréaux. Stendhal, der kein besonderer Kenner auf dem Gebiet der Typographie gewesen ist, hat diese Drucke höflich betrachtet, konnte aber an dem »Boileau« nichts Besonderes entdecken. Darauf hat der enttäuschte Bodoni verzweifelt ausgerufen: »Ach, mein Herr, ›Boileau-Despréaux‹ in einer einzigen Zeile Versalien! Ich habe sechs Monate gebraucht, ehe ich mich für diese, gerade diese Schriftzeile entschließen konnte!« Stendhal hat das als eine absonderliche Spinnerei eines Buchdruckers in seinem Reisetagebuch vermerkt.

Die im 19. Jahrhundert einsetzende Industrialisierung erfaßte auch den Buchdruck. Nichtruhender Erfindungsgeist führte zu immer neueren, perfekteren Maschinen für Satz und Druck.
Friedrich König (1774–1833) baute 1810 die erste **Buchdruckschnellpresse.**
Ottmar Mergenthaler (1854–1899) ist der Erfinder der **Linotype-Zeilenguß-Setzmaschine,** deren technisches Grundprinzip sich noch heute bewährt.

Darstellung von vier **Grundformen der Buchdruckpressen:**

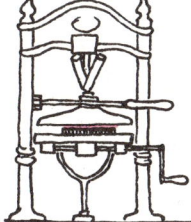

Handpresse: Ebene Druckform, ebener Gegendruck, Einfärben mit Hand, Papierführung von Hand.

Tiegeldruckpresse: Ebene Druckform, ebener Gegendruck, Einfärben maschinell, Papierführung von Hand.

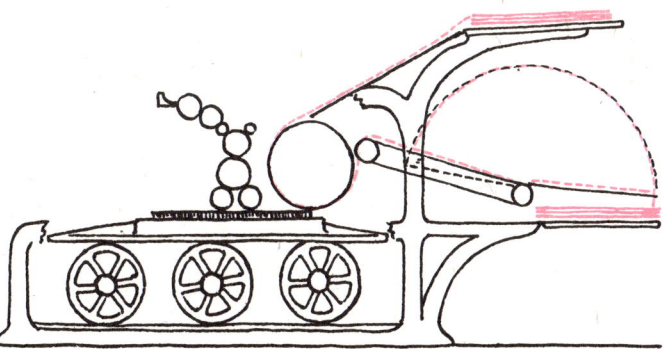

Schnellpresse: Ebene Druckform, runder Gegendruck, Einfärben maschinell, Papierführung zumeist von Hand, Papierausführung maschinell.

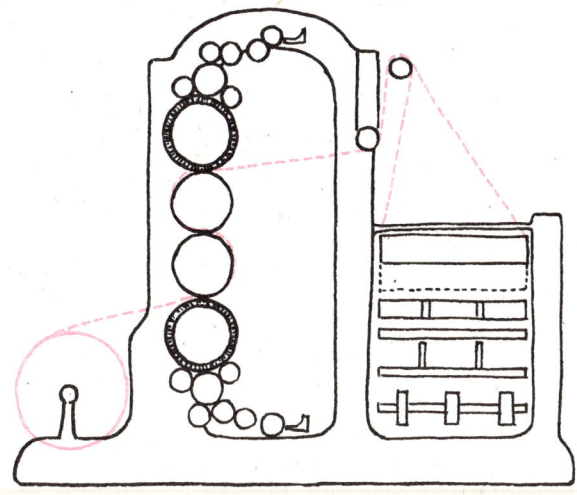

Rotationsmaschine: Runde Druckform, Verdoppelung von Druckzylinder und Gegendruckzylinder zum Bedrucken beider Bogenseiten in einem Arbeitsgang, runder Gegendruck, Einfärben maschinell, Papierführung sowie Abtrennen der bedruckten Bogen von der Papierbahn, Falzen, Zählen und Ausführen maschinell.

Der Buchdruck verbreitete das »**Manifest der Kommunistischen Partei«.** Es wurde 1848 zuerst in London in deutscher Sprache gedruckt. Heute ist es neben anderen Ausgaben auch in dieser abgebildeten Originalform durch gute Nachbildungen (Faksimile-Ausgaben) des Dietz Verlages Berlin jedermann zugänglich.

Das »Kommunistische Manifest«, wie es meist verkürzt genannt wird, ist die Geburtsurkunde des wissenschaftlichen Sozialismus. Der berühmte Schlußsatz »Proletarier aller Länder, vereinigt euch!« ist zum Kampfsignal der internationalen Arbeiterbewegung geworden. Mit Hilfe des Buchdrucks konnte das Manifest in zahllosen Übersetzungen in der ganzen Welt verbreitet werden.

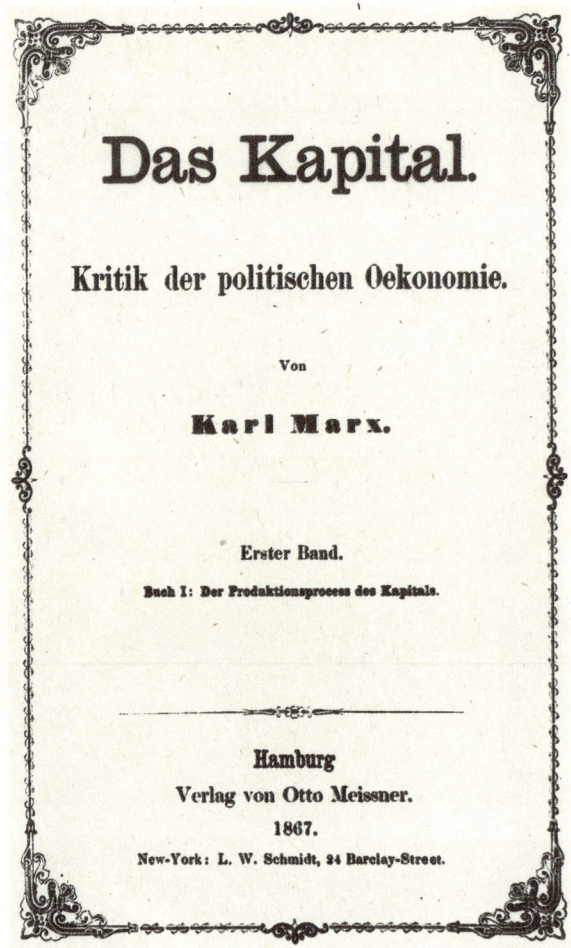

»Das Kapital« von Karl Marx zählt zu den
Büchern, die die Welt verändert haben und
immer noch verändern. Es erschien zuerst 1867
in einzelnen Lieferungen, also in Heften. Karl
Marx hat 40 Jahre lang an diesem Werk gearbeitet, dem er, wie er einmal in einem Brief
geschrieben hat, »Gesundheit, Lebensglück
und Familie« geopfert habe. Das Bewußtsein,
einer gerechten Sache zu dienen, hat ihm die
Kraft gegeben. Die erste Auflage umfaßte nur
1000 Exemplare. Karl Marx konnte »Das
Kapital« nicht vollenden. Friedrich Engels gab
1885 den zweiten und 1894 den dritten Band
heraus. – Oben, neben der Titelseite der Erst-
ausgabe, eine Verlagsanzeige des Otto-Meiß-
ner-Verlages in Hamburg, in dem dieses Werk
von Karl Marx erschienen ist.

Verlag von Otto Meißner in Hamburg.

Feuerbach, Fr. Gedanken und Thatsachen. Ein Beitrag zur Verständigung über die wichtigsten Bedingungen des Menschenwohles.
10 Sgr.

Hargreaves, John W. H. Englands Handel im Jahre 1864
und 1865. 2 Bände à 18 Sgr.

Kapp, Fr. Geschichte der Sklaverei in den Vereinigten
Staaten von Amerika. 1 Thlr. 20 Sgr.

Lazarus, W. Ueber Mortalitätsverhältnisse und ihre Ursachen. 12 Sgr.

Liebert, Dr. G. Milton. Studien zur Geschichte des englischen
Geistes. 1½ Thlr.

— — Ludwig Uhland. Eine Skizze. Zweite Auflage. 10 Sgr.

Meyer, Dr. J. B. Die Idee der Seelenwanderung. 10 Sgr.

Mystagogos. Eine christliche Vorschule. Neue Folge.
1 Thlr. 7½ Sgr.

Nilsson, S. Die Ureinwohner des Scandinavischen Nordens. Ein Versuch in der comparativen Ethnographie und ein
Beitrag zur Entwicklungsgeschichte des Menschengeschlechts. Aus
dem Schwedischen übersetzt von J. Mestorf. Mit 62 in den
Text gedruckten Abbildungen und 5 lithographirten Tafeln. 2 Thlr.

Proudhon, P. J. Die Gerechtigkeit in der Revolution und in der
Kirche. Neue Principien praktischer Philosophie. Uebersetzt von
L. Pfau. 2 Bände. 3 Thlr. 10 Sgr.

Radenhausen, C. ISIS. Der Mensch und die Welt. 4 Bände.
143 Bogen gr. 8. 7 Rthlr.
Inhalt der vier Bände. Entstehung der Vorstellungen und Begriffe.
Gott in der Geschichte. Der Mensch und die aussersinnliche Welt. Geist und
Unsterblichkeit. Böse und Gut. Pflicht, Sünde, Gewissen. Lohn und Strafe.
Erlösung. Christenthum. Wissenschaft und Religion. Gott und Unsterblich-
keit. Liebe und Ehe. Das Leben im Verbande. Heranbildung der Menschheit.
Heranbildung der Welt. Verhältnisse der Welt. Glück und Unglück. Alte
und neue Welt. Schlussfolgerungen.

Radenhausen, C., Die Bibel wider den Glauben. Mit einer Karte.
gr. 8. 18 Sgr.

Scholl, C. Die Messiassagen des Morgenlandes nebst vergleichenden
Auszügen aus seinen heiligen Büchern. 1 Thlr. 7½ Sgr.

Staatsarchiv, das. Sammlung der officiellen Actenstücke zur Geschichte
der Gegenwart. In fortlaufenden monatlichen Heften heraus-
geben von L. K. Aegidi und A. Klauhold. 1861—1867.
Preis 5 Thlr. für den Jahrgang.

Weigelt, G. Zur Geschichte der neueren Philosophie. 1 Thlr. 15 Sgr.
Inhalt: Kant. — Fichte. — Jacobi. — Schopenhauer. — Schelling.
— Hegel. — Feuerbach.

Wiberg, C. F. Der Einfluss der klassischen Völker auf
den Norden durch den Handelsverkehr. Aus dem Schwedischen
von J. Mestorf. Mit einer Fundkarte. 1 Thlr. 6 Sgr.

Druck von Wilh. Wigand in Leipzig.

Vollständiges

Orthographisches Wörterbuch

der

deutschen Sprache

von

Dr. Konrad Duden,
Direktor des Königl. Gymnasiums zu Hersfeld.

Nach den neuen preußischen und bayerischen Regeln.

Preis kart. 1 Mark.

Leipzig.
Verlag des Bibliographischen Instituts.
1880.

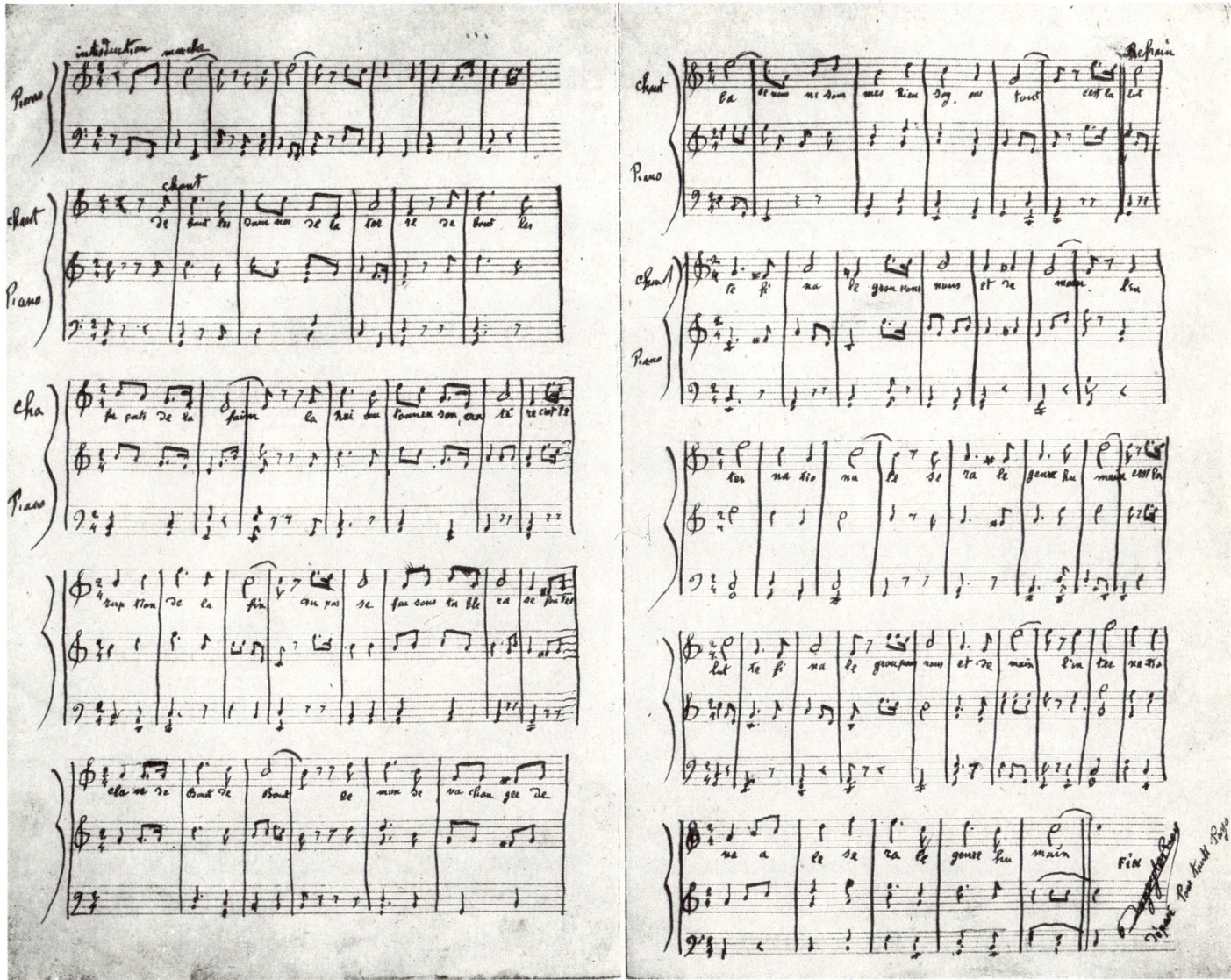

Das »Kommunistische Manifest« in Musik; die erste Seite der Handschrift der »**Internationale**«, des Kampflieds der Arbeiterklasse, von dem französischen Komponisten Pierre Degeyter nach einem Gedicht von Eugène Pottier. Pottier war ein französischer Schriftsteller, Politiker und Teilnehmer an der Pariser Kommune. Der Dietz Verlag Berlin hat eine Faksimile-Ausgabe der »Internationale« herausgegeben. Das Autograph befindet sich im Besitz des Instituts für Marxismus-Leninismus beim ZK der SED.

Über diesen Gesang internationaler Solidarität hat W. I. Lenin aus eigener Erfahrung gesagt: »In welches Land ein klassenbewußter Arbeiter auch geraten, wohin ihn sein Schicksal auch verschlagen, wie sehr er sich auch als Fremder fühlen möge, ohne Kenntnis der Sprache, ohne vertraute Menschen, fern von der Heimat – mit der bekannten Weise der ›Internationale‹ kann er Genossen und Freunde finden.«

Der Gymnasialdirektor **Konrad Duden** (1829 bis 1911) hat nicht ahnen können, daß er einmal zu einer Weltberühmtheit werden würde, als er vor rund 100 Jahren ein kleines orthographisches Wörterbuch der deutschen Sprache zusammenstellte. Wer immer mit der deutschen Sprache umgeht, braucht den »Duden«. Er erscheint heute noch im VEB Verlag Bibliographisches Institut, Leipzig, dem Verlag, in dem 1880 die erste Auflage erschienen ist.

Der **Aufbau einer Buchseite** sollte nach ausgewogenen Proportionen erfolgen. Die ideale Raumaufteilung einer Seite, vom Satzspiegel aus zu den Rändern ergab sich früher nach dem »Goldenen Schnitt«. Allerdings können heute in der Praxis so großzügige Seitenverhältnisse nur noch selten eingehalten werden.

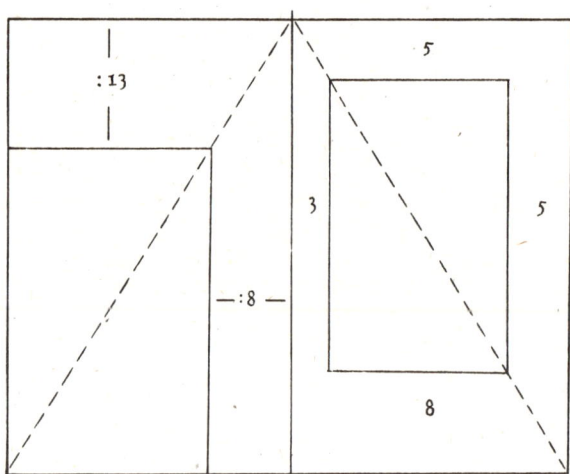

Der Engländer **William Morris** gilt als ein Pionier der modernen Buchkunst. Wenn man sieht, mit welcher Kunstfertigkeit seine Drucke hergestellt worden sind, kann man verstehen, daß ihre Qualität alle wahren Bücherfreunde auch heute noch erfreut. Hier das Titelblatt sowie zwei Kapitelanfangsseiten zu einer Ausgabe der Canterbury-Erzählungen von Geoffrey Chaucer, 1896 gedruckt. Der Band enthält Geschichten von Pilgern, die sehr realistisch die Zeit Chaucers (zwischen 1340 und 1400) in England widerspiegeln. Die Illustrationen sind von dem berühmten englischen Maler Edward Burne-Jones, Buchschmuck und Initialen von William Morris selbst nach alten Drucken neu entworfen. Diese handwerklich hergestellten Drucke der Kelmscott-Presse waren schon bei Erscheinen wegen ihres hohen Preises den meisten unzugänglich, heute wird ein Morris-Druck wie dieser hier für etwa 100 000,– M und mehr gehandelt.

Die **moderne Buchkunstbewegung** war nicht ohne **Vorbilder.** Unsere Abbildung rechts zeigt eine Seite eines Werkes, das von dem zweitältesten Drucker in Köln, Arnold Therhoernen, stammt, der dort zwischen 1470 und 1482 gedruckt hat und, wie sein Name verrät, aus den Niederlanden zugewandert war. So reich mit pflanzlichen Ornamenten verzierte Seiten, geschmückt mit Randleisten und Initialen, haben William Morris, wie man deutlich sehen kann, sehr beeinflußt. Aus dieser höchste ästhetische und handwerkliche Ansprüche anstrebenden Gesinnung entstanden um die Jahrhundertwende bis in die dreißiger Jahre hinein viele Pressendrucke. Rechts eine Seite aus Goethes »Faust«, Ernst-Ludwig-Presse, Darmstadt 1922.

ERSTER AKT

ANMUTIGE GEGEND.
FAUST AUF BLUMIGEN RASEN GEBETTET,
ERMÜDET, UNRUHIG, SCHLAFSUCHEND.
DÄMMERUNG.
Geister-Kreis schwebend bewegt, anmutige
kleine Gestalten.

ARIEL
Gesang von Äolsharfen begleitet.

WENN der Blüten Frühlings-Regen
Über alle schwebend sinkt,
Wenn der Felder grüner Segen
Allen Erdgebornen blinkt,
Kleiner Elfen Geistergröße
Eilet wo sie helfen kann;
Ob er heilig, ob er böse,
Jammert sie der Unglücksmann.

Die ihr dies Haupt umschwebt im luftgen Kreise,
Erzeigt euch hier nach edler Elfen Weise,
Besänftiget des Herzens grimmen Strauß,
Entfernt des Vorwurfs glühend bittre Pfeile,
Sein Innres reinigt von erlebtem Graus.
Vier sind die Pausen nächtiger Weile,
Nun ohne Säumen füllt sie freundlich aus.
Erst senkt sein Haupt aufs kühle Polster nieder,
Dann badet ihn im Tau aus Lethes Flut;
Gelenk sind bald die krampferstarrten Glieder,
Wenn er gestärkt dem Tag entgegen ruht;

Die Pariser Bürger und Nationalgarden erstürmen am 20. Julius 1830 den Louvre Palast, von den Schweizergarden unter mörderischen Feuer vertheidigt.

»Neuruppiner Bilderbogen«. Immer aktuell sein, schnell informieren, das war die Devise der Bilderbogenfabrik von Gustav Kühn in Neuruppin. Da konnte es schon mal vorkommen, daß man etwas mogeln mußte, zum Beispiel als 1830 in der Juli-Revolution in Paris die bourbonischen Könige vertrieben wurden. Um schnell auf dem Plan zu sein, verwendete man als Ort der Handlung den gerade verfügbaren Dogenpalast in Venedig, weil das königliche Schloß in Paris, der Louvre, nicht zur Hand war. Der dazugehörige Text lautete aber: »Die Pariser Bürger und Nationalgarden erstürmten am 20. Julius 1830 den Louvre-Palast, von den Schweizergarden unter mörderischem Feuer vertheidigt.« – Ein anderer Bilderbogen berichtet – diesmal vor sachlich getreuem Hintergrund – von den Barrikadenkämpfen, die im Zuge der Volkserhebung am 7. Mai 1849 in Breslau (Wrocław) stattfanden.

15

Neuntes Lehrstück.

Wie sich ein Schüler bei Besuchen und in Gesellschaft höflich und anständig betragen soll.

16.
Steh' aufrecht und gerad, und nicht auf einem Bein,
Denn dieses würde leicht der Faulheit Zeichen sein.

17.
Wenn Andre insgeheim was zu einander sagen,
So mußt du nicht darnach im Augenblicke fragen.

18.
Fall' keinem in die Red', eh' sie noch völlig aus,
Denn solche Plauderer hat niemand gern im Haus.

19.
Läßt man aus Zufall dich allein im Zimmer stehen,
So hüte dich, das, was verschlossen ist, zu sehen.

20.
Und wenn man musicirt, so laufe nicht herum,
Denn zu Gesang und Klang gehöret Stille nun.

21.
Saug' an den Fingern nicht, wie kleine Kinder pflegen,
Sonst bringst du dir dadurch gar wenig Gunst zuwegen.

22.
Zeigt man dir was, das leicht verdorben werden kann,
So faß' es nicht sogleich mit groben Händen an.

23.
Wenn Jemand was vor dir will lesen oder schreiben,
So schaue nicht hinein, und laß den Vorwitz bleiben.

24.
Wenn Jemand etwa nießt, so schrei' nicht „Prosit„ drein;
Ein stilles Kompliment wird angenehmer sein.

25.
Spuck' nicht im Zimmer aus, zumalen wenn es rein,
Sonst wird die Magd mit dir sehr unzufrieden sein.

26.
Machst du das Fenster auf, dadurch hinauszusehen,
So laß es, wenn es kalt, nach dir nicht offen stehen.

27.
Stehst du vom Stuhle auf, so laß ihn nicht von Handen,
Bis du ihn hingerückt, wo er vorher gestanden.

28.
Zu lange bleibe nicht; wenn's Zeit ist, gehe du,
Und wirf die Thüre nicht, daß man erschricket, zu.

29.
Mach' an der Treppe nicht zu viele Komplimente,
Weil dieß sich gar zu leicht mit Purzeln enden könnte.

30.
Wenn du ganz unten bist, so mache dem Patron
Nochmals ein Kompliment, und gehe dann davon.

Eines der vielen **Zucht-, Anstands- oder Sittenbücher,** wie sie zur Ermahnung der Jugend jahrhundertelang fabriziert worden sind, ist »Der höfliche Schüler«, Augsburg 1735. Der lange Titel gibt »eine poetische Anweisung, wie sich ein Schüler vor, in und nach der Schule, zu Hause, in der Kirche, auf den Gassen, bey Besuchungen und in Gesellschafften anderer wie auch bey dem Spazierengehen, Fahren und Reiten gebührend, höflich und geschickt aufzuführen hat«. Es ist aber auch ein Buch, über das man heute leise schmunzeln kann, denn sein Verfasser, der Magister Andreas Christoph Graf, hatte Humor.

Deutsch.	Lateinisch.	Italienisch.	Französisch.	Englisch.
1. Bachstelze, die	motacilla, f.	cutrettola, f.	hochequeue, m.	wag-tail.
2. Bäckerei, die	officina pistoria, f.	l'arte di far il pane, f.	boulangerie, f.	bake-house.
3. Backschüssel, die	patina pistoria, f.	bugnola, f.	panier, m.	straw-basket.
4. Bär, der	ursus, m.	orso, m.	ours, m.	bear.
5. Ballspiel, das	ludus pilae, m.	balla, f.	jeu de paume, m.	tennis.
6. Bandit, der	latro, m.	bandito, m.	bandit, m.	bandit.
7. Bank, die	scamnum, n.	banco, m.	banc, m.	bank.
8. Barbier, der	tonsor, m.	barbiere, m.	barbier, m.	barber.
9. Bart, der	barba, f.	barba, f.	barbe, f.	beard.
10. Baschkir, der	baschkirus, m.	baschkiro, m.	baschkire, m.	baschkire.
11. Baßspieler, der	gravisonus.	basso, m.	basse-contre, m.	player on the bass-viol.
12. Bauern, die (Bauer, der)	rusticus, m.	lavoratore di terra, m.	paysan, m.	peasant.
13. Bauernhaus, das	casa, f.	casa di campagna, f.	maison d'un paysan, f.	peasant's-house.
14. Becher, der	poculum, n.	ciotola, f.	gobelet, m.	goblet; tumbler.
15. Bedienter, der	servus, famulus, m.	servidore, m.	domestique, m.	servant.
16. Beil, das	ascia, f.	scure, f.	hache, f.	hatchet.
17. Berg, der	mons, m.	monte, m.	mont, m.	mount.
18. Bergmann, der — Bergbau, der	metallifossor, m. — metallurgia, f.	minatore, m. scavo delle miniere.	mineur, m. exploitation des mines.	miner; working of mines.
19. Besen, der	scopa, f.	scopa, f.	balai, m.	broom.
20. Betrunkene, der	ebrius, m.	ubbriaco, m.	ivrogne, m.	drunkman.
21. Biber, der	castor, m.	castoro, m.	castor, m.	beaver.
22. Bienenhaus, das	apiarium, n.	bugno, m.	ruche, f.	bee-house.
23. Bilderhändler, der	tabellarius propola, m.	venditor di pitture, m.	marchand d'estampes, m.	dealer in pictures.
24. Bildhauer, der	sculptor, m.	scultore, m.	sculpteur, m.	sculptor.
25. Birke, die	betula, f.	betula, f.	bouleau, m.	birch.
26. Birmane, der	birmanus, m.	birmano, m.	birmane, m.	birman.
27. Birnen, die (Birne, die)	piruin, n.	pera, f.	poire, f.	pear.
28. Blasebalg, der	follis, m.	soffietto, m.	soufflet, m.	bellows.
29. Blasrohr, das	tubulus globulis emittendis, m.	cerbottana, f.	sarbacane, f.	blowing-tube.
30. Blinde, der	caecus, m.	cieco, m.	aveugle, m.	blind.
31. Blumenhändlerin, die	florum venditrix, f.	donna che vende fiori, f.	vendeuse de fleures, f.	flower-woman.
32. Böttcher, der	doliarius, m.	bottajo, m.	tonnelier, m.	cooper.
33. Bologneserhündchen, das	catulus melitaeus, m.	catellino bolognese, m.	bichon, m.	maltese dog.
34. Bouteille, die	lagena, f.	bottiglia, f.	bouteille, f.	bottle.
35. Botocude, der	botocudus, m.	botocudo, m.	botocude, m.	botocud.
36. Brachvogel, der	numenius, m.	chiurlo, m.	corlieu, m.	curlew.
37. Brauerei, die	officina cerevisiae coquendae, f.	luogo dove si fa la birra.	brasserie, f.	brewery.
38. Brezelverkäufer, der	spirarum venditor, m.	venditor di ciambella, m.	marchand de craquelins, m.	dealer in cracknels.

Dieser »**Schauplatz der Natur und Kunst**« von H. Becher und J. C. Schneemann (1843) ist eines der vielen Bücher, die auf den Orbis pictus, »Die gemalte Welt« von J. A. Komenský zurückgehen. Er will Wissen und Sprachkenntnisse vermitteln – ein Bilderlexikon in der Art der »Bildwörterbücher« für einzelne Sprachen, wie sie heute unser VEB Bibliographisches Institut Leipzig herausbringt.

Der **Scherenschnitt,** der Schattenriß oder die Silhouette ist im 18. Jahrhundert zu einem geselligen Vergnügen des deutschen und französischen Bürgertums geworden. Es entstanden Scherenschnittbücher mit Porträts und Szenen. Von einigen Künstlern wird der Scherenschnitt bereits satirisch genutzt. Scherenschnittbücher für Kinder wurden erst im 19. Jahrhundert verlegt. Ein Meister auf diesem Gebiet war Karl Fröhlich (1821–1898), der zahlreiche Kinderbücher in dieser Technik geschaffen hat. Von einem anderen Virtuosen auf diesem Gebiet, Paul Konewka (1840–1871), wird berichtet, er habe die Kunst des Scherenschnittes so beherrscht, daß er mit geschlossenen Augen oder sogar mit den Händen auf dem Rücken arbeiten konnte. – Die Photographie hat den Scherenschnitt weitgehend aussterben lassen.

ABCDEFGH

IJKLMNOP

QRSTUXYZ

Jahrhundertealt ist die Freude an Alphabeten, die aus Figuren gebildet sind. Noch heute sind sie hier und da in Zeitungen und Zeitschriften zu entdecken. Man kann es auch selbst probieren! Natürlich mußte auch der Teufel daran glauben, wenn es darum ging, ein neues **Figurenalphabet** auszuhecken. Hier ein solches aus Paris, 1836.

Wilhelm Busch, der Vater der Bildergeschichte. Umstritten oder nicht – er hat als einer der ersten mit seinen Bildergeschichten die Bilderserien, die sogenannten Comics, vorweggenommen. Als Zeichner muß ihn jeder beneiden – und sei es nur um die Kunst des Weglassens. »Max und Moritz«, 1865 entstanden, ist unsterblich, und Wilhelm Busch bleibt der Klassiker der Bildergeschichte. Wer als Büchersammler eine erste Ausgabe von »Max und Moritz« fände, hätte das Große Los gezogen.

Aus der kaum übersehbaren Fülle von **Figuren-alphabeten,** mit denen man tatsächlich Bände füllen könnte, hier 12 Buchstaben aus einem Alphabet, das der französische Maler und Zeichner Honoré Daumier (1808–1879) im Jahre 1837 zeichnete.

In **Figuren** verwandelte Buchstaben schmük-ken auch einen **Schutzumschlag,** den der bedeutende tschechische Künstler Cyril Bouda (geb. 1901) für eine Märchensammlung (1976) gestaltet hat. Die teils heiteren, teils grimmigen Gestalten bilden den Titel »Pohádky« (Mär-chen).

»**Der letzte Mohikaner**« ist zum geflügelten Wort geworden. Zu den Büchern der Erwach-senenliteratur, die sich die Kinder und Jugend-lichen erobert haben, zählen auch die »Leder-strumpf«-Erzählungen (so benannt nach ihrem auch als Wildtöter bekannten Helden in Leder-kleidung) des Amerikaners James Fenimore Cooper (1789–1851). Sein berühmter »Letzter Mohikaner« erschien 1826 in New York und London, und noch im gleichen Jahre wurden in Deutschland fünf deutschsprachige und eine englische Ausgabe gedruckt.

Pissoir. Berlin's neue Anschlag Säulen. Brunnenumhüllung.

Die **Litfaßsäule** war eine geniale Erfindung des Berliner Buchdruckers Ernst Theodor Amandus Litfaß (1816–1874). »Als Unsitte und Graus« war es Ernst Litfaß bei Reisen nach Wien und Paris aufgefallen, daß Mauern, Häuser und Bäume mit allerlei Bekanntmachungen verunziert waren. Deshalb machte er 1854 eine Eingabe an den königlichen Polizeipräsidenten von Berlin, solche Informationen künftig an eigens dafür konstruierte Anschlagsäulen zu geben. Am 1. Juli 1855 durfte die erste, bald nach ihm benannte Säule vor seinem Hause in der Adlerstraße aufgestellt werden. Es folgten ihr viele andere nicht nur in Berlin, sondern bald auch in anderen Städten. – Für Berlin bedeutete das eine Sensation. Die Litfaßsäulen, die sich auch gut für Reklame und Werbung kapitalistischer Unternehmer eigneten, waren in aller Leute Munde. Der Musikdirektor Béla komponierte eine »Annoncir-Polka« auf die Litfaßsäule. Der ideenreiche Erfinder wurde zum königlichen Hofdrucker ernannt und erhielt später auch den Kronenorden. – Oben eine Hauswand in England, nach einem Aquarell von Parry 1835. Ähnliche Wände kann man auch heute noch im Ausland antreffen.

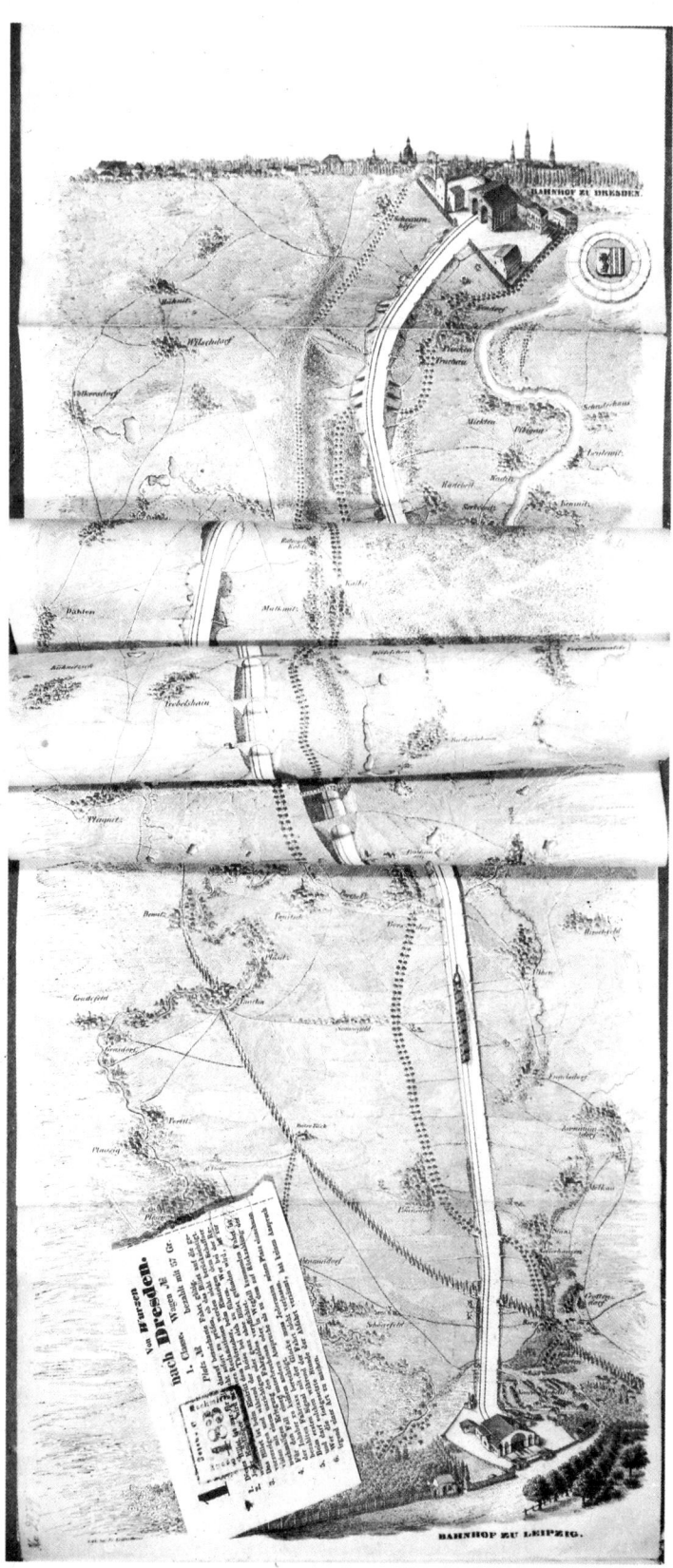

Manchmal können gedruckte Souvenirs zu historischen Dokumenten werden, so wenn sie Ereignisse festhalten, die von gesellschaftlicher Bedeutung sind. Die Eisenbahn zwischen Dresden und Leipzig (1838–1839) war solch eine mitteldeutsche Sensation, nachdem die erste deutsche Eisenbahn 1835 zwischen Nürnberg und Fürth eingeweiht worden war. Hier eine **Lithographie** von 1839, die ein 4 Ellen langes Panorama (1 sächsische Elle = 56,64 cm) mit einer Fahrkarte 1. Klasse von Wurzen nach Dresden wiedergibt.

Rosenbücher, kleine Bücher in Form eines Rosenbuketts, ausgestattet mit je 28–36 Stahlstichen und achtfach sich öffnend, waren beliebte Souvenirs in der zweiten Hälfte des 19. Jahrhunderts – und ein Exportschlager dazu. Vermutlicher Erfinder dieses Artikels war die Druckerei mit Verlag von G. Adler in Hamburg. Jedes Rosenbuch in kleinem Format (etwa 2,5 bzw. 5 cm Breite je Bildchen) enthielt die wichtigsten Ansichten einer bekannten Stadt, von Amsterdam bis Petersburg, von London bis Potsdam. Unsere Abbildung läßt noch erkennen, wie gut die Druckqualität für 12 Silbergroschen je Rosenbuch gewesen ist.

DER BUCHHANDEL

Die Zerstreuung [= Verbreitung] eines Buches durch
die Welt ist fast ein ebenso schwieriges und wichtiges
Werk als die Verfertigung desselben.

Friedrich von Schiller (1759–1805)

Ein **Buchbinder** bei der Arbeit: Er ist damit beschäftigt, Buchschließen anzubringen. Das Bild, eine der ältesten Darstellungen dieser Art, ist vermutlich um die Wende vom 16. zum 17. Jahrhundert, und zwar in Nürnberg, entstanden. Man kann allerlei Handwerkszeug des Buchbinders erkennen.

Selbst beim modernen Buch kommt es vor, daß es nicht fest schließt. Vor allem bei den großen, dicken Bänden im Mittelalter war es möglich, daß der Band, trotz einwandfreier buchbinderischer Verarbeitung, etwas sperrte, besonders wenn es sich um Pergamentbände handelte. Die Ursachen dafür waren nicht immer Fertigungsfehler. Das Pergament ist ja ein Naturprodukt; es arbeitet ständig unter dem mehr oder minder hohen Einfluß der Luftfeuchtigkeit, so daß sich die Decken wölben. Um das zu vermeiden und zum Schutz gegen das Eindringen von Staub, wurden die Einbanddeckel häufig an der Vorderkante durch **Spangen oder Schließen** zusammengehalten. Die einfachste Form war die mittels zusammengeknoteter Lederbändchen. Metallene Schließen waren häufig kunstvoll gearbeitet.

Im 14. und 15. Jahrhundert erlebte das schon lange zuvor angewandte **Lederschnitt-Verfahren** eine neue Blütezeit. Die Technik des Buchbinders bestand darin, daß er kräftiges, durch Anfeuchten elastisch gemachtes Leder nach einer darauf angebrachten Zeichnung mit dem Messer einschnitt oder ritzte. Durch Unterlegen, Pressen und Punzen wurden die Einschnitte noch in ein flaches Relief verwandelt. Damit die erhabenen Teile der Zeichnung nicht beschädigt wurden, trugen die Beschläge an den Ecken zusätzlich erhabene Knöpfe. Unser Beispiel, ein gotischer Lederschnittband, vermutlich in Nürnberg 1470 entstanden, ist für eine wenige Jahre zuvor von Johann Mentelin gedruckte Bibel angefertigt worden.

Bei weitgehender internationaler Übereinstimmung weist die nationale **Einbandgestaltung** doch einige Unterschiede auf. Hier sind sechs Einbände zusammengestellt, vier davon aus deutschen Verlagen von Ende des 19. Jahrhunderts bis heute. Das dritte Buch von rechts hat einen typisch französischen Einband, einen »Halbfranzband« mit Bünden und goldgeprägten Stempeln und Leisten.

Der Band daneben ist in seiner ornamentalen Rückengestaltung typisch »englisch«.

In unserer **sozialistischen Buchkultur** bemühen sich Verlage und Gestalter gemeinsam um aussagekräftige und ansprechende Gestaltungen auch des Einbands. Als ein Beispiel von vielen sei ein Buch des Union-Verlages herausgegriffen, das nach einem Entwurf des in Halle lebenden Buchgestalters und Gutenbergpreisträgers Joachim Kölbel mit Blindprägung und Preßvergoldung ausgestattet wurde.

Der handgefertigte Bucheinband (Handeinband) wurde ab Mitte des 19. Jahrhunderts
mehr und mehr vom Verleger- oder Verlags-
einband abgelöst. Voraussetzung dafür waren
Buchbindereimaschinen, die anfangs mit
Dampfkraft betrieben wurden.
Hier ein Blick in die Leipziger Großbuchbinde-
reien H. Sperling und (rechts) E. A. Enders, die
damals, um 1900, als hochmoderne Unternehmen mit Dampfbetrieb arbeiteten. Als billige Arbeitskräfte wurden hier vor allem Frauen
beschäftigt. In den Anfangszeiten der Techni-
sierung waren nur einige Arbeitsgänge mechanisiert.

Een schoene ghenuechlicke ende seer vreede hystorie van eene vrouwe gheheeten Meluzyne/ ende van harer afcoemste ende gheslachte vã haer voert ghecomen synde.ende van harer alre won derlike ende vrome wercke ende feyten die sy gedaẽ en bedieuen hebben Ende es nv npewelyc wt den wallsche ghetranslateert in duytsche /ende met schoonẽ personagen ende figueren na den

Gerard Leeu, ein Drucker-Verleger in den Niederlanden, hat in den Jahren 1477–1493 in Gouda und Antwerpen über 200 Drucke herausgebracht. Er bot seine Neuigkeiten 1491 in dem ersten illustrierten **Buchprospekt** an.

Ein **wandernder Verkäufer von neuen Zeitungen,** das bedeutete in der zweiten Hälfte des 16. Jahrhunderts: Händler von Einblattdrucken und Flugschriften. An seinem Hut, der zu der modischen Kleidung nach französischem Geschmack paßt, steckt eine Flugschrift, die sich mit einem aufregenden Ereignis in Frankreich befaßt, mit der Ermordung Heinrichs des Benarbten, Herzog von Guise, durch den französischen König. Der Ermordete wie sein Mörder waren keinen Schuß Pulver wert. Das Bild ist eine zeitgenössische Radierung von 1588, ihr Urheber ein bedeutender Graphiker und Stecher des 16. Jahrhunderts, Jost Amman.

Hainrich Kepner, Buchführer oder, wie wir heute sagen würden, Buchhändler, in Nürnberg in seinem **Gewölbe beim Einpacken von Büchern.** Nach einer kolorierten Federzeichnung eines unbekannten Künstlers aus dem Jahre 1543.

140

Das Zeitalter der Entdeckungen und Reisen hat in allen europäischen Ländern seine eigene Literatur hervorgebracht. Der Atlas mit der Weltkugel im Vordergrund kündet an, daß es sich um eine **Spezialbuchhandlung für Geographie,** Reisebeschreibungen und Landkarten handelt. Sie wird uns wiederum als Titelverzierung zu einem 1730 in Amsterdam herausgekommenen Atlas (Atlas nouveau) vorgeführt.

»Sucht ihr der Weisheit Schatz, gebt guten Büchern Platz«, lautet einer der ältesten Reklameverse des Buchhandels. Hier steht er über einer Abbildung aus dem Jahre 1696, auf der das **Verpacken von Büchern** in ein großes Faß zu sehen ist. Der Buchhändler kontrolliert anhand einer Liste die Sendung, die vielleicht für eine Buchmesse in Frankfurt am Main oder Leipzig bestimmt war. Zwei seiner Gehilfen, damals »Diener« genannt, führen die Arbeit aus. Rechts hinter dem Faß eine große Presse. Die Verse unter der Abbildung stammen von Abraham a Santa Clara, einem schriftstellernden Prediger in Wien.

Diese hübsche belebte Szene in einer **Buchhandlung** aus dem Jahre 1697 verdanken wir einer Titelverzierung zu einer französischen Komödie von J. J. Monfleury, erschienen in Amsterdam.

Die deutsche **Buchhändler-Börse** – erbaut 1834 bis 1836 im Zentrum der Buchstadt Leipzig – war das erste eigene Haus des Bör-senvereins der Deutschen Buchhändler. Der schöne klassizistische Bau wurde im zweiten Weltkrieg zerstört.

Atelier von Gaber & Richter.

Das ist die **Gründungsanzeige eines Kinder-buchverlages,** der Verlagsanstalt Gaber & Richter von 1856. Der Holzschneider August Gaber sitzt arbeitend am Pult. Der Verleger J. Heinrich Richter ist der Sohn des Malers und Zeichners Ludwig Richter, der auch dieses Bildchen komponiert hat, auf dem der Verleger Richter seine Bücher Kindern übergibt. Das ist Reklame in Gestalt einer liebenswerten roman-tischen Idylle in einer heilen Welt.

Ein »fliegender Buchhändler«, gezeichnet von Ludwig Richter, aus dem »ABC-Buch für kleine und große Kinder«, ein Gemeinschafts-werk Dresdener Künstler, Leipzig 1845.

Bildermañ.

Die Buchhandelsszene links hatte ein genialer Künstler des 19. Jahrhunderts, Johann Peter Lyser, einem von ihm auch selbst geschriebenen Roman neben anderen Illustrationen beige-geben. Sie ist das genaue **Abbild einer Buch-handlung** in Hamburg, die einst Julius Campe gehörte, der zugleich Verleger – zum Beispiel von Ludwig Börne und Heinrich Heine – war. Das Bild zeigt auch Campe (links neben dem Hund).

Zu dem unerschöpflichen Thema »**Autor und Verleger**« eine satirische Zeichnung aus England, 1784; der Künstler ist H. Wigstead. Ein wohlgenährter Verleger betrachtet mißbilligend den Hungerleider von Autor, wie er flehend um den Druck seines Manuskripts bettelt.

Sehr viel drastischer hat der englische Karikaturist Thomas Rowlandson (1756–1827) das Verhältnis von **Autor und Verleger** in diesem ungleichen Paar 1797 dargestellt. Sein graphisches Blatt hat zahlreiche Nachzeichnungen, auch in Deutschland, zur Folge gehabt, weil es die extreme Klassensituation mit künstlerischen Mitteln so treffend darstellt.

Wie **Kritik und Zensur** mit dem Werk eines
Schriftstellers umgehen, wie sie es zerstören
und zerfledern, das schildert mit seinen Mitteln in der Art eines Höllenspuks der Pariser
Charles Joseph Traviérs de Villers (1804–1859).
Um den Verfolgungen der kirchlichen und
weltlichen Zensur zu entgehen, mußten viele
Schriftsteller versteckte, ja sogar irreführende
Mittel anwenden, wie das Verschweigen des
Verfassernamens, des Druckers und des Druckortes (anonyme Schriften). Die genialste **Zen-
sur-Abwehr** hat aber darin bestanden, einen
Verlag zu erfinden, den es niemals gegeben hat,
und in ihm Bücher anonym oder pseudonym
erscheinen zu lassen. Das trifft zum Beispiel für
den Verlag »Peter Hammer«, französisch
»Pierre Marteau«, in Amsterdam und Köln
zu, in dem vom 17. bis zum Anfang des 19. Jahrhunderts etwa tausend Bände erschienen sind –
ein Meisterwerk der Tarnung.

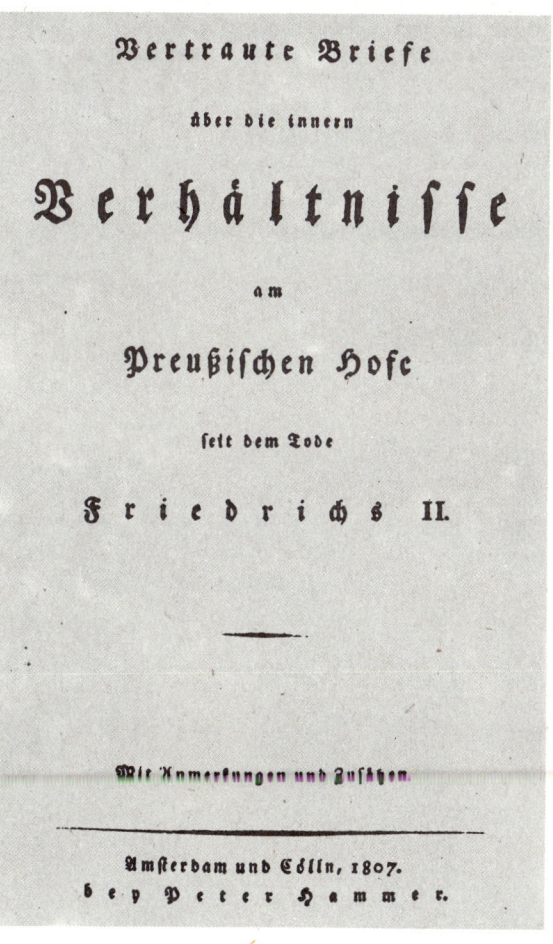

Vertraute Briefe

über die innern

Verhältnisse

am

Preußischen Hofe

seit dem Tode

Friedrichs II.

Mit Anmerkungen und Zusätzen.

Amsterdam und Cölln, 1807.
bey Peter Hammer.

Friedr. Vieweg & Sohn in Braunschweig.

[Z 49330]

❧ **Nur hier angezeigt!** ❧

Aus Anlaß der in diesem Jahre stattgefundenen Feier des hundert-
fünfzigsten Geburtstages des Verfassers versenden wir soeben, **noch rechtzeitig
vor Weihnachten, neu und festlich ausgestattet:**

J. H. Campe's
Robinson der Jüngere.

Original-Ausgabe.

118. rechtmäßige Auflage.	119. rechtmäßige Auflage.
Illustr. Jubiläums-Pracht-Ausgabe.	**Kleine illustrirte Ausgabe.**
Mit zahlr. Abb. u. Campe's Portrait in Lichtdruck.	— Mit zahlreichen Abbildungen. —
In neuem geschmackv. Kaliko-Einband.	In neuem geschmackv. Kaliko-Einbd.
Preis (früher 6 ℳ) jetzt 4 ℳ 50 ₰ mit 33⅓% u. auf 6 × 1 Freiexpl.	Preis (früher 3 ℳ) jetzt 2 ℳ mit 33⅓% u. auf 6 × 1 Freiexpl.

Wir bitten die neu und gediegen ausgestatteten, in neuen geschmackvollen Einbänden vorliegenden **neuesten Auflagen** dieses klassischen Kinder- und Schulbuches, welches bekanntlich in den Origi-
nal-Ausgaben unseres Verlages bereits eine Verbreitung ohne
Gleichen gefunden hat und nach unserem Originaltext in alle
europäischen Sprachen übersetzt worden ist, **auf keinem Weihnachts-
lager fehlen zu lassen.**

Braunschweig, Anfang November 1896.

Friedr. Vieweg & Sohn.

[7 1497M] 88

Zu den unsterblichen Jugendbüchern zählt der
»**Robinson**«. Verlagswesen und Buchhandel
haben dieses Buch immer wieder propagiert
und verkauft. Für diese werbende Anzeige im
»Börsenblatt für den deutschen Buchhandel«
von 1896 wird der 150. Geburtstag des Bearbei-
ters Joachim Heinrich Campe zum Anlaß genommen. Campe war nicht der Verfasser des
Robinson, wie es in der Anzeige heißt. Wohl
aber hat er den englischen »Robinson Crusoe«
des Daniel Defoe (1660 oder 1661–1731), der
von Haus aus gar kein Kinder- oder Jugendbuch
war, für die deutsche Jugend bearbeitet. Der
»Robinson« Campes ist der Beginn der er-
zählenden Literatur für Kinder und Jugendliche in Deutschland.

Auf der traditionellen **Leipziger Messe** findet
einmal im Jahr die Buchmesse in fünf Stock-
werken des Buchmesse-Hauses am Markt statt.
Hier werden von den Buchhandlungen Be-
stellungen aufgegeben. – Die Buchmesse zieht
aber auch stets viele junge und alte Bücherfreunde als »Seeleute« (=Sehleute) an: Erich
und Inge Gürtzig malen mit Kindern.

»Das Internationale Buch«, Berlin, und die »Otto-von-Guericke-Buchhandlung«, Magde-burg, sind nur zwei von vielen **modernen Buchhandlungen.**

Der Großraum-**Buchbasar** zur Sommerzeit in Rostock, Kröpeliner Straße, ist schon seit 15 Jahren Tradition. Damit sie keinen Schaden nehmen, sitzen die Schriftsteller sonnengeschützt hinter ihren Ständen und signieren ihre Bücher für kleine und große Literaturfreunde. Die **Bücherkarren** in den Straßen der Städte sind fast ausgestorben. In Berlin gab es noch einen bis Anfang der sechziger Jahre in der Clara-Zetkin-Straße vor der Universitätsbibliothek. Hier eine erfreuliche Wiederbelebung dieser Tradition des »fliegenden Buchhändlers« anläßlich des Pressefestes in Halle/Saale.

DIE BIBLIOTHEKEN

Bibliotheken sind Schatzkammern des menschlichen
Geistes.

Gottfried Wilhelm Leibniz (1646–1716)

Eine aus dem letzten Viertel des 16. Jahrhunderts stammende **Pultbibliothek** kann die Universität in Leiden (Niederlande) noch heute vorweisen. Ein Kupferstich von J. C. Woudanus aus dem Jahre 1610 liegt unserer Abbildung zugrunde. Die angeketteten Bücher sind nach einzelnen Wissensgebieten angeordnet. Die Bücher stehen oberhalb des Pultes. Elf **Stehpulte** laufen rechts und links vom Mittelgang nach den Fenstern. Die Bücher sind mit dem Schnitt nach vorn angeordnet; das war auch in Deutschland so üblich. In Frankreich wurden bereits früher, wie es heute in Bibliotheken international Brauch ist, die Bücher mit dem Rücken nach vorn gestellt.

Als die Bücherwelt noch sehr viel kleiner war als heute, wurden die **Bücher an eisernen Ketten** auf Pulten zum Lesen ausgelegt. Das war gar kein schlechter Brauch, denn dadurch waren sie gegen Diebstahl geschützt, und ihre Ordnung wurde nicht gestört. Technisch sah das so aus, daß am oberen Ende des vorderen oder hinteren Einbanddeckels jedes Buches eine Kette angebracht war, die durch einen Ring an einer oberhalb oder unterhalb der Lesepulte hinlaufenden Eisenstange befestigt wurde. Die Ketten waren lang genug, um das betreffende Buch unbehindert an Ort und Stelle benutzen zu können. Mit einem Schlüssel konnte jedes Buch vom Bibliothekar losgelöst werden.

Im **Barocksaal** der Stiftsbibliothek Sankt Gallen findet sich ein origineller Schmuck: Putten unterbrechen die Bücherwände, und jede Putte hat eine andere allegorische Bedeutung. Hier der Dichter mit einem oder seinem Buch. Die Stiftsbibliothek Sankt Gallen war im Jahre 614 als Benediktinerabtei gegründet worden und im Mittelalter neben Fulda ein Zentrum der Handschriftenherstellung sowie der Wissenschaft.

BIBLIOTHECA   GRYPESWALDENSIS.

Die Keyserliche Bibliothec.

152

Bibliotheca Büloviana Academiæ, Georgiæ Augustæ donata Göttingæ. | *La Biblioteca della Universitá di Göttinga.*
La Bibliotheque de l'Université de Göttinghe. | *Di Universitäts Bibliothec zu Göttingen.*

Links oben: Dieses Bild der 1604 gegründeten **Universitätsbibliothek Greifswald,** vermutlich aus dem Jahre 1775, vermittelt einen Eindruck von einer »Saalbibliothek«. Sie war im Zusammenhang mit dem Neubau der Greifswalder Universität (1747–1750) vorzüglich untergebracht worden. Unser Bild ist nach dem Kupferstich des Berliner Zeichners und Kupferstechers F. Conrad Krüger angefertigt worden. Der Kupferstich von Jan Luyken (links) stellt zwar nicht eine historisch getreue Wiedergabe der **»Keyserlichen Bibliothek« in Wien** dar, wie darauf zu lesen ist, sondern ist ein Produkt der Phantasie. Man sieht trotzdem, wie lebensgefährlich der Beruf eines Bibliothekars einst in einer großen Saalbibliothek gewesen ist, und tatsächlich ist mancher Bibliothekar – damals – von der Leiter gestürzt. Das höfisch-feudale Zeremoniell mit tiefen Bücklingen dürfte historisch treffend charakterisiert sein.

Wie die Universität **Göttingen** selbst ist ihre **Universitätsbibliothek** (gegründet 1735) zugleich Zeugnis und Produkt der Aufklärung. Sie kann als deutsche Musterbibliothek des 18. Jahrhunderts gelten. Günstige Umstände – Berücksichtigung von Ideen des Philosophen G. W. Leibniz, englische Vorbilder, tüchtige Bibliothekare – ließen diese Bibliothek in der zweiten Hälfte des 18. Jahrhunderts zur führenden wissenschaftlichen Bibliothek aufblühen. Sie erlangte wie keine andere Universitätsbibliothek ihrer Zeit internationales Ansehen.

Ein kreisrunder **Bibliotheksraum im Rokokostil** ist eigens für das **Schloß Sanssouci** in **Potsdam** im Jahre 1747 von Georg Wenzeslaus ˙von Knobelsdorff eingerichtet worden. Die in die Wände eingelassenen Bücherschränke sind ungewöhnlich niedrig gehalten, damit die Bücher bequem zugänglich sind.

Johann Daniel Olenschläger (1711–1778), der Frankfurter Oberschicht zugehörig, war Jurist und später Bürgermeister von Frankfurt am Main. Sein **Exlibris** wählte, wie viele andere vor und nach ihm auch, eine Bibliotheksansicht, aber mit einem Ausblick auf einen großen Park, alles nach französischem Geschmack. Oben wird das im Mittelalter beliebte Spruchband verwendet, um als Motto zum Ganzen auszudrücken, daß Bücher nicht nur nützlich seien, sondern auch erfreuen wollen.

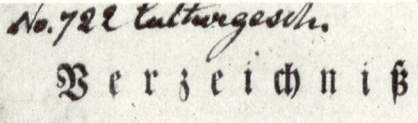

Verzeichniß

der

aus 14165 Nummern bestehenden und über alle Fächer der Wissenschaften sich verbreitenden

Büchersammlung

des verstorbenen

Herrn Dr. Joh. Adam Bergk,

die

den 1. September 1836

im rothen Collegio zu Leipzig

gegen baare Zahlung in preuß. Cour.

gerichtlich

versteigert wird.

———

Aufträge erbittet man sich 8 Tage vor dem Anfange der Auction.

Leipzig.

Die meisten **Privatbibliotheken** aus dem 19. Jahrhundert sind in alle Winde verstreut. So auch die des vielseitig gebildeten und politisch fortschrittlichen Schriftstellers und Journalisten Johann Adam Bergk (1769–1834); sie zählte über 14000 Bände. Hier das Titelblatt des 477 eng bedruckte Seiten umfassenden Versteigerungskatalogs von 1836. Bergks Wahlspruch war: »Nicht meine Sache verwahre ich, sondern die der Nation«.

Karl Marx verdankt der **Bibliothek des Britischen Museums in London** sehr viel; er hat in diesem Lesesaal oft gearbeitet, nachdem er 1849, als die Konterrevolution gesiegt hatte, über Paris, wo er ausgewiesen worden war, nach London emigrierte. Dort hat er bis zu seinem Tode gelebt, dort ist auch sein Hauptwerk, »Das Kapital«, entstanden (rechts oben eine Manuskriptseite daraus).

Einen prächtigen **Rokokosaal** hat die **Zentralbibliothek der deutschen Klassik** (die frühere Thüringische Landesbibliothek) in **Weimar** aufzuweisen. Er wurde zwischen 1761 und 1766 in ein aus dem 16. Jahrhundert stammendes Gebäude für die damalige Herzogliche Bibliothek eingebaut. Von 1797 bis 1832 wurde die Bibliothek von Johann Wolfgang von Goethe geleitet.

Curieuſes
Studenten-
BIBLIOTHECgen/
worinnen gezeiget wird/
was ein
Studioſus Theologiæ,
Studioſus Juris,
Studioſus Medicinæ,
Studioſus Philoſophiæ
und Politices
entweder
von nöthigen und nützlichen Büchern
ſich anſchaffen/ oder von welchen er einige Nachricht haben ſolle
und müſſe.

Leipzig
zu finden in Groſchuffs Buchladen/
1707.

In der Vorrede zu diesem alten Literaturführer für Studenten aller Fakultäten von 1707 wird eine Empfehlung gegeben, die auch heute noch nicht veraltet ist: nämlich »daß es ein grosses Stück Gelehrsamkeit, oder zum wenigsten ein nützliches, ja nöthiges Mittel dazu sey, genugsame **Nachricht von guten Büchern** zu haben.« Der auf dem Kupfertitel abgebildete Studiosus präsentierte sich, seines Wertes bewußt, im Kostüm seiner Zeit.

Das **Signet der Akademie der Wissenschaften der DDR,** 1700 als Kurfürstliche Brandenburgische Sozietät der Wissenschaften gegründet, trägt heute das Porträt ihres ersten Präsidenten, G. W. Leibniz, umrahmt von dem Leitspruch »Theorie und Praxis«.

Nachdenkliches zur **Bibliotheksbenutzung** gestern und heute:

Der 1. Punkt dieser Ordnung von 1758 für die 1661 gegründete Königliche Bibliothek zu Berlin, die heutige Deutsche Staatsbibliothek, besagte: »Sollen an Niemanden außer an denen Königl. Geheimen Etats- und Kriegs-Ministern, ohne speciale Permission [= Erlaubnis] Bücher gegen einen Schein verabfolget werden.«

Punkt 2: »Fremden und in keiner Königl. Bedienung stehenden Personen wird die Permission nur unter der Bedingung ertheilet, wenn sie zuförderst der verlangten Bücher wegen gehörige Sicherheit gestellet.« – In der Verfassung der Deutschen Demokratischen Republik vom 7. Oktober 1974 heißt es in Artikel 25: »Jeder Bürger der Deutschen Demokratischen Republik hat das gleiche Recht auf Bildung. Die Bildungsstätten stehen jedermann offen.«

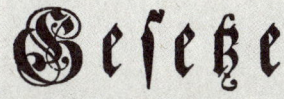

Geseße
nach welchen sich
sowohl die Bibliothecarii als diejenige
zu achten haben,
welche die Concession erhalten
aus der
Königl. Bibliothec
Bücher zu ihrem Gebrauch mit nach Hause
zu nehmen.

1 7 5 8.

1.

Sollen an Niemanden außer an denen Königl. Geheimen Etats- und Krieges-Ministern, ohne speciale Permission Bücher gegen einen Schein verabfolget werden.

2.

Fremden und in keiner Königl. Bedienung stehenden Personen wird die Permission nur unter der Bedingung ertheilet, wenn sie zuförderst der verlangten Bücher wegen gehörige Sicherheit gestellet.

3.

Manuscripta werden gar nicht ausgeliehen.

4.

Die Bibliothecarii müssen ein genaues Verzeichnis derjenigen so Bücher geliehen haben, halten, dabey die Woh-

Wohnung und Bedienung derselben, die Titul der Bücher, die Nummer ihres Orts, das Datum wenn solche ausgeliehen und wieder restituiret worden genau aufzeichnen.

5.

Weil auch die Bibliothec zum Aufnehmen der Wissenschaften und Künste einem jeden zu seinem Gebrauch täglich offen stehet; es sich aber öfters zuträget, das mehrere eines und desselbigen Buches zu ihrem Gebrauch benöthiget sind, so können

a) Bücher die stündlich zum nachschlagen gebrauchet werden keinem mit nach Hause gegeben werden.

b) Noch auch solche die mehr ihrer Kostbarkeit wegen als zum Gebrauch aufbewahret werden.

c) Müssen diejenige, welche Permission erhalten haben, die geliehenen Bücher längstens in 14 Tagen gegen Ablieferung ihres Scheines an die Bibliothec wieder restituiren.

d) Diejenigen so solches verabsäumen machen sich der erhaltenen Concession verlustig, und sollen denenselben weiter keine Bücher verabfolget werden.

Berlin den 11ten Jan. 1758.

Danckelman.

Die ehemalige Königliche Bibliothek, spätere Preußische Staatsbibliothek und heutige **Deutsche Staatsbibliothek zu Berlin,** Unter den Linden. Die 1661 gegründete Bibliothek hat sich aus sehr bescheidenen Anfängen zu einer Weltbibliothek entwickelt. Im zweiten Weltkrieg erlitt sie schweren Gebäudeschaden. Auf diesem Foto aus den fünfziger Jahren erkennt man noch einen Teil der Rekonstruktion. Die Linden sind noch sehr viel kleiner als heute.

Der Berliner Bildhauer Werner Stötzer schuf 1961 eine Bronzeplastik für den Brunnenhof der Deutschen Staatsbibliothek, der übrigens eine Sehenswürdigkeit von Berlin ist, den **»Lesenden Arbeiter«.** Sein etwas zurückhaltender Ausdruck wird immer wieder diskutiert. Aber hat ein Arbeiter nicht auch ein anderes Verhältnis zum Buch als ein »Büchermensch«? Das neue **Signet der Deutschen Staatsbibliothek** schuf Dieter Heidenreich.

Die Abbildung oben gewährt einen Blick in den Lesesaal für Gesellschaftswissenschaften, einen der neun Lesesäle der **Deutschen Staatsbibliothek Berlin.**

Unten sehen wir ein modernes **Magazin** einer großen Bibliothek. Die Abstände zwischen den Stahlregalen sind so bemessen, daß man sich dazwischen noch bequem bewegen kann.

Hier das **Signet** der größten wissenschaftlichen Bibliothek im Bezirk Halle, **der Universitäts- und Landesbibliothek Halle (Saale),** von dem Grafiker Fritz Stein entworfen.

Die **Deutsche Bücherei in Leipzig** ist die zentrale Bibliothek der DDR für die deutschsprachige Literatur seit ihrer Gründung 1913. Der Gesamtbestand beträgt heute über 6 Millionen Bände, der jährliche Zuwachs über 100 000 Einheiten. Links die Außenansicht, rechts oben ein Blick in den Lesesaal für Gesellschaftswissenschaften.

117mal A. Mit ihrem Neubau 1966 erhielt die Berliner Stadtbibliothek ein **originelles Eingangsportal,** vor dem jeder Berlinbesucher stehenbleibt: Der Berliner Kunstschmied Fritz Kühn formte es aus 117 Stahlplatten, von denen jede den Anfangsbuchstaben unseres Alphabets in einer anderen Ausführung zeigt. Wir entdecken neben vertrauten auch fremdsprachige Schriftzeichen wie ägyptische, altpersische und hebräische.

160

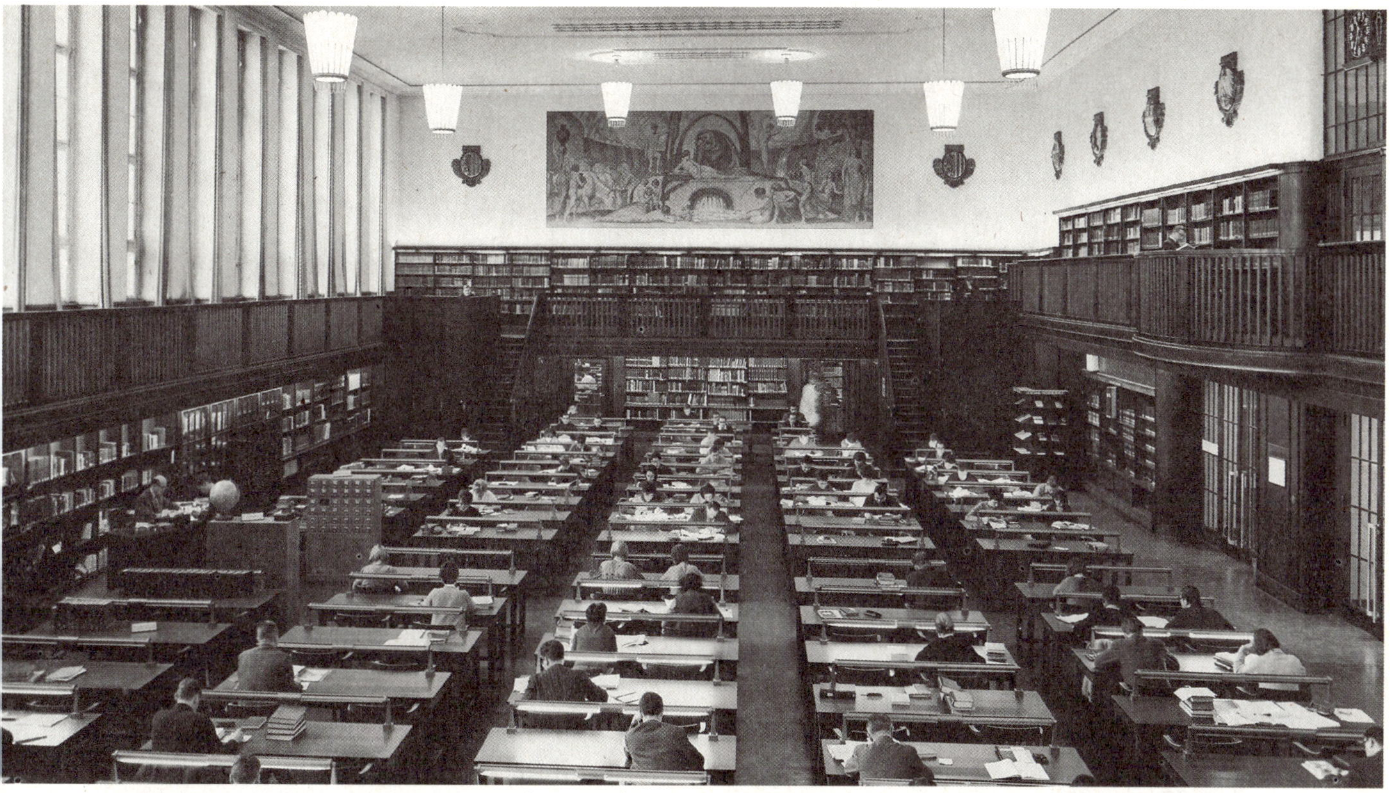

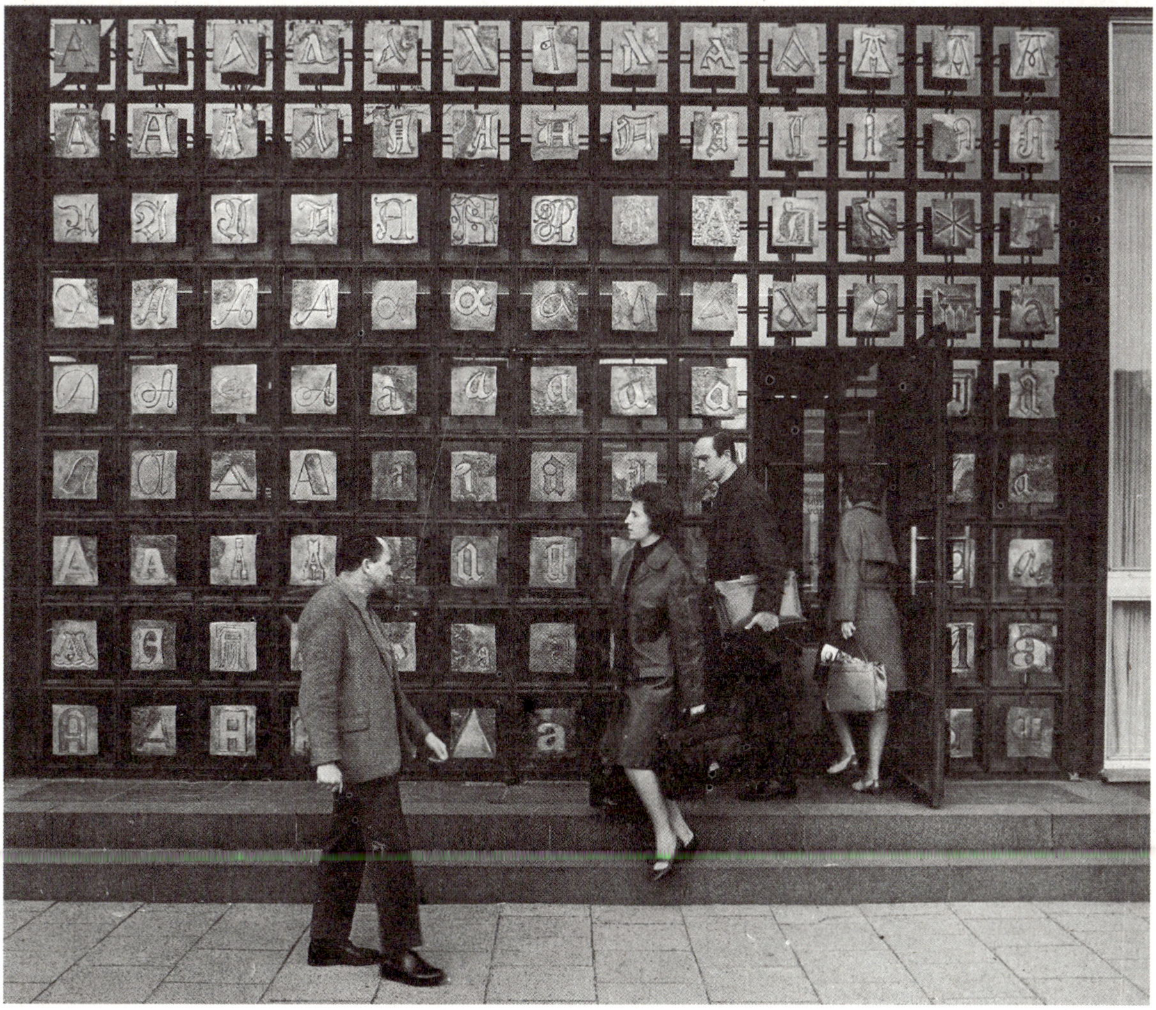

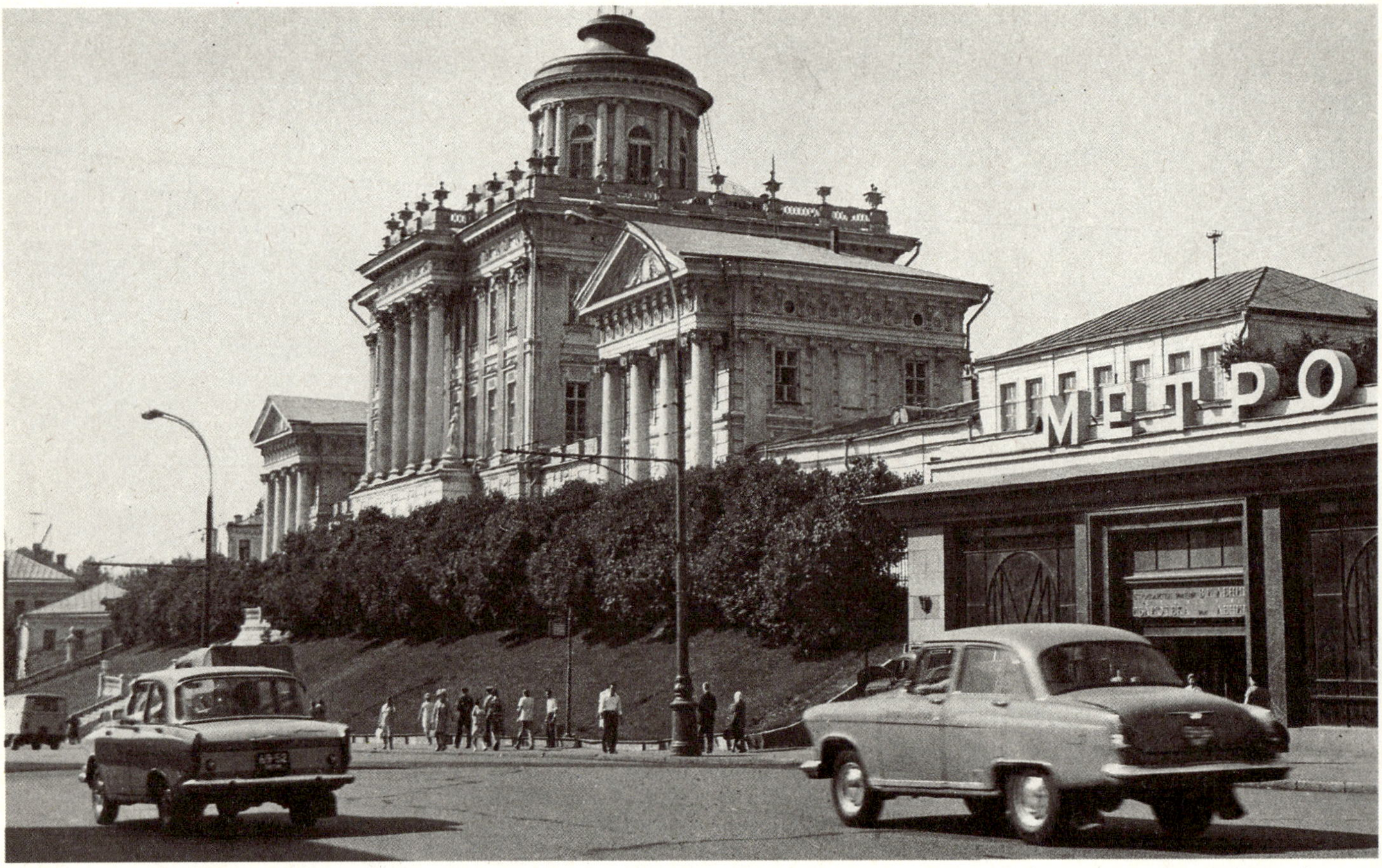
МЕТРО

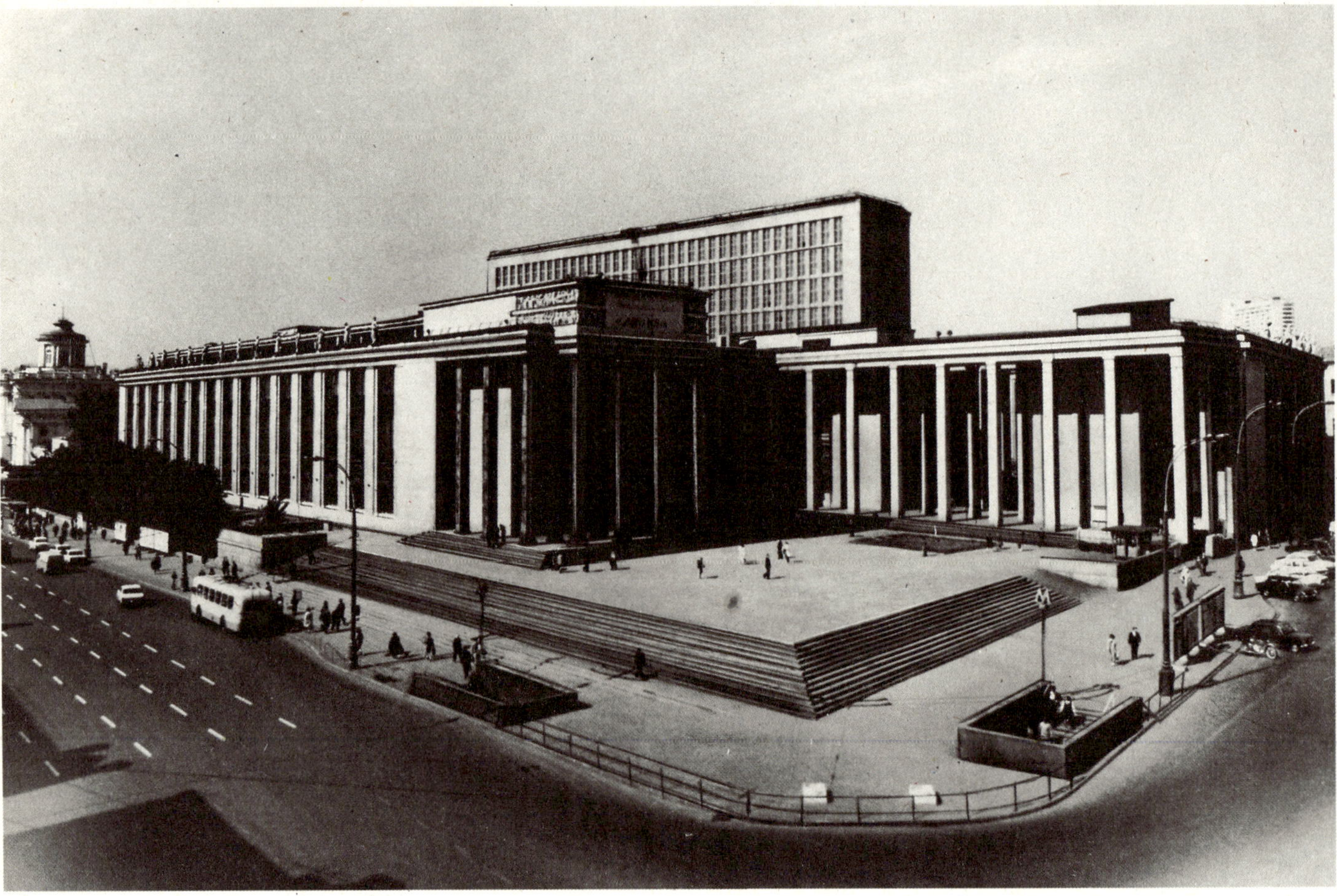

Die Bibliothek der »Gedenkstätte des nationalen Schrifttums der ČSSR« auf dem Strahov in Prag ist eine Sehenswürdigkeit. Kein Besucher der Goldenen Stadt sollte versäumen, das Museum des tschechischen Schrifttums im ehemaligen Prämonstratenser-Kloster auf dem Strahov, nahe der Prager Burg, zu besuchen. Dazu gehört auch eine der schönsten **Saalbibliotheken** Europas, erbaut 1782–1784, mit einem reichen Bestand an Handschriften, gedruckten Büchern, Landkarten und graphischen Blättern (oben und rechts unten).

Die **Staatliche Lenin-Bibliothek** der UdSSR **in Moskau** und die **Kongreß-Bibliothek in Washington** (USA) sind die größten Bibliotheken der Welt. – Ursprünglich (1862) war die Lenin-Bibliothek ein Teil des Rumjancev-Museums, benannt nach dem russischen Staatsmann N. P. Rumjancev, dessen Sammlungen den Grundstock dieses Museums bildeten. 1925 erhielt sie ihren heutigen Namen. Oben das alte Gebäude, unten Blick auf das neue Gebäude. Eine Station der Moskauer U-Bahn, der Metro, ist nach ihr benannt. Von da aus gelangt man direkt in die Lenin-Bibliothek mit ihren rund 30 Millionen Büchern und Zeitschriften.

163

Dieses lustige **Bucheignerzeichen** hat der Grafiker Rolf F. Müller für eine Kinderbibliothek geschaffen.

So wimmelt es in unseren **Kinderbibliotheken:**
1. oben: Lesung zur Woche des Buches in Suhl,
2. unten: Beratung in der Kinderbibliothek,
3. rechts oben: bei der Schallplatten-Auswahl,
4. rechts unten: im Bibliobus (Fahrbücherei) der Stadt- und Bezirksbibliothek Leipzig.

164

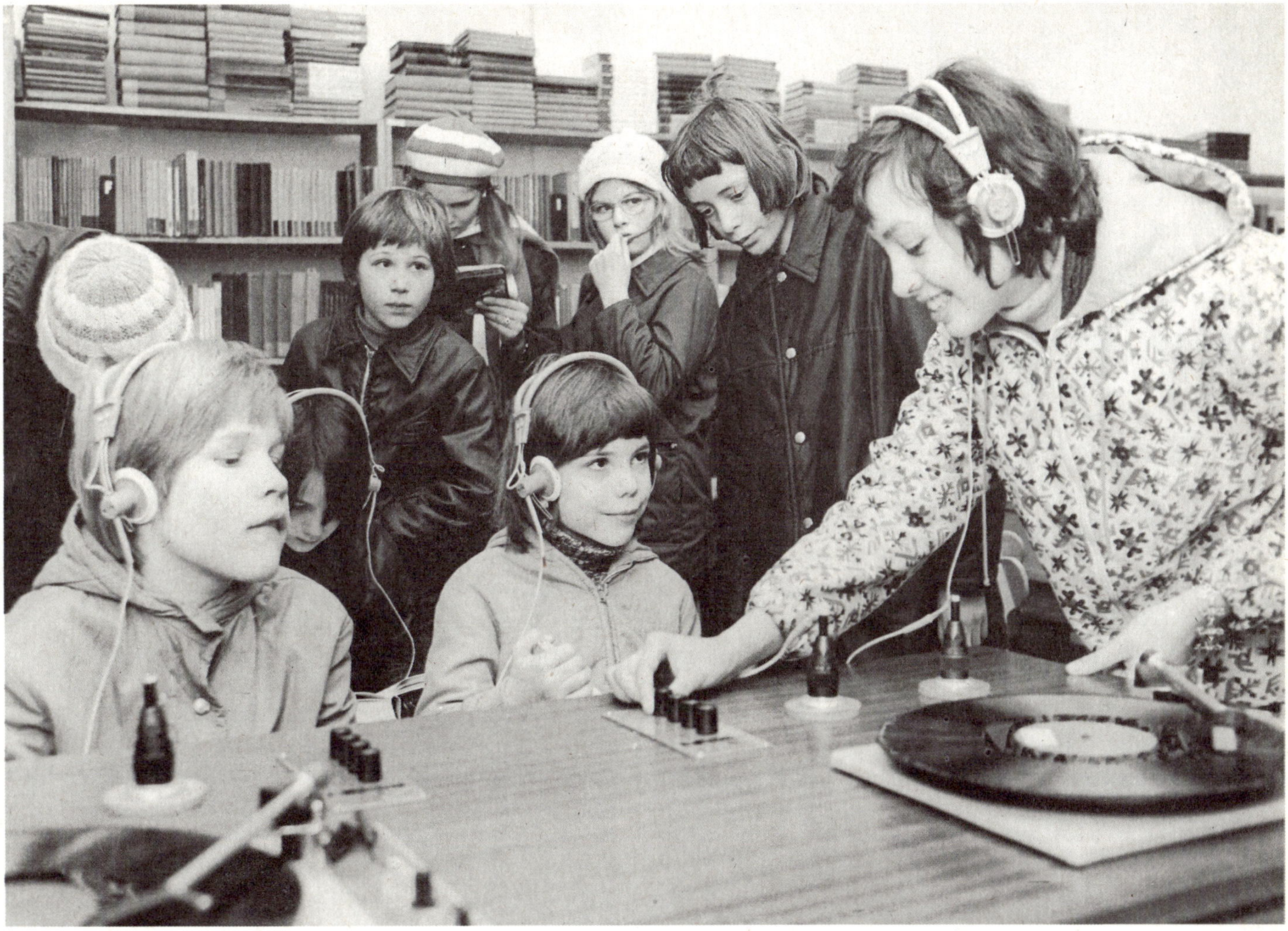

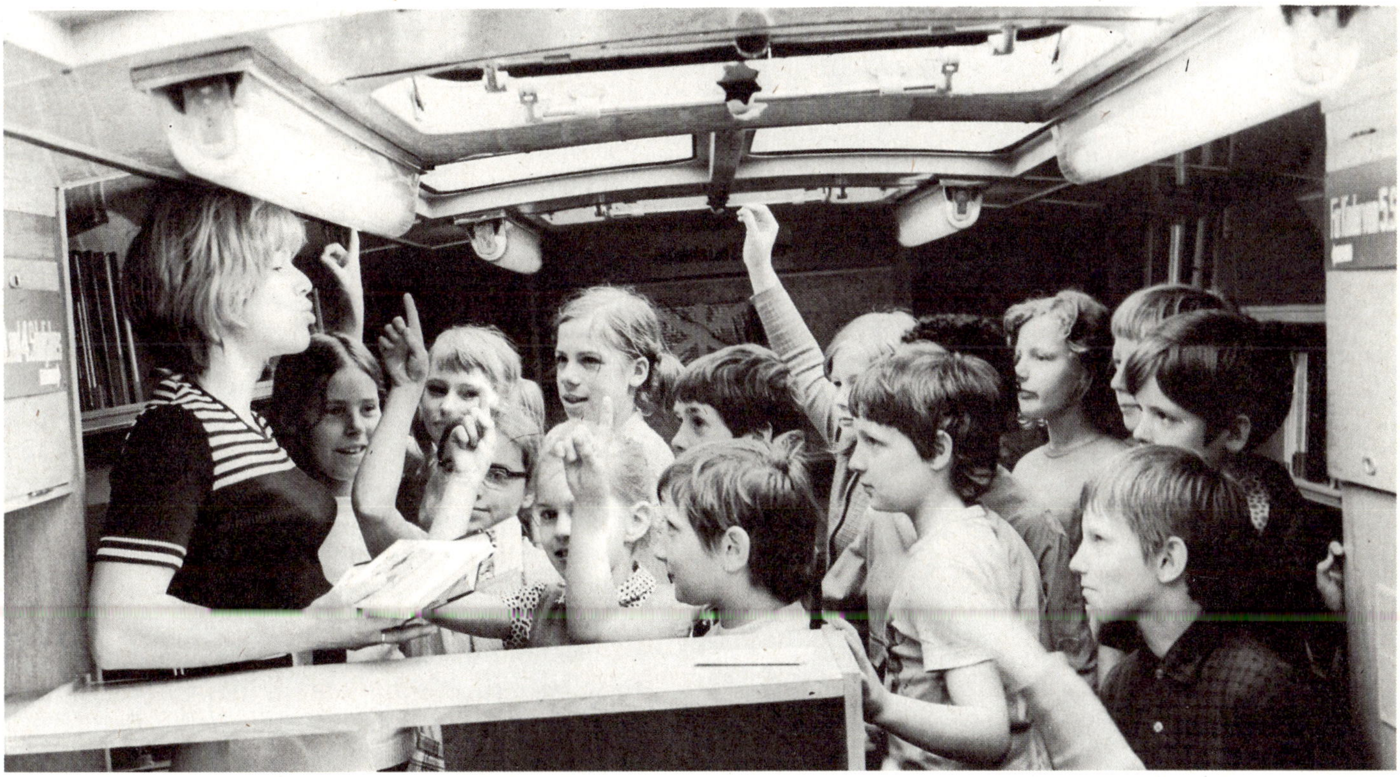

Bibliobusse sind vielseitig verwendbar. Fahrbare Bibliotheken bewähren sich auch bei der Bibliotheksarbeit auf dem Lande.

Bilder-Ausleihstellen nennt man Artotheken. Um das Zuhause, den Arbeitsraum oder die Klubräume mit immer wieder neuen Bildern schmücken zu können, werden in öffentlichen Bibliotheken mehr und mehr Artotheken eingerichtet, die viel genutzt werden. Eine reichhaltige Auswahl bietet zum Beispiel die Artothek der Wissenschaftlichen Allgemeinbibliothek Erfurt.

Gewerkschaftsbibliotheken versorgen die Werktätigen in den Betrieben mit Literatur. Es ist natürlich sehr angenehm, wenn man – wie hier im VEB Elektro-Anlagen-Werk – die Bücher von den Mitarbeitern der Gewerkschaftsbibliothek an den Arbeitsplatz gebracht bekommt.

Selbstbedienung für jedermann gibt es in vielen kleineren und größeren Bibliotheken. Besonders in den staatlichen Allgemeinbibliotheken und wissenschaftlichen Allgemeinbibliotheken der Bezirke hat sich in den letzten zwei Jahrzehnten mehr und mehr die sogenannte **Freihandausleihe** durchgesetzt. Der Leser bedient sich selbst und bringt die Bücher, die er entleihen möchte, selbst zum »Verbuchen« – denn Ordnung muß sein!

Wer neben Schallplatten, Tonbändern und Tonkassetten auch Dias und Schmalfilme kostenlos ausleihen oder sich vorführen beziehungsweise vorspielen lassen möchte, darf gern das sogenannte **audio-visuelle Kabinett** aufsuchen (rechts). Hier ein Blick in das modern eingerichtete audio-visuelle Kabinett der Bezirksbibliothek Neubrandenburg.

166

Musikbibliotheken gibt es für Freunde der Musik in größeren Bibliotheken der Bezirks- und Kreisstädte. Sie sind meist den zentralen Bibliotheken angeschlossen, zuweilen aber auch selbständig. Vorspiel und Ausleihe von Schallplatten und Tonbändern ist nur die eine Seite ihrer Wirksamkeit. Sie weisen auch Musikliteratur nach und erteilen Auskünfte.

Groß ist die Zahl der **Bücherfeinde.** Wir wissen um die großen Bücherverbrennungen aus der Geschichte der Menschheit, auch heute noch werden solche Büchermißhandlungen von Menschen erdacht und ausgeführt. Aber selbst wer Bücher nicht ordentlich, also unsachgemäß behandelt, kann nicht gerade als Bücherfreund bezeichnet werden. – Zunächst rechnet man zu den Bücherfeinden Mäuse, Ratten und Schaben, die seit Jahrtausenden Bücherschäden angerichtet haben. Aber vor allem denkt man doch an den Bücherwurm. Das ist eine allgemeine Bezeichnung für Insekten, die, von Holz und Kleister angelockt, Bücher zerfressen. Dieser Anobium-Art gehören der »Trotzkopf«, der »Klopfkäfer« und die »Totenuhr« an – so nennt man diese Insekten im Volksmund. Vor allem deren Larven und die sich daraus entwickelnden Käfer richten diesen Schaden an – aber auch die Bücherlaus. Bereits 1774 hatte die Königliche Gesellschaft der Wissenschaften in Göttingen einen Preis für die beste Art der Vernichtung solcher Bücherschädlinge ausgesetzt, über deren Erfolg aber nichts berichtet wird.

Larve des Museumskäfers, eines ungebetenen Gastes in Bibliotheken. Ihre Lieblingsspeisen sind Leder und Pergament.

Einer der gefährlichsten **Buchschädlinge,** der Brotbohrer (Brotkäfer). 80% aller Bohrschäden an Büchern kommen auf sein Konto. Larve, Puppe und Käfer.

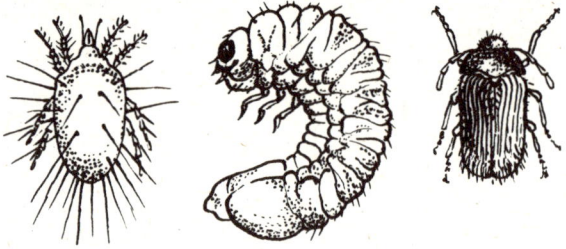

Verfall und Beraubung von Bibliotheken war in vergangenen Zeiten gang und gäbe. Hier ein Zeugnis von 1645 über Schäden, die der einst berühmten Bibliothek zu Heidelberg zugefügt worden sind. Die Entwicklung dieser Bibliothek, die bald nach der Gründung der Heidelberger Universität 1386 entstand, brach durch den Dreißigjährigen Krieg (1618 bis 1648) jäh ab: Bayrische Truppen unter Maximilian I. schleppten sie als Kriegsbeute weg. Von dort – von Bayern – wurde der wertvollste Teil 1623 Papst Gregor XV. in Rom geschenkt. Ein Teil davon, die deutschen Handschriften, kehrte 1816 wieder zurück.

ten/von solcher Heydelbergischen Liberey also: Die Mutter aller Bibliothecken / nicht nur in Teutschland/ sondern auch in vielen andern Landen/ vnnd Königreichen/ so zu Heydelberg/ im obern Theil der Kirchen zum H. Geist gestanden/ ist theils geraubt/ theils sonst verderbt worden: Ein Schatz/ so nicht zu schätzen : ein Schatz/ welchen das Römische Reich nicht mehr zu weg bringen wird. Allein die manuscripta , oder geschriebne Bücher/ hat man in die achtzig tausent Cronen werth geachtet. Summa sie hat mit Ehren den Nahmen geführt; optimus Germaniæ literatæ thesaurus. Diese Mutter Bibliothec/ sag ich/ ist hin; die thewren manuscripta guten theils zertrissen/ vnnd verderbt/ auch gar/ wie man berichtet/ den Pferdten in Ställen vnderstrewet/ daß also davon in Ewigkeit nichts mehr zu hoffen/ worüber viel gelehrte Leuthe noch diesen Tag lamentiren. Ist eine ohnfehlbare An-

Nicht zuletzt sind es die Naturgewalten, Feuer und Wasser, die in Bibliotheken von Zeit zu Zeit Schaden angerichtet haben. Eine **Flutkatastrophe,** an der die ganze Menschheit Anteil genommen hat, ereignete sich zuletzt 1966 in Florenz. Wertvolle handgeschriebene und gedruckte Bücher wurden durch die Wassermassen beschädigt und zum Teil vernichtet. Viele Länder haben, einem Aufruf der UNESCO folgend, die Behebung dieser Schäden durch Restaurierungsarbeiten unterstützt.

Alte wertvolle Bücher müssen sorgfältig behandelt werden. Bibliotheken, die Buchkostbarkeiten besitzen, hüten und pflegen sie auf besondere Art und Weise. Große Bibliotheken verfügen über eigene **Restaurierungswerkstätten,** in denen Restauratoren und Buchbinder mit Buchwissenschaftlern zusammenarbeiten, wie hier in der Wissenschaftlichen Allgemeinbibliothek Erfurt. Was bei der Wiederherstellung eines schwer beschädigten alten Buches an handwerklicher Kunstfertigkeit geleistet wird, grenzt oft an Zauberei.

Die Seele einer jeden Bibliothek ist der **Biblio-thekar.** Der Italiener Giuseppe Arcimboldi, der im 16. Jahrhundert lebte und lange Jahre Hofmaler in Prag war, liebte es, menschliche Köpfe oder Gestalten aus allerlei Gegenständen, Pflanzen, Früchten und Tieren zusammen-gesetzt darzustellen. Beim Bibliothekar wählte er zu dessen Charakterisierung Naheliegendes: Bücher verschiedenen Formats sowie einen Staubwedel.

DAS BUCH HEUTE UND MORGEN

Das Buch ist das vielfältigste und größte Wunder aller Wunder, welches von der Menschheit auf dem Wege zu ihrem Glück vollbracht worden ist.

Maxim Gorki (1868–1936)

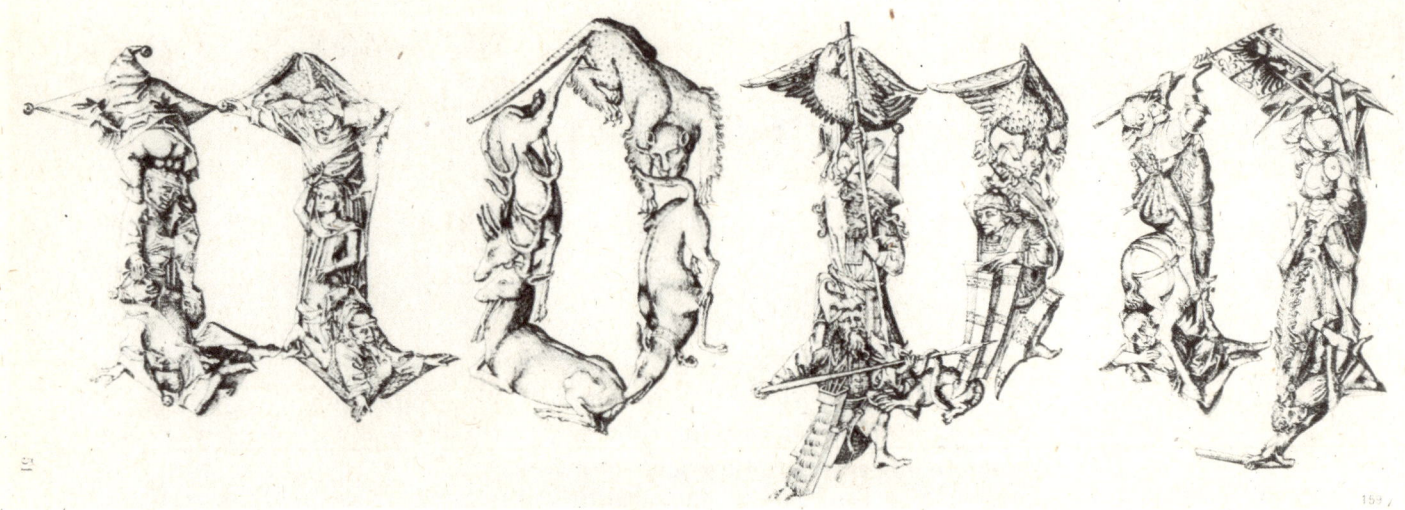

Sechs Buchstaben aus einem gotischen **Figu-renalphabet,** n, o, p, q und y, z. Sie wurden als Kupferstiche vom Meister E. S. geschaffen. Er wirkte zwischen 1450 und 1467 in Südwest-deutschland. Lebensumstände wie Name blie-ben bis heute unbekannt.

Das **Spielen mit Buchstaben** – oder wie hier in China mit Wortzeichen – ist nicht nur uralt, sondern, wie man sieht, über die ganze Welt verbreitet.

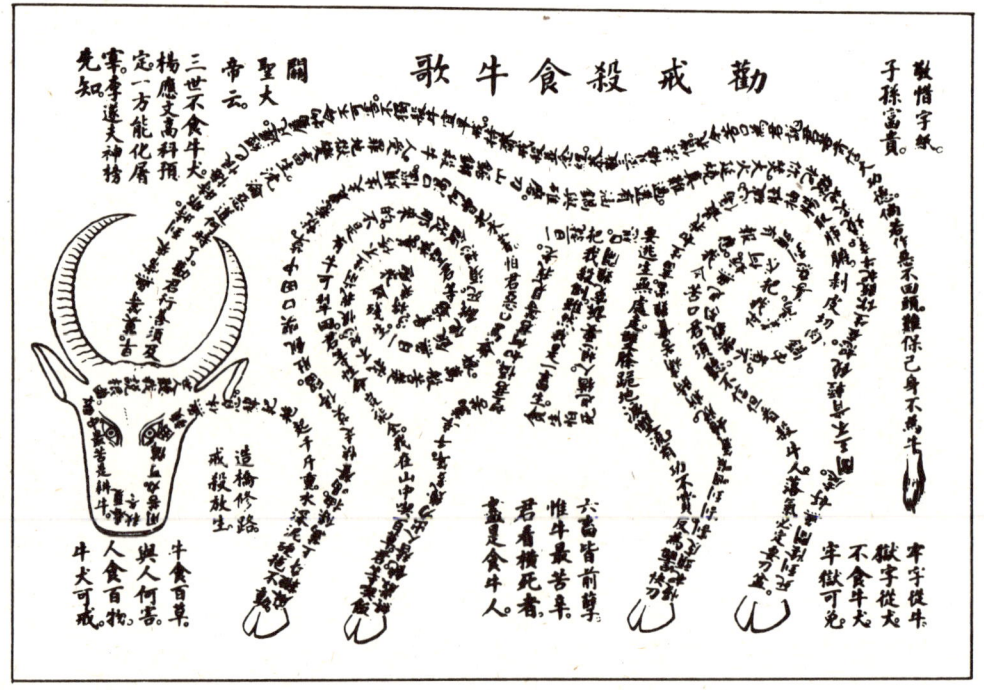

DIE TRICHTER

Zwei Trichter wandeln durch die Nacht.
Durch ihres Rumpfs verengten Schacht
fließt weißes Mondlicht
still und heiter
auf ihren
Waldweg
u. s.
w.

FISCHES NACHTGESANG

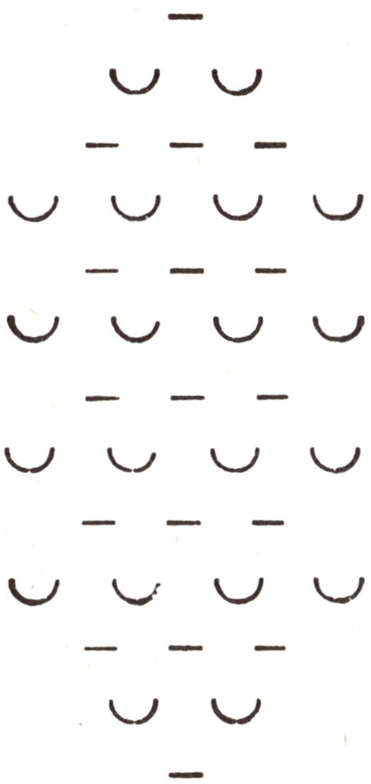

Des Lyrikers Christian Morgenstern (1871 bis 1914) spielerische Wortkunst und seine grotesken Einfälle zählen zum unvergänglichen Schatz deutschsprachiger humoristischer Literatur. Sein Figurengedicht vom »Trichter« ist gewissermaßen **Figurensatz** im Quadrat: Es ist nicht nur so gedruckt, sondern gleich so angelegt. Und wer könnte jemals den nächtlichen Fischgesang vergessen? Beide sind unter seinen 1905 zuerst und bis heute immer wieder gedruckten »Galgenliedern« zu finden.

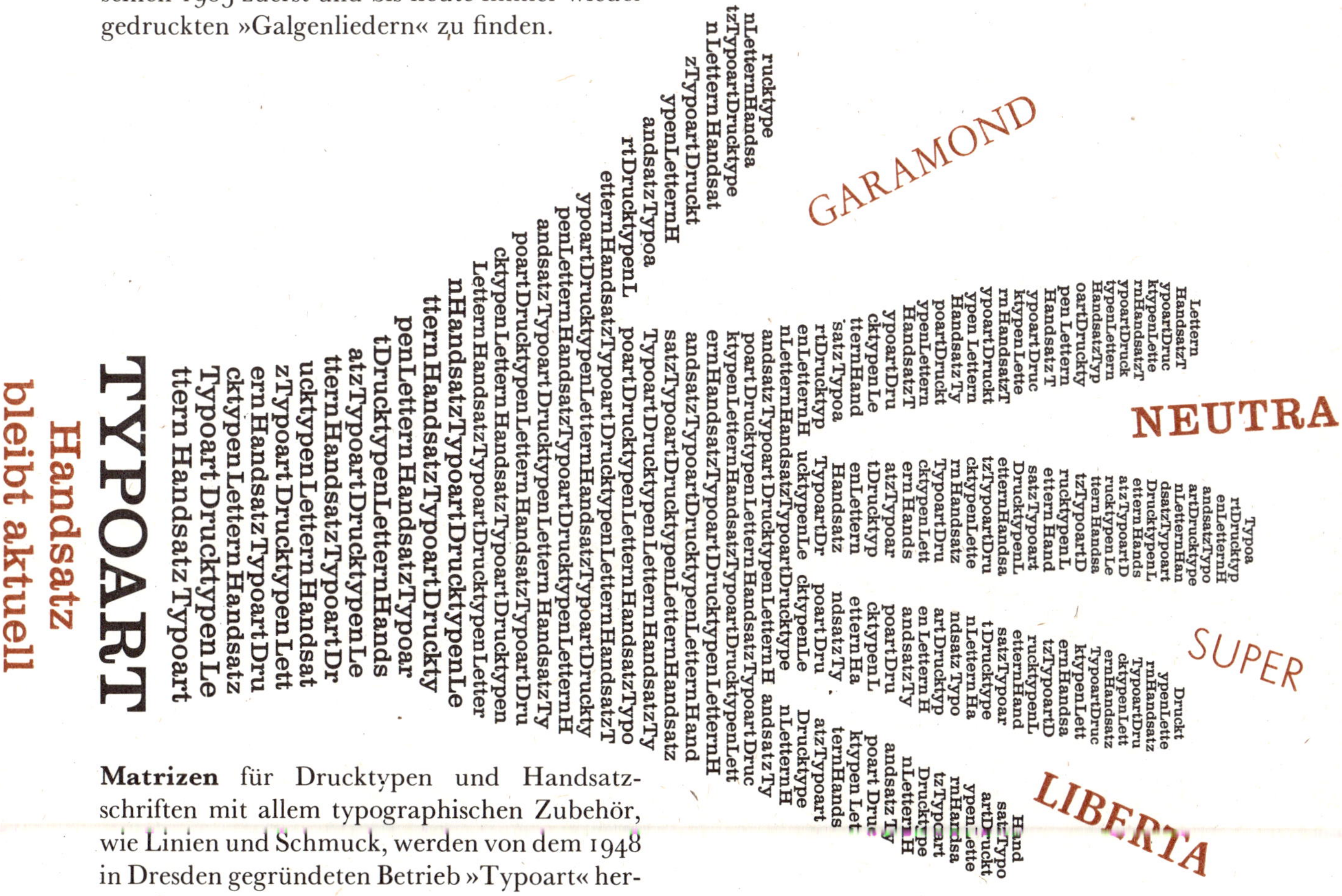
TYPOART
Handsatz
bleibt aktuell
GARAMOND
NEUTRA
SUPER
LIBERTA

Matrizen für Drucktypen und Handsatzschriften mit allem typographischen Zubehör, wie Linien und Schmuck, werden von dem 1948 in Dresden gegründeten Betrieb »Typoart« hergestellt. Ein originelles Werbeblatt informiert über das Produktionsprogramm für Handsatzschriften.

Mit Abscheu und Besorgnis reagierte die fort-
schrittliche Menschheit auf die **Verbrennung
»undeutscher« Bücher** am 10. Mai 1933 auf
dem Opernplatz, dem heutigen August-Bebel-
Platz, in Berlin sowie in anderen deutschen
Universitätsstädten durch die Hitlerfaschisten.
Zu den Autoren, deren Werke damals dem
Feuer übergeben wurden, zählten Karl Marx,
Heinrich Heine, Thomas Mann, Maxim Gorki,
Wladimir Majakowski, Romain Rolland, Up-
ton Sinclair und viele andere. In der DDR wird
zur Mahnung an diese Kulturschande des
Faschismus alljährlich der 10. Mai als »Tag des
freien Buches« begangen.
So eindringlich hat der westdeutsche Künstler
Peter Nagel 1976 dieses bis in unsere Tage nach-
wirkende Thema der **Bücherverbrennung**
in einem Guaschbild gestaltet.

Wilhelm Florin: *Wie stürzen wir Hitler?* Der Weg zur Einheitsfront und zur antifaschistischen Volksfront in Deutschland. Rede und Schlusswort auf der Brüsseler Konferenz der Kommunistischen Partei Deutschlands (Oktober 1935).

I. Die historische Bedeutung des VII. Weltkongresses der Komintern

Genossen! Noch niemals hat ein Kongreß der Kommunistischen Internationale einen *so mächtigen Widerhall* unter den Werktätigen der ganzen Welt gefunden wie der VII. Weltkongreß. Die programmatische Rede des Genossen *Dimitroff* über den Kampf der Arbeiter und Werktätigen gegen den Faschismus war an Millionen in der ganzen Welt gerichtet, und Millionen haben gehört, welchen Weg der Genosse Dimitroff, welchen Weg die Kommunistische Internationale aus der Barbarei des Faschismus und der drohenden Kriegsgefahr zeigt.

Die internationale Lage ist ernst und kompliziert. Noch niemals war die Kriegsgefahr in der ganzen Welt so drohend wie jetzt. Noch niemals waren nach 1914 die imperialistischen Gegensätze so zugespitzt wie jetzt. Der italienische Faschismus hat den Krieg gegen den letzten selbständigen afrikanischen Staat, Abessinien, begonnen. Wie wir aus den neuesten Meldungen hören, hat der Faschismus schon seine Brutalität in der Kriegsführung gezeigt, indem er offene Städte mit seinen Bombenflugzeugen angegriffen und in einer Stadt gleich 1700 Menschen gemordet hat. Die Gegensätze zwischen Italien und England stehen auf des Messers Schneide. Noch niemals waren die Kriegsdrohungen der Faschisten, die Kriegsdrohungen der Imperialisten gegen die Sowjetunion so offen wie heute.

Es ist der Bourgeoisie trotz aller Teilerfolge auf wirtschaftlichem Gebiet nicht gelungen, die Krise zu überwinden und aus der Depression herauszukommen. Der Mussolini-Faschismus hat die Illusion, mit dem Krieg aus der Krise herauszukommen. Auf der anderen Seite sehen wir, daß die *Sozialistische Sowjetunion* immer stärker und mächtiger wird durch den endgültigen Sieg des Sozialismus und durch die Radikalisierung der Massen, die sich immer enger mit dem Land des Sozialismus, der Freiheit und des Friedens verbunden fühlen.

Aber selbst in den sechs Jahren der Krise hat die *Arbeiterbewegung*, weil sie gespalten und dadurch geschwächt war, nicht vermocht, dem Kapitalismus entscheidende Schläge zu versetzen. Wir sehen, daß in einer Reihe von Ländern, in erster Reihe in Deutschland, aber auch in Oesterreich und Spanien, wo Teile der Arbeiterklasse im offenen Bürgerkrieg tapfer kämpften, *das Proletariat eine Niederlage erlitten hat.* Die Gefahr des Faschismus hat sich aber auch in allen anderen kapitalistischen Ländern vergrößert. Der Kapitalismus hat in der Depression den Werktätigen noch neue Lasten aufgebürdet. Und dennoch sind die Faschisten nicht in der Lage gewesen, aus der Depression zu einer wirklichen Konjunktur zu kommen.

Die Bourgeoisie sieht sich daher gezwungen, zu noch schärferen Formen der Offensive gegen das Proletariat und die werktätigen Massen überzugehen. In dem *Verhalten der internationalen Bourgeoisie gegenüber den Beratungen unseres Kongresses* sehen wir die Bestätigung für die Analyse, die der Kongreß über die Weltlage und die Zuspitzung der inneren und äußeren Gegensätze gegeben hat und für die Richtigkeit der festgelegten Taktik. Wir sehen, wie eine tolle Hetze der internationalen faschistischen Bourgeoispresse gegen die Sowjetunion und gegen die Kommunistische Internationale entfesselt wird. Die Hetze geht von [...], den Blättchen der [...] Kommunismus vom Schlag [...] Tage deutlicher, daß die [...] Lager der Bourgeoisie und [...] werden.

Insbesondere bestätigt [...] der Ton der Reden von Nürn[...] gegen Arbeiter, Bauern, [...] geoisie die Einschätzung [...] *blutige und terroristische* [...]

Was bedeutet angesich[...] die der VII. Weltkongreß [...]

Die taktische Neuorie[...] internationalen Arbeiterb[...] Arbeit der Kommunisten [...] schen Sozialismus und F[...] werden. Die kühne Behan[...] hat deshalb in den breites[...] gefunden, weil wir den [...] Kriegsgefahr leidenden Ma[...] gresses eine Antwort auf [...]

Die Arbeiterklasse ist [...] erringen, wenn sie die W[...] Immer breitere Massen b[...] in einem Land in Deut[...] derlage in Oesterreich und [...] kennen, daß der Sieg de[...] wie Frankreich, und daß [...] schistischen Ländern, vor [...]

Die Rede Dimitroffs [...] schismus brachte den Ko[...] Lage und die Aufgaben. [...] Dimitroff zeigte ganz kon[...] greß erfüllte die Kommun[...]

Tarnschriften als Kampfmittel gegen den Faschismus. Schon immer haben fortschrittliche, gegen die bestehende erstarrte Ordnung gerichtete Ideen Widerstände überwinden müssen. Ein Mittel zu ihrer Durchsetzung ist die Tarnung. »Verkleidete Literatur«, so nennt man Druckschriften, die unter einem harmlosen, unverfänglichen Titel unerwünschtes Gedankengut verbreiten. Eine Sonderform davon sind jene Tarnschriften, die in verschleierter Form während der Zeit des Faschismus in Deutschland antifaschistische Inhalte verbreitet haben. Angaben über den Ort der Herstellung, den Verlag wurden entweder erfunden, wissentlich falsch bezeichnet oder ganz weggelassen. Mit Vorliebe nahm man Umschläge mit Titeln, die bereits vorher »echt«, also mit einem dem Titel entsprechenden Text erschienen waren (siehe das obere Beispiel, getarnt als »Olympia-Heft«). Eine andere Tarnschrift mit dem Umschlagtitel »Warum nicht ein Musikinstrument?« enthielt außer einem Aufsatz von Wilhelm Pieck, dem späteren ersten Präsidenten der DDR, auch die mutige Rede Georgi Dimitroffs 1933 vor dem »Reichsgericht« in Leipzig während des Reichstagsbrandprozesses. Dimitroff ist in diesem Prozeß vom Angeklagten zum Ankläger des Nazi-Regimes geworden.

Die Erfindung des Rasters war eine Voraussetzung für die Entwicklung der **Autotypie** (oder Rasterätzung) durch Georg Meisenbach 1882. Sie ermöglicht die Wiedergabe von Vorlagen aller Art wie auch von Photographien mittels »gerasterter« Klischees, also einer Druckplatte aus Metall, auf der mit Hilfe eines Rasters die Tonwerte der Vorlage in unter-

schiedlich große Druckelemente zerlegt werden. Helle Töne entstehen durch kleine Rasterpunkte, dunkle Töne durch entsprechend größere. – Mit einer Lupe prüft man die Rasterpunkte; in der Abbildung daneben wird dieser Zerlegungsprozeß an der Wiedergabe eines Auges stark vergrößert dargestellt.

Für den Druck eines **Klischees** (aus dem Französischen, eigentlich »Abklatsch«) sind alle Teile der Zeichnung nicht nur in Rasterpunkte zerlegt, das Bild muß darüber hinaus auch noch seitenverkehrt sein, damit es nach dem Abdruck wieder »richtig herum« steht und die Schrift lesbar ist. Als Beispiel hier der »Bildermann« von Ludwig Richter (das ausgedruckte Bild zu diesem Klischee siehe Seite 143).

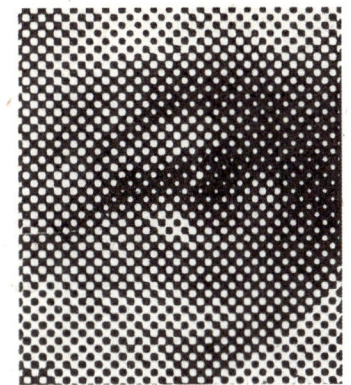 

Aus den Anfängen des Kinderbuches in der DDR. In den ersten Jahren nach dem zweiten Weltkrieg, als es noch keinen »Kinderbuchverlag Berlin« gab, waren die Hefte der »Sammelbücherei« von »Volk und Wissen Volkseigener Verlag« für viele Kinder erste Lektüre und Grundstock einer eigenen Bibliothek. Heute ist dieser schon 1945 gegründete Verlag durch seine Schulbücher und pädagogischen Werke weithin bekannt.

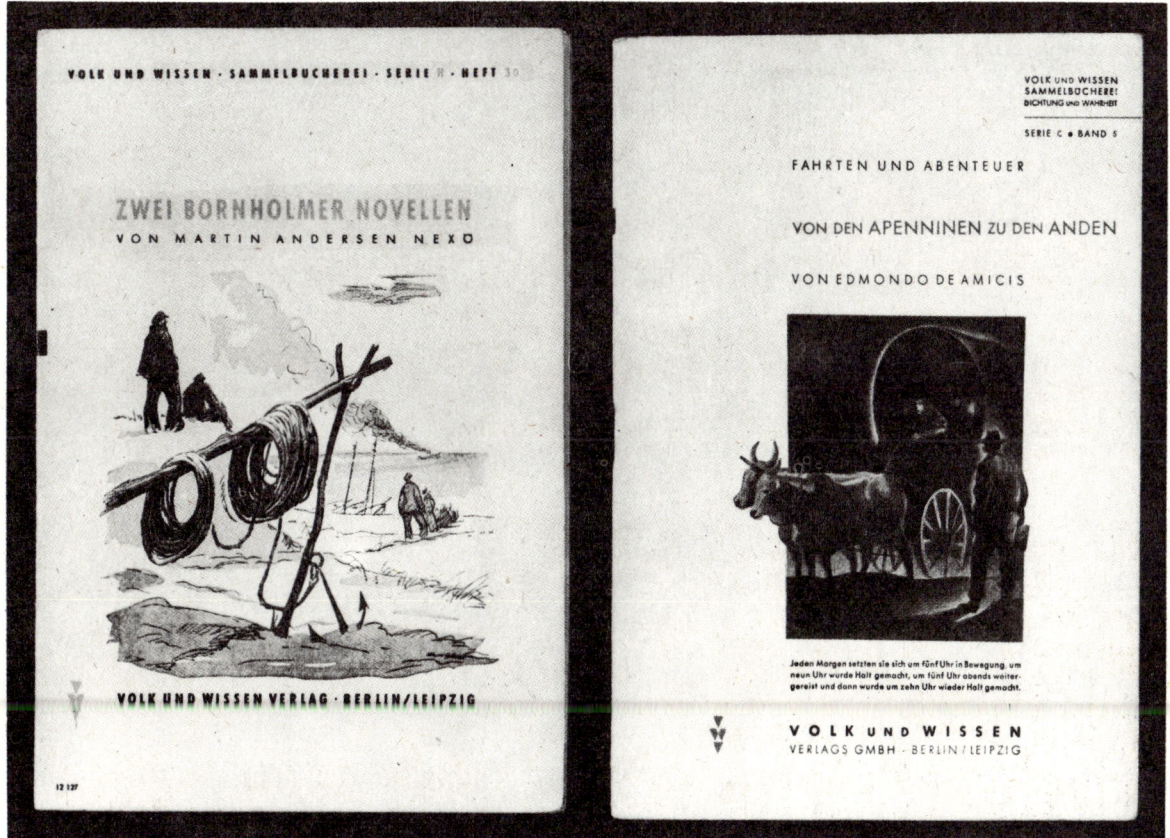

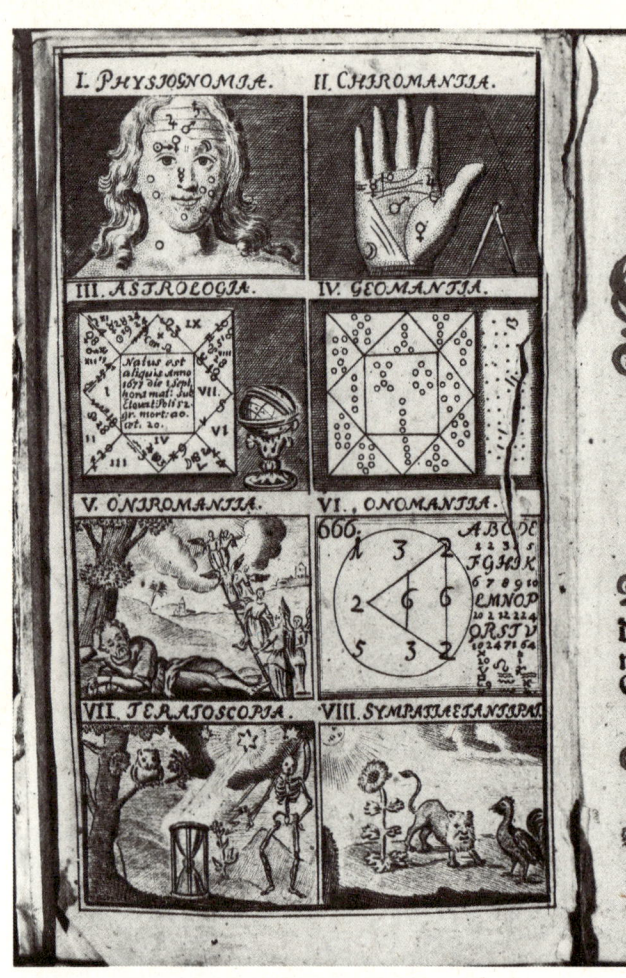

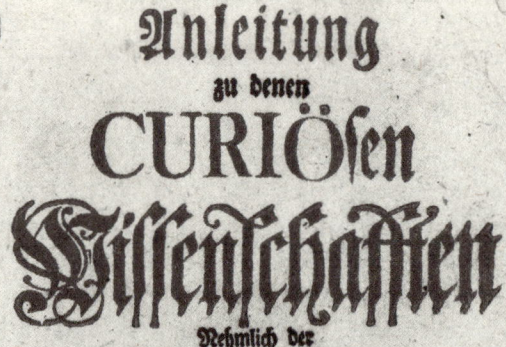

Ob ein Buch einen Schutz- oder Werbeumschlag mit auf die Reise bekommt oder nicht – das Bleibende ist immer der **Einband.** Seine Dauerhaftigkeit ist freilich vom dafür verwendeten Material abhängig. Sogenannte Pappbände, nur mit Überzugspapier gearbeitet, sehen neu sehr hübsch aus, sind aber bei weitem nicht so haltbar wie kunststoff- oder leinenbezogene Einbanddecken. Der Einband ist das Kleid des Buches: es kann schön, fad oder häßlich sein. Hier (oben) ein geschmackvoller Leinen-Einband nebst Schutz- oder Werbeumschlag (was gar nicht die Regel ist). Beide wurden von Albrecht von Bodecker gestaltet.

Versuche, über den Inhalt eines Buches mit Hilfe des Bildes gleich beim ersten Aufschlagen zu informieren, sind schon alt. – Wie hier auf der linken Seite zu sehen, sind ein altes Beispiel von 1747 und ein modernes einander gegenübergestellt.

Diesen besonders schönen farbigen **Werbeumschlag** und den schlichten Ganzleinen-Ein-
band zu Mark Twains »Leben auf dem Missis-
sippi« gestaltete Klaus Ensikat. Er hat zu diesem 1969 im Verlag Neues Leben, Berlin, erschienenen Buch auch den Text illustriert.

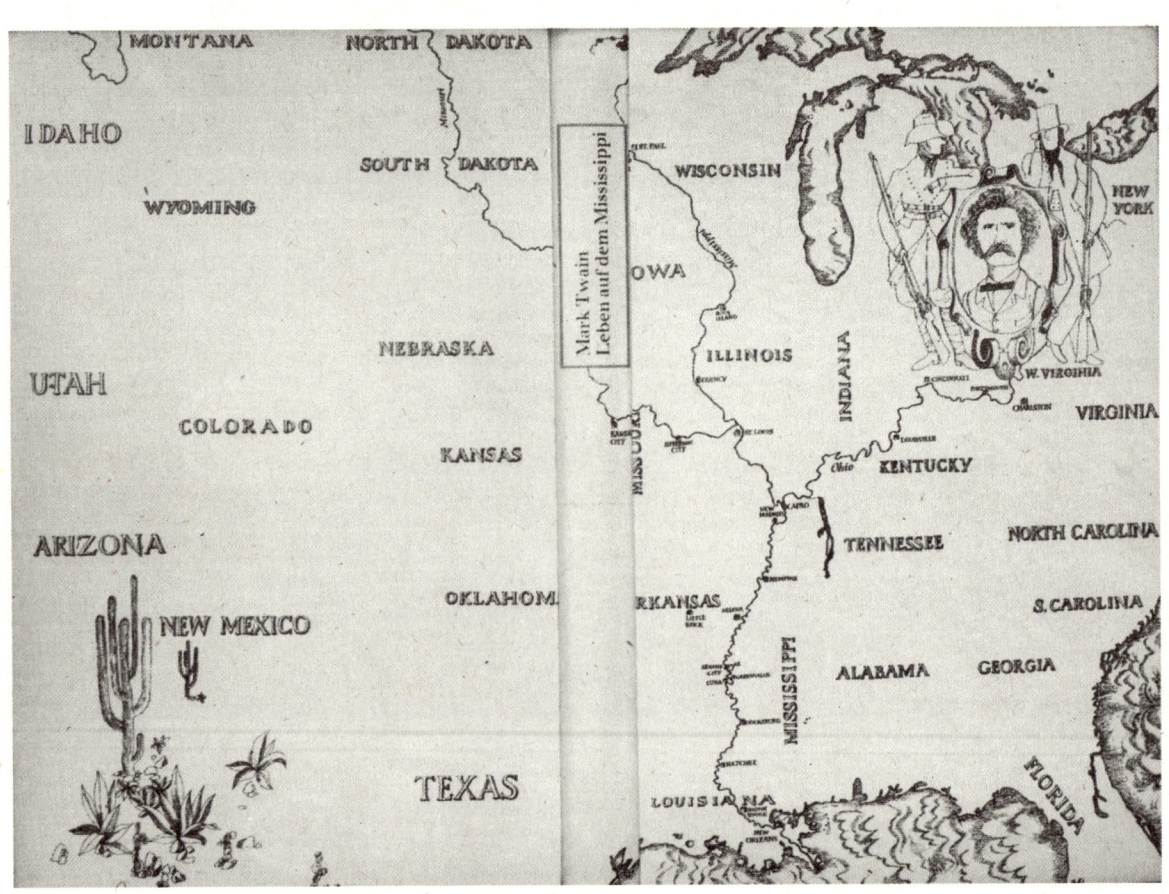

Ein **schönes Titelblatt** zu einem in allen Ländern gleichermaßen beliebten Jugendbuch, illustriert von Hans Baltzer. Auf diesem doppelseitig gestalteten Titel erhält auch der Name des Illustrators einprägsam den ihm gebührenden Platz. Aus vergangenen Zeiten, als der Buchkünstler geringgeschätzt und deshalb gar nicht erst erwähnt wurde, stammt nämlich noch die Unsitte, den Namen des Illustrators irgendwo, meist hinten im Buch, zu verstecken. Unten sehen wir den ebenfalls mit einer Illustration geschmückten Einband.

Ein von Helmut Selle für den Leipziger Urania Verlag gestalteter **Einband** zu dem Buch »Die Tierwelt der Erde« von U. Sedlag, der den Titel sogleich graphisch einprägsam interpretiert.

Viele Künstler haben in den letzten 150 Jahren die **»Kinder- und Hausmärchen« der Brüder Jacob und Wilhelm Grimm** illustriert. Eine der schönsten Ausgaben hat der Kinderbuchverlag Berlin, zuerst 1962 und seitdem in immer neuen Auflagen, mit den Illustrationen von Werner Klemke herausgebracht. Die Gesamtauflage beträgt über eine halbe Million.

DIE KINDER- und HAUSMÄRCHEN   DER BRÜDER GRIMM · Der Kinderbuchverlag Berlin

DAS TIER SCHIFF

Franz Fühmanns »Tierschiff«, erschienen 1971, mit **Illustrationen** von Eva Johanna Rubin, im Kinderbuchverlag Berlin. Diese Sammlung schönster Tiermärchen aus aller Welt hat auch ein sehr hübsches Gewand erhalten.

Versuche, einmal von der herkömmlichen rechteckigen Buchform loszukommen, sind schon sehr alt. Wir haben bereits herzförmige und runde Bücher sowie andere Absonderlichkeiten kennengelernt. Wie man sieht, ist das gar nicht so einfach, wenngleich dieser **Buch-Osterhase** nicht gerade ein geschmackvolles Prachtstück ist.

183

In dem englischen Kinderbuch »**Alice im Wunderland**« von Lewis Carroll, zuerst 1865 erschienen und seitdem in viele Sprachen übersetzt, ereignet sich viel Seltsames. Sprechende Kaninchen und Mäuse sind nichts Außergewöhnliches. Dem Illustrator Frans Haacken ist es hervorragend gelungen, seine jungen Leser in dieses »Wunderland« zu führen. Schon mit dem vorderen »Vorsatz« läßt er die handelnden Personen in die Geschichte hineinrudern. Mit dem hinteren »Vorsatz« führt er seine Leser wieder in die Wirklichkeit hinaus. »Vorsatz« nennt der Buchbinder das vorn und hinten an den gehefteten Buchblock schmal angeklebte Doppelblatt, das diesen mit der Einbanddecke verbindet. Frans Haacken verwebt Text und Zeichnung von »Alice im Wunderland« zu einer Einheit; manchmal ist der Text sogar illustratives Element, so zum Beispiel bei der Doppelseite rechts oben, ein andermal wird, wie hier zu sehen, der Mauseschwanz zum schwungvollen Bildelement.

Der Kaninchenbau führte anfangs wie ein Tunnel geradeaus, senkte sich dann aber so plötzlich in die Tiefe, daß Alice keinen Halt mehr fand und in einen senkrechten Schacht fiel.

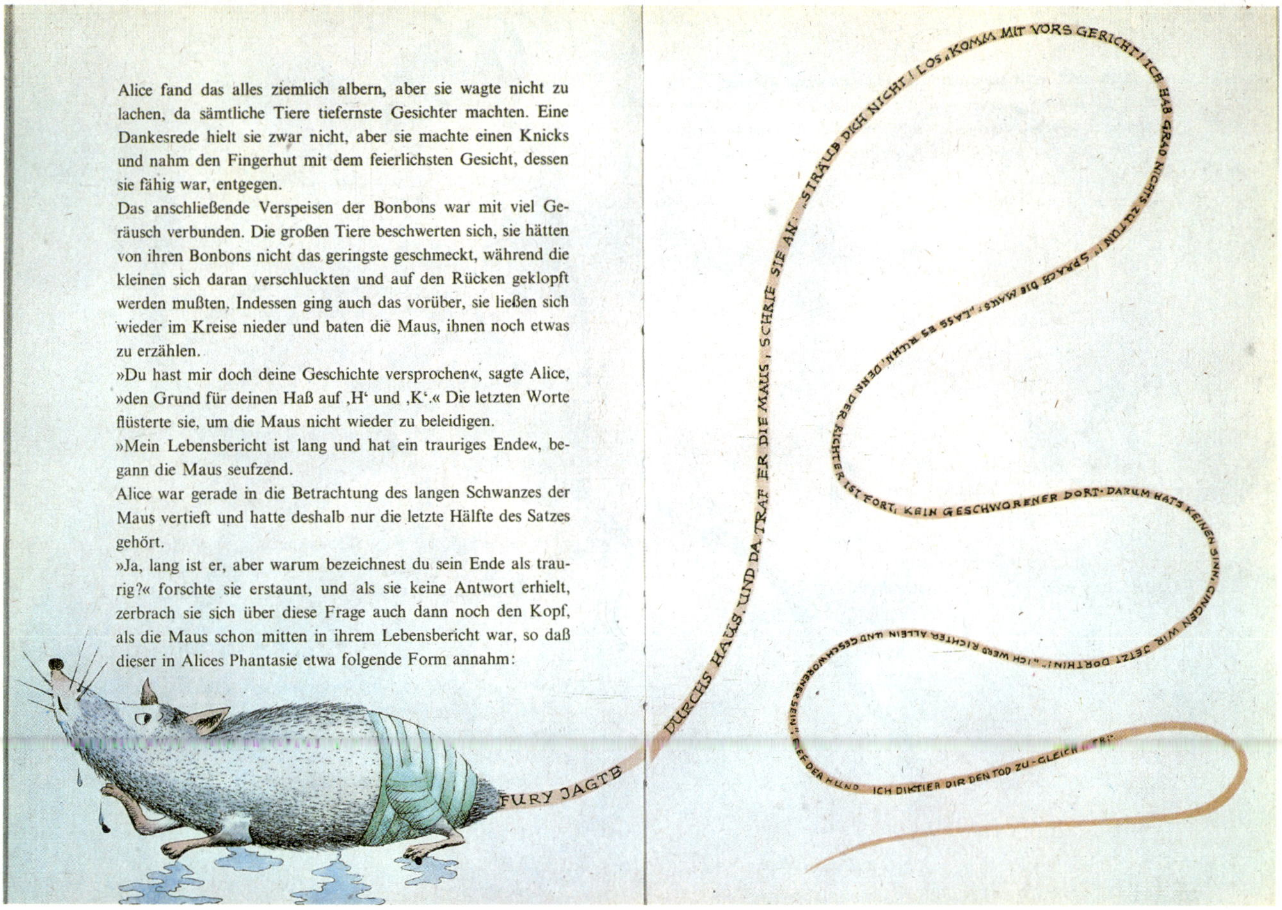

Alice fand das alles ziemlich albern, aber sie wagte nicht zu lachen, da sämtliche Tiere tiefernste Gesichter machten. Eine Dankesrede hielt sie zwar nicht, aber sie machte einen Knicks und nahm den Fingerhut mit dem feierlichsten Gesicht, dessen sie fähig war, entgegen.

Das anschließende Verspeisen der Bonbons war mit viel Geräusch verbunden. Die großen Tiere beschwerten sich, sie hätten von ihren Bonbons nicht das geringste geschmeckt, während die kleinen sich daran verschluckten und auf den Rücken geklopft werden mußten, Indessen ging auch das vorüber, sie ließen sich wieder im Kreise nieder und baten die Maus, ihnen noch etwas zu erzählen.

»Du hast mir doch deine Geschichte versprochen«, sagte Alice, »den Grund für deinen Haß auf ‚H‘ und ‚K‘.« Die letzten Worte flüsterte sie, um die Maus nicht wieder zu beleidigen.

»Mein Lebensbericht ist lang und hat ein trauriges Ende«, begann die Maus seufzend.

Alice war gerade in die Betrachtung des langen Schwanzes der Maus vertieft und hatte deshalb nur die letzte Hälfte des Satzes gehört.

»Ja, lang ist er, aber warum bezeichnest du sein Ende als traurig?« forschte sie erstaunt, und als sie keine Antwort erhielt, zerbrach sie sich über diese Frage auch dann noch den Kopf, als die Maus schon mitten in ihrem Lebensbericht war, so daß dieser in Alices Phantasie etwa folgende Form annahm:

FURY JAGTE DURCHS HAUS UND DA TRAF ER DIE MAUS. SCHRIE SIE AN: STRAUB DICH NICHT / LOS „KOMM MIT VORS GERICHT! ICH HAB GRAD NICHTS ZU TUN‘‘ SPRACH DIE KATZE ‚‚LASS ES RUHN, DER RICHTER IST FORT, KEIN GESCHWORENER DORT, DARUM HAT’S KEINEN SINN. ‚ ‚ICH WERD RICHTER ALLEIN UND GESCHWORENER SEIN‘ ‚ SPRACH DER SCHLAUE FURY ‚ UND ICH DIKTIER DIR DEN TOD ZU - GLEICH HIER!‘‘

185

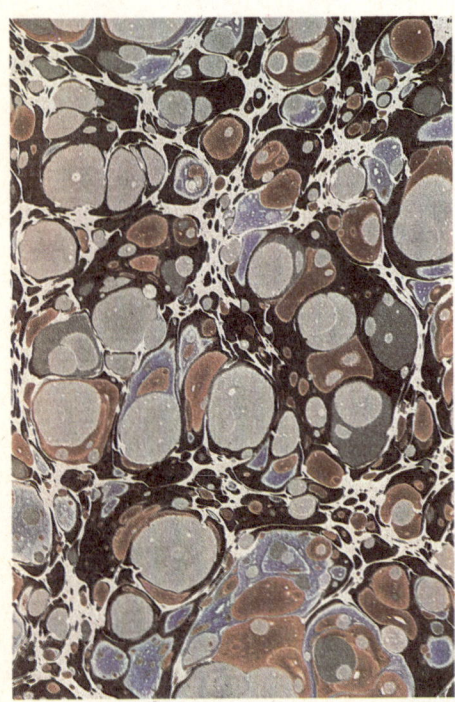  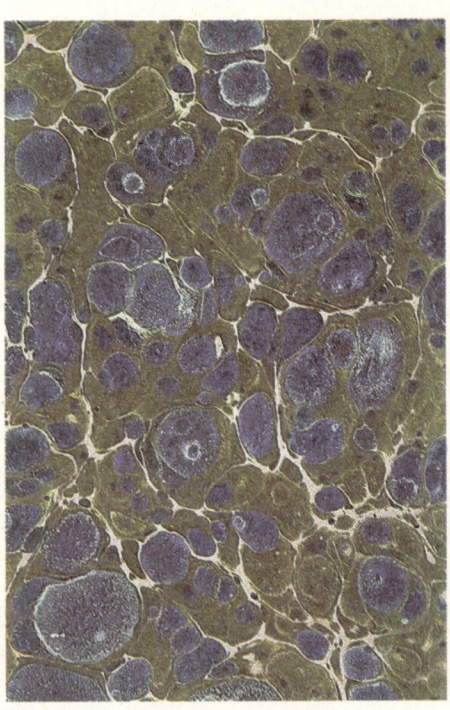

Farbige Papiere, mit der Hand bemalt, von Holzmodeln oder metallgeschnittenen Platten gedruckt oder mit Hilfe von Schablonen geschmückt, gibt es schon seit dem Mittelalter. Kunstvolle und kostbare Buntpapiere wurden seit dem 17. Jahrhundert handwerklich herge-stellt. Im 19. Jahrhundert setzt die industrielle Buntpapierfertigung ein. – Unsere Muster sind solche manuell hergestellten Buntpapiere, die früher sehr beliebt waren. In Leipzig gibt es noch einen handwerklich arbeitenden »Bunt-papierer« namens Gerhard Hesse.

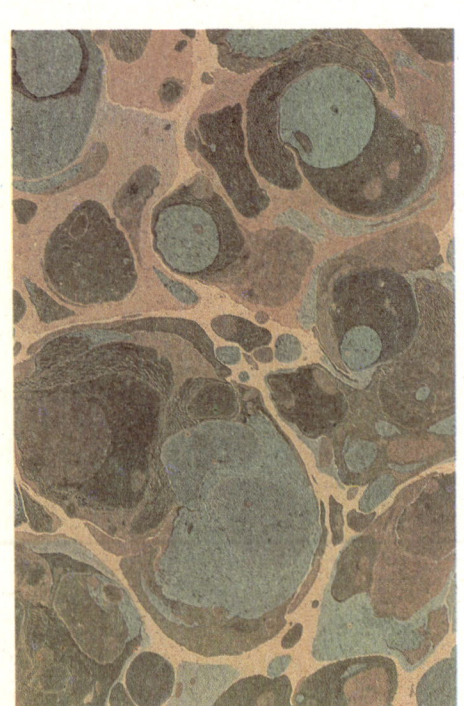 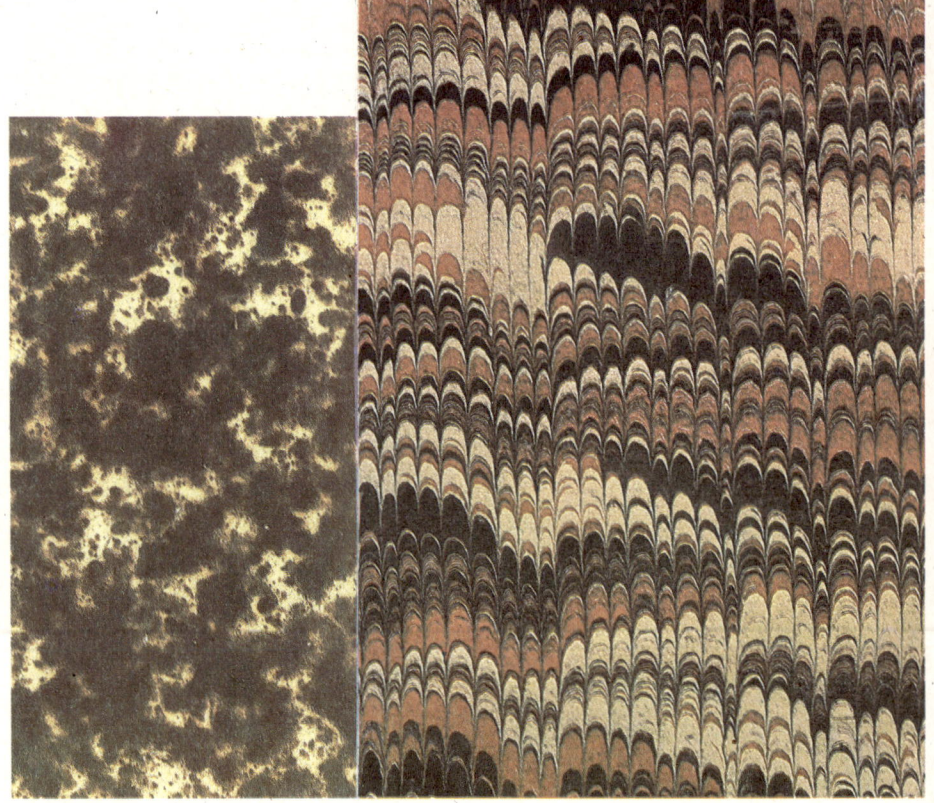

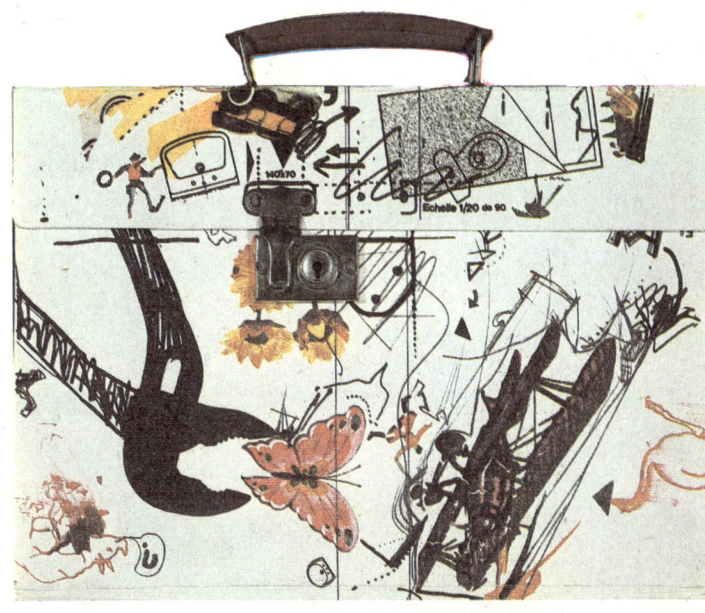

Eigentlich hat ein gutes Buch keine extravagante Aufmachung nötig. Dennoch tauchen immer wieder neue Buchkuriositäten auf: hier ein Buch in Gestalt einer **Koffertasche** mit Schloß, eine westdeutsch-schwedische Produktion.

Ein Bücherfreund hat sich diesen **Bücher-Ofen** bauen lassen: Die wärmespendenden Kacheln sind wie die Bände in einer Sammlung angeordnet. Das prächtige Exemplar ist im Museum Carolino-Augusteum in Salzburg (Österreich) zu sehen.

Minibücher. Kleinste Bücher sind heute größte Mode und werden von vielen für eine technische Neuerung gehalten. Wenn aber in einem Buch die Schrift so verkleinert ist, daß man sie mit bloßem Auge nicht mehr lesen kann, ist es kein Buch mehr, sondern ein aufwendiges Spielzeug. Als man früher diese Bücher tatsächlich mit richtigen Minilettern druckte, war dies immerhin eine beachtliche technische Leistung. Wenn aber heute der Satzspiegel mit Hilfe der Photographie verkleinert wird, so fällt auch diese Kunstfertigkeit weg, und übrig bleibt ein Produkt, das – will man es zum Lesen benutzen – die Augen sehr angreift. Kleinste Bücher zu drucken ist also ein Bücherspaß – den man, wie alle Späße, nicht allzu oft wiederholen sollte. Hier das kleinste Buch der Deutschen Staatsbibliothek: es ist 10 mm breit und 15 mm hoch, wurde 1896 gedruckt, sein Umfang beträgt 205 Seiten. Es enthält Briefe des berühmten Gelehrten Galileo Galilei (1564–1642) an Christian di Lorena. Das erste »kleinste Buch« ist übrigens schon 1489 entstanden. Das Minibuch ist also ein »alter Hut«.

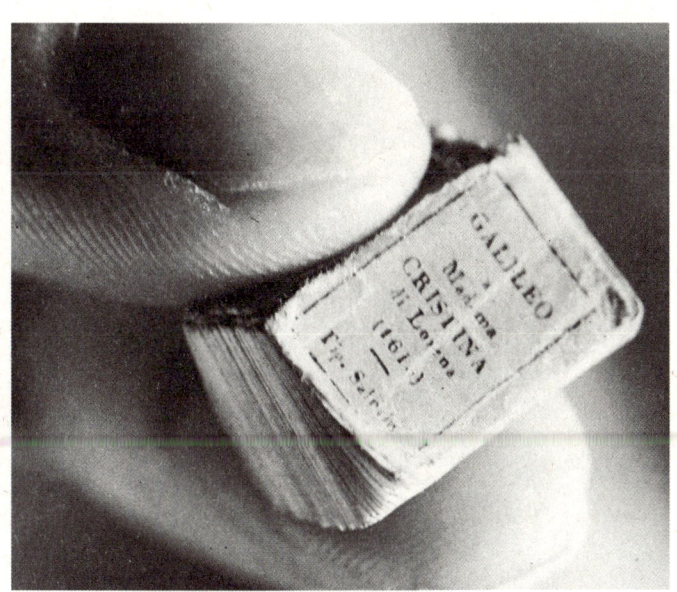

»**Mikroformen**« ist eine Sammelbezeichnung für alle Arten der Wiedergabe von gedruckten oder geschriebenen Aufzeichnungen (Dokumenten) auf Mikrofilm und anderen Filmträgern. Die Verkleinerung beträgt in der Regel 1:8 bis 1:40. Noch stärkere Verkleinerungen (bis 1:400) nennt man »Mikrate«. So haben bis zu 60 Buchseiten auf einem postkartengroßen Mikrofilm Platz. Zum Lesen von Mikroformen sind Lesegeräte erforderlich.

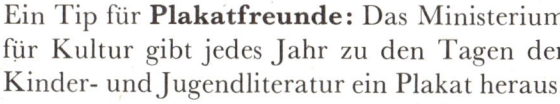

Ein Tip für **Plakatfreunde:** Das Ministerium für Kultur gibt jedes Jahr zu den Tagen der Kinder- und Jugendliteratur ein Plakat heraus.

Hier oben zwei besonders gelungene: für 1970 von Rudolf Schultz-Debowski, für 1975 von Karl-Heinz Bobbe.

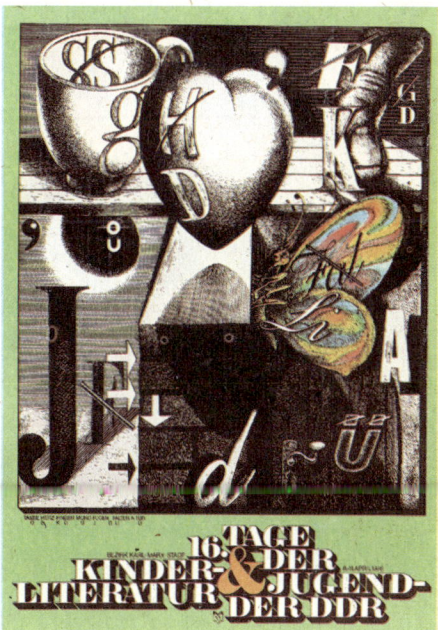

Für Kinder gemalt

Buchillustratoren der DDR stellen aus
Berliner Fernsehturm · 10.XII.1975 bis 11.I.1976
Täglich geöffnet von 10-19 Uhr

DDR-Zentrum für Kinderliteratur
Verband Bildender Künstler der DDR

Kinder lesen
gern
Gedichte ...

Solange es Bücher gibt, wird für ihren Absatz
(und indirekt für ihre Benutzung) geworben.
Unsere Kinder- und Jugendbuchverlage wid-
men dieser Aufgabe große Sorgfalt. Denn
Lesen und Lernen ist nicht nur eine ernste
Sache – sie soll ja auch Spaß und Vergnügen

190

EINE
KLEINE
BÜCHER
REISE

DER KINDERBUCHVERLAG BERLIN

Fast alle lesen Reclam

bereiten. Davon überzeugt uns diese kleine Auswahl der hier abgebildeten **Werbedrucksachen** – so nennt man Plakate und Kataloge –, die mit viel Liebe und Einfallsreichtum von namhaften Buchillustratoren für Kinder gestaltet wurden.

Frühjahr 1976

Der Kinderbuchverlag Berlin

Der Kinderbuchverlag Berlin

Herbst 1977

Der Kinderbuchverlag Berlin
Frühjahr 1977

191

Im Zeitalter des Fotosatzes gehört dieser Blick in einen Linotype-Setzmaschinensaal fast schon der Vergangenheit an. Die an diesen Maschinen gegossenen Bleizeilen werden nach dem Layout des Typographen und des Redakteurs zusammen mit den Klischees zu Druckseiten zusammengestellt.

Auch in die **Reproduktionsphotographie** hat die Elektronik Einzug gehalten. Bei der Horizontal-Zweiraum-Reproduktionskamera werden unter anderem Beleuchtungswerte elektronisch ermittelt wie auch die Schärfe der Einstellung kontrolliert. Aus der »Schwarzen Kunst« ist eine Wissenschaft geworden, die exakte Beherrschung voraussetzt. – Unten links der Reproduktionsphotograph bei der Größeneinstellung; ehe der Film eingelegt wird, muß das Bild auf der Mattscheibe millimetergenau die vorgeschriebene Größe haben. Daneben: Kontrolle und manuelle Nacharbeit sind bei aller technischen Perfektion doch noch notwendig.

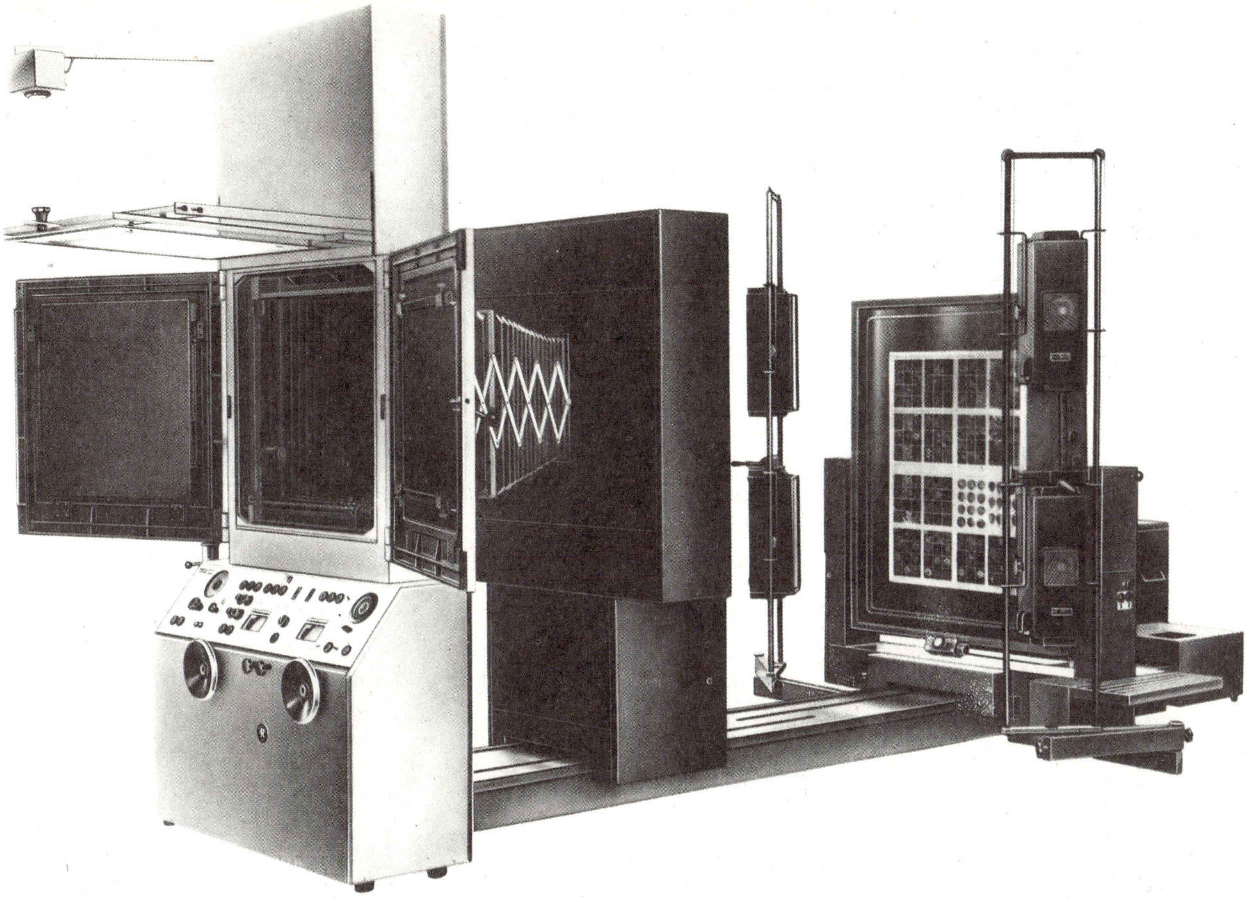

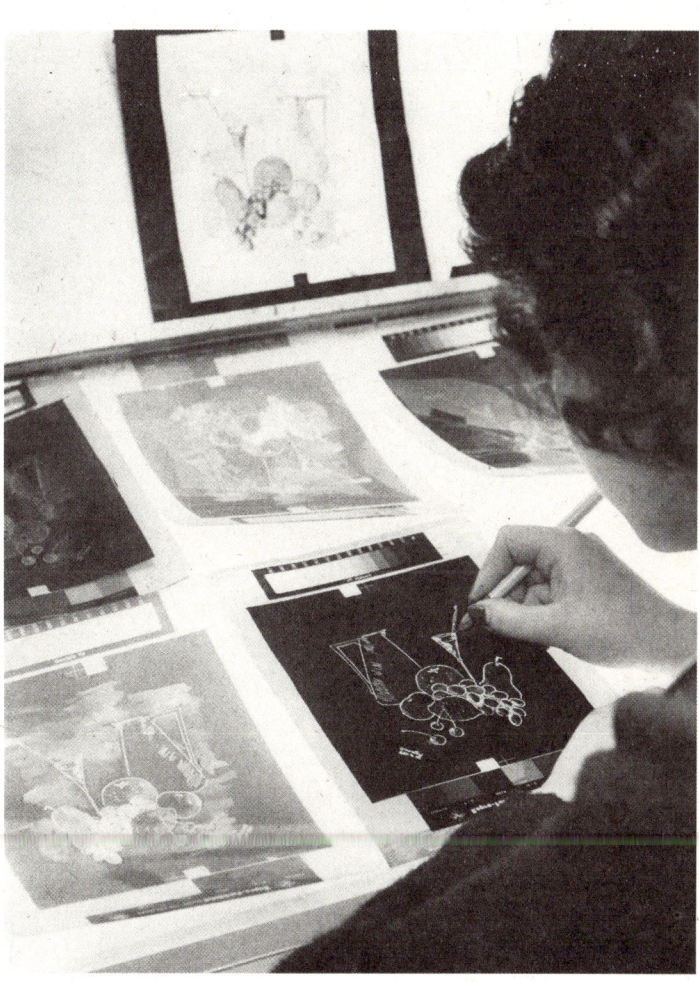

Gutenbergs Jünger heute: Arbeit an einer **Lichtsetzmaschine,** einer Linotron 505. In der mechanischen Weiterverarbeitung hat diese Anlage eine Setzleistung bis zu 300 000 Schriftzeichen in der Stunde. Zum Vergleich: Ein versierter Handsetzer brachte es mit seinem Winkelhaken auf 1 000 Zeichen.

In der Klischeeherstellung hat sich die Produktionsleistung ebenso durch modernste elektronische Geräte vervielfacht. Mit diesem Klischographen werden Schwarzweiß- wie auch Vierfarb-Druckstöcke vollautomatisch »geschnitten«. Über ein elektronisches Auge wird die Reproduktionsvorlage abgetastet, und die errechneten Werte werden als Raster für den Buchdruck in Metall, für den Offsetdruck in Film graviert.

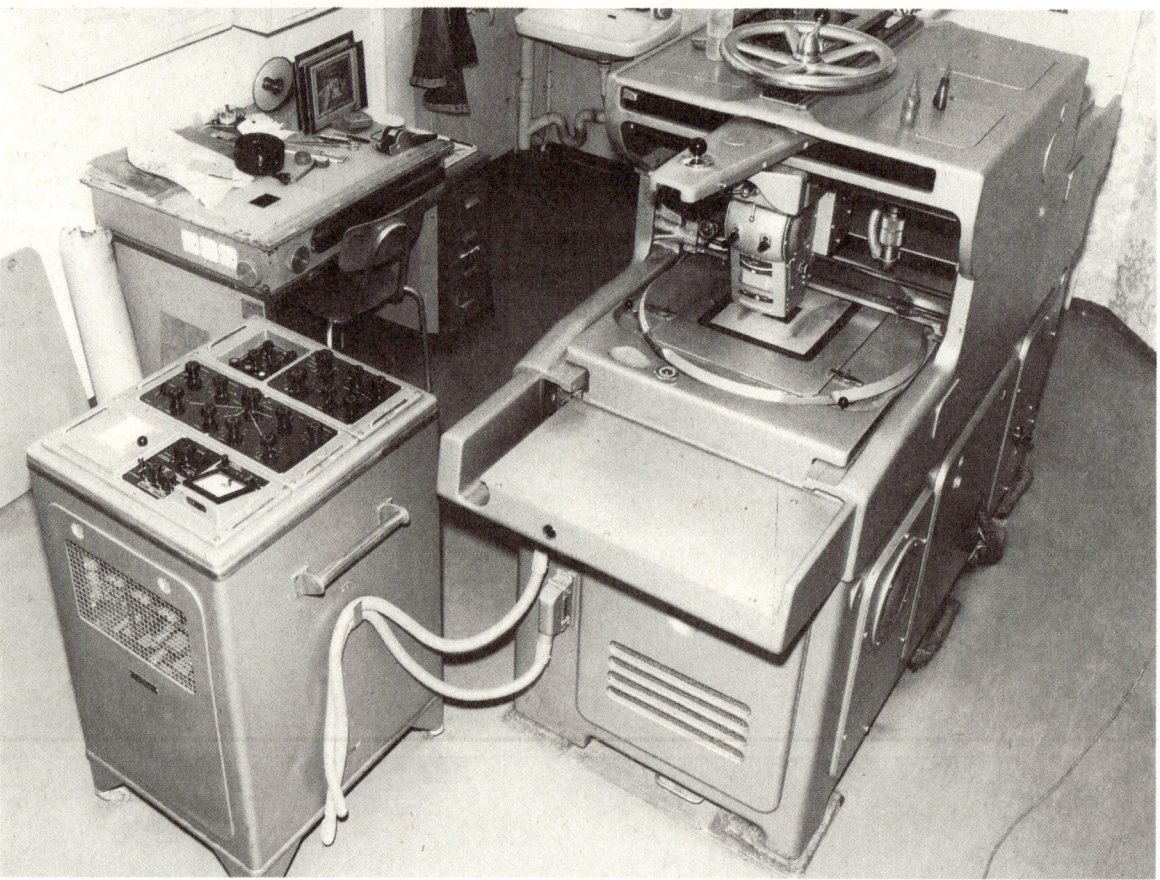

Auf dem Montagetisch mit von untenher be-
leuchteter Glasplatte werden die Lichtsatz-
filme gerasterter Bilddias auf Trägerfolien zu
Druckformen montiert. Danach werden sie auf
Bimetallbleche kopiert, die, auf den Druckzylinder gespannt, als »Druckträger« dienen.

Die **Rollenrotations-Offsetdruckmaschine**
führt ihren Namen deshalb, weil ihr das Druckpapier von einer großen Rolle zugeführt wird.
Diese Rolle befindet sich am hinteren Ende der
Maschine, ihre Papierbahn durchläuft als endloses Band die verschiedenen Farbwerke, in
denen sie in unmittelbarer Folge beiderseits
bedruckt wird. Die fertig bedruckte Bahn wird
sogleich gefalzt und beschnitten und verläßt als
vielseitige Zeitung die Maschine.

Das ist kein Schlachtschiff, sondern eine moderne **Rollen-Offsetmaschine** für den Zeitungsdruck. Alle Achtung vor denen, die so etwas zu konstruieren und zu beherrschen vermögen. Auf ihr werden in einem Druckgang vielfarbige Drucksachen, vom Prospekt über die illustrierte Zeitung bis zum farbig bebilderten Taschenbuch in Großauflage gedruckt.

Neben den Rollen-Offsetmaschinen gibt es noch die Familie der **Bogen-Offsetmaschinen.** Auf diesen werden alle Erzeugnisse gedruckt, an die höchste Qualitätsansprüche gestellt werden. Die Maschinen führen sich automatisch das Druckpapier bogenweise von einem Palettenstapel zu. Deutlich sind die vier Farbwerke zu erkennen.

Hochmoderne **Schnellschneidemaschinen** haben das jahrhundertealte Buchbindermesser abgelöst; auf ihnen werden die Rohbogen und die fertigen Buchblocks beschnitten.

Eine Falzmaschine hat die mühselige Handfalzerei abgelöst.

Unten eine Fließstrecke für Rückstichbroschüren. Bei dieser einfachsten Broschurart werden ein oder mehrere ineinandergesteckte Bogen entweder mit oder ohne Umschlag mit Draht oder Faden durch den Rücken aneinandergeheftet.

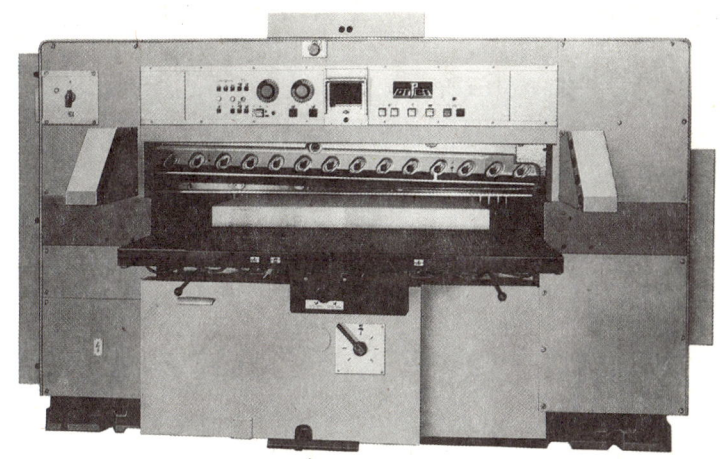

Imponierender Blick in eine **automatische Heftstraße.** Sie will gefüttert sein! Man sieht, wie jedem Automaten bereits ein ganzer Stoß gefalzter Bogen zum »Verschlucken« vorgesetzt ist.

Buchblockfälzel- und Klebebindemaschine. »Fälzeln« nennt der Buchbinder das Verstärken des ersten und letzten Bogens eines Buchblockes durch Ein- oder Ankleben von Papierstreifen. Das Kleben, d. h. die Klebebindung hat sich in den letzten Jahrzehnten immer mehr als rationell erwiesen: Lose Blätter oder im Bundsteg geschlitzte Bogen werden unter Verwendung von Plastklebestoff verbunden und anschließend – ebenfalls vollautomatisch – in die vorgefertigte Buchdecke gehängt, was auf der Klebebindestrecke geschieht.

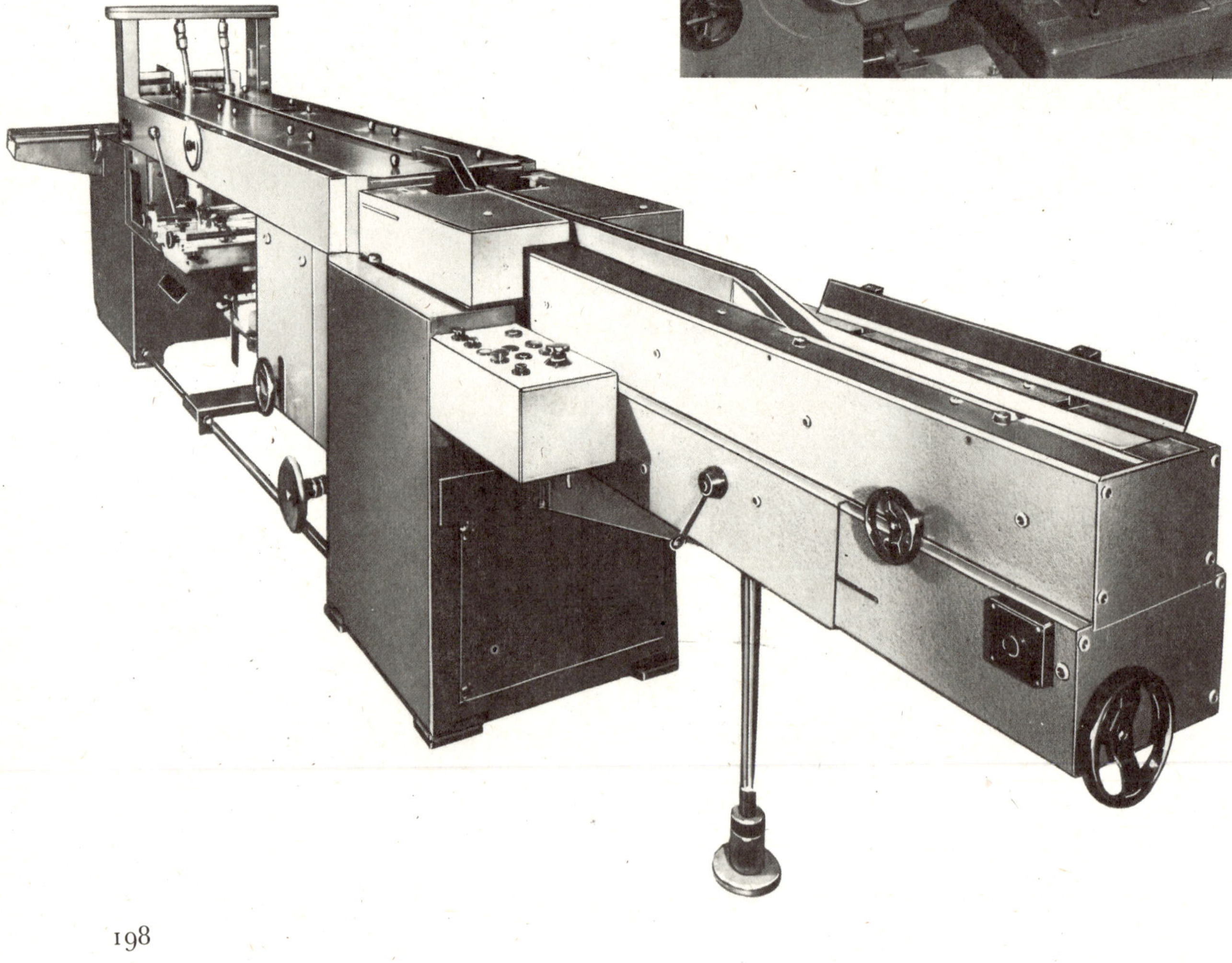

Auf der **Zusammentragmaschine** wird jeder Bogen eines Buches, vom ersten bis zum letzten, stapelweise nebeneinander aufgesetzt. Die Maschine entnimmt jeweils einen Bogen und stellt so ein Exemplar nach dem anderen zusammen. – Unten eine Klebebindestrecke, auf der Bücher gefertigt werden.

Auch in der modernsten **Großbuchbinderei** muß der Mensch noch immer über die Qualität der Arbeit wachen. Hier werden fertig gebundene russische Lehrbücher vor dem Verpacken kontrolliert. Danach wird jedes Buch einzeln eingeschlagen, mit seinem Kurztitel und einer EDV-Nummer gestempelt und dann auf Paletten zum Versand verpackt. Alle irgendwo in der Republik hergestellten Bücher werden nach Leipzig befördert und dort vom LKG, dem »Leipziger Kommissions- und Großbuchhandel«, an die Buchhandlungen weitergeleitet.

DU UND DEIN BUCH

Wenn wir nicht lesen würden, würden wir sicher auf
einem kindlichen Bewußtsein stehenbleiben. Wir
haben uns daran gewöhnt und denken oft nicht mehr
darüber nach, aber die Literatur ist unersetzlich für
die Entwicklung des menschlichen Intellekts, der
Gefühle, der inneren Kultur, des Geschmacks.

Tschingis Aitmatow (geb. 1928)

Den vordantz hat man mir gelan
Dann ich on nutz vil bücher han
Die ich nit lyß/ vnd nyt verstan

Von vnnutzē buchern

Das ich sytz vornan jn dem schyff
Das hat worlich eyn sundren gryff
On vrsach ist das nit gethan
Uff myn libry ich mych verlan

Der Büchernarr. Als der Humanist Sebastian Brant 1494 in seinem Buch »Das Narrenschiff« menschliche Torheiten und Narrheiten mit bissigem Spott geißelte, ließ er als ersten Narren den ungebildeten Gelehrten aufmarschieren: einen, der zwar viele Bücher zu Hause hat, aber sie nicht studiert, also kein Wissen daraus schöpft. So alt ist schon der Bildungsprotz.

Bücherliebe – Bücherleidenschaft – Bücherwahn wohnen dicht beieinander. – »Bücherwahn« heißt auch eine Novelle von Gustave Flaubert, die Josef Hegenbarth 1949 mit Tuschzeichnungen illustriert hat. Wie sehr der geschilderte Buchhändler Giacomo seiner großen Liebe, dem Bücherwahn, verfallen ist, wird so geschildert: »Ging er zu seinen Handschriften, seinen erwählten Lieblingen, nahm er eine auf, die älteste, die unansehnlichste, die schmutzigste; verzückt und beglückt besah er das Pergament, spürte den Geruch des geweihten und ehrwürdigen Staubes. Seine Nasenflügel blähten sich vor Freude und Stolz, und ein Lächeln irrte über seine Lippen.« Hat das der Illustrator Hegenbarth nicht meisterhaft »ins Bild gesetzt«?

Die **Liebe zu Büchern** (Bibliophilie) kann zu verbrecherischer Leidenschaft werden. Ein berüchtigter Kriminalfall in der Geschichte des Buches ist der des Pfarrers Johann Georg Tinius (1764–1846) aus Poserna bei Weißenfels gewesen. Um seiner Bücherleidenschaft frönen zu können, soll er jahrelang allein reisende Fremde durch angebotene giftige Schnupftabakprisen betäubt, beraubt und getötet haben. Seine mit diesem Geld erworbene Bibliothek umfaßte schließlich 60 000 Bände. Er ist 1813 in Leipzig verhaftet worden. Zehn Jahre hat der bis zuletzt undurchsichtige Prozeß gedauert. Dann ist er 1823 zu 12 Jahren Zuchthaus verurteilt worden. Es gibt kein Bild des Tinius. Hans-Joachim Walch, der Gestalter dieses Buches, hat ihn so gezeichnet, wie er ihn sich vorstellt.

Der Mensch und das Buch – dieses Thema reizt die Künstler immer wieder. Links die Holzplastik eines Lesenden, um 1430 in Mecklenburg entstanden (es ist der Apostel Johannes in einer Ölberg-Gruppe), und rechts oben der in Bronze gegossene »Buchleser« von Ernst Barlach (1870–1938).

Das »**Lesende Mädchen**« ist eine Plastik des italienischen Bildhauers Eugenio Pellini (1864 bis 1934). Sie ist in der Deutschen Staatsbibliothek im 2. Stock zu sehen.

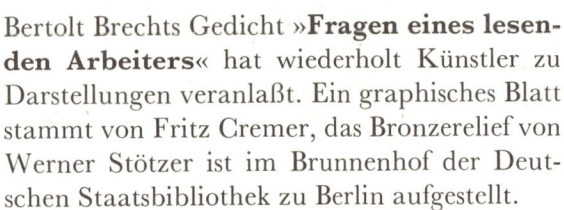

Bertolt Brechts Gedicht »**Fragen eines lesenden Arbeiters**« hat wiederholt Künstler zu
Darstellungen veranlaßt. Ein graphisches Blatt
stammt von Fritz Cremer, das Bronzerelief von
Werner Stötzer ist im Brunnenhof der Deutschen Staatsbibliothek zu Berlin aufgestellt.

Nachschlagewerke sind heute unentbehrlich für jedermann. Wer sein Wissen erweitern
will, braucht Bücher. Zum schnellen Nachschlagen sind alphabetisch geordnete Nachschlagewerke am besten geeignet. Man staunt
immer wieder, was man im »Großen Duden«
(letzte neubearbeitete Auflage 1976) alles findet. Ein preiswertes Hilfsmittel ist auch »Meyers Universallexikon« in 4 Bänden 1978–1980.
Der »Große Meyer« steht jedermann in großen
Bibliotheken zum Nachsehen zur Verfügung
(»Meyers Neues Lexikon« in 18 Bänden). Wis-
senslücken, die man mit Hilfe seiner eigenen
Bücher zu Hause nicht schließen kann, notiert
man sich und sucht dann eine Bibliothek auf.

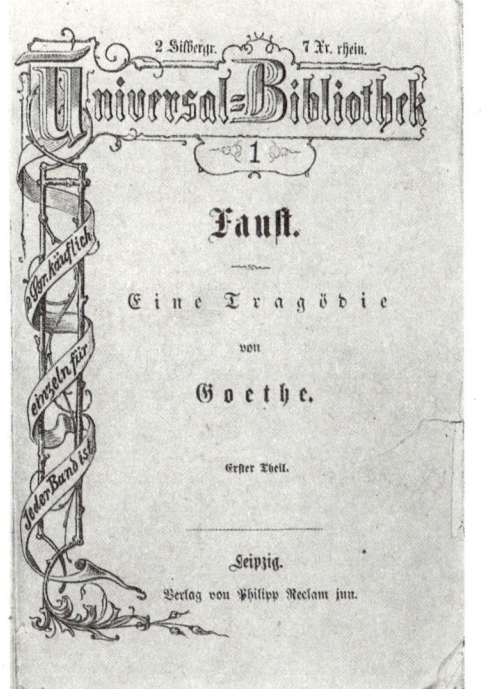

UNIVERSAL

Erwin
Strittmatter

Tinko

Reclam

BIBLIOTHEK

Ein Wesenszug des sozialistischen Buchhandels in der Deutschen Demokratischen Republik sind die vielen **Reihen billiger,** jedermann erschwinglicher **Bücher** oder Hefte. Damit wird ein fortschrittliches Erbe fortgesetzt, dessen bekanntester Repräsentant »Reclams Universal-Bibliothek« ist. Sie besteht seit 1867.

Die **Arbeiterbibliotheken** vor dem ersten Weltkrieg hatten auch eine erzieherische Aufgabe, zum Beispiel Arbeiterkindern Anleitung zu geben, wie und was sie lesen sollten, hier in Form eines Lesezeichens (um 1900), das sparsam vorder- und rückseitig bedruckt war. Es ist auch in dem »Kleinen Leitfaden für Arbeiterbibliotheken«, Leipzig 1910, abgedruckt worden.

Zehn Gebote für Kinder

1. Gebot: Liebe deine Schulgefährten, die die Arbeitsgenossen deines Lebens sein werden.

2. Gebot: Liebe die Belehrung, die das Brot des Geistes ist; sei dankbar deinem Lehrer wie deinem Vater und deiner Mutter.

3. Gebot: Du sollst alle Tage heiligen durch eine gute und nützliche Tat, durch eine freundliche Handlung.

4. Gebot: Du sollst die guten Menschen ehren, alle Menschen achten, dich vor niemanden beugen.

5. Gebot: Du sollst keinen Menschen hassen, keinen beleidigen, dich nicht rächen; aber du sollst dein Recht vertreten und dem Uebermütigen widerstehen.

6. Gebot: Du sollst nicht feige sein. Sei ein Freund der Schwachen und liebe die Gerechtigkeit.

7. Gebot: Sei eingedenk, dass alle Güter der Erde von der Arbeit stammen; wer sie geniesst, ohne zu arbeiten, der stiehlt dem Arbeitenden sein Brot.

8. Gebot: Beobachte und denke nach, um die Wahrheit zu erkennen. Glaube nichts, was der Vernunft widerspricht, täusche weder dich selbst, noch andere.

9. Gebot: Denke nicht, dass der das Vaterland liebt, der die andern Völker hasst und verachtet oder am Kriege Gefallen findet, der ein Ueberrest der Barbarei ist.

10. Gebot: Wünsche vielmehr den Tag herbei, an dem alle Menschen als freie Bürger eines Vaterlandes in Frieden und Gerechtigkeit als Brüder leben werden.

Wie soll man lesen?

Sieben Ratschläge an den Leser.*

1. Lies nur, wenn Du darüber nicht Deine Pflicht versäumst. Lies nicht zu lange, sonst ermüdest Du Deinen Geist, liest unaufmerksam und verstehst die Feinheiten des Buches nicht.

2. Lies nur gute Bücher, denn die Zeit, die Du zum Lesen hast, ist kostbar; schlechte Bücher verderben den Geschmack und fördern Dich nicht, während Du aus dem Lesen guter Bücher einen bleibenden Gewinn ziehst.

3. Lies nichts, was über Dein Alter und Deinen Verstand hinausgeht; nicht jeder Magen kann schwere Speise vertragen. Lies Dich vielmehr allmählich zu schwerer verständlichen Büchern hinauf.

4. Lies solche Bücher, die Dich besonders erhoben oder gefördert haben, immer noch einmal wieder; Du wirst ihren Wert dann immer deutlicher erkennen und wirst bei jeder Wiederholung einen grösseren Genuss haben.

5. Lies auch nicht immer nur Romane, Erzählungen und Novellen, sondern auch Dichtungen; vor allen Dingen lerne unsere Klassiker kennen. Und weiter: lies auch Bücher wissenschaftlichen Inhalts — die Geschichte des Menschengeschlechts und das Leben der Natur müssen für jedermann die unentbehrlichsten Grundsteine des Wissens sein. Vieles, was Dich als Kind nicht interessiert hat, hat jetzt für Dich das grösste Interesse.

6. Lies stets aufmerksam und langsam — nur so wirst Du das Gold des Buches zutage fördern. Wiederhole nachher im Geiste den Inhalt des Gelesenen und durchdenke ihn; es kann sonst sein, als hättest Du das Buch überhaupt nicht gelesen.

7. Halte die Bücher stets sauber und ordentlich. Benetze die Finger nicht beim Umblättern; das ist eine zwecklose Angewohnheit. Vor allen Dingen gib die Bücher nicht kranken in die Hände, die an ansteckenden Krankheiten (Scharlach, Masern, Diphtheritis, Typhus u. a.) leiden oder sich eben erst auf dem Wege der Besserung befinden; Du könntest damit leicht zur Uebertragung dieser Krankheiten beitragen.

*) Diese Ratschläge sind entnommen dem Katalog der Freien öffentlichen Bibliothek zu Zwittau in Mähren.

LENATUS DESCARTES NOBIL. GALL PERRONI DOM. SUMMUS MATHEM. ET PHILOS

Ueber
den
Umgang mit Menschen.

Von
A. Freyherrn von Knigge.

In zwey Theilen.

Mit Churfürstl. Sächsischem Privilegio.

Hannover,
in der Schmidtschen Buchhandlung.
1788.

Bücher-Mißhandlung? Die französische Unterschrift zu diesem Kupferstich, vermutlich aus dem 17. Jahrhundert, lautet: Descartes, der einen Band Aristoteles mit Füßen tritt. Das ist eigentlich ein sehr häßliches, auf jeden Fall kein nachahmenswertes Bild: Wenn man schon wegen räumlicher Enge Bücher auf dem Fußboden ausbreiten muß, tritt man sie nicht noch mit Füßen! Das wird wohl auch der berühmte Philosoph René Descartes (1596–1650) gewußt haben. Diese unschöne Geste hat hier eine besondere Bedeutung. Der Künstler will auf diese Weise zum Ausdruck bringen, daß Descartes mit seiner Philosophie die jahrhundertelang gültigen Ansichten des antiken Philosophen Aristoteles durch moderne, auf Erfahrung gegründete wissenschaftliche Erkenntnisse überwunden hat.

Der Verfasser des berühmt gewordenen Buches »Über den Umgang mit Menschen« (1788), Adolph Freiherr von Knigge (1752–1796), hat auch den **Umgang mit Büchern** in seine Betrachtungen einbezogen. Sein Rat geht dahin, sich beim Lesen eines Buches selbst eine Meinung zu bilden, nicht Lob oder Tadel anderer über ein Buch nachzubeten und auch nicht über ein Buch zu urteilen, bevor man es ordentlich gelesen hat. »Bei der Menge unnützer Schriften tut man übrigens wohl, ebenso vorsichtig im Umgange mit Büchern als mit Menschen zu sein«. Überall gibt der Freiherr von Knigge Beispiele für eine eigene, in der damaligen Feudalgesellschaft fortschrittliche Meinung, so, wenn er sich, was zu seiner Zeit gang und gäbe war, dagegen wendet, »erwachsene Dienstboten mit groben Schimpfworten oder gar mit Schlägen zu behandeln. Ein edler Mann mag nur Kraft gegen Kraft setzen; nie wird er den mißhandeln, der sich nicht wehren darf«. So hat er auch in dem Kapitel »Über den Umgang mit den Großen der Erde, Fürsten, Vornehmen und Reichen« recht kritisch gut und böse auseinandergehalten: »Ich habe oft mit

Regen, Regen kommt von droben.
Doch das Buch – mag es ihn loben?

Soll ein Buch dich recht entzücken,
brich ihm zuerst den Rücken!

Die Erfahrung wird bestätigt,
daß das Fett stets Flecken tätigt.

Ist das Buch ganz wohlgeraten,
trägt's die Pfanne mit dem Braten.

Willst du froh beim Buche sitzen,
netze deine Fingerspitzen!

Zigaretten und dergleichen –
ach, welch feine Lesezeichen!

Selbst ein Hund kann allerenden
so ein Buch recht gut verwenden.

Jedes Ding ist auszunützen:
Bücher mussen Möbel stützen.

Bücher sind der Weisheit Quellen.
Schneide aus die schönen Stellen...

Dient das Buch nicht andern Zielen,
als daß Kinder damit spielen?

Einst entliehen, auserkoren –
jetzt vergessen und verloren.

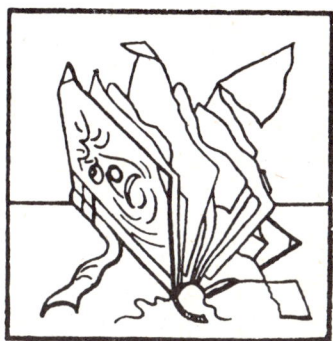

Wie man einem Buch erweiset,
daß man's liest und liebt und preiset!

inniger Betrübnis gesehen, wie so ganz anders der allgemein bewunderte, als Wohltäter des Menschengeschlechtes und Beförderer alles Edlen, Großen und Schönen gepriesene Erdengott und Liebling des Volks in der Nähe so klein, so erbärmlich war.«

Über den Umgang mit Büchern – satirisch gesehen. Der Tscheche Josef Lada (1887–1957), einer der ganz großen Zeichner Europas, hat für die Bibliotheken seines Landes in humoristischer Weise für den richtigen Umgang mit Büchern wahrscheinlich mehr getan, als zehntausend Verbots- oder Gebotsschilder es vermocht hätten: Er hat die verschiedensten Büchermißhandlungen aufgespießt.

207

Karl Marx war ein temperamentvoller Leser. Im Gespräch hat er einmal geäußert, daß er in seinen eigenen Büchern Sklaven sähe, die ihm nach seinem Gutdünken zu dienen hätten. Wenn er öffentliche Bibliotheken benutzte, war er ein gewissenhafter und disziplinierter Leser. In seinen eigenen Büchern dagegen liebte er es, Notizen und Anstreichungen zu machen. Dabei scheute er sich auch nicht, einen Esel von Autor einen Esel zu nennen. Das tat er gern, wie hier, lateinisch, indem er asinus (= Esel) an den Rand schrieb.

»**Lenin und das Buch**« lautet der Titel eines dicken sowjetischen Buches – so vielfältig sind die inneren und äußeren Beziehungen Wladimir Iljitsch Lenins zum Buch gewesen. Und das ist das Bild, das Ernst Jazdzewski (geb. 1907), Kommunist und Professor an der Kunsthochschule Berlin, sich und uns mit dieser Lithographie von dem Bücherfreund Lenin gemacht hat.

hindern läßt. Der Grund, weshalb Landeigenthümer im Stande sind, sich Bodenrente auszubedingen, liegt darin, daß Land eine Waare ist, deren Viele bedürfen, die aber Niemand anders, als von ihnen erhalten kann. Wenn der ganze Boden eines Landes einem Einzigen gehörte, so könnte dieser die Rente nach seinem Belieben bestimmen.« [1]

Die Bodenrente basirt also auf der Mitwirkung der Naturkräfte bei der Production, es ist demnach die natürliche Bodenrente derjenige Betrag in den Producten der Grundstücke, welcher der bei der Bodenproduction stattfindenden Mitwirkung der Natur entspricht. Der Bewirthschafter nimmt dieselbe in Empfang. Die ausbedungene Bodenrente hingegen ist der Preis für die Nutzung der natürlichen, dessen Betrag dem Eigenthümer zufällt.

Bastiat, der unermüdliche Bekämpfer socialistischer Irrlehren, glaubte den Anfeindungen des Grundeigenthums, da es Monopol sei, am wirksamsten begegnen zu können, indem er die Existenz einer Bodenrente abläugnete, und sie als den Zins der auf die Urbarung und Melioration verwandten Capitalien erklärte. [2]

Aehnlich wie Carey [3] sucht auch Bastiat nachzuweisen, daß ein Grundstück in der Regel nicht viel mehr und oft weit weniger koste, als die auf dasselbe verwandte Arbeit. Durch diesen Einwand läßt sich doch aber nicht die Thatsache wegläugnen, daß die Kräfte der Natur bei der Bodenproduction mitwirken. Zudem sind ja die aus

W. I. Lenin – ein gewissenhafter Bibliotheksbenutzer. Zum Einmaleins der Bibliotheksbenutzung zählt das Einhalten der Leihfristen, die von der Bibliothek vorgegeben werden müssen, damit möglichst viele Leser ihre Bücherwünsche erfüllt bekommen können. Verlängerung der Leihfrist ist möglich, wenn das betreffende Buch nicht gerade von anderer Seite verlangt wird. W. I. Lenin war stets ein musterhafter Bibliotheksbenutzer: hier eine Bitte um Verlängerung der Leihfrist für ein von ihm entliehenes Buch aus der Zeit seiner Emigration in der Schweiz (1914–1917).

Proletarische Kinderbücher. Erst die organisierte Arbeiterschaft konnte nach Aufhebung des »Sozialistengesetzes« (1890) darangehen, klassenbewußte Literatur für Kinder des Proletariats zu schaffen. Nach dem ersten Weltkrieg kamen neben Büchern auch eine Anzahl proletarischer Zeitschriften und Jahrbücher für Kinder heraus. Hier zwei Beispiele: »Proletarisches Spielbuch« von 1926 und »Jahrbuch für Arbeiterkinder« von 1922.

Photomontagen für das Buch. Photomontagen entstehen, wenn man photographische Ausschnitte in einer bestimmten Absicht so zusammenfügt (»montiert«), daß eine neuartige, beeindruckende Bildwirkung davon ausgeht. Der Kommunist John Heartfield (eigentlich Helmut Herzfeld), ein großer Künstler auf diesem Gebiet, hat diese Kunstform zwar nicht erfunden, wohl aber besonders aufrüttelnde revolutionäre »Montagen« als Buchumschläge, Bucheinbände und Plakate geschaffen. Hier zwei Umschläge für Bücher, die in den zwanziger Jahren im Verlag seines Bruders Wieland Herzfelde, im Malik-Verlag, erschienen.

Hermynia Zur Mühlen war die Tochter eines
adligen österreichischen Diplomaten, löste sich
von ihrer Klasse und schloß sich der prole-
tarisch-revolutionären Literaturbewegung an.
Sie hat sich große Verdienste um das proletarische Kinderbuch erworben, indem sie die
Ideale der Arbeiterklasse (Solidarität, Klassen-
bewußtsein usw.) poetisch zu gestalten wußte.
Eine Perle der **proletarischen Kinder- und
Jugendliteratur** ist »Ede und Unku« von
Alex Wedding (Grete Weiskopf, 1905–1966).
Das Buch schildert die Geschichte einer Kinder-
freundschaft zwischen dem Berliner Arbeiter-
jungen Ede und dem Zigeunermädchen Unku.
Es erschien zuerst 1931 im fortschrittlichen Malik-Verlag, damals in Berlin, der nach 1933 ins
Ausland emigrierte. Die Bücher trugen immer
das einprägsame Malik-Männchen als Verlags-
zeichen. Darunter eine der nach 1945 im Kinderbuchverlag Berlin erschienenen Ausgaben
(1954). – Wie der Umschlag von 1931 sind auch
die Illustrationen Photographien. Verkleinert
sind sie auch in die Ausgabe 1954 übernommen,
die aber einen neuen Einband von Hans
Baltzer bekommen hat. Hans Baltzer (1900 bis
1972) war einer der großen Buchillustratoren
der DDR in den 50er und 60er Jahren.

I. Der Struwwelpeter.

Sieh einmal, hier steht er,
pfui, der Struwwelpeter!
An den Händen beiden
ließ er sich nicht schneiden
seine Nägel fast ein Jahr;
kämmen ließ er nicht sein Haar.
Pfui, ruft da ein jeder:
Garstger Struwwelpeter!

(2)

Es gibt echte und unechte Kinderbücher.
Echte sind solche, die für Kinder geschrieben

worden sind. Zu den »Klassikern« der Kinderliteratur zählen zum Beispiel: Heinrich Hoff-

mann, Struwwelpeter (1845), C. Collodi, Pinocchio (1883, deutsch in einer Bearbeitung erst 1905), Mark Twain, Tom Sawyer (1876, deutsch auch schon 1876) und Selma Lagerlöf, Nils Holgersson (1906, deutsch auch bereits 1906).

»Unechte Kinderbücher« könnte man die Bücher nennen, die, ursprünglich für Erwachsene geschrieben, sich die Kinder erobert haben. Vielfach sind sie dazu bearbeitet worden. Das sind zum Beispiel: das Volksbuch vom »Till Eulenspiegel« (um 1510), Harriet Beecher-Stowe, Onkel Toms Hütte (1852), Miguel de Cervantes, Don Quichote (1605–1615, deutsch erst 1799), Daniel Defoe, Robinson Crusoe (1719, deutsch 1720), Münchhausens Lügengeschichten (1786), James Fenimore Cooper, Der letzte Mohikaner (1826, deutsch auch gleich 1826), Jonathan Swift, Gullivers Reisen (1726, deutsch 1727). Natürlich zählen auch die Bildergeschichten Wilhelm Buschs dazu: an der Spitze »Max und Moritz« (1865).

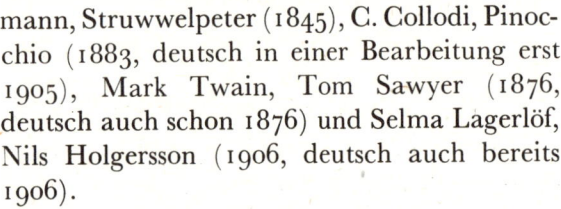

Aber nicht nur Schriftsteller haben für Kinder geschrieben; es gibt auch Komponisten, die eigens für sie komponierten. Wer kennt nicht die von Sergej Prokofjew **vertonte Geschichte** »Peter und der Wolf«? Frans Haacken schuf die Illustrationen zu diesem im Alfred Holz Verlag erschienenen Buch.

Die Waare stellt eine wunderliche Frage.

Georg: Wer hat diesen Menschen zu meinem Herrn gemacht? — Das ist's, was ich
wissen möchte.

Schnupdiwup, da wird nach oben
Schon ein Huhn heraufgehoben!

MIGUEL DE CERVANTES SAAVEDRA

DON QUIJOTE

Die denkwürdigen Abenteuer
des tapferen Ritters
von der traurigen Gestalt

Illustrationen von Kurt Zimmermann   Der Kinderbuchverlag Berlin

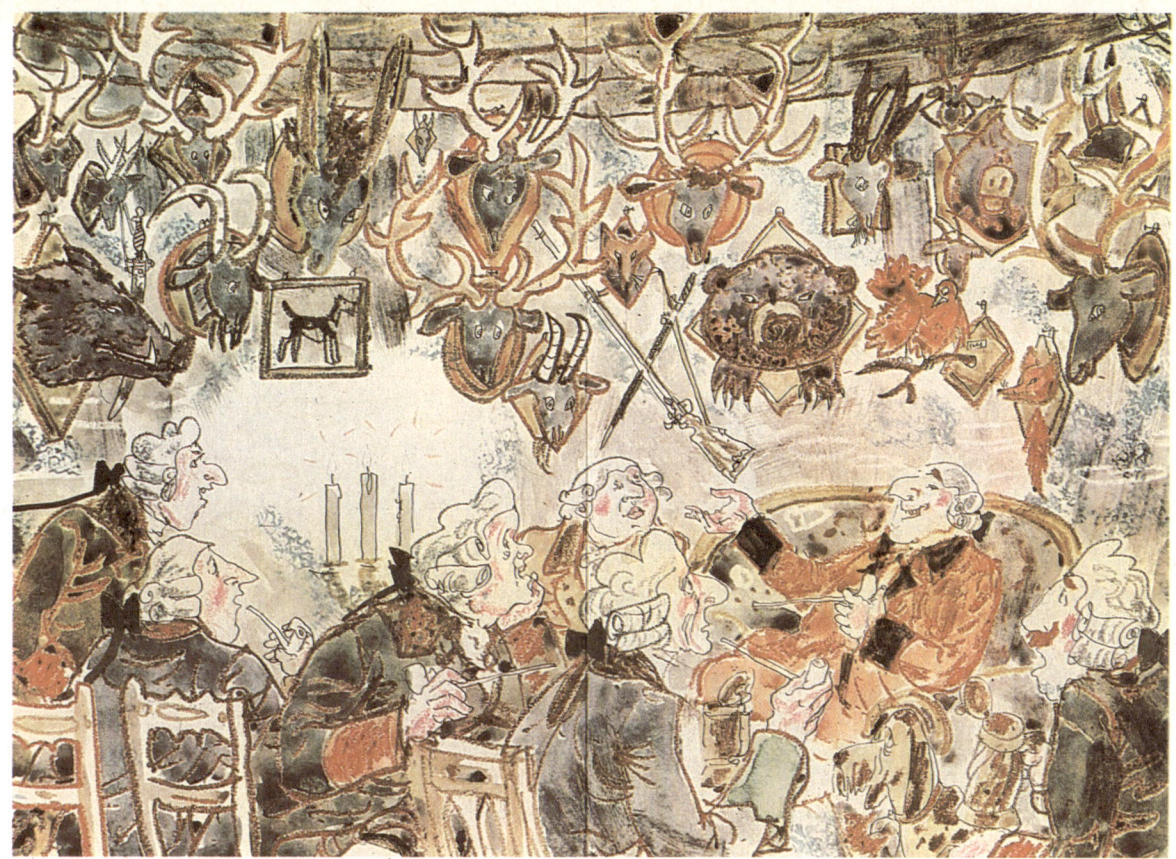

Ein »unechtes« Kinderbuch sind auch J. F. Coopers »Lederstrumpf-Erzählungen« (in deutscher Sprache zuerst 1845), mit Steinzeichnungen Max Slevogts (1909). Dazu Illustrationen aus neuester Zeit in Ausgaben des Kinderbuchverlages Berlin: von Kurt Zimmermann zu Cervantes' Don Quijote, 1970, von Eberhard Binder zum »Münchhausen«, 1971, von Hans Baltzer zu Swifts Gullivers Reisen, 1958. Heute wird das gute Kinderbuch in der ganzen Welt beachtet und geschätzt. Jährlich finden **internationale Ausstellungen** statt, alle zwei Jahre (seit 1967) die »Biennale der Kinderbuchillustration« in Bratislava (ČSSR). Dort begegnen sich die Arbeiten der bedeutendsten Kinderbuchillustratoren aus vielen Ländern der Welt im friedlichen Wettbewerb.

Exlibris (Buchbesitzzeichen) kommen im 15. und 16. Jahrhundert für feudale Bibliotheksbesitzer, aber auch für Bürger der Oberschicht in Gebrauch. – Albrecht Dürer schuf für seinen Freund, den Humanisten Willibald Pirckheimer (1470–1530) dieses Exlibris. Er war der erste Bibliophile, der seine große Bibliothek nach wissenschaftlichen Grundsätzen aufgestellt hatte.

Die »Pirckheimer-Gesellschaft« ist eine Vereinigung von Bücherfreunden und Graphiksammlern in der DDR. Ihr Signet mit dem Porträt ihres Schutzpatrons, dem Nürnberger Bibliophilen Willibald Pirckheimer, schuf Werner Klemke. Die Gesellschaft gibt seit 1957 viermal jährlich die »Marginalien, Zeitschrift für Buchkunst und Bibliophilie« heraus, die internationale Anerkennung gefunden haben. Hier sehen wir ein heiter-ironisches Exlibris, das die Berliner Graphikerin Elizabeth Shaw für die Pirckheimer zeichnete.

Aus der unübersehbar großen Anzahl von **Exlibris** sind hier noch drei weitere zu finden: die für den Leipziger Drucker-Verleger Carl Ernst Poeschel (1874–1944) sowie für den Jenaer Verleger Gustav Fischer (1845–1910). Auf der nächsten Seite oben ein echtes Berliner Exlibris: Heinrich Zille (1858–1929) – der »Pinselheinrich« – verleugnete auch dann sein Milieu nicht, wenn er, wie hier, für einen Freund ein Exlibris machte: Adolf Heilborn war ein fortschrittlicher Schriftsteller. – Ein hübsches Exlibris aus neuester Zeit ist das der Schülerbücherei der Oberschule für Schwerhörige in Dresden von Claus Weidensdorfer.

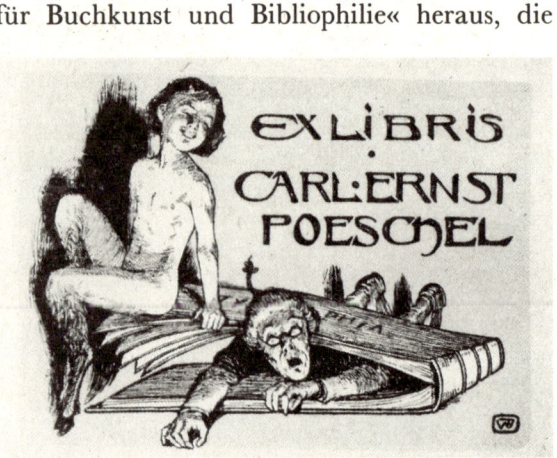

EX Libris Adolf Heilborn.

9 IV 1923

WAS AUCH ALS WAHRHEIT ODER FABEL IN TAUSEND BÜCHERN DIR ERSCHEINT DAS ALLES IST EIN TURM ZU BABEL WENN ES DIE LIEBE NICHT VEREINT

Wer darauf achtet, wird sehen, daß es sehr viele **Lesezeichen,** schöne und weniger schöne gibt. Es lohnt sich, sie zu sammeln, falls man überhaupt Lust hat, etwas zu sammeln. Auf alle Fälle kosten sie nicht viel Geld. Hier ein sehr schönes von einem bedeutenden Buchkünstler, Marcus Behmer, der in den ersten drei Jahrzehnten unseres Jahrhunderts viel zur künstlerischen Erneuerung des Buchwesens beigetragen hat.

Fachbibliothek
HOG Kreisbetrieb
Gera

Daß das Exlibris einen geradezu amtlichen Charakter annehmen kann, beweisen die **Eignerzeichen von Büchereien und großen Bibliotheken.**

Natürlich ist die Sitte, Bücher mit Eignerzeichen zu versehen, weithin international verbreitet. Neben der UdSSR findet man auch in unserem Nachbarland, der VR Polen, viele sehr schöne Exlibris. Ein besonders imposantes schuf der Holzstecher Wiktor Langner 1971 für die polnische Nationalbibliothék (Biblioteka Narodowa) in Warschau.

In vielen Ländern der Welt sind Buch und Bibliothek beliebte Motive für **Briefmarken** geworden: ein Zeichen ihrer Wertschätzung – und ein lohnendes Sammelgebiet für jung und alt. Hier ein Beispiel aus einer solchen Motivsammlung.

Anläßlich des 30. Jahrestages der UNESCO 1976 erschien eine **Bildergeschichte,** die vor allem für die Kinder der weniger entwickelten Länder bestimmt war. Sie begründet in vielfältiger Weise die Notwendigkeit des Buches und seine Wirkungsmöglichkeiten.

Die **UNESCO** hatte aufgerufen, 1974 als »Internationales Jahr des Buches« zu begehen. In allen Ländern wurde dieses Zeichen verwendet als Ausdruck des gemeinsamen Bemühens, gute Bücher vielen Menschen zugänglich zu machen.

Seit 1963 werden in der DDR alljährlich »**Tage der Kinder- und Jugendliteratur**« festlich begangen. Solche Auszeichnung erfährt das Kinder- und Jugendbuch auch in anderen sozialistischen Ländern, in der Sowjetunion in jeder Unionsrepublik. Hier ein auf Stoff gedrucktes Abzeichen für den Tag des Kinderbuches 1975 in der georgischen Unionsrepublik mit seiner Hauptstadt Tbilissi.

Wer sich für die Geschichte des Buches interessiert, muß das **Deutsche Buch- und Schriftmuseum der Deutschen Bücherei** in Leipzig besuchen. Es ist das älteste Museum seiner Art (1884 gegründet). In einer Dauerausstellung wird ein Überblick über die Anfänge der Schrift und des Buches bis zur modernen polygraphischen Industrie geboten. Dazu gibt es einen materialreichen Führer: »Buch und Gesellschaft. Rundgang durch die ständige Ausstellung des Deutschen Buch- und Schrifttums der Deutschen Bücherei« (Leipzig 1984). Ähnliche Museen sind u. a. in Mainz (BRD) das »Gutenberg-Museum«, in Antwerpen das »Plantin-Moretus-Museum«, ferner in Žd'ár/ČSSR, in Moskau und in Kiew.

Zu einem Gang durch die Geschichte des Buches lädt das **Buchmuseum der Sächsischen Landesbibliothek** ein. Es entstand zuerst 1935 im Japanischen Palais, dem damaligen Bibliotheksgebäude, in Dresden. Wie viele andere kulturelle Einrichtungen wurde es im Februar 1945 zerstört. 1955 konnte diese Bibliothek in dem ihr zugewiesenen neuen Gebäude in der Marienallee wiederum ein Buchmuseum einrichten. In 40 Vitrinen mit rund 400 Originalen wird die Entwicklung unserer Kultur vom Mittelalter bis zur Gegenwart durch literarische Zeugnisse in Buchform belegt.

Das Nationalmuseum in Prag ließ anläßlich seines 150jährigen Bestehens 1977 eine **Plakette** prägen, in deren Mittelpunkt das Buch steht.

Denkmal des Buches. In La Coruña (Spanien) befindet sich das erste und einzige Denkmal zu Ehren des Buches (»Monumento al libro«). Das Werk des Bildhauers Manuel Garcia Buciños ist vor wenigen Jahren enthüllt worden.

TEXTTEIL

DIE SCHRIFT

s ist gewiß schwer, in wenigen Worten zu sagen, was ein Buch ist. Daß aber neben einem Beschreibstoff als Schriftträger, bei dem wir heute zunächst an Papier denken, Schrift, geschrieben oder gedruckt, dazugehört, das steht außer Zweifel. Auch daß Schrift nichts Unveränderliches, sondern etwas sich Wandelndes ist, wissen wir alle. Wir brauchen nur daran zu denken, wie sich unsere eigene Schreibschrift verändert: als wir sie in der Schule mühsam erlernt haben und wie wir sie heute schreiben. Auch ältere Bücher, Märchenbücher zum Beispiel, in sogenannter deutscher Schrift oder Fraktur sind uns allen schon begegnet; sie zu lesen macht aber manchem Mühe.

Da also die Schrift für das Buch so wichtig ist, müssen wir ihre Geschichte erforschen. Daß sie alt sein muß, hat bisher kaum jemand bezweifelt. Es ist sogar hin und wieder gefragt worden: Wer war der erste Mensch, der geschrieben hat? Und es dauerte lange, bis man begriff, daß schon allein die Frage falsch gestellt ist. Bis dahin hatte mehr als ein Gelehrter eine Antwort darin zu finden gemeint, daß man Adam, den von Gott geschaffenen ersten Menschen, als Erfinder der Schrift ansehen müsse. Darüber sind dicke Bücher geschrieben und gedruckt worden. Aber das war zu einer Zeit – im 17. und bis zu Beginn des 18. Jahrhunderts –, als viele noch meinten, daß alles menschliche Wissen aus dem »Buch der Bücher«, der Bibel, herausgelesen werden könne. Diese Art von Schriftgeschichte konnte freilich zu keinem Ergebnis führen. Von zum Teil fruchtbaren Ansätzen in der Zeit des Humanismus und der Renaissance (15./16. Jahrhundert) abgesehen, hat sich die moderne Wissenschaft erst seit der zweiten Hälfte des 18. Jahrhunderts und im 19. Jahrhundert herausgebildet, als das Bürgertum im Kampf gegen den Feudalismus nach Wissen und Aufklärung strebte. Eine ihrer wichtigsten Voraussetzungen bestand darin, daß sie sich von überlieferten kirchlichen Dogmen befreien mußte.

Wie alt das Mitteilungs- oder Kommunikationsbedürfnis zwischen Menschen oder Menschengruppen (Stämmen) genau ist, kann niemand sagen. Sicher ist aber die sprachliche Verständigung untereinander der schriftlichen vorausgegangen, wobei wir bei den Anfängen der Sprache nicht mit den Vorstellungen auskommen, die wir uns zunächst einmal machen, wenn wir das Wort Sprache verwenden. Gewiß, für uns ist die Sprache gleich Lautsprache, also eine komplizierte Zusammenfügung von Lauten. Wir übersehen dabei, daß Gesten, Gebärden und Zeichen, vielleicht auch bestimmte Töne bei den Anfängen der Kommunikation eine große Rolle gespielt haben. Viel leichter geht uns ein, daß die Weitergabe bestimmter Erfahrungen, z. B. von Mund zu Mund, lange Zeit die einzige Form der Überlieferung war, bevor die Schrift geschaffen wurde. In der Tat sind das gesprochene Wort und die mündliche Überlieferung noch sehr lange, bis in die Neuzeit hinein, neben der schriftlichen Weitergabe bestimmter Inhalte gepflegt worden. An diesem Punkt wird uns die menschheitsgeschichtliche Bedeutung der Schrift, des Aufgeschriebenen klar: die Geste ist einmalig und vergeht, das akustische Signal verklingt, und das Wort verhallt. Vieles läßt sich zwar mündlich weitergeben, aber Gebärde, Ton und Wort bleiben insofern einmalig, als sie nicht nachprüfbar sind. Erst die moderne Technik hat Laute und Töne festzuhalten vermocht. So hat erst die Schrift Dauerndes, Bleibendes zu schaffen ermöglicht – vorausgesetzt, daß die dafür verwendeten Schriftzeichen erkennbar und die Beschreibstoffe über eine lange Zeit erhalten geblieben sind. Darin haben wir die Tragweite von Schrift und Buch zu sehen; sie sind die Voraussetzungen der Menschheitskultur, selbst wenn wir erstaunliche Leistungen der Auffassungsgabe und des Gedächtnisses bei der Überlieferung in Rechnung stellen können. Und noch einmal unterstreichen wir die Bedeutung des aufgeschriebenen Wortes, das zuverlässig und nachprüfbar Erfahrungen und Erkenntnisse weitergibt, im Gegensatz zur mündlichen Überlieferung, in die sich, von Generation zu Generation weitergegeben, häufig Irrtümer oder zumindest Trübungen und Undeutlichkeiten eingeschlichen haben.

So verstehen wir auch, daß der menschliche Erfindergeist, lange bevor eine Verständigung durch die Schrift ersonnen worden ist, sich Gedächtnisstützen vielfältiger Art geschaffen hat, mit deren Hilfe zugleich anderen eine Mitteilung gemacht werden konnte. »Vorstufen der Schrift« nennt die moderne Wissenschaft diese Gedächtnishilfen, die in vielfältiger Form als Merk- und Zählmittel seit Urzeiten überliefert sind. Die Erfindung der Schrift hat zwar später diese Zeugnisse aus schriftloser Zeit überflüssig gemacht – und doch leben Reste davon bis in unsere Tage fort! Da ist zunächst als eine geradlinige Fortsetzung der Knoten im Taschentuch, um sich an etwas Bestimmtes, Wichtiges wieder zu erinnern (freilich darf das Gedächtnis des Knotenmachers nicht so gelitten haben, daß er sich schon am nächsten Tag nicht mehr erinnern kann, was der Knotenanlaß gewesen ist). Das führt uns unmittelbar auf analoge Vorstufen der Schrift. Einfache Signale und Merkzeichen sind auf verschiedenen Kulturstufen als Verständigungsmittel entstanden, und manche davon sind bis in unsere Tage erhalten geblieben: der Wegweiser mit der richtungweisenden Zeigehand, Gewerbezeichen (Handschuh, Hut, Stiefel, Schlüssel, Uhr und – schon etwas veraltet – das Messingbecken des Frisörs), Eigentumszeichen verschiedenster Art. Uralt ist gewiß der Steinhaufen als Wegsignal.

Ausgeklügelter und deshalb in ihrer Bedeutung mitunter schon nicht mehr deutbar sind Knotenschnüre und Kerbhölzer, wie sie völkerkundliche und andere Museen als Reste einer einst bunten Vielfalt zu ihren Schätzen zählen. Und das bemerkenswerte daran ist, daß diese Vorstufen der Schrift den verschiedensten Kulturen gemeinsam gewesen sind: diese als »Quipu« bezeichneten Knotenschnüre aus dem geheimnisvollen Reich der Inka in Südamerika, aber auch von den Riu-Kiu-Inseln an Chinas Ostküste. Anordnung der Knoten, ihre Knüpfweise ebenso wie ihre Farbe, Größe und Zahl können Ernteerträge, Steuerbeträge, Volkszählungsergebnisse, vielleicht aber auch bemerkenswerte historische Ereignisse bedeutet haben. Ähnliche Merkzeichen, vermutlich schon weiterentwickelt, besaßen nordamerikanische Indianer mit ihren »Wampums«, verschiedenfarbigen Muscheln, die auf Schnüre gereiht oder auf Gürtel genäht wurden.*

Bis in die Neuzeit erhalten geblieben sind die gleichfalls uralten Kerbhölzer, mit denen man Schuldverhältnisse festhielt: aus einem Holzstock wurde jeweils ein Span herausgeschnitten, Span und Kerbe stimmten überein. Bei Tilgung der Schuld konnte die Kerbung weggeschnitten, das heißt die Rechnung »glatt« gemacht werden. Wer also jemandem etwas schuldete, hatte etwas auf dem Kerbholz – so sagen wir manchmal noch heute. Kerbhölzer sind offensichtlich unbeeinflußt voneinander in den verschiedensten Kulturen und zu verschiedensten Zeiten benutzt worden. Sie sollen noch bis in neueste Zeit auf Sizilien, in Spanien und in der Schweiz Verwendung gefunden haben. Ihnen sehr ähnlich waren die mit Schnittmarken versehenen Botenstäbe, wobei die Kerbungen Gedächtnishilfen für den Boten darstellten.

Zwar gibt es wissenschaftliche Vermutungen darüber, daß diese und andere Merkzeichen auf die Herausbildung einzelner außereuropäischer Schriftsysteme Einfluß genommen haben könnten. Gewiß sind sie Vorstufen der Schrift, aber ein unmittelbarer Übergang zur Schrift selbst ist von ihnen aus nicht ohne weiteres herzustellen. Wichtig ist ihre universale Verbreitung, woraus sich schließen läßt, daß sie auf einer bestimmten Kulturstufe entstanden und als bewährte Verständigungsmittel über unendlich lange Strecken der Menschheitsentwicklung ihre Bedeutung beibehalten haben. So sind sie ein Brückenschlag von der Urzeit zur Neuzeit.

Erst die Bilderschrift ist als Beginn der Schriftentwicklung zu betrachten. Sie bildet den Anfang

* Für Kerbhölzer, Botenstäbe, Knotenschnüre usw. wird in der Fachliteratur bis heute überwiegend der Sammelbegriff »Gegenstandsschrift« verwendet. Wir vermeiden ihn, weil er schlecht gewählt und irreführend ist. Es handelt sich dabei eben noch nicht um »Schrift«, sondern um eine ihrer Vorstufen.

der verschiedenartigen, aus Einzelbuchstaben bestehenden modernen Schriftsysteme. Das macht uns die gewaltige Bedeutung des Bildes deutlich: Menschheitsentwicklung und Streben nach bildlichem Ausdruck sind eins.

Zu den großen Rätseln der Geschichte, die auch heute noch nicht restlos gelöst sind, zählen die bildhaften Darstellungen in vorgeschichtlichen Höhlen Europas aus der Steinzeit, als das Jagen, Fischen und Sammeln von Nahrung die Voraussetzung für den Lebensunterhalt der Menschen waren. Und hier lehrt nun die moderne Wissenschaft eindeutig, daß diese Bilder von Jägern und Wild nur Ausdruck einer bestimmten Wirtschaftsform gewesen sein können. Denn es ist kein Zufall, daß dieselben bildhaften Ausdrucksformen viele Jahrtausende später auf anderen Kontinenten bei gleichen Lebensbedingungen wiederum in Erscheinung getreten sind. Angesichts dieser Felsbilder, die von Wissenschaftlern im 19. und 20. Jahrhundert entdeckt worden sind – und wir lesen auch heute immer wieder von neusten Funden –, können wir von Bilderschriften oder Piktographien sprechen. Es handelt sich um Darstellungen von Menschen, Tieren und Zeichen, wobei Ähnlichkeit oder Übereinstimmung mit der Wirklichkeit nicht vordergründig gewesen sein kann. Das Schwierigste besteht in ihrer Deutung, in der Erklärung ihres Warum und Wozu?

Es ist stets falsch, die uns heute geläufigen Vorstellungen und Begriffe auf Vorgänge weit zurückliegender und gesellschaftlich andersartiger Zeiten zu übertragen. Bei den bildhaften Darstellungen auf dieser Entwicklungsstufe der Menschheit, die in Europa der Steinzeit entspricht, scheinen alle modernen Einzeldeutungen zu versagen. Wir haben absichtlich den für diese Piktographien oder Petroglyphen häufig verwendeten Ausdruck Felsmalereien vermieden, denn Kunstausübung – Malereien – in unserem Sinne sind sie wahrscheinlich nie gewesen, es sei denn, man will mit Kunstausübung lediglich eine Freude am Kritzeln, am spielmäßigen Zeichnen benennen, die ganz offensichtlich Gemeinbesitz der Menschheit gewesen ist und noch immer ist. Recht unfreundlich heißt es im Sprichwort: »Narrenhände beschmieren Tisch und Wände«, obwohl häufig gesunde Ausdrucksfreude und Spieltrieb die Motive für solche »Schmierereien« sind. Sprichwörter stimmen gar nicht immer. Gedächtnishilfe durch das Bild scheint jedenfalls bei den »Felsmalereien« kaum, Nachrichtenübermittlung nur sehr begrenzt – wenn überhaupt – im Spiele gewesen zu sein. Um vieles verständlicher werden uns diese Bilder, wenn wir an Bildzauber oder Bildmagie denken. Das fällt uns gar nicht so schwer, denn Spuren uralten Zauberglaubens leben im Volksglauben* bis in unsere Tage fort: so wenn wir vom Freitag, dem 13., als Unglückstag und vom vierblättrigen Kleeblatt als Glücksbringer sprechen, spöttisch zwar, aber doch ein wenig unsicher, so, als ob doch immerhin etwas daran sein könnte, ganz zu schweigen von sonstigem hartnäckigem Glücks-, Unglücks- und Vorbedeutungsunfug oder von harmlosen Talisman- und Amulettgeschenken, die man sich macht. Da muß es doch einleuchten, daß in einer vorgeschichtlichen Welt mit Lebensunsicherheit, Angst, in unermeßlicher Stille und Weite der umgebenden Welt der Bildzauber viel eindringlicher und formenreicher gewesen sein mag, so daß z. B. das Zauberbild eines erlegten Stieres an einer Felswand zugleich ein Wunschbild seines Jägers – nämlich einen Stier als Nahrung zu erlegen – gewesen ist. Aus der Ausdrucksstärke solcher Felsbilder, wie sie uns aus dem Paläolitikum (Altsteinzeit) überliefert sind, können wir aber mit Sicherheit schließen, daß es sich bei solchen kunstvollen Darstellungen schon um eine hohe Stufe der Übung und Fertigkeit im Abbilden gehandelt hat. Vielleicht sind die Hersteller solcher Bilder schon »Spezialisten« in unserem modernen Sinne innerhalb ihrer Gemeinschaft gewesen? Mit unserem Beispiel haben wir nur das Ausgangsmotiv angedeutet. Der Formenreichtum dieser Bilder ist bis in viele einzelne, uns heute nicht mehr erklärbare Zeichen hinein erstaunlich, und das Motiv, den mächtigen Gegner bildhaft zu bannen oder dräuende Gefahren abzuwenden, darf nicht losgelöst von diesen Lebensumständen und Vorstellungswelten gesehen werden.

---

* Wer dafür »Aberglauben« sagt, verwendet ein Wort, das auf den Alleinvertretungsanspruch der christlichen Kirche zurückgeht (gegen den »rechten« Glauben gerichtet).

Als Marxisten wissen wir, daß das Sein das Bewußtsein bestimmt; die Wissenschaft von der Entwicklung der einzelnen Völker unseres Erdballs, die Völkerkunde oder Ethnologie, bestätigt das stets aufs neue. Weil die geographischen und materiellen Lebensumstände die kulturelle Entwicklung eines Stammes oder Volkes bestimmen (z. B. polare oder tropische Gebiete, Steppen und Wüsten, von allerlei äußeren Umständen abhängiges Nahrungsauflesen statt stetigen, planmäßigen Feldbaus), ist es gar nicht verwunderlich, daß wir ähnliche Bilderschriften bei Völkern Australiens und Amerikas, aber auch deren Weiterentwicklung Jahrtausende später bis in die Neuzeit antreffen. Ein Kuriosum ist eine Bilderschrift neuesten Datums: das Bestellbuch einer ostfriesischen Botenfrau, deren Bildungsstufe dem bilderschriftlichen Stadium der Menschheitsentwicklung entspricht, bedenkt man, daß sie daneben sogar ihre Handlungen, die nur für sie selbst bestimmt waren, mit den gleichen Bildmitteln festgehalten hat. Beides entspricht dem Wesen der Bilderschrift: bildhafte Darstellung einzelner Gegenstände, aber auch einzelner Vorgänge. Natürlich gibt es auch völlig magiefreie Mitteilungen, etwa von einzelnen Indianerstämmen, als Beispiele für diese Bilderstufe.

Angesichts der Vielfalt und Unterschiedlichkeit in der Schriftentwicklung aller Kontinente ist jede Kennzeichnung von verallgemeinernden Stufen natürlich nur Hilfskonstruktion (»Eselsbrücke«), um sich verständlich zu machen. Wenn diese Bilder nicht mehr bestimmte naheliegende Gegenstände darstellen, sondern damit verquickte Begriffe oder Gedanken, spricht man von Ideenschrift.

Da es uns aber in erster Linie darum geht, die Entstehung unseres Alphabets zu begreifen, beschränken wir uns auf die Stufendarstellung einer weltbekannten Schrift, an der das Fortschreiten besonders deutlich zutage tritt, obwohl wir die Sprache selbst nicht verstehen: des Ägyptischen.

Im Jahre 1822 gab es eine Sensation in der wissenschaftlichen Welt: der erst 32jährige Jean-François Champollion hatte das Geheimnis der in Ägypten beheimateten, eingemeißelten heiligen Zeichen = Hieroglyphoi aufgedeckt, um das sich schon seit 200 Jahren verschiedene Gelehrte vergebens bemüht hatten. Als Junge von 11 Jahren war er zum ersten Mal ägyptischen Altertümern begegnet. Sie hatten ihn so beeindruckt, daß er den Vorsatz faßte, diese Inschriften zu entziffern. Er vertiefte sich in das Studium der koptischen Sprache und konnte bereits mit 16 Jahren eine erste wissenschaftliche Untersuchung dazu der Akademie in Grenoble (Südfrankreich) vorlegen. Nachdem er in Paris studiert hatte, wurde er, achtzehnjährig, zum Professor für Geschichte nach Grenoble berufen. Bei seiner Entzifferung der Hieroglyphen ist ihm ein Fund aus dem Jahre 1799 zu Hilfe gekommen: Ein Soldat Napoleons hatte bei Erdarbeiten in der Nähe der Nilstadt Rosette eine mit Schriftzeichen bedeckte schwarze Basaltplatte gefunden. Dieser rund 2000 Jahre alte Stein, der später nach seinem Fundort »Stein von Rosette« genannt worden ist, enthielt einen unbekannten Text in drei Schriften: in den alten ägyptischen Hieroglyphen, in einer Weiterentwicklung davon, der sogenannten demotischen Schrift, und in Griechisch. Champollion, der sich eine Kopie dieses Steines beschaffen konnte, gelang es, die Schriftzeichen der alten Ägypter als erster zu deuten. Als ihm während seiner Forschungsarbeit klar wurde, daß er nicht irgendwelche altägyptischen Symbole, wie man bis dahin gemeint hat, sondern lesbare, deutbare Zeichen vor sich hatte, soll er vor Erregung die Besinnung verloren und drei Tage lang in einem bedrohlichen Gesundheitszustand zugebracht haben.

Die Ägypter hatten, ausgehend von einer gegenständlichen Bilderschrift, nicht nur den Schritt zur Ideenschrift (Idee oder Begriff = Bild) vollzogen, sondern auch den weiteren zu einer Silben- und Lautschrift gemacht, das heißt, in der Art unserer Bilderrätsel wurden für die Wiedergabe von Wörtern, die dieselbe Lautfolge besaßen (das Tau, der Tau), dieselben Wortzeichen verwendet. Indem man dann bei bedeutungsverschiedenen Wörtern jede Silbe durch ein Bild ausdrückte, gelangte man zu Wörtern, die aus Silbenbildern zusammengesetzt waren. So entstanden mit den Hieroglyphen Zeichen, die der Form nach Bilder, dem Wert nach aber von diesen Bildern abgeleitete Laute sind. Diese Laute waren stets Konsonanten, und zwar Ein- oder Mehrkonsonantenzeichen. Zur näheren Begriffsbestimmung konnten noch bildhafte Deutzeichen hinzugefügt werden. Aus den Hieroglyphen, die schließlich nur noch für ganz wichtige offizielle Dokumente verwendet wurden, entstand für den gewöhnlichen, alltäglichen Schriftgebrauch eine in ihrer Bildhaftigkeit vereinfachte Schrift, die hieratische, und schließlich eine noch mehr abgeschliffene, die sogenannte demotische Schrift, die wir bereits erwähnten.

Wichtig an dieser Schriftentwicklung ist dreierlei: *Erstens*, der Prozeß der Schriftvereinfachung durch häufigeren Gebrauch erstreckte sich über zwei- bis dreitausend Jahre. *Zweitens*, die Zahl der verwendeten Konsonanten wurde allmählich auf 24 reduziert. *Drittens*, sie sind nicht mit einem »Alphabet« in unserem heutigen Sinne vergleichbar, denn das Prinzip der Wortsilbenschrift blieb erhalten. Trotzdem ist die Entwicklung dieses Schriftsystems, neben dem noch mehrere andere (z. B. das Chinesische, das Kretische und Hethitische) bekannt sind, ein ganz bedeutender Schritt auf dem Wege zur modernen Vokal- und Konsonanten-Schrift, zum Alphabet, wie wir es erlernen.

Aber auch von hier aus ist der Weg des Alphabets keineswegs geradlinig und einfach verlaufen. Wir müssen also auch weiterhin zum Hilfsmittel der Vereinfachung höchst komplizierter historischer Abläufe greifen, um die Vorgeschichte unseres Alphabets zu verstehen, und das heißt, die bedeutsamen geistigen Leistungen zu würdigen, die noch zu vollbringen waren, ehe das moderne Alphabet vorlag.

Die Wissenschaft von der Schrift ist sich also im wesentlichen (wenn auch keineswegs voll und ganz) darin einig, daß das ägyptische Schriftwesen auf die weitere Entwicklung der Schrift eingewirkt hat und daß es, damit zusammenhängend, das Handelsvolk der Phöniker* gewesen ist, das zu einem Alphabet, bestehend aus 22 Zeichen, vorgedrungen ist. Aber diese Zeichen waren ebenfalls nur Konsonanten. Die vielfältigen und z. T. engen Handelsbeziehungen, die schon im Altertum bestanden haben, werden uns nur im Zusammenhang mit der Ausbreitung des phönikischen Alphabets begreiflich. In Verbindung mit der phönikischen Schrift entwickelten sich als sogenannte nordsemitische Schriften, z. B. das Althebräische und das Aramäische, aus dem seinerseits das Schriftsystem einer ganzen Kulturwelt, das Arabische, hervorgegangen ist. Diesen Handelsbeziehungen der Phöniker mit den Griechen verdanken auch wir unser Alphabet – aber viele Zwischenglieder und fremde Hilfe waren dazu noch nötig.

Die Mehrzahl der europäischen Schriften, also auch die unsrige, hat von dem griechischen Mutteralphabet die Beschränkung auf 26 (phönizisch 22) Buchstaben des Alphabets übernommen. Sowohl die assyrisch-babylonische Keilschrift als auch die altägyptischen Hieroglyphen wiesen um 500 Zeichen und mehr (z. B. durch zusätzliche Einzellautzeichen im Altägyptischen) auf. Das Japanische benötigt auch heute noch mehr als 880 Schriftzeichen. Ganz zu schweigen von dem Chinesischen mit mehr als 44000 Bildschriftzeichen, die natürlich nicht jedermann erlernt, aber 500 bis 2000 Zeichen muß doch jeder beherrschen, der sich einigermaßen verständigen will.

Die Griechen haben also Bedeutendes zur Schriftentwicklung beigetragen, indem sie Vokalbezeichnungen einführten, zusätzliche Buchstaben erfanden und semitisch-phönikische Konsonanten änderten. Dabei waren die wirtschaftlich besonders entwickelten Teile im griechischen Siedlungsgebiet führend. Diese Schriftveränderungen erstreckten sich wiederum über einen langen Zeitraum: die Übernahme des phönikischen Alphabets erfolgte wahrscheinlich im 11. Jahrhundert v. u. Z.; schriftliche Zeugnisse dafür liegen freilich erst aus dem 8. Jahrhundert v. u. Z. vor.

Eine Normierung des griechischen Alphabets war zu Beginn des 5. Jahrhunderts v. u. Z. das Ergebnis einer planmäßigen Schriftreform, bei der Athen und die anderen griechischen Stadtstaaten maßgeblich beteiligt gewesen sind. Noch verwendete man für die griechische Schrift nur Großbuchstaben, gleichmäßig nebeneinander gesetzt. Das griechische Alphabet wurde schließlich ent-

---

* Phönikien, in der Bibel das Land Kanaan, »wo Milch und Honig fließen«, schmaler Küstenstreifen Syriens, mit der bedeutenden Stadt Byblos, wonach das griechische Wort für »Buch« (biblos, z. B. in Bibliothek) gebildet ist.

sprechend der politisch-ökonomischen Stellung Griechenlands maßgebend für die östliche und westliche Welt. In Kleinasien entwickelte sich z. B. das armenische Alphabet aus dem Griechischen, in Ägypten das Koptische*. Aber auch die slawischen Schriften gehen aufs Griechische unmittelbar zurück. Und wenn wir diese Schriften heute noch als kyrillische bezeichnen, gedenken wir dabei der Vermittler in diesem Prozeß der Schriftentfaltung nach Osten: der Slawenapostel Kyrill und Method, zweier griechischer Christen, die das Slawische ausgezeichnet beherrschten.

Auch der weitere Weg des griechischen Alphabets über Italien – das Römerreich – nach dem germanischen Norden ist vermutlich keineswegs geradlinig verlaufen. Zu den rätselhaften Kulturen Europas, die für uns nur aufgrund von Funden und Bruchstücken erschließbar sind, zählt die etruskische, die in unseren Tagen wieder viele Wissenschaftler beschäftigt. Ohne Zweifel haben die Römer den schon rund 1000 Jahre v. u. Z. nach Mittelitalien eingewanderten Etruskern viel zu verdanken. Es kann heute als gesichert gelten, daß die Etrusker technisch und ökonomisch wie auch im Hinblick auf die Schriftanwendung den Römern voraus gewesen sind. So haben sie ihre Schrift unmittelbar auf einer sehr frühen Stufe der griechischen selbständig aufgebaut.

Nach dem heutigen Stand unseres Wissens sind die Etrusker und ihre Schrift auch noch in einer anderen Hinsicht interessant: Höchstwahrscheinlich sind die Runen eine Abart des Etruskischen, entstanden in den Alpentälern, als etruskische Stämme aus dem Norden Italiens vor den eindringenden Kelten geflüchtet sind (um 500 v. u. Z.). Wenn wir diese Feststellung gleichsam nebenbei treffen, so schieben wir damit allerdings einen ganzen Wust von Meinungen beiseite, der, vom deutschen (und skandinavischen) Nationalismus beflügelt, jahrzehntelang zu erweisen bemüht gewesen ist, daß die Runen als eine eigene, von der europäischen Schriftentwicklung unabhängige Schöpfung der Germanen gewesen seien. Eine Besonderheit haben die Runen allerdings: Sie wurden in Holztäfelchen bzw. Holzstäbchen geritzt; daraus erklärt sich, daß sie so ganz anders wirken, weil gebogene und waagerechte Linien vermieden werden mußten.

Wie immer also die Rolle der Etrusker bei der Schriftentwicklung gegenüber den Römern gewesen sei – lehrend oder mindestens beeinflussend –, das Alphabet der Römer, entstanden im 7. Jahrhundert v. u. Z., ist für uns das wichtigste Kettenglied. Aus den ersten Anfängen der römischen Schrift ist uns nur wenig überliefert. Es war dies die römische Monumental- oder Kapitalschrift, die noch heute bei feierlichen Anlässen oft bemüht oder nachgeahmt wird, weil sie so ausdrucksvoll und schön ist. Sie ist viele Jahrhunderte jünger als die älteste lateinische Schrift und stammt aus der römischen Kaiserzeit. Ähnlich wie bei der ägyptischen Schrift und vielen anderen Schriftsystemen hat sich gesetzmäßig durch zunehmende Schriftlichkeit, größere Übung im Schreiben und vor allem durch damit zusammenhängende Veränderungen im Material, auf dem geschrieben wurde, eine flüssigere Schreibschrift, Kursive genannt, herausgebildet, die als erster Übergang von der Kapitalschrift Kapitalkursive heißt. Gerade hier, an dieser Schwelle der römischen Schriftentwicklung, haben wir Gelegenheit, in den nüchternen Alltag römischen Lebens vor rund 2000 Jahren Einblick zu nehmen. Denn während die Kapitalschrift für monumentale, feierliche und offizielle Zwecke auf steinernen Denkmälern als Inschrift verwendet wurde, sind uns zum Beispiel aus Pompeji Kritzeleien an Hauswänden, u. a. auch an so »prosaischen« Orten wie öffentlichen Bedürfnisanstalten erhalten geblieben, die, nicht für die Nachwelt bestimmt, in der Kapitalkursive geschrieben sind und sehr alltägliche, menschliche Betrachtungen, Ausrufe oder Neckereien zum Gegenstand haben. So kann die Wissenschaft Nutzen ziehen aus einer Naturkatastrophe, die für die Betroffenen äußerst schmerzlich gewesen ist: ein Lavastrom und heißer Ascheregen des Vesuvs fiel im Jahre 79 auf die ahnungslose Stadt Pompeji (und das benachbarte Herculaneum) und löschte das Leben in dieser Stadt – ob Mensch, ob Tier – mit einem Schlage aus, während die Häuser und die städtischen Anlagen erhalten blieben: nirgendwo anders auf der Welt ist uns das Altertum in seinem Alltag so greifbar nahe wie in Pompeji.

* In koptisch steckt das Wort ägyptisch.

230

Mit der gesellschaftlichen Entwicklung des Römischen Reiches vollzogen sich noch weitere Veränderungen in der Schrift dadurch, daß mit der sogenannten *Rustica* eine kunstvolle, flüssige, ja zierliche Schreibschrift und ferner eine mehr gerundete *Unzialschrift* entstanden sind. So viel steht als Ergebnis des griechisch-römischen Schriftwesens fest: ohne das Alphabet, d. h. ohne ein vereinheitlichtes, der Kommunikation unentbehrliches Schriftwesen hätten die Oberschichten dieser Sklavenhaltergesellschaft niemals Wissenschaft, Kunst und Literatur so zum Erblühen bringen können, wie die Überlieferung es beweist.

Mit dem Zerfall des Römischen Reiches wurde die weltliche Kultur durch die christliche Religion und ihren Expansionsdrang abgelöst. Klöster und Bischofssitze wurden zu Pflegestätten des Schriftwesens. Das gilt besonders für den Norden, für Deutschland, Frankreich, England und Irland. Die Unziale wurde die Schrift des Übergangs und herrschte bis zum 9. Jahrhundert vor. Erst im Frankenreich Karls des Großen bildete sich eine von der Unziale wesentlich abweichende, neue Schrift heraus, die *Karolingische Minuskel* (minus = kleiner). Ihr Name deutet schon an, daß diese Schriften den Kleinbuchstaben durchweg an die Stelle des Großbuchstabens gesetzt hat, aber sie zeichnete sich auch durch Klarheit, Formschönheit und leichte Handhabung aus. Sie ist von gewaltiger Bedeutung auch dadurch, daß in dieser Schrift die wichtigsten kirchlichen und weltlichen Texte des Altertums und der christlichen Religion in Handschriften überliefert sind.

Das ganze Mittelalter ist eine wechselnde Auseinandersetzung zwischen ursprünglich vorherrschender kirchlicher und weltlicher Macht, wobei die grundsätzlich übereinstimmenden Interessen dieser Feudalmächte sich einmal in schönster Harmonie, ein andermal in Streitigkeiten und Kämpfen äußerten. Die weltliche Macht erhielt nun mit der Entwicklung der Städte etwa vom achten Jahrhundert an eine Verstärkung, die aber ihrerseits zum Gegner der weltlichen Feudalmacht werden sollte: das Bürgertum der Städte. Es erstarkte durch Handel und Wandel sowie durch das Handwerk in seinen Spitzenpositionen und bildete bereits im 12. und 13. Jahrhundert eine ökonomisch und kulturell wichtige Gruppe. Das Bürgertum bemächtigte sich in seinem Aufstreben und in seiner Klassenauseinandersetzung des Schriftwesens, um später, vom 13. Jahrhundert an, im gesamten Buch- und Schriftwesen die Führung zu übernehmen. Nicht nur bürgerliche Schreiber traten mehr und mehr auf den Plan, auch die gesamten technischen Voraussetzungen dafür, die ursprünglich in den Klöstern selbst für deren Schreiberwerkstätten (Skriptorien) eingerichtet gewesen waren, gingen jetzt in die Hände bürgerlicher Handwerker über.

Diese Zeit vom 13. bis zur Mitte des 15. Jahrhunderts, als der Buchdruck erfunden wurde und damit eine Revolution des Buch- und Schriftwesens erfolgte, ist eine Übergangsperiode, in der im Zuge gewerbsmäßiger Handschriftenherstellung neue Schriften benötigt wurden. Wir brauchen diese Entwicklung hier nur anzudeuten, weil der Buchdruck, der uns noch beschäftigen wird, an diese Erscheinungen unmittelbar anknüpft.

Im 13. Jahrhundert wurde die Karolingische Minuskel weitgehend von einer Schrift abgelöst, deren einzelne Buchstaben Spitzen und Ecken (»Brechungen«) aufwiesen, aber diese »gotische« Schrift erwies sich doch sehr bald als zu arbeitsaufwendig. Jedenfalls änderte die darauffolgende, weitverbreitete *Gothicoantiqua* Wesentliches: Sie belebte einerseits die Karolingische Minuskel und nahm andererseits Elemente einer gerundeten römischen Schrift (»Antiqua«) auf, die in Italien zu einer besonders schönen Schrift, der humanistischen Antiqua, herangereift war.

Damit ist in großen Zügen das Feld abgesteckt, das der Buchdruck vorfand. Wenn von da an auch die Drucktype in vielfältigen Formen vorherrschte, so entwickelte sich dennoch die Schreibschrift bis in unsere Tage weiter.

Überhaupt ist die Wissenschaft, die sich mit den Anfängen, der Entwicklung und der Geschichte der Schrift befaßt – die Paläographie (griechisch palaios = alt, graphein = schreiben) –, eine interessante und lebendige Wissenschaft. Noch längst sind nicht alle Schriften der Menschheit erforscht. Immer wieder tauchen neue geheimnisvolle Schriften auf, die der Entzifferung harren, z. B. im südlichen Afghanistan und in der turkmenischen Sowjetrepublik. Erst seit einiger Zeit haben wir z. B. Kunde von der vor 5000 Jahren benutzten Indusschrift im Tal des Indus (heute Pakistan), von der bisher nur knappe Inschriften mit Stempelabdrücken auf Ton- und Kupfertäfelchen bekannt geworden sind. Diese Schrift besteht aus einfachen Linien, geometrischen Formen sowie aus unverkennbaren Zeichen für Mensch, Tiere (Vögel, Fische) und Pflanzen. Auch deutlich erkennbare Gegenstände wie Pfeil und Bogen sind als Schriftzeichen verwendet worden.

Ein spannendes Gebiet im Umkreis der Schriftentwicklung ist die Geheimschrift oder Kryptographie (griechisch krypto = geheim, graphein = schreiben). Sie ist zwar erst rund 2000 Jahre alt, hat aber besonders in den letzten 500 Jahren bis heute eine große Rolle gespielt. Eine Geheimschrift bezweckt, einen bestimmten Text von Wichtigkeit durch Verwendung andersartiger Zeichen unverständlich zu machen, eben »geheim«zuhalten. Es gab und gibt die verschiedensten Anlässe zur Verwendung von Geheimschriften, überwiegend in den Beziehungen zwischen Ländern und Nationen (Diplomatie), besonders in Konflikt- oder Kriegsfällen, um dem Gegner oder Feind notwendige Mitteilungen und Nachrichten zu verheimlichen. Aber auch im Dienst der Polizei sind häufig Geheimschriften verwendet worden, und von da aus sind sie auch in den Kriminalroman eingedrungen. Von den dafür benutzten Zeichen, französisch chiffres, ist die Bezeichnung Chiffrieren abgeleitet. Man nennt daher solche verschlüsselten Mitteilungen auch chiffrierte Texte, ihre Auflösung Dechiffrieren. Es gibt ganz einfache und schwierige, doppelt verschlüsselte Geheimschriftarten, man kann zu ihrer Entzifferung Apparate oder Maschinen verwenden, und natürlich läßt sich heute die elektronische Datenverarbeitung dafür einsetzen. Das einfachste Verfahren, um sich selbst einer Geheimschrift zu bedienen, besteht darin, für die einzelnen Buchstaben eines Wortes oder einer Wortfolge in der Reihenfolge des Alphabets von links nach rechts Zahlen zu setzen (a = 1). Die Sache wird gleich noch viel geheimnisvoller, wenn man einen anderen Buchstaben, z. B. das e, als ersten Buchstaben nimmt. Wer so eine Geheimschrift dechiffrieren will und soll (der Korrespondent), muß nur wissen, welchen Ausgangspunkt er zu nehmen hat.

Der Anfang unserer kurzen Wanderung durch die Schriftgeschichte war das Bild, das die Behauptung rechtfertigt: Am Anfang war das Bild. Ist es nun nicht seltsam, zu sehen, in welchem zunehmenden Maße in unserer modernen Welt »Piktographien« verwendet werden – im Interesse einer schnellen und internationalen Kommunikation? Wie viele bildhafte Darstellungen, die uns unter Ausschaltung der stets an eine bestimmte Sprache gebundenen Schrift Informationen geben, sind uns sozusagen im Schlafe geläufig, angefangen mit den wichtigsten Verkehrszeichen, die selbst jeder Fußgänger heute kennen muß, wenn ihm sein Leben lieb ist. Im internationalen Fremdenverkehr auf Bahnhöfen, in Hotels sind sie allgegenwärtig und über die ganze Welt verbreitet.

BESCHREIBSTOFFE

CHRIFT verlangt zu ihrer Fixierung Beschreibstoff und Schreibwerkzeug: das Schreibwerkzeug ist stets abhängig vom Beschreibstoff. Wenn wir vom Beschreibstoff hören, denken wir zunächst nur an Papier, aber das Papier ist für Europa wenigstens, gemessen am Alter beschriebener Zeugnisse unserer Vergangenheit, ein verhältnismäßig junger Beschreibstoff, der kaum 600 Jahre alt ist. Nach Jahrtausenden müssen wir zählen, wenn wir an die ältesten und bekannten Felszeichnungen mit bildhaften Schriftzeichen denken. Stein ist also der älteste Schriftträger. Und gleichfalls Jahrtausende vor unserer Zeitrechnung haben die Völker Mesopotamiens, des Landes zwischen Tigris und Euphrat, gegen Ende des 4. Jahrtausends v. u. Z. die Schreibkunst schon beherrscht. Kalkstein, später Ton, waren dort die ersten Beschreibstoffe. Hunderttausende von Tontafeln sind durch Ausgrabungen der Archäologen (Altertumswissenschaftler) aus dem Reiche der Assyrer* und Babylonier** geborgen worden. Auch dort war man vom Stein als dem ursprünglichen Beschreibstoff zu dem weicheren Ton in Tafelform übergegangen. Die Schrift – die Keilschrift – wurde mit einem Griffel, wahrscheinlich aus Rohr, in den weichen Ton eingedrückt. Wollte man den Tontafeln Dauerhaftigkeit verleihen, so wurden sie gebrannt – ähnlich wie junge Bastler noch heute ihre Tonarbeiten brennen lassen oder wie geformte Porzellanerde im weiteren Herstellungsprozeß veredelt und gebrannt wird. Briefverkehr ist unter solchen Bedingungen gewiß recht beschwerlich gewesen, aber er war damals im modernen Sinne noch gar nicht üblich. Wohl aber sind schon über tausend Jahre v. u. Z., dadurch, daß Tontafeln für diplomatische und juristische Zwecke (Gesetztafeln) verwendet und über weite Strecken versandt wurden, erste Archive entstanden. Ein Fund besonderer Art ist z. B. 1887 in einem kleinen Dorf in Oberägypten (Amarna) gemacht worden: Keilschrifttafeln, die vor über 3000 Jahren als »Briefe« im diplomatischen Verkehr zwischen den ägyptischen Pharaonen und Königen Vorderasiens verschickt worden sind.

In den verschiedenen Kulturen sind im Laufe der Entwicklung des Schriftwesens alle möglichen Materialien zum Schreiben verwendet worden. Einen besonderen Schreibstoff hat man in Indien verwendet: Palmblätter. Wurden sie mit Fäden aneinandergereiht, so entstanden ganze Palmblattbücher. Auch in Metallplatten, besonders in Kupferplatten, wurde hier Schrift eingehämmert. In Korea, Japan und China hatte man Bambusbrettchen benutzt, in die Schriftzeichen eingeritzt wurden. Größte Bedeutung erlangte in Ostasien China für das Schrift- und Buchwesen, und zwar durch die Erfindung des Papiers. Im Bereich germanischer Kultur ist Stein über weite Strecken der wichtigste Beschreibstoff gewesen, später waren es Holzstäbe, in die die Schriftzeichen – die Runen – eingeritzt worden sind. Dazu verwendete man überwiegend Buchenholz, und daher kommt unser deutsches Wort Buchstabe (»Buchen-Stab«). Das englische Verb »write = schreiben« hängt mit »ritzen« zusammen.

In Griechenland und im alten Römerreich, die die europäische Kultur mitbestimmt haben, waren Stein, Ton, Metall und Holz als Beschreibstoffe in Gebrauch. Hier ist auch eine originelle Erfindung gemacht worden: Holztäfelchen wurden mit gefärbtem Wachs überzogen, in das man die Schriftzeichen einritzte. Wenn sie durch Glattstreichen des Wachsüberzuges wieder getilgt wurden, konnte dieses Holztäfelchen erneut verwendet werden. Damit war bereits das Prinzip der Schiefertafel und des modernen Kunststoffblocks mit löschbarer Auflage gefunden. Diese praktische Notizbuchform der Wachstafel ist noch bis ins 19. Jahrhundert auch in Deutschland gebräuchlich gewesen. Der spitze Griffel zum Beschreiben der Wachstafeln, die übrigens auch im Geschäftsverkehr verwendet worden sind, war gleichfalls höchst zweckmäßig beschaffen. Er hatte ein breites Ende, mit dem man die Schrift löschen konnte.

Aber alle diese Beschreibstoffe hatten einen Nachteil: man brauchte viel Zeit, um Schrift einzumeißeln, einzuritzen, einzudrücken. So haben für die neuere Menschheitsgeschichte drei andere Schriftträger Bedeutung erlangt, auf denen man glatt und damit schneller schreiben konnte. Dieses Bedürfnis wurde durch die zunehmende Schriftlichkeit als Begleiterscheinung der Kulturentwicklung immer größer: Handel und Verkehr, Verwaltung und Rechtsprechung, Literatur und wissenschaftliche Erkenntnisse verlangten mehr und mehr schriftliche Fixierung.

Ägypten ist das Heimatland der Papyrusstaude; sie gedieh besonders gut an den Ufern des Nils, vor allem in dem gewaltigen Nildelta. Wenn man die Stengel dieser bis zu drei Metern hohen Wasserstaude entrindete, fand man in ihnen ein kräftiges Mark vor. Dieses Mark wurde in dünne Streifen geschnitten, die man senkrecht dicht nebeneinanderlegte. Nachdem man eine zweite Schicht waagerecht darauf gebracht hatte, ließen sich beide Schichten durch Klopfen miteinander verbinden, weil die Markstreifen einen Saft enthielten, der wie Klebstoff wirkte. Wenn es

---

* Land beiderseits des Tigris, von dessen Austritt aus dem Gebirge, bis etwa Samarra.
** Schwemmland des Euphrat und Tigris, von Bagdad an südwärts.

nötig war, hat man auch andere Klebstoffe zugesetzt. Es ergaben sich verhältnismäßig glatte Blätter, die ihrerseits aneinandergeklebt werden konnten; so ist das Papyrusblatt – verkürzt der Papyrus – entstanden und zugleich dadurch, daß man die aneinandergeklebten und beschriebenen Blätter einrollte, die lange Zeit vorherrschende Buchform: die Rolle. Sie ist also viel älter als das uns geläufige Buch. Die Qualitätsunterschiede des Papyrus waren je nach Güte des Materials (Wachstumsunterschiede) und Verarbeitung beträchtlich. Es gab regelrechte Güteklassen, nämlich verschiedene Sorten, die auch zu unterschiedlichen Preisen gehandelt worden sind.

Papyrus wurde ein bedeutender Exportartikel Ägyptens. Freilich pflegten zuerst die Griechen, dann die Römer, die Ägypten unterworfen hatten, ihre Kolonialmethoden auch auf den Papyrushandel anzuwenden. Sie erwarben sich eine Monopolstellung und beherrschten den Markt.

Jahrhunderte vor unserer Zeitrechnung ist also die Papyrusrolle das eigentliche Buch gewesen, und sie ist es bis ins 4. Jahrhundert nach unserer Zeitrechnung noch geblieben. Man konnte Papyrus schnell und leicht beschreiben, besonders nachdem um die Zeitenwende an die Stelle der pinselartigen Binsenröhrchen der Kalamus, das gespaltene Schreibrohr, getreten war. Dazu gehörte Tinte aus Ruß und Gummisaft, schwarze und rote. Papyrusrollen konnten ganz verschieden lang sein (bis zu etwa 40 m) – das ist für eine Rolle allerhand. Wir besitzen in der DDR eine berühmte, 20 m lange Papyrusrolle mit medizinischen Texten, den sogenannten Papyrus Ebers*.

Bei solcher Schreibkultur und bei einem schon so ausgedehnten Schriftwesen auf Papyrus waren zwei Folgeerscheinungen zwangsläufig: der Handel damit – also Vorläufer des Buchhandels – sowie Sammlungen von Papyri, nämlich private, dann auch öffentliche Bibliotheken. Von beiden wichtigen Erscheinungen des Buchwesens wird später noch die Rede sein.

Mit dem Verfall des Römerreiches und der Ausbreitung des Christentums von Rom nach dem nördlichen Europa wurden die Klöster der Mönche und Bischofssitze zunächst die alleinigen Pflegestätten des Buch- und Schriftwesens. Hier in den Klöstern wurde nun ein anderer Beschreibstoff hergestellt, das Pergament. In der Sklavenhaltergesellschaft war das Schneiden, Klopfen und Kleben der Papyrusstreifen überwiegend Sklavenarbeit, den Papyri-Handel dagegen betrieben reiche Kaufleute. Die Pergamentherstellung aus Tierhäuten wurde anfangs von den Mönchen als Dienstleistung für die Kirche und zur Verbreitung der christlichen Religion ausgeübt. Es ist jedoch erstaunlich, welche Geduld allein zur Herstellung dieses Beschreibstoffes Pergament aufgebracht worden ist. Man stelle sich vor, wie viele Verrichtungen nötig waren, ehe eine Portion Pergamentblätter beschreibfertig waren: Schaf- oder Ziegenfelle, in Deutschland besonders Kalbsfelle, wurden zunächst durch Wässern gereinigt, dann mit der Wollschere beschnitten. Damit das Tierhaar entfernt werden konnte, mußte das Fell mit Kalk behandelt werden, denn dann ließen sich Haare bzw. Wollreste leichter und vor allem ohne Beschädigung der Haut entfernen. Schließlich mußte das Fell nochmals gekalkt werden, um letzte grobe Reste zu beseitigen. Zum Trocknen wurde die Haut in einen Holzrahmen gespannt; danach setzte die eigentliche glättende Bearbeitung ein: Reinschaben mit dem Messer, Abreiben mit Bimsstein. Dann wurde die Haut in Bogen zerteilt. Und bevor das Beschreiben beginnen konnte, mußten die einzelnen Bogen noch einmal auf durchgängige Glätte geprüft werden, denn häufig waren noch Unebenheiten zu beseitigen oder Risse zu vernähen. Wenn wir in alten Pergamenthandschriften seitlich (links und rechts am Rande neben der Textkolumne) kleine Nadellöcher antreffen, so rühren diese von den Linienmarkierungen für die Schriftzeilen her. Erst dann begann die eigentliche Schreiberarbeit mit Rohr oder Gänsefeder und Tinte, schwarzer und roter.

Damit haben wir aber nur den technischen Aufwand beschrieben. Der materielle Verschleiß an Kalbshäuten mutet geradezu phantastisch an: für jede kleine Handschrift wurden schon mehrere, für jede mittlere aber gleich ein paar Dutzend Kälberhäute benötigt. Um ein Rechenexempel durchzuführen: Die große Bibel, die Gutenberg druckte und die noch heute wie ein Wunderwerk

* In der Universitätsbibliothek Leipzig.

vor uns steht, hatte 1 286 Seiten. Man rechnet bei dieser Ausgabe mit 25 Pergamentexemplaren. Für jedes Exemplar mit 350 vierseitigen Druckbogen wurden 175 Kälber gebraucht, weil eine Haut nur zwei solcher großen Bogen hergab. Für 25 Exemplare auf Pergament hätten demnach 4 375 Kälber ihre Haut opfern müssen. Ein Riesenschlachthaus tut sich vor uns auf!

So löste das Pergament den Papyrus ab. Allmählich entstand ein neues bürgerliches Gewerbe, das der Buchfeller oder Pergamenter. Denn es wurde besonders in den Städten immer mehr Beschreibstoff gebraucht. Deshalb und weil der Beschreibstoff Pergament teuer war und es noch lange blieb, haben sparsame Leute Pergament zweimal zum Schreiben verwendet. Unter den Pergamenttexten, die auf uns gekommen sind, gibt es welche, auf deren Grund man verblaßte Schriftzeichen erkennt, ohne sie jedoch mit bloßem Auge lesen zu können. Das sind Palimpseste, was im Griechischen nichts weiter heißt als »wieder abgekratzt«. Für zu alt oder überholt gehaltene Texte wurden mehr oder weniger sorgfältig mit einem Messer ausradiert, das Pergament geglättet und erneut beschrieben. Es hat natürlich die Wissenschaftler, die sich mit alten Schriften befassen, nämlich die Paläographen, gereizt, diese meist sehr alten Texte zu entziffern, die ursprünglich das betreffende Pergamentblatt bedeckt hatten. Nachdem man zunächst mit chemischen Mitteln versuchte, die radierten Urschriften wieder erkennbar zu machen, und dadurch aber diesen Dokumenten zum Teil schweren Schaden zufügte, arbeitet man in neuerer Zeit auf diesem Gebiet mit Fluoreszenzphotographie*.

Aus der Antike war bereits das Färben von Beschreibstoffen bekannt. Als besonders kostbar galt die Purpurfärbung, die nun auch für Pergament angewendet wurde. Wenn solche purpurnen Pergamentblätter mit Gold und Silber beschrieben und verziert wurden, wie das in besonderen Fällen bis ins hohe Mittelalter geschehen ist, so sind Kunstwerke von einmaliger Schönheit entstanden, die zu den wertvollsten Zeugnissen der Menschheitskultur zählen.

Das Pergament wiederum ist schließlich vom Papier, dem uns geläufigen Beschreibstoff, abgelöst worden. Die Geschichte des Papiers ist ein einziges Abenteuer. Es hatte einen unvorstellbar weiten Weg hinter sich, ehe es in Europa bekannt wurde. An seiner Verbreitung waren viele Völker beteiligt, aber feststeht, daß sein Ursprungsland China gewesen ist. Es heißt, daß ein hoher Beamter mit Namen Ts'ai Lun 105 u. Z. dem Kaiser von China seine Erfindung des Papiers gemeldet habe. Ob es sich genau so zugetragen hat, wissen wir nicht. Es ist jedoch zu vermuten, daß diese Erfindung ein längerer Prozeß gewesen ist und daß verschiedene Versuche in dieser Richtung bereits vorausgegangen waren.

Die Herstellungsmethoden haben sich während der 2 000jährigen Geschichte des Papiers gewiß verändert und verfeinert, besonders seit der maschinellen Papierherstellung. Aber im Prinzip sind die Methoden noch die gleichen, und gutes Papier zu machen ist auch heute noch keine einfache Sache. Dazu gehören vielfältige Kenntnisse, und nicht zufällig hat sich dafür ein Sondergebiet der Chemie herausgebildet, die Zellulose- bzw. Papierchemie. Das Grundprinzip ist leicht zu beschreiben: Materialien, die aus Fasern bestehen oder Fasern bilden können, werden mit Zusatz von Wasser zu einem dünnflüssigen Brei verarbeitet. Diese Masse wird auf einem Sieb ausgebreitet, durch das das Wasser ablaufen kann. Die zurückbleibenden Fasern verfilzen miteinander und bilden eine feuchte Schicht, die man vom Sieb abnehmen und trocknen kann.

In China hat man es offensichtlich bereits verstanden, aus verschiedenen faserfähigen Materialien Papier herzustellen: Chinagras, Bast von der Rinde des Maulbeerbaumes, Weizen- und Reisstroh, Binsen und Bambus. Schon in China und in allen anderen später papiererzeugenden Ländern hat man »Hadern« (Lumpen) als einen besonders gut geeigneten Rohstoff erkannt. Die erste Prozedur war die Herstellung der breiigen Papiermasse. Dazu mußten die Rohstoffe zerkleinert und bestimmte Füllstoffe zugegeben werden, denn das gute Verfilzen der Fasern miteinander

* Photographisches Spezialverfahren, das mit Hilfe von Strahleneinwirkung u. a. auch die alte Schrift von Palimpsesten wieder sichtbar macht.

war das Wichtigste dabei. Gerade deshalb galt das Papiermachen als ein Geheimnis, das von jeder Papiermühle streng gehütet wurde.

Von China aus hat das Papier seine Wanderung nach dem Westen angetreten, und zwar über Zentralasien. Eine Legende erzählt, daß im Jahre 751, als es den Chinesen gelang, das Vordringen der Araber nach Osten zu stoppen, chinesische Papiermacher, die in die Hände der Araber geraten seien, sich ihr Leben dadurch erkauft hätten, daß sie das Geheimnis der Papiermacherei preisgaben. Offensichtlich ist Samarkand, einst geistiger Mittelpunkt der islamischen Welt, eine wichtige Station bei der Weitergabe des Papiers nach dem Westen gewesen, wenn nicht als Produktionsstätte, so doch als Handelsplatz. Denn Papier aus Samarkand war bis zum Ende des Mittelalters berühmt und wurde auf allen Papiermärkten westlich davon gehandelt. Die Papierherstellung im eigenen Lande machte die Araber jedenfalls unabhängig von Papyrusimporten aus Ägypten. Sie verbreitete sich über das ganze osmanische Reich. Damaskus, eine weitere wichtige Station auf dem Wege des Papiers nach dem Westen, wurde der Umschlagplatz für den Papierhandel mit Europa. Seit 711 war Spanien die westlichste Provinz des islamischen Weltreiches, von dessen Größe und Bedeutung wir uns heute meist gar keine rechte Vorstellung mehr machen können. Auch der hohe Stand der Wissenschaften und Künste, ja sogar der Schulbildung in diesem arabischen Reich und besonders im arabischen Spanien ist uns nicht mehr genügend bewußt. Die Araber hatten im Laufe der Jahrhunderte die Papierherstellung studiert; so benutzten auch sie vorwiegend Hadern, und das Glattmachen des Papiers durch Leimung war ihnen genauso geläufig. Eine ihrer produktiven Verbesserungen war die Verwendung von Mahlsteinen bei der Zerfaserung des Rohmaterials. Da sie nicht mehr wie ursprünglich mit der Hand, sondern nun mit Hilfe der Wasserkraft betrieben wurden, spricht man von Papiermühlen. Jedenfalls sind die ersten europäischen Papiermühlen in Spanien (Xativa bei Barcelona) anzutreffen. Von dort aus wurde Papier auch exportiert, u. a. nach Italien, Frankreich und Deutschland. Das Streben, sich importunabhängig zu machen und den Papierbedarf des Landes aus eigener Kraft zu befriedigen, führte zur Einrichtung von Papiermühlen in Italien (früheste 1276 in Fabriano bei Ancona). Hier wurden weitere technische Neuerungen bei der Papierherstellung vorgenommen, u. a. die gründlichere Zerfaserung durch hölzerne, von einem Wasserrad betriebene Stampfwerke mit schweren eisenbeschlagenen Hämmern.

Hinzu kam eine andere Verbesserung der Papierherstellung, deren Geschichte Teil der Kulturgeschichte der Menschheit ist. Die Papiermacher von Fabriano verwendeten nämlich feste Drahtgeflechte in Holzrahmen, die »Formen« genannt wurden. In diese Formen fügten sie jeweils ein Zeichen ein, das sich in jeden Papierbogen deshalb einprägte, weil an dieser Stelle die Papiermasse etwas dünner wurde. Es war, wenn man den Bogen gegen das Licht hielt, als sogenanntes Filigran, zu deutsch Wasserzeichen, erkennbar. Das Wasserzeichen bedeutet uns weit mehr als eine Fabrikmarke; es hat der Wissenschaft schon häufig zur Zeitbestimmung von wissenschaftlichen und künstlerischen Meisterleistungen auf Papier gedient.

Die Wasserzeichenkunde leistet der Geschichtswissenschaft große Hilfe (historische Hilfswissenschaft) – und sie ist interessant, weil die seltsamsten Gebilde als Wasserzeichen (= Herstellungsmarken) verwendet worden sind. Die italienischen Papiere wurden wegen ihrer guten Qualität auf dem europäischen Markt gern gekauft. Von Spanien und Italien aus drang die Papiermacherei dann zunächst nach Frankreich vor.

Über die Anfänge der Papierherstellung in Deutschland sind wir durch einen glücklichen Fund gut unterrichtet. Der Nürnberger Großkaufmann Ulmann Stromer, der sich zwar in der Papierherstellung nicht auskannte, dafür aber Kapital besaß, ließ 1390 vor den Toren der Stadt Nürnberg eine Kornmühle zur Papiermühle umbauen und dingte sich eigens dazu italienische Papiermacher. Mit ihnen geriet er eines Tages in Streit, den er, der Mächtigere, gewaltsam zu seinen Gunsten beilegte, indem er sie »einfing« und drei Tage einsperrte. Das alles und vieles andere hat U. Stromer eigenhändig aufgezeichnet. Die Papiermühlen breiteten sich bald danach von Nürnberg rasch in Deutschland aus. Bis 1500 waren an die 50 Papiermühlen entstanden, denn die Erfindung des Buchdrucks hatte einen gewaltig ansteigenden Bedarf an Papier zur Folge.

Die weitere Geschichte der Papierherstellung verfolgen wir in Bildern: als erster ist der »Holländer« (um 1673) zu nennen, ein Trog mit einem Messerwalzwerk, mit dessen Hilfe die Hadern rascher aufbereitet werden konnten, reichlich 100 Jahre später die Papiermaschine des Franzosen Nicolas-Louis Robert mit einem »endlosen« Sieb (1799).

Eine weitere Erfindung auf diesem Gebiet muß jedoch besonders hervorgehoben werden. Der riesige Verbrauch an Papier im 19. Jahrhundert, besonders durch Zeitschriften und Zeitungen, hatte einen Rohstoffmangel zur Folge. Die Preise für Lumpen waren mächtig angestiegen. Es ist das Verdienst des Webermeisters Friedrich Gottlob Keller aus Hainichen in Sachsen, der 1844 den Holzschliff, d. h. die Papierherstellung aus Holz erfand. Seine Holzschliff-Erfindung ist seit Ende der 50er Jahre des vorigen Jahrhunderts die Grundlage der modernen Papierindustrie. Ohne sie hätte vieles gar nicht gedruckt werden können. Ob Keller, wie man sich erzählt, seine Erfindung der Beobachtung von Wespen verdankt, wie sie Holzsplitter zernagen und mit dieser speicheldurchtränkten Masse ihr Nest bauen, bleibt dahingestellt. Denkbar wäre es, denn ein Wespennest ist wirklich ein seltsames, papierähnliches Gebilde. Leider ist die Geschichte der Kellerschen Erfindung zugleich ein trauriges Kapitel der kapitalistischen Gesellschaftsordnung: Keller mußte, in Not geraten, sein Patent billig verkaufen, und andere strichen sich den Gewinn ein. Er selbst starb in ärmlichen Verhältnissen.

HANDSCHRIFTENWESEN

ENN wir einem Marsbewohner erklären sollten, was ein Buch ist – es wäre gar nicht so einfach. Fest steht, daß es große und kleine, dicke und dünne, alte und neue gibt. Gemeinsam ist ihnen, daß es sich um beschriebene oder bedruckte Blätter, Bogen oder Lagen handelt, die durch einen steifen oder flexiblen Einband zusammengehalten werden. Ein Stoß beschriebener Seiten oder bedruckter Zettel ist noch kein Buch. Hartnäckig führen wir zur Beschreibung der Buchform neben bedruckten Seiten auch beschriebene an, weil es handgeschriebene Bücher auch heute noch gibt: Poesiealben, Vorlesungsnachschriften von Studenten, Tagebücher mit persönlichen Eintragungen, Bücher oder Hefte mit Reiseerinnerungen oder auch mit Back- und Kochrezepten und anderes mehr.

Handgeschriebene Bücher bezeichnet man als Handschriften oder Manuskripte, in der Sprache der Wissenschaft auch als Codices (Singular Codex). Dieses lateinische Wort lautete ursprünglich caudex und war die Benennung eines Holzklotzes oder Holzscheites.

Bücher in diesem Sinne, nämlich mit handgeschriebenem Text und Bildern, gibt es schon seit über drei Jahrtausenden. Man konnte Palmblätter oder Wachstafeln miteinander verknüpfen und ihnen so einen Halt geben. Wir haben im Zusammenhang mit dem Papyrus die Buchrolle kennengelernt. Der Beschreibstoff Pergament ist es gewesen, der lange vor dem Bekanntwerden des Papiers in Europa das Buch, wie es uns heute geläufig ist, hervorgebracht hat. Das einzelne Pergamentblatt konnte auf der Vorder- und Rückseite beschrieben werden, und mehrere oder viele solcher doppelseitig beschriebenen Blätter bekamen einen festen Einband. Die Fertigkeit, Bücher kunstvoll einzubinden, ist also mit der Pergamenthandschrift entstanden. Das seltsame daran ist, daß der Codex von Haus aus nur das Material (Holz) bezeichnet, das man zum Beschreiben verwendete: etwa als Schreibtafel oder als Halt für mehrere beschriebene Blätter oder Lagen. Die

237

Bezeichnung des Materials wandelte sich allmählich zur Benennung der Buchform, eben des Codex.

Die Herstellung handgeschriebener Bücher war nun nicht irgendeine der vielen menschlichen Tätigkeiten, sondern eine besondere und hochgeschätzte. In einer Epoche, in der die meisten Menschen Analphabeten waren und lebenslang blieben, setzte man die Kenntnis von Schrift sowie Übung und Geschicklichkeit zum Schreiben voraus. Mit dem Schreiben allein war es jedoch nicht getan. Das Bedürfnis nach dem Bild ist uralt, und es wurde immer stärker, je mehr die Masse des Volkes Anteil an dem kirchlichen und politischen Geschehen nahm. Bilder wurden geradezu ein Verständigungsmittel für diejenigen, die nicht lesen konnten. Aber auch das Streben nach bildhaftem Ausdruck, um Geschriebenes schön zu gestalten und es auszuschmücken, ist uralt.

Wieviel Handschriften gibt es noch?

An mittelalterlichen Handschriften wird der heutige Bestand auf eine halbe Million Exemplare geschätzt. Das dürfte etwa ein Viertel des einstigen Handschriften-Reichtums sein.

Holländische Antiqua und Manuskript-Gotisch

So ist das Bild im Buch schon sehr früh, in den Papyri, z.B. in den ägyptischen Totenbüchern, anzutreffen. Diese ältesten illustrierten Bücher (um 2000 bis 1000 v.u.Z.), die bei Bestattung ägyptischer Könige neben den Sarg gelegt wurden, sollten nach dem Glauben der Zeit den Toten in ihrem Fortleben hilfreich sein. Im allgemeinen hat das Bild im Buch ursprünglich eine zweifache Funktion: es will unterrichten, belehren, informieren, oder es ist Schmuck und Zierde, Ausdruck eines inneren Dranges nach Schönheit. Beide Funktionen sind nun in Wirklichkeit nicht immer getrennt, sie gehen vielfach ineinander über. Das wird z.B. dort deutlich, wo ein Buchstabe des Textes, in der Regel der erste Buchstabe eines Buches, eines Kapitels, einer Seite herausgehoben wird, indem er entweder einfarbig, dann meist rot, oder vielfarbig oder durch wesentliche Vergrößerung gegenüber den anderen Buchstaben hervorgehoben wird. Da solche Buchstaben einen Anfang (lat. initium) bezeichnen, nennt man diese zierenden Buchstaben Initialen. Der Schmuck von Initialen ist in handgeschriebenen Büchern ungemein beliebt und sehr verbreitet gewesen. Freilich gibt es beträchtliche Qualitätsunterschiede. Neben ganz schlichten findet man höchst kunstvolle Initialen, ja es kann vorkommen, daß eine Initiale oder das einzelne Wort, das der Initialbuchstabe eröffnet, eine ganze reichgeschmückte Seite ausmacht. In solchen Fällen haben wir keine Textseite zur Information des Lesers vor uns, sondern Kunstwerke von einmaliger Schönheit, die in Büchern versteckt sind. Aber gerade weil sie in Büchern untergebracht wurden, haben sie sich vielfach frisch erhalten, als wären sie gerade erst von der Hand des Meisters vollendet worden. Dabei muß man bedenken, daß es sich um künstlerische Arbeiten handelt, die 500 bis 1000 Jahre alt sind. So fern uns heute die Thematik dieser überwiegend lateinisch geschriebenen Texte liegen mag, der Realismus der Bilder (Illuminationen), ihre Farbenpracht und ihr Leuchten sind und bleiben ungemein eindrucksvoll. Und ganz nahe rücken sie uns dort, wo die Illuminationen uns spüren lassen, daß sie Menschen wie wir, mit Humor, mit Sinn für Freude und Spaß, geschaffen haben.

Geht man der Entstehung dieser zum Teil außerordentlich umfangreichen und reich geschmückten Handschriften nach und untersucht ihre Technik, kommt man zu ganz überraschenden Feststellungen. Man verstand Tinte und Farbe herzustellen, die sich, ohne wesentlich zu verblassen, über Jahrhunderte erhalten haben. Bei der Handschriftenherstellung ging man weitgehend arbeitsteilig vor. Der Schreiber ließ die Stellen auf dem Blatt frei, die ausgeschmückt oder mit Abbildungen versehen werden sollten. Erst dann trat der Miniator (von lat. minium = rote Farbe, im Deutschen = Mennige) in Aktion. Auf diese Weise entstanden zuerst in den Klöstern Schreiberwerkstätten, Skriptorien (lat. scribere = schreiben) genannt, in der Regel in einem besonderen, größeren Raum mit Schreibpulten. Mit dem Aufblühen der Städte im 12. und 13. Jahrhundert wanderte das Schreiberwesen aus dem Bereich der Kirche mehr und mehr in die Bürgerwelt. Im 14. und besonders im 15. Jahrhundert gab es bereits findige Unternehmer, die größere Schreiberwerkstätten mit berufsmäßigen Schreibern unterhielten. Die bekannteste ist im

---

HANDSCHRIFTEN-VERLUSTE

Bayrische Fuhrleute, 1803 beauftragt, alte Handschriften aus Klöstern in Staatsbesitz zu überführen,
machten eine aufgeweichte, schlammige Straße wieder
befahrbar, indem sie solche ‚alten Schmöker'
auf die Straße warfen.

Bericht des bayrischen Hofbibliothekars
Johann Christoph von Aretin

Baskerville-Antiqua und Breitkopf-Fraktur

Elsaß, in Hagenau, von Diebold Lauber betrieben worden, und der Arbeitsablauf bei der Herstellung dieser meist illuminierten Handschriften ist im Grunde der gleiche gewesen wie schon Jahrhunderte vorher.

Auf jeden Fall hat es im ganzen Mittelalter ein blühendes Handschriftenwesen gegeben. Im späten Mittelalter ist bereits ein spezielles Gewerbe daraus hervorgegangen: Es bestand also ein Bedürfnis danach, aber der persönliche Erwerb solcher Handschriften mit Illustrationen blieb der herrschenden Klasse, den Feudalherren, sowie reich gewordenen Bürgern, besonders Kaufleuten, vorbehalten. Nur scheinbar anders verhält es sich bei den Handschriften, die an den Universitäten für den Gebrauch der Studenten hergestellt und vertrieben wurden. Hier war der pädagogische Zweck als Unterrichtsmittel ausschlaggebend. Aber auch die Studierenden gehörten fast ausschließlich durch ihre Eltern der Oberschicht, der herrschenden Klasse, an.

Eine Weiterentwicklung bahnte sich mit der Herstellung von Einblattdrucken an. Mit dem Bedrucken von Stoffen (»Zeug«) mit Hilfe von Holzformen, »Model« genannt, in die Schmuckformen und Ornamente spiegelverkehrt eingeschnitten wurden, entstand ein besonderes Gewerbe, das der Zeugdrucker. So wie diese Zeugdrucke hergestellt wurden, ließ sich auch Papier bedrucken, dessen Fabrikation seit Ende des 14. Jahrhunderts auch in Deutschland aufgenommen worden war. Die Holzformen, die man dazu verwendete, wurden in gleicher Weise geschnitten. Schon sehr bald versah man die abzudruckenden Bilder mit Unterschriften oder kurzen Texten, wobei die einzelnen Buchstaben nach einer Vorzeichnung des Ganzen genauso mit einem Messer in das Holz eingeschnitten wurden. Eine Sonderform dieser Einblattdrucke bildeten die Spielkarten, denn der »Spielteufel«, der damals schon sehr weit verbreitet war, hatte im 15. Jahrhundert auch in Deutschland Einzug gehalten. Die Spielkarte ist vermutlich von Indien nach Europa gekommen. Von der Kirche als »des Teufels Gebetbuch« bekämpft, hat sie sich dennoch durchgesetzt. Die Spielkartenherstellung wurde ein neuer Erwerbzweig. Auch der Handel mit Spielkarten breitete sich aus. Spielkarten mußten billig sein, deshalb war die serienmäßige Herstellung eine wichtige Voraussetzung. Die so gedruckten Karten wurden nachträglich ausgemalt, und zwar mit der Hand oder mittels Schablonen.

Auch Metallstempel waren im metallverarbeitenden Gewerbe, besonders bei den Goldschmieden, längst bekannt. Aber der Werkstoff Holz hatte den Vorzug, billig zu sein, und seine Bearbeitung war auch leichter. Das alles waren schon recht wichtige Mechanisierungen gegenüber der traditionellen Schreibertätigkeit, die stets nur eine Abschrift nach der anderen vornehmen konnte. Das neue Prinzip bestand in der Vervielfältigung, das heißt in der vielfachen Herstellung gleicher Stücke.

Von da aus war es ein naheliegender Schritt, mehrere solcher Einblattdrucke für einen fortlaufenden Text zu bearbeiten, also eine kurze Geschichte mit Bildern und Text in mehrere Holztafeln zu schneiden und den bedruckten Blättern einen festen Halt zu geben – wie bei einem Buch. Solche Holztafeldrucke nennt man, weil vom Holzblock gedruckt, auch Blockbücher. Das Herstellungsprinzip war das gleiche. Text und Bild wurden seitenverkehrt aus dem Holzblock herausgeschnitten, eingefärbt und abgedruckt. Die Holztafeln hatten nur den einen Nachteil, daß man, um deutliche Abdrucke auf Papier zu erzielen, so heftigen Druck ausüben mußte, daß die hochstehenden (erhabenen) Teile der Tafel durchdruckten. Deshalb konnten diese Abdrucke in der Regel nur einseitig vorgenommen werden. Um die von den Handschriften her gewohnte Doppelseitigkeit zu erzielen, wurden daher zwei Seiten mit den leeren Rückseiten aneinandergeklebt.

Solche vom Holzblock gedruckten Bücher erfreuten sich aus mehreren Gründen großer Beliebtheit. Sie waren nicht so teuer wie die handgeschriebenen Bücher, und es wurden bei dieser Produktion besonders allgemeinverständliche geistliche und weltliche Texte, meistens mit vielen Bildern geschmückt, zugrunde gelegt. Anhand der Bilder, die eine erzählende Funktion hatten, konnten auch die des Lesens Unkundigen solche Blockbücher mit Gewinn betrachten. Blockbücher sind vor allem in den Niederlanden und Deutschland hergestellt und vertrieben worden.

Es ist nicht verwunderlich, daß die gleiche Mechanisierung der Herstellung schon früher als in den Niederlanden und Deutschland, viele tausend Kilometer davon entfernt, in Korea, China und Japan festzustellen ist. Neben Holz waren dort Ton- und Kupfermodeln zur Herstellung einzelner Wörter oder Silben verwendet worden.

Ein blühendes und zum Teil auch künstlerisch hoch entwickeltes Buch- und Schriftwesen hat es also schon lange vor Erfindung des Buchdrucks in vielen Ländern der Welt gegeben, wenn man das Handschriftenwesen und die Blockbuchherstellung zusammennimmt. Überwiegend erfolgte die Weitergabe von Wort und Bild von einer Generation zur anderen ursprünglich mit der Hand, das heißt manuell (lat. manus = Hand). Von einer bestimmten Entwicklungsstufe der Kultur des betreffenden Landes an meldete sich unverkennbar der Bedarf an, der zur Mechanisierung des aufwendigen Abschreibe- und Abmaleprozesses hinlenkte.

Dem Buchdruck am nächsten kam der Holztafeldruck oder das Blockbuch. Aber diese Druckformen waren starr und unbeweglich. Im Grunde war man über den alten Stempeldruck und das Holzmodelverfahren nicht hinausgelangt. Es hatte also doch noch sehr wesentlicher technischer Neuerungen bedurft bis zur Erfindung des Buchdrucks.

BUCHDRUCK-ERFINDUNG

ɪᴇ Erfindung des Buchdrucks, die in der ganzen Welt bekannt geworden ist und bis heute genutzt wird, verdanken wir dem Mainzer Patriziersohn Gutenberg. Sein vollständiger Name lautete Johannes Gensfleisch zum Gutenberg.

Im ausgehenden Mittelalter hatte sich die Klassensituation in Deutschland verändert. Aufgrund einer schwachen kaiserlichen Zentralgewalt waren die aus dem hohen Feudaladel hervorgegangenen Fürsten die Mächtigsten. Sie waren vor allem bestrebt, ihre persönliche Macht zu vergrößern. Die Ritter, die den niederen Adel ausmachten, standen entweder im Fürstendienst oder lebten auf Kosten ihrer Leibeigenen. Besonders mit den Städten lag die Ritterschaft in ständiger Fehde. Ähnlich war die Lage in der Geistlichkeit, bei der sich mit den Bischöfen, Erzbischöfen, Äbten und Prälaten (höhere Geistliche der katholischen Kirche) eine aristokratische Klasse herausgebildet hatte. Sie beutete ihre Untergebenen nicht weniger aus als die Fürsten und Ritter. Die untere Geistlichkeit, die Prediger auf dem Lande und in den Städten, hatten keinen Anteil an den Reichtümern der mit der weltlichen Macht wetteifernden Kirchenobrigkeit; sie standen daher den breiten Volksmassen nahe und waren mit deren Sorgen und Nöten vertraut.

In dieses Sozialgefüge schoben sich mehr und mehr die Städte, von denen sich einige durch Handel und Gewerbe aus unbedeutenden Siedlungen zu sehr bedeutenden Zentren des Handels und Verkehrs entwickelt hatten. So zählten bereits im 14. Jahrhundert Nürnberg 20000, Frankfurt am Main 8000 und Mainz 6000 Einwohner. In den Städten fanden lebhafte Klassenauseinandersetzungen statt. Von alters her hatten sich die Patrizier* die Leitung der Amtsgeschäfte als ihr selbstverständliches und alleiniges Recht angemaßt. Aus den mittleren und reicheren Bürgern, sofern sie sich nicht bereits den Patriziern durch Versippung angepaßt hatten, erwuchs eine bürgerliche Opposition, die Mitbestimmung und Mitgenuß städtischer Einnahmen erstrebte. Als dritte Gruppe bildete sich in den Städten eine plebejische Opposition heraus, die sich aus sehr gemischten Bevölkerungsschichten (verschuldeten Bürgern, Handwerksgesellen und Tagelöhnern) zusammensetzte. Auf jeden Fall verbargen sich hinter der manchmal goldenen Fassade Freier (»reichsunmittelbarer«) Städte im ausgehenden Mittelalter Klassenprobleme, die zuweilen zu offenen Auseinandersetzungen nach innen und nach außen geführt haben. Denn wie auf dem Bauern »der ganze Schichtenbau der Gesellschaft« (Friedrich Engels) lastete, so bedrängten Fürsten und Ritterschaft die Städte, um zu dem nie genügend vorhandenen Geld und Gold zu gelangen.

Das alles hat mit der Erfindung des Buchdrucks durch Johannes Gutenberg sehr viel zu tun. Denn wenige Jahre nachdem Gutenberg 1397 geboren worden war, entbrannten in Mainz zwischen den Vertretungen der Bürger – den Zünften – und den Patriziern heftige Auseinandersetzungen, bei denen es um Geld und Einfluß ging (z. B. um Steuern, die die Patrizier ebenso wie die Handwerker in die Stadtkasse zahlen sollten). Im Gefolge dieser Streitigkeiten flüchtete

---

* Patriziat, Patrizier: in den Städten Oberschicht, deren Angehörige, untereinander vielfach versippt und verschwägert, über immer größer werdenden Reichtum verfügten und die Herrschaft ausübten. Diese Familien wurden auch als »Geschlechter« oder »Ehrbare« bezeichnet.

Wenn der Buchdruck
bald nach seiner Erfindung als
»Schwarze Kunst«
bezeichnet wurde, so galt das nicht nur der
Druckerschwärze, sondern es schwingt dabei die
Vorstellung mit, daß der Buchdruck etwas
Geheimnisvolles sei, das mit magischen Kräften
und Zauberei in Verbindung steht.

Alte Schwabacher

Gutenberg mit seinem Bruder nach Straßburg, wo er ab 1434 nachgewiesen ist. Hier wissen wir von einer Werkstatt Gutenbergs, in der allerlei Dinge, die mit dem Goldschmiedehandwerk zusammenhingen, betrieben wurden: Edelsteinschleiferei (»stein bollieren«) und metalltechnische Arbeiten. Offensichtlich schienen diese Unternehmungen Gutenbergs, der selbst kein Handwerk von Grund auf erlernt haben kann, so vielversprechend, daß einzelne Straßburger Bürger begierig waren, sie zu erlernen und dafür Lehrgeld zu zahlen. Mag es sich dabei noch um herkömmliche Produkte wie metallene Plaketten für Wallfahrten und dergleichen, aber mit neuen Arbeitsmethoden hergestellt, gehandelt haben, die Persönlichkeit Gutenbergs als erfindungsreicher »Ingenieur« tritt schon hier in Erscheinung. Wenige Jahre später – 1436 – kam es zu einem Vertrag zwischen Gutenberg und mehreren Teilhabern, wobei es sich um etwas Geheimnisvolles gehandelt haben muß. Wir verdanken dem Umstand, daß einer der wichtigsten Vertragspartner 1438 gestorben und daß es zwecks Regelung der Erbschaftsangelegenheiten zu einer Klage vor Gericht gekommen ist, wenigstens einige Nachrichten über dieses Geschäft. Offensichtlich hat Gutenberg selbst größten Wert auf Geheimhaltung gelegt und seine geldgebenden Partner geradezu zum Schweigen verpflichtet. Es wird, wenn überhaupt, nur von dem »Werk« oder von »Abenteuer und Kunst« gesprochen. Das Gericht war lediglich auf Regelung der Geldangelegenheiten bedacht. Uns jedoch interessiert die Sache, um die es dabei ging – eben das »Werk«: Es ist von einer Presse die Rede, auch von Schriftsatz, der zum Drucken vorbereitet worden war. Über das Zustandekommen des Ganzen erfahren wir in diesem Zusammenhang nichts Genaues. Es steht aber fest, daß die Buchdruck-Erfindung voranschritt, wir können nur nicht genau sagen, wieweit diese geniale Erfindung damals bereits gediehen war. Aber soviel ist klar: es ging um einen hohen Einsatz oder um, wie wir heute sagen würden, beträchtliche Investitionsmittel, schätzungsweise um eine Summe, die das jährliche Einkommen an Bargeld von einem halben Hundert einfacher Bürger ausmachte. Und deshalb war Gutenberg von Geldgebern abhängig.

Nach diesem ersten Prozeß um das Drucken ist es zunächst um Gutenberg still. Persönliche Gründe im Zusammenhang mit einer Erbschaft werden ihn nach 1444 veranlaßt haben, wieder nach Mainz zurückzukehren. Offensichtlich ist Gutenberg mittlerweile von seiner Erfindung völlig besessen gewesen und hat nach seiner Rückkehr nochmals zehn Jahre fieberhaft daran gearbeitet. Es sollte ihm zum Verhängnis werden, daß er, der selbst nicht vermögend war, zu ihrer Durchführung viel Geld brauchte, bevor sie Gewinn abwerfen konnte. Davon, daß er bei Gelingen seines Werkes endlich finanzielle Unabhängigkeit erringen würde, ist Gutenberg offensichtlich felsenfest überzeugt gewesen, und diese Auffassung teilten viele Erfinder auch noch nach ihm. Wozu aber, müssen wir uns fragen, soviel Zeit und Arbeit, wozu die hohen Investitionsmittel, die er sich borgen mußte?

242

Es heißt im allgemeinen, daß es Gutenberg darum ging, den zum Druck von Büchern komplizierten dreiteiligen Herstellungsvorgang zu finden und Schritt um Schritt zu erproben. Wir vereinfachen diese Sache heute so, daß wir sagen: um ein Buch zu drucken, braucht man eine Setzerei, die das Manuskript setzt, und eine Druckerei, die den Satz druckt und schließlich noch eine Buchbinderei, die das Ganze einfach (Broschur) oder aufwendig (Ganzleinenband) bindet. Wie anders sah das alles aber für Gutenberg aus: Vor jeglichem Anfang stand die Herstellung einer Schrift, das heißt vieler beweglicher Einzellettern. Dem Schriftgut vorausgehen mußte das Schriftzeichen, wonach die Herstellung der Einzellettern erfolgen konnte. Es mußte aber jeder einzelne Buchstabe seitenverkehrt in einen kleinen Metallblock (Kegel) eingeschnitten werden. Das allein war mühsame, viel Handfertigkeit und Geschick erfordernde Arbeit. Auf diese Weise entstand ein Stempel – die Patrize –, der in einen weicheren Kupferblock so hineingetrieben werden mußte, daß man zu einer vertieften Buchstabenform gelangte. Aus dieser Form – der Matrize – konnte man, wenn sie sich als widerstandsfähig genug erwies, jede gewünschte Anzahl von Buchstaben gießen. Dabei war es wichtig, daß jeder Buchstabe genau gleich lang ausfiel (»auf gleichem Kegel« stand). Blei war ein bekanntes Material (sogar das Bleigießen kannte man schon), aber Gutenberg mußte darauf bedacht sein, das viel zu weiche Blei durch Zusätze härter zu machen. Heute wissen wir, daß die richtige Mischung für Druckschriftmaterial aus Blei, Antimon und Zinn zu bestehen hat. Wie lange aber wird Gutenberg probiert haben, ehe er diese richtige Zusammensetzung herausbekommen hat? Zu diesem Buchstabengießen brauchte er ein besonderes Hilfsmittel, und ein ganz wesentlicher Teil seiner Erfindung bestand gerade in der Konstruktion eines Handgießinstrumentes. Denn für einen größeren Druck, wie Gutenberg ihn vorhatte, benötigte er je nach Häufigkeit viele, viele Einzelbuchstaben. Er meinte sogar, sich damit nicht begnügen zu können. Bei den Schreibern hatte sich nämlich der Brauch herausgebildet, zahlreiche Abkürzungen (Abbreviaturen) oder zusammengezogene Buchstaben (Ligaturen) bei der Herstellung ihrer Handschriften zu verwenden. Um mit seiner Erfindung so nahe wie möglich an der Handschriftentradition zu bleiben, unterzog sich Gutenberg der Mühe, neben den Einzelbuchstaben auch eine große Anzahl Abbreviaturen und Ligaturen herzustellen. Wie bei den Schreibern hat auch für Gutenberg eine Rolle gespielt, daß mit Hilfe solcher Abkürzungen und Buchstabenverbindungen eine Raumersparnis und eine Erleichterung beim regelmäßigen Zeilenabschluß verbunden waren. Wenn man bedenkt, daß das Alphabet nur 25 Groß- und 25 Kleinbuchstaben zählt, sind die insgesamt 290 Schriftzeichen, die das Gutenbergsche Schriftsystem gebildet haben, ein beträchtlicher Aufwand gewesen.

Erst damit waren die wichtigsten Voraussetzungen für das Setzen gegeben. Die fertigen Buchstaben mußten für den Setzer griffbereit in seinem Setzkasten liegen, dann wurde der Satz zum Drucken fertiggemacht, indem ein gleichmäßiger Schriftsatz für jede einzelne Seite (Kolumne) zusammengestellt wurde. Der aus Einzelbuchstaben unterschiedlicher Breite bestehende Schriftsatz mußte fest zusammenhalten: Der Satz wurde deshalb in einer eisernen »Form«* fest verkeilt. Erst dann konnte er eingefärbt werden, Seite für Seite, zum vorder- und rückseitigen Druck (»Schön«- und »Wider«-Druck). Jede Einzelheit wie die Druckform, die Druckerschwärze, der Rahmen der »Form« für jede zum Abdruck gelangende Papierseite, alles mußte vom Erfinder selbständig bedacht und in ihrer maximalen Zweckmäßigkeit erprobt werden.

Für den Abdruck des unter so schweren Bedingungen vorbereiteten Satzes bedurfte es aber noch einer Presse. Das Prinzip der Presse, als Hebel- oder Spindelpresse, war schon uralt, und diente unter anderem zum Auspressen der Weintrauben. Bei der Presse für den genauen, gleichmäßigen Abdruck einer »Form« mußte vielerlei beachtet werden. Voraussetzung war, daß an allen Stellen der gleiche Druck ausgeübt wurde, und die zu bedruckenden Bogen mußten stets genau an der-

---

* Mit Form oder Druckform bezeichnet der Drucker die in einem eisernen Rahmen eingeschraubten Druckbuchstaben zum Drucken einer Seite oder Kolumne.

selben Stelle zu liegen kommen. Gutenberg ließ sich, von solchen Überlegungen geleitet, nach seinen Angaben eine hölzerne Spindelpresse bauen: Eine Schraubenspindel drückte den sogenannten Drucktiegel gegen die mit einem Papierbogen belegte und eingefärbte Druckform. Dabei mußten Vorder- und Rückseite jedes Bogens genau übereinstimmen. Auch dazu hatte sich Gutenberg eine besondere Vorrichtung ersonnen, die sogenannten »Punkturen«. Der zu bedruckende Bogen wurde beim »Schöndruck« auf Nadeln gesteckt, und beim »Widerdruck« wurden die so entstandenen Löcher am Papier zur Orientierung genutzt. So vorbereitet, konnte Gutenberg mit seinen Gesellen ans Werk gehen und 1455 nach dreijähriger Arbeit den Druck einer vollständigen lateinischen Bibel vollenden.

Es war also eine gewaltige Leistung, die vollbracht wurde, und wenn Gutenberg auch geschickte Helfer hatte, nicht minder besessen von dem Werk der Bücher, das sie vorhatten, der steuernde Kopf des ganzen Unternehmens – und gewiß der härteste – ist er selbst gewesen.

Was sich aber mit vollbrachter Tat ereignet hat, gerade zu dem Zeitpunkt, als er sagen konnte: endlich, endlich ist es soweit! – das ist ein ebenso trauriges wie unrühmliches Kapitel der Menschheitsgeschichte. Seine Erfindung führte geradewegs in eine Gerichtsverhandlung, und der Geschädigte war der Erfinder, Johannes Gutenberg.

Das hatte sich so ergeben: Nachdem Gutenberg alles Geld, das er mit seiner Hände Arbeit verdient und sein ganzes Vermögen dazu in seine Erfindung gesteckt hatte, mußte er, um voranzukommen, Geld leihen. Auf diese Weise geriet er in Abhängigkeit eines wohlhabenden Bürgers der Stadt Mainz, Johannes Fust, der Advokat war. Fust verklagte 1455 Gutenberg, weil dieser weder zwei von ihm aufgenommene Darlehen in Höhe von je 800 Goldgulden noch die dafür fälligen Zinsen erstattet habe. Für den 6. November 1455 wurde im Barfüßerkloster in Mainz eine Gerichtsverhandlung anberaumt, zu der Gutenberg gar nicht erschienen ist. Er hatte aber seine Gehilfen, Heinrich Keffer und Bechtolff von Hanau (= Berthold Ruppel), als Beobachter hingeschickt. Das Urteil des Gerichtes kennen wir nicht, aber ein notarielles Protokoll der Verhandlung ist erhalten geblieben. Das ist das wichtigste Dokument zum Werke Gutenbergs, der Buchdruck-Erfindung. Zugegeben, Fust hatte ein hohes Kapital für die Erfindung investiert, aber der Zeitpunkt der Klage spricht gegen ihn: Er war sicher, daß das Werk Gutenbergs vollendet war und damit für ihn der richtige Zeitpunkt gekommen sei, um daran zu verdienen. Tatsächlich war das größte Meisterwerk der Druckkunst aller Zeiten, ein Bibeldruck mit 42 Zeilen je Seite, in etwa 175 bis höchstens 200 Exemplaren bei einem Umfang von 1280 Seiten je Exemplar, vollendet. Was für ein befreiendes Hochgefühl mag es für Gutenberg und seine engsten Helfer gewesen sein! Und genau zu diesem Zeitpunkt erfolgte der Angriff des »Geldsacks« Johann Fust. Ihm ging es allein darum, seinen Gewinn aus der vielversprechenden Erfindung an sich zu reißen. Und der Erfinder Gutenberg sollte darum betrogen werden, nachdem er 20 Jahre seines Lebens unermüdlich daran gearbeitet und alles hingegeben hatte, was er geistig und materiell dafür aufzubringen vermochte. Der Ausgang dieser Klage vor einem Gericht von ehrbaren Bürgern der Oberschicht, das sich für den Geldgeber und gegen den zum Metall-Handwerker gewordenen Gutenberg entschied, war vernichtend: Gutenberg verblieben lediglich seine Drucktypen. Fust hingegen fand sehr schnell in einem Gesellen Gutenbergs, Peter Schöffer, einen Druckfachmann, mit dem zusammen er die neue großartige Erfindung ausbeuten konnte. Er gab ihm seine Tochter zur Frau und begründete 1457 eine eigene, große Druckerei. Johannes Gutenberg hat vermutlich noch einiges gedruckt, aber nie wieder ein so gewaltiges Druckwerk wie die Bibel vollendet. An seiner Schuldenlast hatte er so schwer zu tragen, daß er ruiniert war. Und da ein Unglück selten allein kommt, verlor er infolge kriegerischer Wirren um die Stadt Mainz alles, was er besaß, und wurde ausgewiesen. Die Ursache dieser nicht nur Gutenberg schädigenden Kämpfe, die 400 Mainzer Einwohner das Leben und das Gut vieler kosteten, war, daß der Papst in Rom einen ihm nicht genehmen Erzbischof (Diether von Isenburg) absetzte und einen anderen, von ihm begünstigten (Adolf von Nassau) einsetzte. Dieser nutzte die Gelegenheit, um die Stadt Mainz gewalttätig ihrer

Freiheiten zu berauben und in seine Abhängigkeit zu bringen. Allmählich durften die Ausgewiesenen wieder nach Mainz zurückkehren. Auch Johannes Gutenberg, der in der Fremde nichts mehr zu gewinnen hatte, kehrte nach Mainz zurück, um dort als Hofmann des Erzbischofs von 1465 bis zu seinem Tode 1468 dessen Gnadenbrot zu essen. So endete jener Mann, der die Buchdruckerkunst erfunden hat, von der es heißt, daß sie mit dem Blei im Setzkasten die Welt mehr verändert habe als die Bleikugel in der Flinte (G. Ch. Lichtenberg).

DAS TEUERSTE BUCH

Von der Bibel mit 42 Zeilen, die Johann Gutenberg gedruckt hat, existieren auf der ganzen Welt noch etwa 50 Exemplare. Die meisten davon sind in festem Besitz von Bibliotheken. Kürzlich ist ein Exemplar auf den Markt gekommen; es hat 2,5 Millionen Mark gekostet.

Peter=Jessen=Schrift

Seitdem sind in der ganzen Welt viele Untersuchungen über Gutenberg und sein Werk durchgeführt worden. Wir können heute mit Gewißheit sagen, daß sein optimistischer Tatendrang ihm zum Verhängnis geworden war. Wir preisen und verehren ihn als den Erfinder der Buchdruckerkunst, dürfen aber annehmen, daß es ihm in Wirklichkeit um sehr viel mehr, um etwas noch viel Größeres ging; nämlich um ein mechanisches Verfahren, die ihm wohlbekannten, seit Jahrhunderten überlieferten Handschriften mit ihren Initialen, Randleisten und Miniaturen zu reproduzieren. Daraus erklären sich auch die Verzögerungen, die sich offensichtlich beim Bibeldruck immer wieder eingestellt haben. So hat er sich an seinem Werk für das Buch verbraucht, und ein gewinnbedachter Unternehmer wurde der Nutznießer seiner Erfindung. Um so mehr Grund haben wir, seinen Namen als den des ersten Druckers in Ehren zu halten. Er hat der ganzen Welt ein Geschenk gemacht, das trotz allem späteren Mißbrauch dieser edlen Handwerkskunst doch letztlich dazu berufen ist, das friedliche Zusammenleben der Völker zu fördern und durch Verbreitung neuester Erkenntnisse jedermann zu bereichern. Ganz in diesem Sinne hat der französische Schriftsteller Victor Hugo (1802–1885) die Buchdruckerkunst sehr treffend als die »größte Errungenschaft der Menschheit« bezeichnet.

Es ist kein Wunder, daß sich um diese so bedeutende Erfindung allerlei Legenden gebildet haben. In den Niederlanden ist z. B. in Laurenz Janszoon Coster aus Haarlem ein Mitbewerber um diese Erfinderehre erstanden, aber das dafür herangezogene Zeugnis, ein 1588 gedrucktes Buch, ist alles andere als ein Beweis. Es kann heute als sicher gelten, daß es sich dabei nicht um die Gutenbergsche Erfindung, sondern um die Kunst des Holztafeldruckes handelte, die Coster vielleicht als einer der ersten in den Niederlanden beherrscht hat.

Mit Gutenberg übereinstimmende Absichten hatte ein anderer Handwerker aus der Gold- und Silberschmiedezunft, Prokop Waldvogel aus Prag, in Frankreich (Avignon) verfolgt, etwa zur gleichen Zeit mit Gutenberg. Ihm ist nachgerühmt worden, daß er »künstlich zu schreiben« verstanden habe, aber es sind keine von ihm gedruckten Bücher nachweisbar.

Wichtiger und auch sehr viel interessanter sind folgende Tatsachen: In Korea ist schon im 8. Jahrhundert der Holztafeldruck bekannt gewesen. Um die Mitte des 11. Jahrhunderts vermochte es der chinesische Schmied Pi Sheng, aus Ton chinesische Schriftzeichen zu formen, zu brennen und, nachdem er sie auf einem Brett befestigt hatte, mit Tinte eingefärbt zum Abdruck zu bringen. Das bedeutendste druckgeschichtliche Ereignis Ostasiens führt wiederum nach Korea zurück, wo man in der ersten Hälfte des 15. Jahrhunderts – vielleicht schon Ende des 14. Jahrhunderts – Schriftzeichen aus Kupfer zu gießen und zu vervielfältigen verstand, so daß man damit zu drucken vermochte. Es sind koreanische Typen aus Metall und aus Holz bekannt, auf jeden Fall ist Korea nach unserem gegenwärtigen Wissensstand das Land der Welt, in dem zuerst mit einzelnen Buchstaben gedruckt worden ist. Wenn man bedenkt, daß das Papier seinen Weg von Ostasien nach Europa genommen hat – wenn auch dazu einige Jahrhunderte erforderlich waren –, muß es gewiß reizvoll sein, der Frage nachzugehen, ob zwischen dem zeitlich vor Gutenberg liegenden Typendruck und der Mainzer Erfindung Zusammenhänge bestanden haben mögen. Überzeugende Beweise dafür konnten jedoch bisher noch nicht erbracht werden. Wir bezweifeln auch, daß es jemals gelingen kann. So bleibt trotz allem Gutenberg der Ruhm, der Erfinder der Buchdruckerkunst gewesen zu sein, und zwar mit Hilfe der beweglichen Einzelbuchstaben, des Handgießinstrumentes und der Druckerpresse als die entscheidenden Voraussetzungen für das Drucken von Texten in europäischen Sprachen.

Nicht weniger bewunderungswürdig als die Erfindung der Buchdruckerkunst ist das Tempo und die Weite ihrer Ausbreitung von Mainz aus schon im 15. Jahrhundert. Das ist ein Beweis dafür, daß sie ein dringendes, gesamteuropäisches Bedürfnis befriedigt hat, daß die Zeit reif war für Vermittlung von Wissenschaft, Kunst und Literatur durch das gedruckte, also vervielfältigte Buch.

In Mainz selbst sind in der Werkstatt von Schöffer und Fust bedeutende Druckwerke entstanden, kleinere und größere. Johann Fust hatte das unverdiente Glück, in Peter Schöffer, der ein Handschriftenschreiber gewesen war, einen hervorragenden Fachmann gewonnen zu haben. Die bittere Erfahrung Gutenbergs, daß zum Drucken Geld gehört, machten nun auch sehr schnell seine Nachfolger. So ist es charakteristisch, daß wir neben umfangreichen Büchern fast in jeder mittleren und großen Druckerwerkstatt Kleindrucke entstehen sehen: das waren vor allem Kalender, ferner kleine nützliche Schulbücher zum Erlernen der lateinischen Sprache; diese wurden nach dem Verfasser einer lateinischen Grammatik aus dem 4. Jahrhundert u. Z., der Aelius Donatus hieß, kurzerhand »Donate« genannt. Alle diese kleinen Drucke sogenannter Gebrauchsliteratur hatten den Vorteil, daß sie nicht so hohe Investitionen wie dicke Bücher verlangten und verhältnismäßig schnell abzusetzen waren.

Für die ersten Drucker, die auf Gutenbergs Spuren wandelten, war es wichtig, daß Absatzmöglichkeiten für ihre Ware dort sein mußten, wo sie ihre Arbeit aufnahmen. Deshalb übten entweder dicht bevölkerte Handelsstädte oder Universitätsstädte, zuweilen auch die Sitze einzelner einflußreicher Kirchenfürsten Anziehungskraft auf die Buchdrucker aus. Weltoffene Städte, mit guten Handelsverbindungen und an den großen Nord-Süd- und Ost-West-Handelsstraßen gelegen, waren z. B. Augsburg, Ulm, Nürnberg, Straßburg und Basel. Eine Sonderstellung nahm sehr früh Bamberg ein, denn hier entstanden zuerst mit Bildern geschmückte Bücher. Albrecht Pfister in Bamberg ist der Pionier auf diesem Gebiet, und ihm verdanken wir ab 1461 Drucke mit einfachen, aber ausdrucksstarken Holzschnitten; sie zählen heute z. T. zu den größten Seltenheiten der frühen Druckkunst. Diese mit Bildern ausgestatteten Bücher sind nicht nur deshalb so bedeutsam, weil sie den Anfang des illustrierten Buches überhaupt bildeten, sondern weil sie auch denen zugänglich waren, die nicht zu lesen vermochten, und das war die Mehrzahl der Bürger auch in den Städten. Für sie hatte das Bild eine erzählende Funktion, mit dessen Hilfe sie sich überlieferte biblische oder weltliche Geschichten vergegenwärtigen konnten. Damit stellte sich aber auch gleichzeitig ein ganz neues Verhältnis zur Kunst ein. Während die Kunst den Volksmassen bis dahin nur in Kirchen als öffentliche Kunst zugänglich gewesen war, bedeutete das illustrierte Buch als persönlicher Besitz gleichsam einen unmittelbaren Zugang zur Kunst, zum Bildbetrachten nach eigenem Ermessen.

l L *k* K *j* I *i* I *h* H *g* G *f* F *e* E *d* D *c* C . *b* B *a* A *a* B *b* C *c* D *d* E *e* F *f* G *g* H *h* I *i* J *j* K *k* L *l*

Im ersten Halbjahrhundert (also von der Buchdruckerfindung
bis zum Jahr 1500) sind insgesamt rund 40000 Buchtitel verlegt
worden. Es gab in dieser Zeit etwa 260 Druckorte in Europa.
Von da an ist die Zahl der Neuerscheinungen ständig gestiegen.

Zum Beispiel waren es:		1850	9 053 Titel
1764	1 344 Titel	1875	12 516 Titel
1800	3 906 Titel	1900	24 792 Titel

v V *w* W *x* X *y* Y *z* Z *f* F *e* E *d* D *c* C *b* B *a* A *a* B *b* C *c* D *d* E *e* F *f* Z *z* Y *y* X *x* W *w* V *v*

Bembo-Antiqua

Freilich muß man bedenken, daß die Bücher größeren und mittleren Umfangs recht teuer und
deshalb zunächst nur begüterten Schichten zugänglich waren. Es ist kaum möglich, die damaligen
Bücherpreise anzugeben, denn erstens gab es noch keine feststehenden Preise, zweitens richtete es
sich ganz danach, ob es sich um ein Pergament- oder Papierexemplar handelte. Ein Pergament-
exemplar kostete mindestens das Vierfache eines Druckes auf Papier. Aber fest steht, daß die Preise
für Bücher, von kleinen Drucken abgesehen, so hoch waren, daß sich Studenten keine Bücher
leisten konnten und daß auch viele Professoren sich bis ins 16. Jahrhundert hinein für sie wichtige
Bücher vollständig oder auszugsweise selbst abschrieben.

Auch in der ärmeren Bevölkerung entwickelte sich ein stärkeres individuelles Bildbedürfnis, das
durch kleine oder größere Bilddrucke befriedigt wurde. Von der Kirche gefördert, setzte eine aus-
gedehnte Produktion von Heiligen- und Andachtsbildchen ein, denn eine wundertätige Kraft
wurde den verschiedensten Heiligen zugeschrieben. Daneben waren Bilder von allerlei kuriosen
Begebenheiten oder Himmelserscheinungen beliebt, besonders Monstren wie Tiere mit zwei
Köpfen und sonstige tierische und menschliche Mißgeburten. Der Spielteufel, der auch durch
Verbote nicht auszurotten war, verlangte nach immer mehr Spielkarten.

Die Druckkunst hat offensichtlich viele Handwerker, die dazu als Schreiber, Maler, Gold- und
Silberschmiede oder Tischler bestimmte Voraussetzungen mitbrachten, deshalb so gewaltig an-
gezogen, weil sie verlockendes Neuland war. Ganz erstaunlich sind die Wanderwege deutscher
Drucker in die Fremde: bis nach Paris und Lyon im Westen sowie bis Wien, Ofen (= Buda, Teil
von Budapest) und Krakau im Osten, im Norden über Lübeck bis Odense (Dänemark) sowie im
Süden bis Neapel (Italien) und Valencia (Spanien).

Die größte Anziehungskraft hat offensichtlich Italien ausgeübt, einmal als ein durch seine See-
fahrt und seinen Orienthandel wirtschaftlich entwickeltes Land, zum anderen als Mittelpunkt des
Christentums in Rom, wohin seit Jahrhunderten so viel Geld aus den christlichen Ländern des
Nordens auf vielen Wegen, allein schon durch den Ablaßhandel, geflossen war. So treffen wir in
Konrad Sweynheym und Arnold Pannartz die ersten deutschen Drucker im Kloster Subiaco nahe
Rom an; freilich hatten auch sie bald über mangelnden Absatz ihrer Drucke zu klagen. Aber
überall waren die deutschen Drucker nur die Pioniere, denn bald folgten andere nach, Ausländer
wie z. B. Nikolaus Jenson, Stempelschneider des Königs von Frankreich, der zuvor (1458) in
Mainz gewesen war und sich Gutenbergs Werkstatt angesehen hatte. Er gründete in Venedig die

erste bedeutende Druckerei. Hier treffen wir auch, zusammen mit anderen deutschen Druckern, Erhard Ratdolt aus Augsburg an, einen großen Meister der Druckkunst, der später in seine Heimat zurückkehrte. Aber natürlich waren es in allen Ländern in erster Linie Einheimische, die das neue Handwerk erlernten und dann selbständig betrieben.

Gegen Ende des 15. Jahrhunderts erlangte Aldus Manutius aus Bassiano bei Rom dadurch Berühmtheit in ganz Europa, daß er hervorragend ausgestattete Bücher, darunter zahlreiche lateinische und griechische Klassikerausgaben, in einem durchgängig kleinen Format druckte, die deswegen auch preisgünstiger waren. Aldus Manutius (um 1450 geboren) war ein humanistisch gebildeter Mann. Seine Drucke, mit denen er in ganz Europa viel zur Verbreitung wissenschaftlicher Bildung beigetragen hat, haben sich zu seiner Zeit und für Bücherfreunde auf der ganzen Welt bis heute großer Beliebtheit erfreut. Man nennt sie nach ihm und seinen Nachfolgern »Aldinen«. Ihm ist zugleich 1499 einer der schönsten Drucke zu verdanken, die jemals erschienen sind, unübertroffen bis heute. Er trägt den seltsam gelehrten Titel »Hypnerotomachia Poliphili«, zu deutsch »Der Traum des Poliphilus«. Dieser Liebesroman des Italieners Francesco Colonna schildert zugleich eine geträumte Wanderung durch die Länder der klassischen Kunst, Griechenland und Rom. Das Buch ist mit 70 Holzschnitten geschmückt; auch die Druckschrift ist als eine klassische Antiqua Ausdruck des neuen humanistischen Geistes. Überhaupt waren die Gelehrten, meist bürgerlicher Herkunft, in allen europäischen Ländern die eifrigsten Propagandisten der neuen Buchdruckerkunst, denn für sie bedeutete das gedruckte Buch eine wesentliche Erleichterung ihrer wissenschaftlichen Arbeit. Deshalb gibt es mancherlei Verbindungen zwischen Humanisten und Druckern, und viele wissenschaftliche Werke, die jetzt gedruckt herauskamen, verdanken ihre Entstehung nur der Mitwirkung dieser gelehrten Männer.

Nach Frankreich ist die Druckkunst erst verhältnismäßig spät (1470) gelangt. Hier waren es zwei Professoren der Pariser Universität, der Sorbonne, die drei deutsche Drucker ins Land riefen, damit sie zur Erleichterung der wissenschaftlichen Arbeit Bücher druckten. Angesichts der europäischen Bedeutung von Paris und auch seiner Universität wäre es freilich recht sonderbar, hätte ausgerechnet diese Universität bis dahin ganz und gar ohne gedruckte Bücher auskommen müssen. Wir wissen, daß vorher deutsche Drucker ihre Bücher nach Paris gebracht und dort zum Verkauf angeboten hatten, allen voran die Firma Johannes Fust und Peter Schöffer. Fust ist später auf einer dieser Handelsreisen nach Paris gestorben.

Natürlich sind auch in Frankreich dann sehr rasch Werkstätten zum Druck von französischen Büchern eingerichtet worden. Sehr typisch für deren Arbeit sind die sogenannten Stundenbücher (lat. horae, franz. livres d'heures). Das sind Sammlungen von religiösen Texten, Liedern und Gebeten, mit einem Kalendarium, wie sie schon lange vor Erfindung des Buchdrucks in großer Zahl handschriftlich hergestellt und von der Oberschicht der Gesellschaft erworben worden waren. In der Gewißheit, daß mit der serienmäßigen Herstellung solcher beliebten Stundenbücher Geld zu verdienen sei, stürzten sich gleichzeitig mehrere Drucker auf deren Herstellung. Sie wußten, daß solche Bücher Mode waren, weil sie das Luxusbedürfnis der Feudalwelt und des reicheren Bürgertums befriedigten. Vornehme Damen trugen sie zur Zierde, sichtbar am Gürtel ihrer Kleider hängend, wenn sie zur Kirche gingen, denn der Kirchgang selbst war ein gesellschaftliches Ereignis. Ihr Einband war häufig der Frauenmode jener Zeit angepaßt. Einer dieser Stundenbuchdrucker, unter denen sich auch der Deutsche Tillmann Kerver befand, hat bis zum Jahre 1500 allein 170 verschiedene Ausgaben hergestellt: das war der Pariser Drucker Antoine Vérard, der zugleich auch Verleger war, also seine Drucke selbst vertrieb. Insgesamt sind gewiß rund 600 verschiedene Drucke dieser Art herausgekommen. Sehr kostbare und entsprechend teure Ausgaben für die Allerreichsten galten als besonders schick; sie wurden als »Große« oder »Königliche« Stundenbücher bezeichnet.

Neben Paris wurde noch im 15. Jahrhundert die Handelsstadt Lyon an der Rhône ein wichtiger europäischer Druckort. Auch diese damals reiche und bedeutende Handelsstadt hat deutsche

Drucker angezogen, wobei man beachten muß, daß Lyon gar nicht so weit von Druckerstädten im Südwesten Deutschlands entfernt war. Hier wurde auch das erste illustrierte Buch von Martin Huss, 1478 (ein »Spiegel des menschlichen Lebens« in französischer Sprache) gedruckt. Ein Drucker, der zu den bedeutendsten deutschen zählt, Johann Trechsel, hat in Lyon gewirkt. Für ihn wurde dort die enge Freundschaft bedeutsam, die ihn mit dem aus den Niederlanden stammenden Jodocus Badius Ascensius, damals noch ein junger, aber bereits sehr gelehrter Mann, verband. So konnte Trechsel in Lyon eine große Anzahl wissenschaftlicher Werke herausbringen, die sein gelehrter Freund für den Druck bearbeitet hatte. Badius half auch bei der Herstellung von Büchern als Korrektor*. Das bedeutete damals aber etwas anderes als heute. Denn als man anfing, wissenschaftliche Werke besonders in lateinischer und griechischer Sprache zu drucken, kam es nicht nur auf druckfehlerfreien Satz, sondern auch auf sprachliche und inhaltlich richtige Texte an, die häufig durch vielfaches Abschreiben einer handschriftlichen Vorlage von der anderen verstümmelt oder verfälscht worden waren. Diese Korrektorentätigkeit, wie sie z. B. der junge Jodocus Badius ausübte, setzte großes Wissen und sehr gute Sprachkenntnisse voraus. In neuerer Zeit und heute noch zählen solche Textbearbeitungen zu den Aufgaben der Philologen**.

Bei der Ausbreitung der Druckkunst wurden natürlich gern bereits bestehende Handelsverbindungen genutzt, so zum Beispiel beim Weg des Buchdrucks nach England. Hier war es William Caxton, ein Kaufmann und zugleich Präsident der englischen Handelsgesellschaft, die ihren Hauptsitz auf dem europäischen Festland in Brügge (Niederlande) hatte. Er lernte die neue Kunst, Bücher zu drucken, in Köln kennen. Sie hatte offensichtlich großen Eindruck auf ihn gemacht, denn er erlernte selbst den Buchdruck und brachte seinen ersten Druck in Brügge heraus (1475). Bald danach errichtete er eine Werkstatt in London und hat von 1476 bis zu seinem Tode (1491) zahlreiche Werke, in englischer Sprache, auch von ihm selbst verfaßte, gedruckt. Charakteristisch für seine Produktion ist aber, daß seine Drucke weder Buchschmuck noch Illustrationen aufwiesen.

Ebenfalls im Gefolge des Handels drang der Buchdruck nach Spanien vor. Eine südwestdeutsche Handelsgesellschaft, die ihren Sitz in Ravensburg und Konstanz am Bodensee hatte, besaß auch Niederlassungen in Spanien. Dorthin strebten die ersten Drucker aus Deutschland, so daß z. B. ab 1475 in Valencia, später auch in Saragossa und Barcelona, Werkstätten von deutschen Druckern eingerichtet worden sind. In Alcalá in Spanien ist zwischen 1514 und 1517 die älteste der uns bekannten Polyglotten-Bibeln in sechs Bänden gedruckt worden. So nennt man Bibelausgaben, die neben dem Urtext Übersetzungen in mehreren Sprachen enthalten (polyglott = vielsprachig).

Frisch-fröhliche Wanderlust ist es gewiß nicht gewesen, die diese deutschen Drucker ins Ausland getrieben hat, sondern die Hoffnung, in diesen fremden Ländern die ersten zu sein, die sich mit Hilfe der neuen Buchdruckerkunst eine auskömmliche Existenz aufbauen konnten. Denn es waren in Deutschland sehr schnell zu viele dem neuen Handwerk zugeströmt, so daß ein harter Konkurrenzkampf zwischen den Druckern geführt wurde – und das in der brodelnden Zeit des ausgehenden Mittelalters, die in der Wahl ihrer Mittel bei Auseinandersetzungen ohnehin sehr robust war.

Sechzig Jahre nach der Buchdruck-Erfindung gab es in Europa bereits rund 225 Buchdruckerwerkstätten in etwa 200 Städten; man kann damit rechnen, daß bis zu diesem Zeitpunkt an die 40000 Werke die Druckerpressen verlassen haben. Aber alle diese Unternehmen wucherten wild, viele Drucker waren in ihrem Leben nie »auf einen grünen Zweig gekommen«, sondern verschuldeten, nachdem sie das Wenige, was sie zuvor besaßen, verloren hatten. Manche mußten deswegen mit Sack und Pack ihre Heimat verlassen oder sind zeitweilig in den Schuldturm ihrer Stadt gewandert. Die zähesten unter ihnen haben sich mit kleinen Drucken, die sie selbst vertrieben,

---

* Korrektor: derjenige, welcher dafür verantwortlich ist, daß der handgeschriebene Text des Autors (»Manuskript«) mit dem gesetzten Text (»Korrekturabzug«) übereinstimmt.
** Philologie: Wissenschaft, die Sprache und Literatur der Vergangenheit und Gegenwart erforscht.

mal hier, mal dort durchgeschlagen; sie werden als Wanderdrucker bezeichnet. Das ist eine leichtfertige Bezeichnung, denn ihr Wandern von einer Stadt zur anderen geschah in der Regel höchst unfreiwillig, meistens aus Not. Einer von ihnen ist Hans Sporer gewesen, den wir in stets ärmlichen Verhältnissen in den letzten drei Jahrzehnten des 15. Jahrhunderts in Nürnberg, Bamberg und Erfurt antreffen. Er hat überwiegend kleine Drucke von wenigen Seiten Umfang gedruckt und offenbar alles, was es daran zu tun gab, selbst gemacht, auch das seine Ware anpreisende Titelblatt. Kein Wunder, daß wir bei einem solchen Mann, der die Welt von unten, aus der Sicht der Volksmassen, zu sehen bekommen hat, bereits Druckschriften antreffen, die soziale Anklagen enthalten oder gar revolutionäre Töne anschlagen.

Eine der Lehren, die das erste Halbjahrhundert der Druckkunst vermittelt und die wir heute ganz nüchtern zu ziehen vermögen, lautet: Zum Drucken großer und bedeutender Bücher, vor allem von Büchern mit Abbildungen, gehörte Geld. Deshalb begegnen wir schon in den Anfängen des Buchdrucks Männern, die das sehr schnell begriffen hatten. Das waren aber in der Regel keine Buchdrucker, sondern Angehörige der bürgerlichen Oberschicht, die meistens durch Handel viel Geld verdient hatten. Sie betrieben den Buchdruck wie den Handel mit Häusern, Leinwand oder Wein, das heißt, sie finanzierten bestimmte Drucke oder Druckwerkstätten.

Im Zusammenhang mit dem Buchhandel und seiner Geschichte werden wir noch sehen, wie sich Druck und Verlag (d. h. zunächst nur der Verkauf der hergestellten Werke), die ursprünglich in der Regel in einer Hand lagen, schon im 15. Jahrhundert voneinander zu scheiden begannen. Es entwickelten sich Geschäftsleute, Verleger, die manchmal keine Buchdruckkenntnisse hatten, aber Bücher durch Lohndrucker herstellen ließen und sich, ihre auf anderen Gebieten bereits angebahnten Handelsverbindungen nutzend, ganz und gar auf den Vertrieb ihrer und anderer Drucker Bücher einstellten. Dabei haben besonders findige Unternehmer dieser Art, die der Oberschicht, also der herrschenden Klasse angehörten – wie der Nürnberger Kaufmann Anton Koberger –, schon ganz moderne Absatzwege eingeschlagen.

DAS BUCH IM 16. BIS 18. JAHRHUNDERT

IE Erfindung des Buchdrucks hatte also nicht mit einem Schlage das über 2000 Jahre alte Buch- und Schriftwesen verändert; das gedruckte Buch wurde noch lange Jahre als mechanisierte, auf Vervielfältigung bedachte Handschriftennachahmung aufgefaßt. Erst allmählich wurde den Buchdruckern selbst, natürlich auch den Bücherkäufern und Bücherlesern, bewußt, daß das mit beweglichen Buchstaben gedruckte Buch etwas Neues war: in vielen Exemplaren hergestellt, konnte es von sehr viel mehr Menschen erworben, gehandhabt und gelesen werden.

Daß das gedruckte Buch anfangs tatsächlich mit dem handgeschriebenen manches gemeinsam hatte, beweist z. B. der Buchschmuck. Bereits bei der Handschriftenherstellung hatte es, wie wir gesehen haben, Arbeitsteilung gegeben. Genauso verhielten sich die frühen Buchdrucker – Gutenberg als erster. Nach einigen Versuchen, auch den Buchschmuck mitzudrucken, sparten sie bestimmte Stellen bei Satz und Druck aus. Dort wurden entweder Anfangsbuchstaben einfacher Art, dann meist mit roter Farbe, oder mehr oder weniger kunstvolle Ranken nachträglich angebracht, und zwar vom Rubrikator (lat. ruber = rot), der auch wichtige Stellen oder Überschriften mit roten Unterstreichungen versah.

Schon von seinem Äußeren her versuchte das gedruckte Buch allmählich, sich dem Käufer zu empfehlen. Während die zum Studium bestimmte neue Abschrift einer älteren handschriftlichen Vorlage in der Regel ohne ein besonderes Eingangsblatt nur den Anfang des Textes deutlich hervorhob (»Hier beginnt . . . « lateinisch mit »Incipit . . . « bezeichnet) und das Ende mit einer feststehenden Formel kennzeichnete (»Hier endet . . . « lateinisch mit »Explicit . . . « bezeichnet), entsteht beim gedruckten Buch das uns geläufige Titelblatt mit den wichtigsten Angaben zum Inhalt des betreffenden Druckwerkes.

Zur besseren Handhabung des gedruckten Buches erwies sich auch eine durchgängige Seitenzählung als zweckmäßig. Sie war zwar schon in der Periode des handgeschriebenen Buches bekannt, wurde aber nicht immer angebracht, und wenn das geschah, nur als Blattzählung. Aber wenn der Kölner Drucker Arnold Therhoernen bereits 1470 die Blattzählung mitdruckte, so wurde das noch längst nicht zum Gemeingut aller Druckerkollegen, sondern setzte sich erst nach und nach durch.

Auch der Bucheinband, die schützende Hülle für die Druckbogen, entsteht ganz allmählich, obwohl er schon im Altertum nicht unbekannt war. Wertvolle Handschriften wurden – wie man einst schon die Buchrolle durch Kapseln oder Hüllen schützte – in festen Einbänden aufbewahrt. Das heißt, Buchbinder gab es schon lange vor der Buchdruckerfindung. Aber die ersten Drucker im 15. Jahrhundert, die ihr ganzes Geld in den Satz und Druck stecken mußten, bevor sie auf Einnahmen daraus rechnen konnten, standen, was den Einband betraf, vor einer zusätzlichen ökonomischen Frage. Selbst wenn die Auflagen ihrer Drucke, verglichen mit den heutigen, noch klein waren, blieb das Einbinden für sie ein kostenaufwendiges Massenproblem. So kam es zunächst und für lange Zeit dazu, daß der Verkauf von Büchern in rohen Bogen üblich war. Nur finanzkräftige Druckunternehmer – wie der bereits erwähnte Anton Koberger in Nürnberg – konnten es sich leisten, den Teil der Auflage ihrer Drucke, mit dessen schnellem Absatz sie sicher rechnen durften, einem Buchbinder als zusätzliche Auftragsarbeit zuzuweisen. Sie verkauften, je nach Wunsch, gebundene oder ungebundene Bücher. Aber in solchen Fällen gehörte schon ein Vertrieb dazu, wie ihn eben nur wenige kapitalkräftige Druck- und Verlagsunternehmungen gleichzeitig organisieren konnten.

Verhältnismäßig schnell hat sich bei den Druckern – die einen Überblick über den sich entfaltenden Buchdruck auch außerhalb Deutschlands hatten und daher wußten, was sich in anderen Ländern, z. B. in Italien, auf diesem Gebiet tat – ein klarer Blick für die wichtige und absatzfördernde Rolle einer guten Druckschrift herausgebildet. Durchgängig erfolgte in den ersten Jahrzehnten nach Gutenberg eine Vereinfachung: Die vielen Buchstabenverbindungen, Silbenverkürzungen und Auslassungszeichen, mit denen sich Gutenberg noch abgeplagt hatte, um der Tradition der Schreiber von Handschriften so nahe wie möglich zu bleiben, verloren allmählich ihren Sinn. Neue Leserschichten, die nicht an das Entziffern von Handschriften gewöhnt waren, wurden vom gedruckten Buch erreicht. Auch darin, daß das Zusammenziehen von Buchstaben aufgegeben wurde, haben wir einen Schritt zur Verselbständigung des gedruckten Buches zu sehen. Noch wichtiger war jedoch, daß sich aus der Schriftüberlieferung im In- und Ausland besser lesbare Druckschriften herausbildeten, die es dem Lesenden erleichterten, das Druckbild aufzunehmen. Gleichzeitig erfolgte eine Verringerung der unzähligen Schriften, wie sie in den Handschriften durch die Vielzahl der Schreiber ganz natürlich gewesen waren. Deshalb bedeuteten die Druckschriften demgegenüber eine erste Normung, bei der ganz bestimmte Schriftformen entstanden: Das war z. B. die Schrift, mit der Gutenberg seine zweiundvierzigzeilige Bibel gedruckt hatte, eine »Textura« benannte Druckschrift, die sich an die Schrift kirchlicher Handschriften anlehnte. Das waren weiterhin Schriften, die weniger eckig waren und Rundungen aus

Schreibschriften annahmen. Sie wurden deshalb als Zwitter empfunden und als »Bastarda«-Schriften bezeichnet. Das war schließlich eine sehr angenehme großzügige Druckschrift, die sich schnell und sehr lange größter Beliebtheit besonders für deutschsprachige Drucke erfreute, nämlich die »Schwabacher«. Wir müssen aber auch bedenken, daß das Lesen – von einer kleinen Schicht wissenschaftlich Arbeitender abgesehen – noch nicht eine Lebensgewohnheit vieler war, sondern daß wir bei einem Teil derjenigen, die vielleicht gerade erst lesen und manchmal auch schreiben gelernt hatten, mit langsamem, ja mühsamem Buchstabieren rechnen müssen. Ihnen kam natürlich eine klare Druckschrift sehr entgegen.

Zum Entstehen des modernen Buches hat aber auch ganz wesentlich das illustrierte Buch beigetragen, genauer gesagt, das mit Bildern geschmückte Buch. Sie waren zunächst fast ausschließlich als Holzschnitte ausgeführt. Das Einfügen der Bilder meist unterschiedlicher Größe stellte hohe Anforderungen an die Hersteller, denn es mußte der sonst gleichmäßige Satz geschickt unterbrochen und wieder aufgenommen werden. Dadurch wurde jeder am Druck von Büchern Beteiligte gezwungen, sich über eine ansprechende Gestaltung der Einzelseiten, aber ebenso der Doppelseiten wie überhaupt des Buches als Ganzes Gedanken zu machen.

So reifte, durch vielerlei Anforderungen bedingt, das moderne Buch, d. h. das in großer Zahl gleichmäßig hergestellte Buch, mit eigenen Gesetzmäßigkeiten heran. Es hatte zwar immer noch mit dem handgeschriebenen Buch vieles gemeinsam, unterschied sich aber mehr und mehr von ihm als ein Produkt neuer technischer Voraussetzungen.

Handelte es sich bei diesen angeführten Erscheinungen, die das Buch verselbständigten, zunächst um technische Einzelheiten, ja Äußerlichkeiten, so warf das Buchwesen zugleich auch sehr wichtige gesellschaftliche Probleme auf. Ein solches Problem war der sogenannte Nachdruck. Wenn nämlich ein neues Buch erfolgreich war, was nie ohne weiteres vorauszusehen war, so mußten andere Drucker annehmen, daß sie auch an diesem Erfolg teilhaben könnten, wenn sie nur rasch genug mit Drucken desselben Inhalts auf den Markt kämen. Sie versuchten daher, sich so schnell wie möglich ein Exemplar eines Erfolgsbuches zu besorgen, und druckten es nach; wenn es Abbildungen enthielt, ließen sie auch die Abbildungen nachahmen (»nachschneiden«), wobei es freilich auf gute Einfälle ankam. Man konnte jede einzelne Seite getreu nachbilden, in Druckschrift und Bild. Man konnte aber auch etwas mogeln und die Zahl der Bilder verringern oder im Format kleiner herstellen lassen. Ebenso konnte man eine andere, besser geeignete Druckschrift wählen oder einen kleineren Schriftgrad nehmen. Auf jeden Fall hatten es die Nachdrucker leichter: Sie überschauten besser als der Erstdrucker den erforderlichen Arbeits- und Materialaufwand. So konnten sie Kosten einsparen und daher ihre Bücher billiger anbieten. Für den Erstdrucker verursachte dieses Nachdruckgeschäft natürlich in jedem Fall einen ökonomischen Schaden. Er rächte sich häufig, indem er gleichfalls Geschäfte als Nachdrucker zu machen suchte. Trotzdem hatte das Nachdrucken eine große gesellschaftliche Bedeutung: Es wurden schnell und mehr Bücher herausgebracht, und in der Regel waren die Nachdrucke preisgünstiger, ohne unbedingt schlechter als die Originalausgabe zu sein. Handelte es sich gar um Bücher, die das Wissen der Menschen jener Zeit bereicherten (medizinische, naturwissenschaftliche, Reisebeschreibungen usw.), so waren die Nachdrucker an der Verbreitung wissenschaftlicher Erkenntnisse, wenn auch unbeabsichtigt, beteiligt. Es hat tatsächlich bereits im 15. Jahrhundert und auch noch sehr viel später Drucker gegeben, die vom Nachdruckgeschäft lebten und als Nachdrucker berüchtigt waren. Daher kann es nicht überraschen, daß die Hälfte aller Drucke des 15. Jahrhunderts unrechtmäßige, also Nachdrucke, gewesen sind. Unter den Nachdruckern hat es auf jeden Fall recht einfallsreiche Leute gegeben.

Ein typisches Beispiel ist der Nachdruck eines riesigen Geschichtsbuches, das 1493 in Nürnberg herausgekommen war: Der Humanist Hartmann Schedel hatte es zusammengestellt und bei Anton Koberger in einer deutschen und lateinischen Ausgabe mit 1 800 Illustrationen veröffentlicht. Die deutsche Ausgabe ist unter dem Titel »Weltchronik« (lat. Liber chronicarum) bekannt geworden. Drei Jahre später brachte Johann Schönsperger in Augsburg Nachdrucke davon heraus, die ein kleineres Format hatten, so daß viel weniger Papier dazu gebraucht worden war. Infolgedessen konnten seine Ausgaben wesentlich billiger verkauft werden. Sie enthielten gleichfalls viele Abbildungen, nur wurden sie alle wesentlich kleiner nachgeschnitten. Schönsperger war ein besonders fruchtbarer und unbekümmerter Nachdrucker um die Wende vom 15. zum 16. Jahrhundert. Erstaunlich ist das Tempo, mit dem solche Nachdrucke im 15. Jahrhundert hergestellt werden konnten: Daß sie innerhalb weniger Monate vorlagen, war keine Seltenheit. Manchmal muß man sogar vermuten, daß bereits damals eine Art Werkspionage betrieben worden ist, indem man versucht hat, von einem absatzversprechenden neuen Buch noch vor seiner endgültigen Fertigstellung den frisch gesetzten Text samt Abbildungen in die Hand zu bekommen, um sogleich mit einem Nachdruck beginnen zu können. Der Bücherkäufer hatte jedenfalls seinen Vorteil davon und fragte damals überhaupt nicht danach, ob er einen rechtmäßigen Druck oder einen im Grunde dem Erstdrucker gestohlenen Nachdruck erwarb.

Wenn heute jemand ein Buch schreibt oder ein Buch illustriert, genießt seine darauf verwendete Arbeit einen Schutz durch das Gesetz: Geschützt wird er als »Urheber« dieser wissenschaftlichen oder künstlerischen Leistung. Diesen Teil des Rechtes nennt man »Urheberrecht«, und der Schutz erstreckt sich auf das »geistige Eigentum« des Urhebers. Diese Einstellung hat sich aber erst allmählich herausgebildet. Anfangs, im 15. Jahrhundert, gab es eine solche Regelung noch nicht, und deshalb fühlten sich die Nachdrucker in keiner Weise als Rechtsverletzer. Es mußte ein langer Weg beschritten werden, bis das geistige Eigentum endlich anerkannt und gesetzlich geschützt wurde. Das hängt natürlich auch damit zusammen, daß viele Bücher, die im 15. Jahrhundert gedruckt worden sind, Traditionsgut waren, d. h. von Verfassern stammten, die tausend oder mehr Jahre zuvor gelebt hatten (griechische und römische Autoren). Auch der Illustrator eines Buches hielt sich noch nicht für einen schöpferischen Künstler, sondern galt als Handwerker, der einen Auftrag ausführte und dafür bezahlt wurde. Der Rechtsschutz der Illustratoren ist ebenfalls erst Jahrhunderte später durchgesetzt worden.

Schon im 15. Jahrhundert hat man zwar mancherlei unternommen, um die rechtmäßigen Drucker gegenüber dem Nachdruck ihrer Veröffentlichungen zu schützen, indem ihnen von seiten einzelner Feudalherren oder Stadtverwaltungen Schutzbriefe oder Privilegien ausgestellt worden sind. Diese Schutzmaßnahmen besaßen jedoch nur eine eingeschränkte Wirkung: In der Regel erstreckten sie sich nur auf das Territorium des Feudalherren, der den Schutz gewährte, und sie galten nur für ein bestimmtes Buch und für eine gewisse Zeit. Im Preußischen Landrecht von 1794 ist ein Nachdruckverbot für das damalige, noch kleine Preußen ausgesprochen worden, aber den Nachdruck großen Stils, in Österreich z. B., konnte man damit nicht verhindern.

Einen anderen Zusammenhang haben die vielen Widmungen (lat. Dedikationen), die schon in alten Handschriften vor Erfindung des Buchdrucks und bis ins 20. Jahrhundert in Büchern anzutreffen sind. In alter Zeit wurden solche Widmungen gern durch Überreichung des Buches in Form eines Bildes dargestellt. Als vom 16. Jahrhundert an mehr und mehr eigene, neue Werke entstanden, bekamen diese Widmungen der Autoren den Charakter von Bittschriften. Die Verleger zahlten keine Honorare. Da bot sich nun der Weg der Widmung an, um zu einer Belohnung zu gelangen, sei es in Form von Geld oder einer wertvollen Gabe, z. B. Silbergeschirr, vergoldete Becher. Allmählich konnten die Autoren wenigstens Freiexemplare von ihren Verlegern erhalten. Doch auch diese Exemplare wurden dann oft in Erwartung einer Gegengabe finanzkräftigen Personen »verehrt«. So sind Widmungen und Freiexemplare für Autoren Umwege gewesen, um zu einem noch nicht üblichen Honorar zu gelangen.

Zu Beginn des 16. Jahrhunderts war der Buchdruck bereits als eine gesellschaftliche Kraft anerkannt worden. Das beweist im negativen Sinn die kirchliche und staatliche Zensur, die gegen die Verbreitung unerwünschter Druckschriften eingesetzt wurde. Auf die Einführung einer kirchlichen Druckerlaubnis durch Papst Alexander VI. folgte 1564 die Herausgabe einer genauen »Liste verbotener Bücher« (Index librorum prohibitorum) auf Veranlassung von Papst Paul IV. Jahrhundertelang hat die katholische Kirche mit Hilfe dieser in zahlreichen Auflagen erschienenen Liste versucht, die ihr feindlich oder auch bedenklich erscheinenden Bücher zu verfolgen; sie durften von den gläubigen Christen nicht gelesen werden.

Nicht weniger charakteristisch für die Rolle des gedruckten Buches zu Beginn des 16. Jahrhunderts, in einem positiven Sinne, ist die Wertschätzung, die es durch Kaiser Maximilian I. (1459–1519) erfuhr. Nachdem er sich 1493 zum deutschen Kaiser erklärt hatte, wurden von breiten Massen des Volkes, besonders dem Bürgertum, große Hoffnungen in ihn gesetzt, die sich nicht erfüllt haben. Er wäre berufen gewesen, der Zersplitterung des Heiligen Römischen Reiches Deutscher Nation Einhalt zu gebieten und eine starke Zentralgewalt zu schaffen. Über erste Ansätze dazu ist aber Maximilian I. teils infolge unglücklicher Kriege, teils wegen des Widerstandes der fürstlichen Feudalherren nicht hinausgelangt. Gerade deswegen war der Kaiser darauf bedacht, daß die ganze Welt auch noch nach seinem Tode von seinen Taten Kunde erhielt. Es ist nun interessant, daß ihm der Buchdruck und die Graphik geeignet erschienen, seine Taten festzuhalten, in der Welt zu verbreiten und auch nach seinem Tode zu erhalten. Deshalb ernannte er 1508 den Augsburger Drucker Johann Schönsperger zum Kaiserlichen Hofbuchdrucker. Zur Ausschmückung einer großen Anzahl prächtiger Drucke, wie sie ihm vorschwebten, zog er Künstler heran, die sich durch bedeutende Arbeiten in Deutschland ausgezeichnet hatten. Darunter befanden sich Albrecht Dürer, Hans Holbein, Lucas Cranach, Hans Burgkmair und andere. Nicht alle seine Bücherträume reiften, aber die vollendeten Werke sind Spitzenleistungen des deutschen Buchdrucks und der deutschen Buchillustration in den ersten zwei Jahrzehnten des 16. Jahrhunderts. Als Beispiel nennen wir das Gebetbuch Kaiser Maximilians, zu dem diese genannten hervorragenden Meister Randzeichnungen anzufertigen hatten, 1513 in Augsburg erschienen. Am bekanntesten ist der von Schönsperger gedruckte »Theuerdank« (1517 als Kaiserlicher Privatdruck in wenigen Exemplaren auf Pergament, 1537 als Buchhandelsausgabe) geworden. Das Buch erzählt die Geschichte von der Brautwerbung des Kaisers um Maria von Burgund 1477. Dieses Ereignis ist nicht so bedeutungslos gewesen, wie es uns heute erscheinen mag, denn es ist typisch für feudale Machtpolitik: Maria war die Erbin Karls des Kühnen von Burgund, so daß Maximilian nach dessen Tod die reichen burgundischen Besitzungen zufielen, die die Großmacht der Habsburger begründeten. Für uns besonders wichtig ist, daß der »Theuerdank«, von seiner ruhmredigen Absicht abgesehen, ein hervorragendes Denkmal alter Druckkunst ist, mit zahlreichen Holzschnitten von Hans Burgkmair, Erhard Schön und anderen Meistern ausgestattet. Und tatsächlich hat dieses Buch weltweite Verbreitung dadurch gefunden, daß Maximilian bestimmt hatte, es nach seinem Tode an seine Freunde als Erinnerungsgabe zu verteilen. Für diese Absichten Maximilians am charakteristischsten ist ohne Zweifel der »Weißkunig«, eine Verherrlichung seiner Taten und Kriege (1514–1516). Damit blieb uns ein kulturgeschichtliches Bilderbuch des 16. Jahrhunderts erhalten, weil der »Weißkunig« Bilder aus vielen Lebens- und Handwerksbereichen jener Zeit enthält, dazu von hervorragenden Künstlern gestaltet, an ihrer Spitze der Augsburger Hans Burgkmair.

Eine positive gesellschaftliche Folge hatte das Interesse Kaiser Maximilians I. für das Buchwesen durchaus: Die Stellung der Künstler insgesamt in der Gesellschaft – also auch die der Buchillustratoren sowie aller Buchschaffenden – ist durch seine Aufträge und durch ein enges persönliches Verhältnis zu ihnen bedeutend gehoben worden. Dazu hat auch die dadurch entstandene Zusammenarbeit mit Wissenschaftlern wesentlich beigetragen.

Diese Unternehmungen sind für uns nicht mehr in dem Sinne von Bedeutung, wie sie sich ihr Veranlasser, Kaiser Maximilian I., gedacht hatte, sondern als Meisterleistungen des Buchdrucks und als Zeugnisse der besten Künstler jener Zeit. Im Grunde aber war das Anliegen Maximilians nicht neu: Schon Herrscher des Altertums hatten ähnliche Versuche unternommen, sich selbst der Nachwelt mit Hilfe von Kunstwerken zu überliefern.

Bald darauf wurde der Buchdruck in ganz anderer Weise wirksam, nämlich als eine der Zukunft zugewandte und das Neue mitbestimmende Kraft. Das ereignete sich zunächst in der kirchlichen Reformation, die in ihrer Frühphase die frühbürgerliche Revolution eingeleitet hat. Luthers Lehren hätten ohne den Buchdruck nie die Verbreitung finden können: Sein Kampf gegen die katholische Kirche brauchte neben dem gesprochenen Wort – der Predigt – das gedruckte Wort. Hier können wir in der Tat zum ersten Mal in der Geschichte von einer welthistorischen Bedeutung des Buchdrucks sprechen, vor allem dann, wenn wir dabei nicht nur Luthers deutsche Bibelübersetzung vor Augen haben, sondern ebenso die zahllosen mit Hilfe von Druckerpressen verbreiteten Flugschriften und Flugblätter (Einblattdrucke). Freilich kam es bei diesen Drucken in erster Linie nicht auf Schönheit, sondern auf Schnelligkeit an. So wurden viele dieser Kampf-schriften zwar flüchtig hergestellt, doch haben wir gerade darin eine neue Wirksamkeit des gedruckten Wortes zu sehen, das von nun an zu einem Wegbereiter politisch-gesellschaftlicher Veränderungen geworden ist. Denn die Zeitungen, die später diese Rolle weitgehend über-nommen haben, entstanden erst im 17. Jahrhundert.

Das gilt besonders, nachdem der Buchdruck seine Bewährungsprobe als wirkungsvoller Propa-gandist in der frühbürgerlichen Revolution selbst erfahren hatte – im Großen Deutschen Bauern-krieg. Hier erzielten die Flugschriften der aufständischen Bauern in der Tat erstmalig Massen-wirksamkeit, insbesondere zeigten sie jedermann, worum es den Bauernführern wie Thomas Müntzer ging. Das trifft sowohl für die »12 Artikel der Bauern« zu wie für die damit verbundenen Flugschriften. Dabei muß man auch die Rolle des Bildes – des Holzschnittes – einbeziehen, denn gerade das aufrüttelnde Bild vermochte vor allem jene Volksmassen zu bewegen, die zum über-wiegenden Teil des Lesens unkundig waren. Eine solche bewegende und zum Nachdenken zwingende Macht hatte bereits die deutschsprachige »Septemberbibel« Luthers mit satirischen Bildern bewirkt, ebenso die vielen Flugschriften und Flugblätter im Bauernkrieg.

So unterstützte der Buchdruck im 16. Jahrhundert den Kampf für den Fortschritt und half ein-schneidende politische Wandlungen vorzubereiten. Von solchen Höhepunkten der europäischen Menschheitsgeschichte abgesehen, ist das Buchgewerbe von seinen Anfängen bis heute ein Spiegel der gesellschaftlichen Entwicklung.

Wenn man die Buchdrucktechnik von Anfang des 17. mit der vom Ende des 18. Jahrhunderts vergleicht, so lassen sich keine grundsätzlichen Veränderungen, lediglich einige geringe Ver-besserungen feststellen. Und es war auch nicht der Vorgang des Setzens, sondern der des Druckens, der einige Abwandlungen erfuhr, ebenso die Papierherstellung.

Einschneidend ist bei der Illustrationstechnik der Übergang vom Holzschnitt zum Kupfer-stich. Das ging natürlich nicht mit einem Schlage vor sich, sondern allmählich. Kupferstiche und Kupferstichillustrationen hat es bereits im 15. Jahrhundert gegeben, aber manche Versuche ihrer Verwendung beim Büchermachen sind daran gescheitert, daß es sich um zwei grundsätz-lich verschiedene Techniken handelt, die man unter einen Hut bringen mußte. Während der Buchdruck ein Hochdruckverfahren ist, bei dem die hochstehenden = erhabenen Teile der Form abdrucken, ist der Kupferstich ein Tiefdruckverfahren, bei dem gerade umgekehrt die tiefer liegenden, in eine Kupferplatte eingegrabenen Linien abdrucken. Und den Holzschnitt, häufig in Verbindung mit dem Kupferstich, treffen wir natürlich auch im 17. und 18. Jahrhundert an. Auf jeden Fall setzte sich ab Mitte des 16. Jahrhunderts der Kupferstich als Buchillustration vor allem bei wissenschaftlichen Werken immer mehr durch.

Ein Kupferstich entsteht, indem man eine Zeichnung auf eine polierte Kupferplatte unmittel-bar oder als Pause, auf jeden Fall seitenverkehrt, überträgt. Mit einem Stichel werden die Linien der Zeichnungen in die Platte eingegraben; die Platte liegt auf einem Sandkissen, damit sie an der Stelle, an der der Kupferstecher arbeitet, immer eine feste Auflage hat und mühelos gegen die den Stichel führende rechte Hand bewegt werden kann. Die fertige Platte wird einge-schwärzt, überflüssige, hervorquellende Farbe wird vorsichtig »gewischt«, d. h. entfernt. Nur in den eingegrabenen Linien darf Farbe übrigbleiben. Zum Abdrucken einer Kupferstichplatte muß man eine Kupferdruckpresse verwenden, die einen stärkeren Druck als eine Buchdruck-(Tiegeldruck-)Presse auszuüben vermag, weil das auf die Platte gelegte Papier je nach Tiefe der Gravierung und der Menge der darin haftenden Druckfarbe diese Farbe aufsaugen soll. Es entstehen so aus kräftigen dunkle und aus feinen helle Linien.

Eine Verfeinerung des Kupferstiches ist die Radierung, die vom 17. Jahrhundert an zunächst in Frankreich ihre erste Blüte erfuhr, ihre Beliebtheit bei den Künstlern aber bis in unser Jahrhundert behalten hat. Bei der Radierung wird die Metallplatte mit einem »Grund« versehen, das ist eine Auflageschicht aus Wachs, Kolophonium, Mastix (ein besonderes Harz) und Asphalt. Mit der Radiernadel wird darauf die Zeichnung so eingeritzt, daß das Metall zum Vorschein kommt. Die radierte Platte kommt in ein Ätzbad. Die Säure ätzt aus den ungeschützten Teilen der Platte die mehr oder minder feinen Linien der Zeichnung heraus, danach wird die Schutzschicht, der Grund, entfernt. Das Auftragen der Druckfarbe und das Drucken erfolgt dann genau wie bei anderen Handpressen-Kupferdrucken. Diese auch für Buchillustrationen verwendete graphische Technik ist seit Anfang des 16. Jahrhunderts bekannt und erfreute sich besonderer Beliebtheit im 17. und 18. Jahrhundert. Sie erfordert jedoch in jedem Falle einen zweiten Druckgang. Das heißt, der Text wird im Buchdruck vorgedruckt, dann wird in die ausgesparten Textpartien das Bild auf einer Tiefdruckpresse eingedruckt.

Unter den Ländern, die für die Entwicklung des Buches Bedeutendes geleistet haben, sind die Niederlande zu nennen. Hier wurden Leiden und Amsterdam neue Zentren der Buchproduktion. Dieser nördliche Teil der Niederlande war an den blutigen kriegerischen Auseinandersetzungen der übrigen europäischen Länder unbeteiligt. Handel, Seefahrt und daraus gewonnener Reichtum schufen günstige Voraussetzungen für eine kulturelle und geistige Blüte besonders in diesen zwei Städten.

Bereits von der zweiten Hälfte des 16. Jahrhunderts an wurde auch Antwerpen in ganz Europa wegen seiner drucktechnischen Leistungen gerühmt. Hier war es vor allem Christoph Plantin, 1514 in Frankreich geboren, der mit seinen hervorragenden Drucken, überwiegend reich ausgestattet mit Kupferstichen besonderer Qualität, als einer der größten Buchdrucker in die Druckgeschichte eingegangen ist. Als Plantin 1589 starb, konnte er sein Werk in die Hände seines besten Gehilfen und Schwiegersohnes Jan Moretus legen. Ein Enkel Plantins, Balthasar Moretus (1574–1641) war mit dem großen flämischen Künstler Peter Paul Rubens befreundet; dieser hat für mehrere Drucke des Moretus prachtvolle Titelblätter mit prunkvollem Aufbau entworfen, die den Inhalt der betreffenden Werke versinnbildlichen. Bis in die zweite Hälfte des 19. Jahrhunderts hat das Druckhaus Plantin-Moretus bestanden. In den ehemaligen Räumen dieser Druckerei in Antwerpen befindet sich heute das international bekannte Plantin-Moretus-Museum, seit 1876 eines der wenigen Museen der Druckkunst, die es auf der Welt gibt.

In Leiden hat die Familie Elzevir zunächst mit Hilfe eines regen Buchhandels, dann Generationen hindurch als Drucker viel zur Verbreitung von Büchern getan. Durch diese Drucke im kleinen Format erlangte das schmale, handliche Buch Beliebtheit und Wertschätzung: Ein »Elzevir« wurde in ganz Europa ein Begriff für diese Art von Büchern, und sie zu sammeln wurde geradezu eine Mode unter Bücherfreunden. Unter der »Elzevir«-Produktion befanden sich auch viele solcher kleinen Bändchen mit geographischen und geschichtlichen Beschreibungen fremder Länder. Darin meldete sich eine enge Verbindung von Buchdruck und Politik an. Der niederländische Überseehandel konnte sich unter den friedlichen Bedingungen dieses Landes rasch entfalten. Dadurch wuchs das Interesse an fremden Ländern, aber auch, wegen der Seefahrt, an fremden Meeren.

So ist es kein Wunder, daß sich im 17. Jahrhundert, wiederum besonders ausgeprägt in den Niederlanden, die Aufmerksamkeit vieler den Landkarten und Atlanten zuwendete. Dort gab es gleich zwei Spezialisten für Kartendrucke, die Weltberühmtheit erlangt haben. Wenn heute irgendwo auf der Welt eine Ausstellung auf dem Gebiet der Geographie oder Kartographie veranstaltet wird, ist es fast selbstverständlich, daß man sich bemüht, ein Exemplar z. B. des Weltatlasses von Gerhard Mercator (lateinische Namensform für Krämer) zu zeigen, der von 1512 bis 1594 gelebt hat. Wenn ein solches Prachtstück nicht erreichbar ist, ist es Ehrensache, ein entsprechendes geographisches Werk von Willem Janszoon Blaeu (gesprochen Blau) zu zeigen. Diese Erzeugnisse zeichnen sich durch prächtige Ausstattung und Bildschmuck aus – es sind wahre Spitzenleistungen des Atlantendruckes. Blaeu lebte von 1571 bis 1638.

DAS GRÖSSTE BUCH
DER WELT –

ein Atlas im Format 175 × 175 cm,
in Holland hergestellt, heute im
Besitz der Bibliothek des Britischen
Museums London.

Das längste Buch der Welt –
der Papyrus Harris, 40 m lang.
Er enthält die Taten des
ägyptischen Königs Ramses III.
und befindet sich im Britischen
Museum London.

Fournier-Antiqua

Als um das Jahr 1666 ein feudaler Verwandter gute Gründe hatte, dem Kurfürsten Friedrich Wilhelm von Brandenburg ein kostbares Geschenk zu machen, wählte er Landkarten holländischer Kartographen, darunter befanden sich auch welche von Blaeu. Von den zu einem Atlas vereinigten Karten sind einige handgezeichnet und viele gedruckt. Der Atlas hat eine Höhe von 170 Zentimetern und wiegt 125 Kilogramm. Nach seinem ehemaligen Besitzer wird er der »Kurfürsten-Atlas« genannt. Dieses außergewöhnliche Buch ist somit eines der größten der Welt, ganz bestimmt das größte in der DDR. Es zählt heute zu den Kostbarkeiten der Deutschen Staatsbibliothek in Berlin. Die Karten des 16.–18. Jahrhunderts sind noch nicht so nüchtern wie unsere heutigen, sondern man liebte es von alters her, sie zu schmücken, etwa mit allerlei Rankenwerk, aber auch wie bei unserem Riesenatlas, mit Städteansichten, Grundrissen von Städten, ja sogar mit Trachtenbildern. Auf den Meeren gleiten Schiffe verschiedenster Typen dahin, auf Karten oder Kartenteilen Afrikas, Asiens und Amerikas tummeln sich einheimische Tiere, kurzum, es war eine sehr amüsante und bilderreiche Kartenwissenschaft (Kartographie), die man damals betrieb.

Natürlich gehörten in das weltweite Interessengebiet des 16. und 17. Jahrhunderts, von dem wir ausgehen, auch Reisebücher, die mit vielen Bildern, inzwischen Kupferstichen, geschmückt wurden. Die bedeutendsten und im Umfang gewaltigsten trifft man heute nur noch in Bibliotheken an, z. B. das 21bändige »Europäische Theater« (Theatrum Europaeum) des Matthias Merian des Älteren (1593–1650), der in Frankfurt a. M. ansässig geworden war. Drei Generationen der Familie Merian sind mit diesem Riesenwerk ab 1635 beschäftigt gewesen: Es enthält in großformatigen

Bänden außer dem Text, der politische Begebenheiten und Tages- sowie Naturereignisse aus allen europäischen Ländern schildert, 92 Karten, 1486 Tafeln und 2142 sonstige Abbildungen. Reisebücher sind in zahlreichen Ländern vom 15. Jahrhundert an bis heute ein ausgedehntes und beliebtes Feld der Drucker und Verleger gewesen und geblieben.

Wesentlich anderer Art war der Beitrag Frankreichs zur Entwicklung der Buchdruckerkunst. Vom 16. Jahrhundert an haben sich französische Drucker vor allem um schöne und klare Druckschriften bemüht. Wiederum ist es eine ganze Sippe von Druckern gewesen, die Familie Etienne, die viele schöne geschmückte Bücher herausgebracht hat. Die französischen Könige haben die Druckkunst gefördert, weil sie ihnen zur Hebung ihrer Selbstherrlichkeit (Absolutismus) und zur Verbreitung ihres Ruhmes günstig erschien. 1640 gründete Ludwig XIII. zu diesem Zweck eine »Königliche Druckerei« (Imprimerie Royale), die hervorragende, in ganz Europa geschätzte Drucke hergestellt hat. Und auch hier wurde an neuen, gefälligen und ansprechenden Druckschriften gearbeitet. Auch zur Verbesserung der Druckerpressen wurde mancherlei in Frankreich getan. Gerade diese enge Verbindung von Praxis und Theorie des Buchdrucks ist für Frankreich charakteristisch. Schon 1529 hatte ein vielseitig begabter Mann namens Geoffroy Tory – Gelehrter, Künstler und Drucker in einer Person – eine mit vielen Bildern versehene Abhandlung über die Reinheit und Würde seiner Muttersprache veröffentlicht, in der auch eine Anleitung zum Drucken und zur Buchgestaltung enthalten ist. Er nannte sein Buch »Blütengebilde« (Champ Fleury). Eine Anzahl anderer Schriftschneider und großer Typographen (Schriftsatzgestalter) sind bis ins 18. Jahrhundert in Frankreich tätig gewesen.

Auch für den modernen Buchdruck spielen die Druckschriften eine große Rolle. Für eine gute Lesbarkeit der Schrift im Buch ist ihre Größe sehr wichtig. Die Buchdrucker und Verleger nennen die unterschiedlichen Größen »Schriftgrade«. Zu ihrer Bemessung verwenden sie auch heute noch Maßeinheiten, deren kleinste sie als »Punkt« bezeichnen. Diese international gebräuchliche Methode der Schriftgradunterscheidung nach Punkten geht auf den französischen Drucker François Ambroise Didot zurück, der dabei auf die damals gebräuchlichen Längenmaße »Fuß« und »Zoll« (= Länge des ersten Daumengliedes) zurückgegriffen hat. Ein Zoll war – landschaftlich verschieden – ein Zehntel oder ein Zwölftel eines »Fußes«. Den zwölften Teil eines Zolls nannte man »Linie«. Innerhalb dieses Zwölfersystems legte Didot den typographischen Punkt auf den sechsten Teil = die Hälfte einer Linie fest, wie sie in Paris galt, und kam damit auf 0,376 mm. Als 1870 zwischen verschiedenen Staaten das Maß nach Meter eingeführt wurde, blieb der »Punkt« am Leben; er wurde als $^1/_{2600}$ eines Meters festgelegt. Auf jeden Fall hat sich der »typographische Punkt« bewährt – als kleinste Maßeinheit des typographischen Maßsystems.

Aber Didot gab noch andere entscheidende Anregungen für die europäische Buchkunst. Er hat die Schönheit der Typographie ohne zusätzliche Illustration durch seine Drucke jedermann vor Augen geführt, indem er eine Reihe von Drucken herstellte, die allein durch die wohlgestaltete Schrift und die künstlerische Anordnung des Satzes wirken.

Ein Didot ist es auch gewesen, der einen seltsamen Druckauftrag des Königs ab 1671 ausgeführt hat. Ludwig XIV. ließ es sich 200000 Franken kosten, um für seinen Sohn und Thronfolger lateinische und französische Klassikerausgaben mit jeweils einem Wörterverzeichnis bearbeiten und drucken zu lassen. In diese insgesamt 64 Bände ist ausdrücklich ihre »königliche« Bestimmung eingedruckt worden: »in usum Delphini«, d. h. »zum Gebrauch des Dauphins« (französisch = Bezeichnung für Thronfolger). Diese Ausgaben zählen zu den seltensten und kostbarsten der Weltliteratur. Die dafür erfundene lateinische Redewendung »in usum Delphini« ist ein geflügeltes Wort geworden, aber heute versteht man darunter bearbeitete und verkürzte Ausgaben, in denen aus politischen oder moralischen Gründen anstößige oder unerwünschte Stellen weggelassen worden sind.

Unbestritten hat Frankreich im 18. Jahrhundert die führende Rolle in der Buchgestaltung eingenommen. Wie die feudale Gesellschaft – Hof, Adel und Finanzwelt – tonangebend in Geschmack und Mode war, so wurde sie es auch im Buch als Luxusgegenstand. Die Kupferstichillustration wurde zum tragenden Buchschmuck, und eine große Anzahl begabter Künstler wie Gravelot, Boucher, Cochin und Eisen lieferten äußerst fein ausgeführte Zeichnungen, die geschickte und angesehene Kupferstecher als Stiche ausführten. Aber mit Bildern zu den Büchern begnügte man sich nicht. Viele Zierstücke wurden erfunden und in den Büchern geschickt angebracht: Nicht zufällig haben die meisten Verzierungen dieser Art bis heute ihren französischen Namen beibehalten (Vignette, Fleuron*).

Auf der Insel England hat sich der Buchdruck, von William Caxton eingeführt, noch im 15., dann im 16. und 17. Jahrhundert bedeutend ausgebreitet. Ein neuer Beitrag zur Verbesserung und Belebung des Buchdrucks in Europa ist dort erst von John Baskerville (1706–1775) geleistet worden: Er zählte zu den größten Druckern aller Zeiten. Aus armen Verhältnissen stammend, hat er sich als Diener, Lehrer und Schriftschreiber (z. B. für Grab- und Gedenksteine) durchgeschlagen, ehe er Buchdrucker geworden ist. Da er diese Kunst leidenschaftlich liebte und von Grund auf erlernt hatte, war er bemüht, alles, was er zum Drucken brauchte, vom Gießinstrument bis zur Druckerpresse, selbst zu bauen. Dabei hat er eine Reihe von technischen Verbesserungen herausgefunden. Berühmt geworden ist er durch die von ihm entworfenen lateinischen und griechischen Drucktypen, mit denen er herrliche Ausgaben klassischer Autoren auf feinstem Papier gedruckt hat. Sie wurden von den Fachleuten seiner Zeit bewundert und zählen noch heute zu den schönsten Büchern aller Zeiten. Trotz seines Fleißes und seiner Anstrengungen ist er »auf keinen grünen Zweig gekommen«. Die Arbeit und der Aufwand für seine edlen Druckerzeugnisse waren zu groß, um daran viel verdienen zu können.

Noch heute zählt zu den weltbekannten Druckereien und Verlagen in Großbritannien die Oxforder Universitätsdruckerei, die ihre Arbeit bereits 1585 aufgenommen hatte; im 17. Jahrhundert wurde sie auf Veranlassung des Vizekanzlers der Universität Oxford, John Fell, mit den besten Schriften aus den Niederlanden ausgestattet.

In Italien haben wir eine rege, zuerst im 15. Jahrhundert von deutschen Druckern ausgelöste Druckertätigkeit, dann auch die Besonderheiten der Ausgaben von Aldus Manutius kennengelernt. Mit dieser Vielfalt und Schönheit der Drucke konnten die folgenden Jahrhunderte, in denen auch noch viele gute Ausgaben im Geschmack der jeweiligen Zeit entstanden sind, nicht Schritt halten. Dafür verdanken wir dem italienischen Buchdruck einen der Größten überhaupt unter den Druckern, Giambattista Bodoni (1740–1813), der aus einer Druckerfamilie stammte. Er war einer jener besessenen Typographen, die sich ein ganzes Leben ihrer handwerklichen Kunst verschrieben haben. Von Haus aus mittellos, mußte Bodoni seine Arbeitskraft verkaufen, indem er für die Kirche und für den Herzog von Parma druckte. Erst mit 51 Jahren konnte er sich eine eigene Druckerei einrichten. Er setzte alles ein, um das typographisch gestaltete Buch ohne Illustrationen, in höchster Einfachheit und Schönheit, zur Geltung zu bringen. Das ist ihm auch voll und ganz gelungen: Man hat ihn deshalb auch den Künstler der Einfachheit genannt. Dabei war diese Schlichtheit so durchdacht, daß in ihr höchste Kunstfertigkeit zum Ausdruck kommt. Bodonis Erfahrungen und Kenntnisse hat seine Frau nach seinem Tod in einem typographischen Handbuch (Manuale tipografico) zusammengetragen (1818). Es enthält einen Überblick über seine Schriften und seine insgesamt mehr als 1150 Drucke. In seinem späteren Leben hat Bodoni viele Ehrungen und Anerkennungen für seine Arbeit erfahren, weil er es mit seiner Typographie verstanden hat, dem Kunstgeschmack seiner Zeit in Europa – dem Klassizismus – zu entsprechen.

Während der Buchdruck sehr früh im 15. Jahrhundert (1474) bis nach Polen (Kraków) gelangt war, konnte er sich erst um die Mitte des 16. Jahrhunderts in der Hauptstadt des großen und weiten russischen Reiches, in Moskau, ansiedeln. Über seinen Beginn wissen wir genau Bescheid: Am

---

* *Vignette*: ursprünglich Weinrankenzierat, heute allgemein als Zierstücke in Ornamenten verwendet.
Fleuron: ursprünglich Blumenzierat, besonders für Zierstücke am Ende von Kapiteln, Gedichten, Abschnitten.

1. März 1564 vollendete Iwan Fedorow († 1583) den Druck seiner kirchenslawischen Übersetzung der Apostelgeschichte. Fedorow war zugleich der Gestalter und Herausgeber dieses Druckes. Außerhalb des russischen Reiches, in der ukrainischen Stadt Ostrog, druckte er 1581 eine Bibel, bekannt als »Ostroger Bibel«; auch Fibeln erschienen bereits 1574 in Łow und 1578 in Ostrog. Im 17. Jahrhundert wurden in Moskau u. a. eine Anzahl kirchlicher und weltlicher Bücher gedruckt. Aber die eigentliche Blüte des russischen Buchdrucks setzte, tatkräftig gefördert von Zar Peter dem Großen, nun auch in St. Petersburg (heute Leningrad) und in anderen Städten erst mit dem 18. Jahrhundert ein.

Wie auf anderen Gebieten hat Peter der Große sich auch für den Buchdruck eingesetzt. Er sorgte dafür, daß er in seine neue Hauptstadt St. Petersburg einziehen konnte. Dort richtete er eine Druckerei ein, aus der 1713 das erste Buch in der unter Peter dem Großen eingeführten »bürgerlichen« Schrift hervorging. Bis Ende des 18. Jahrhunderts wurde der Buchdruck, von dem Zaren zentral überwacht, nur für staatliche Zwecke genutzt, erst später durften private Druckereien ihre Arbeit aufnehmen.

So sind in vielen europäischen Ländern wertvolle Beiträge zur Vervollkommnung des Buchdrucks geleistet worden, nachdem Deutschland – durch Johannes Gutenberg und viele andere Drucker, die die Kunst der Typographie in alle Himmelsrichtungen trugen – die eindeutig führende Rolle gespielt hatte. Das durch den 30jährigen Krieg schwer getroffene Land konnte darum im 17. und bis Ende des 18. Jahrhunderts keine Neuererrolle mehr einnehmen. Gewiß sind zu dieser Zeit auch in Deutschland bedeutende Druckwerke entstanden. Aber mehr als anderswo hatte das Nachdruckwesen die Verleger verunsichert. Neben vielen anderen Nachdruckern im Lande selbst hat der »König« aller Nachdrucker, Johann Thomas Trattner, in der österreichischen Hauptstadt Wien fremde, besonders deutsche Verlagswerke rücksichtslos nachgedruckt. Von den Geschädigten, und das waren nicht nur die Verleger, sondern auch die Schriftsteller, ist Trattner, der sich schließlich eine Monopolstellung zu schaffen vermochte, mit Recht bitter gehaßt worden, so daß heftige Angriffe auf ihn nicht ausblieben.

Weil jedoch seine Geschäfte dem Staat Geld brachten, wurde er in seinem Lande hoch geehrt und von der Kaiserin Maria Theresia sogar 1764 in den Adelsstand erhoben, d. h. zum »Edlen von Trattner« ernannt. Der Fall Trattner ist ein aufschlußreiches Beispiel für die Widersprüche des Kapitalismus.

Diese vorrangig auf Profitstreben ausgerichtete Buchproduktion ist eine der Ursachen, warum die Erstausgaben unserer deutschen Klassik, einer der bedeutendsten Epochen der deutschen Nationalliteratur, so nüchtern ausgestattet sind. Das gilt z. B. für die ersten Ausgaben Gotthold Ephraim Lessings, Friedrich von Schillers und bis zu einem gewissen Grade auch für Johann Wolfgang von Goethes Werke.

Wir ehren in diesem Zusammenhang zwei deutsche Drucker und Verleger, die in der zweiten Hälfte des 18. Jahrhunderts bemüht und erfolgreich gewesen sind, die Ausstattung der Bücher zu verbessern: Johann Gottlob Immanuel Breitkopf (1719–1794) in Leipzig und Johann Friedrich Unger (1753–1804) in Berlin. Beide haben sich besonders um die Reform der Druckschriften verdient gemacht, und zwar durch Neugestaltung der deutschen Schrift, der Fraktur. Das waren Initiativen, die für ihre Zeit von großer Bedeutung gewesen sind, aber sie hatten keinen Bestand. Als einen Beitrag zur Vervollkommnung des Buchwesens aus internationaler Sicht kann man sie nicht bewerten.

Wie in anderen europäischen Ländern tauchten im 17. Jahrhundert auch in Deutschland in regelmäßigen Abständen erscheinende Druckschriften auf, die wir periodische Veröffentlichungen nennen. Das sind die uns so vertrauten Zeitungen und Zeitschriften. Sie sind aus den uns bereits bekannten Flugblättern und Flugschriften hervorgegangen. Erst mit ihrer regelmäßigen Erscheinungsweise sprechen wir von Zeitungen. Sie erschienen anfangs einmal wöchentlich. Das gilt zum Beispiel für die ersten Wochenzeitungen, »Aviso« oder »Relation« (beide 1609) genannt, und sie enthalten Nachrichten von Zeitereignissen. Bald folgten ihnen, noch im Dreißigjährigen Krieg, Wochenzeitungen einzelner größerer Städte. Bereits im Titel vermittelte die erste täglich erscheinende Zeitung ihren Inhalt: »Neu einlaufende Nachrichten von Kriegs- und Welthändeln«. Sie wurde seit 1660 in Leipzig herausgegeben.

Die erste Zeitschrift Europas ist eine für Gelehrte gewesen und in Frankreich ab 1665 erschienen, die »Zeitschrift für Gelehrte« (Journal des savants). Sie berichtete über Fortschritte der Wissenschaft und über neue Bücher. Bereits im zweiten Jahr ihres Bestehens, 1666, geriet sie in die Fänge der Zensur der römischen Kirche und wurde zeitweilig verboten. Diese Gelehrtenzeitschrift ist nicht nur die älteste, sondern auch langlebigste Zeitschrift der Welt – sie erscheint noch heute in Paris. Nach ihrem Vorbild wurde ein in Leipzig ab 1682 herausgegebenes Journal (französisch = Zeitschrift) angelegt: Nicht nur ihr Titel »Acta eruditorum« (Gelehrtenberichte) war lateinisch, sondern auch alle Texte. Das war gar nicht außergewöhnlich, denn die Sprache der Gelehrten, zugleich ihr sicherstes Verständigungsmittel untereinander über Landesgrenzen hinweg, war das Latein. Es blieb noch bis in die zweite Hälfte des 18. Jahrhunderts die einzig übliche Sprache im Unterricht an den Universitäten. Im Mittelpunkt auch der »Acta eruditorum« standen Besprechungen neuer Bücher zur Information der Gelehrten. Es war ein denkwürdiges Ereignis in der Geschichte der deutschen Universitäten, als der fortschrittliche Staatswissenschaftler und Aufklärer Christian Thomasius 1688 als erster Vorlesungen in deutscher Sprache an der Universität Halle abhielt, ein Brauch, der sich von da an erst allmählich an deutschen Universitäten durchgesetzt hat. Der Gelehrte Thomasius ist es auch gewesen, der die erste deutschsprachige Zeitschrift ab 1688 herausgebracht hat. Sie trug den weitschweifigen Titel im Geschmack jener Zeit: »Schertz- und Ernsthaffter Vernünfftiger und Einfältiger Gedanken über allerhand lustige und Nützliche Bücher und Fragen«.

Für das Zeitschriftenwesen, das sich vom 17. Jahrhundert an und dann besonders im 18. Jahrhundert entfaltete, ist es charakteristisch, daß sich auch das nicht gelehrte, aber geistig interessierte und politisch aufstrebende Bürgertum Zeitschriften allgemeinen und unterhaltenden Inhalts schuf. So entstanden in Deutschland, nachdem das englische Bürgertum bereits Vorbilder geschaffen hatte, Zeitschriften wie der »Patriot«, der schon im ersten Jahr seines Erscheinens (1724) 5000 Abonnenten verzeichnen konnte. Wie diese »moralischen Wochenschriften« und wissenschaftlichen Zeitschriften im Kampf des Bürgertums gegen den Feudalismus eine fortschrittliche Rolle gespielt haben, so setzten im 19. Jahrhundert die periodischen Veröffentlichungen der sozialistischen Arbeiterbewegung diese Auseinandersetzung fort. Das waren z. B. als erste Zeitschriften die »Deutsch-französischen Jahrbücher« (1844), herausgegeben in Paris von Karl Marx und Arnold Ruge, dann 1847 in London die »Kommunistische Zeitschrift«. Als Zeitungen stehen am Anfang der sozialistischen Tagespresse neben der »Deutschen Brüsseler Zeitung« (1847/1848) die von Karl Marx unter Mitarbeit von Friedrich Engels geleitete »Neue Rheinische Zeitung« (1848/1849).

Den Hauptanteil an diesen periodischen Veröffentlichungen haben vom 17. Jahrhundert an bis ins 19. Jahrhundert die jährlich erscheinenden Kalender gehabt. Im 18. und 19. Jahrhundert hat sich das Bürgertum eine Mode daraus gemacht, mit Bildern geschmückte Almanache und Taschenbücher zu lesen. Auch sie haben für das Streben des Bürgertums nach Bildung und Macht keine geringe Rolle gespielt. Bei den Kalendern bildeten sich anspruchslose, besonders für die Landbevölkerung bestimmte Volkskalender, neben anspruchsvolleren heraus. Die Akademie der Wissenschaften zu Berlin, als Nachfolgerin der 1700 gegründeten Kurfürstlich-Brandenburgischen Sozietät der Wissenschaften zu Berlin, verdankt zum Beispiel über eine lange Strecke ihre Finanzierung u. a. einem Kalendermonopol, das sie sich für ganz Preußen vom König genehmigen ließ. Das war eine geniale Idee zur Geldbeschaffung, die zwar nicht von dem ersten Präsidenten der Akademie, dem großen Gelehrten Gottfried Wilhelm Leibniz, selbst stammte, die er jedoch, den Kalenderabsatz richtig einschätzend, mit Erfolg zu nutzen verstand.

DAS BUCH IM TECHNISCHEN ZEITALTER

ʙ Buch, Zeitschrift oder Zeitung – rund 350 Jahre hat die Erfindung Gutenbergs Bestand gehabt: Die Produktionsmittel, die seine Erfindung ausgemacht hatten, konnten, wie wir gesehen haben, in der einen oder anderen Weise verbessert werden, aber sie sind im Prinzip unverändert geblieben. Erst mit der schnellen und umfassenden technischen Entwicklung im 19. Jahrhundert ist die beim Druck zu leistende Handarbeit durch Maschinen erleichtert oder ersetzt worden. Auch dabei ging es immer wieder um die Grundpositionen der Gutenbergschen Erfindung: Schriftguß, Satz und Druck.

Der Unterschied zwischen Verbesserung und Veränderung wird uns an der Entwicklung der Druckpresse am deutlichsten. Eine Verbesserung bewirkte der Engländer Lord Charles Stanhope, indem er um 1800 als Material für die Presse statt dem bisher üblichen Holz Eisen verwendete und dadurch den durch die Presse ausgeübten Druck und damit seine Leistungsfähigkeit erhöhen konnte. Eine weitere, entscheidende Veränderung des Druckvorganges erzielte die Zylinderdruckpresse, eine Erfindung des Druckers Friedrich König aus Eisleben (1774–1833). Nicht mit einem Schlage, sondern in einzelnen Stufen gelang es König, unterstützt von seinem Freund und Landsmann Andreas Friedrich Bauer, seine neues Druckprinzip zu verwirklichen. Es besteht darin, daß über die auch weiterhin plan liegende Druckform ein Zylinder bei gleichzeitiger Zuführung der Papierbogen und der Druckfarbe hinwegläuft.

Erfinderschicksale sind meist besonderer Art, dies trifft auch bei Friedrich König zu. Er besaß, wie viele Erfinder vor und nach ihm, den klugen Kopf, aber kein Geld. Deshalb war er auf Hilfe anderer angewiesen. Was mußte er nicht alles unternehmen, um seine Erfindung zu verwirklichen. Begonnen hat es mit Basteleien in Suhl, aber zur Verfügung stand dafür als Werkstoff nur Holz. Darauf folgten Versuche, in der Buchstadt Leipzig Unterstützung zu finden. Dieselben Bittgänge wurden in Wien, schließlich in Petersburg unternommen. König hatte sogar eine Denkschrift an den Zaren Alexander I. gerichtet und die Beschwernisse einer Postkutschenreise nach Rußland auf sich genommen. Das und vieles andere mehr mußte Friedrich König durchstehen, ehe sich ihm 1806 die Hoffnung eröffnete, in England, wohin er mit Bauer ausgewandert war, seine Erfindung zu verwirklichen. So kam es, daß die bedeutendste Neuerung auf dem Gebiet des Buchdrucks seit seiner Erfindung zuerst nicht in Deutschland, sondern in England eingeführt wurde. Seit dem 29. November 1814 kann sich die englische Tageszeitung »Times« rühmen, als erste Zeitung der Welt mit einer Zylinderdruck-Schnellpresse deutscher Erfindung gedruckt worden zu sein. Mit welchen Gefühlen mögen König und Bauer 1817 nach Deutschland zurückgekehrt sein? Sie bauten in Oberzell bei Würzburg eine Druckmaschinenfabrik (König & Bauer) auf und verbesserten ihre Maschinen noch so, daß das Bedrucken der Vorderseite (»Schöndruck«) und der Rückseite (»Widerdruck«) eines Papierbogens erstmals in einem Arbeitsgang vorgenommen werden konnte – bis dahin war das nur in zwei Arbeitsgängen möglich gewesen.

Die Weiterentwicklung der Königschen Erfindung zur hochleistungsfähigen Rotationspresse ist nicht das Werk eines einzelnen, sondern das Ergebnis zahlreicher gleichlaufender Bemühungen. Wie leicht ist es, zu sagen: Es mußte ja gleichsam in der Luft gelegen haben, den bisher nur plan liegenden Schriftsatz, die »Form« des Druckes, auf den Zylinder selbst zu bringen! Aber in der Luft können stets nur Probleme liegen, nicht ihre Lösungen: die müssen gefunden werden, und zwischen der Idee (Ich hab's) und Ausführung liegen bei jeder Erfindung lange Strecken, die nur mit Mühe und Ausdauer zu überwinden sind. Immerhin handelte es sich beim Schriftsatz um das schwere, starre Metall der Lettern, und hier mußte auch der Ansatzpunkt gefunden werden.

Rotationsdruck oder Rundformendruck beruht auf dem Prinzip gegeneinander rotierender Zylinder – Zylinder gegen Zylinder –, wobei der eine die Druckform, der andere den Gegendruck bildet. Stereotypie (von griech. stereo = fest, feststehend) ist ein Verfahren zur Abformung von Schriftsatz (auch von Bild-Druckstöcken). Die ersten Versuche gehen in die erste Hälfte des 18. Jahrhunderts zurück; damals – in England – verwendete man Gips. Vorwärts ging es damit, als man – in Frankreich – hundert Jahre später bei der Abformung zu einer Papier-Pappe-Masse (Papiermaché) überging, die sich sehr gut und lange Jahrzehnte bewährt hat. Heute werden Plaste verwendet. Die dabei gewonnene Abprägung der Schriftform nennt man Mater. Die auf den Stahlzylinder aufzubringenden Metalldruckseiten gewinnt man durch Ausgießen der Matern mit Letternmetall – heute also durch Umprägen in Plaste.

DICKSTE ZEITUNG DER WELT
Die dickste Zeitung, die bisher jemals erschien, ist die über drei Kilogramm schwere Ausgabe der «New York Times» vom 10. Oktober 1971, die einen Anzeigenteil von 972 Seiten hatte.

Lichte Holländische Versalien und Baskerville-Antiqua

Es gibt Rotationsmaschinen für Bogen- und Rollendruck. Die Rollen-Rotationsmaschine ist so recht zum Sinnbild der Möglichkeiten maschineller Leistungsfähigkeit geworden: von dicken Rollen läuft das Papier in die Maschine, und dazu in einem Tempo, daß mit einer 6-Rollen-maschine schon vor Jahrzehnten eine achtseitige Zeitung in einer Stunde in einer Auflage von einer Viertelmillion Exemplaren gedruckt werden konnte. Heute ist der Zeitungsdruck noch viel weiter entwickelt. Es werden Halbautomaten (halbautomatische Durchdruckmaschinen) oder Automaten (automatische Durchdruckmaschinen) oder Letterset-Druckmaschinen mit indirektem Hochdruckverfahren (eine Kombination von Rotationsdruck und Offsetdruck) oder Kombinations-Druckmaschinen verwendet, die Buchdruck und Offsetdruck verbinden, wobei der Offsetdruck für die bessere Bildwiedergabe eingesetzt wird. Schnelligkeit ist die verführerische Losung des technischen Zeitalters, aber leider wohnen Schnell und Schlecht manchmal eng beisammen. Deshalb wurde der Rotations(rollen)druck anfangs nur für Zeitungen und Zeitschriften – also für Verbrauchsliteratur – eingesetzt. Heute aber werden z.B. alle Taschenbücher auf Rotationsmaschinen gedruckt. Wir sind froh und dankbar, daß wir diese billigen Bücher für jedermann haben, doch dafür müssen wir mitunter eine Qualitätsminderung in Kauf nehmen.

Eine ähnliche Umwälzung hat es beim Setzen gegeben: die Entwicklung vom Handsatz zum Maschinensatz. Die Hilfe der Maschine bei dem arbeitsaufwendigen Handsatz hat Bastler und Erfinder auf diesem technischen Gebiet ein halbes Jahrhundert beschäftigt – an die zweihundert Spezialisten sind von diesen Problemen gepackt gewesen. Einer unter ihnen ragt heraus, weil er noch einen Schritt weiter gekommen ist als seine Vorerfinder. Bei der Mechanisierung des Setz-vorgangs ging es darum, das Aneinandersetzen der Einzelbuchstaben, das maschinell gleich-mäßige Anfüllen und Abbrechen der vollen Zeile (»Zeilenausschluß«) und das sehr zeitaufwendige Ablegen des ausgedruckten Satzes zu verbinden. Ottmar Mergenthaler schaltte nicht nur die Mechanisierung dieser drei verschiedenen Arbeitsvorgänge, sondern auch das gleichzeitige Gießen der gesetzten und »ausgeschlossenen« Zeile. Er ist der Erfinder der Zeilensetz- und Gießmaschine.

Mergenthaler (1854–1899) war ein gelernter Uhrmacher aus Schwaben, der mit achtzehn Jahren nach Amerika gegangen war und in Baltimore schließlich bei einem Ingenieur und Erfinder einer Schreibmaschine für lithographischen Druck Arbeit gefunden hatte. In jahrelanger Arbeit gelang ihm 1886 das zweite Modell seiner Erfindung: die Linotype-Maschine. Diese technische Neuerung fand in allen Buchdruckländern freudige Aufnahme und ist bis heute in Gebrauch geblieben. Mergenthaler selbst hatte aber nur noch den Anfang seines Erfolges miterleben können.

Im Jahre 1897 wurde von dem Amerikaner Tolbert Lanston (1844–1913) eine Maschine erfunden, die der Mergenthalerschen im Prinzip ähnlich war: die Einzelbuchstaben-Gieß- und Setzmaschine vom Typ Monotype. Auch sie ist über die ganze Welt verbreitet worden. Ihr Vorteil gegenüber der Linotype besteht unter anderem darin, daß bei einem Satzfehler in einer Zeile der betreffende Buchstabe ausgewechselt werden kann, während bei der Linotype in einem solchen Falle stets die ganze Zeile neu gesetzt werden muß. Beide Maschinen steigerten die Leistungen der Setzereien durch Beschleunigung des Setzvorganges.

Seit dem 19. Jahrhundert ist auch das Äußere des Buches, der Einband, vom modernen Taschenbuch und der Broschüre (der Buchbinder spricht von Broschur) abgesehen, so beschaffen, wie wir es heute gewohnt sind. Wir wissen, daß der Handel mit Büchern zwar jahrhundertelang in rohen Bogen erfolgte, wissen aber auch, daß daneben bereits seit dem 15. Jahrhundert von Verlegern in Auftrag gegebene, fest eingebundene Bücher verkauft worden sind.

Wenn wir heute in vielen Büchern beim Aufschlagen der Seite vor dem Titelblatt oben eine kurze Titelangabe des betreffenden Buches finden, so ist dies ein Rest aus der Zeit, als die Bücher noch ohne festen Einband gehandelt wurden: Das ist der sogenannte Schmutztitel, der, auf der ersten Seite des ersten Bogens stehend, eine Information gab, um welches Buch es sich handelte, und zugleich vor Schmutz, das heißt Beschmutzung des obersten Bogens schützen sollte. Er ist beim Einbinden der Bogen durch den Buchbinder manchmal weggelassen worden.

Gegen Ende des 18. Jahrhunderts, vor allem bei dem schwungvollen Handel mit Taschenbüchern und Almanachen, ist das gebundene Buch mehr und mehr in Erscheinung getreten. Aber von einem modernen Verlegereinband (in Leinen, Halbleinen oder Kunststoff) kann man erst reden, seit Mitte des 19. Jahrhunderts die Handarbeit des Buchbinders (Handeinband) durch die Maschine (maschinell gefertigter Einband in größeren Auflagen) abgelöst worden ist.

Im Zusammenhang mit den Beschreibstoffen haben wir bereits dargelegt, wie das uralte Schöpfsieb des Papiermachers durch das »endlose« Sieb der Maschine um die Wende des 18. zum 19. Jahrhundert abgelöst worden ist und wie dann die Rohstoffumstellung von Hadern auf Holz durch die geniale Erfindung Friedrich Gottlob Kellers 1844 gelungen ist. Allerdings mußte auch hier die wesentlich gesteigerte Papierproduktion einen Qualitätseinbruch in Kauf nehmen. Seitdem finden Papiere sehr unterschiedlicher Qualität für den Buchdruck Verwendung: Holzhaltige Papiere aus Holzschliff und Zellstoff, holzfreie Papiere aus Zellstoff ohne Verwendung von Holzschliff sind die gängigen Maschinenpapiere geworden. Die handgeschöpften Papiere – darunter das »Büttenpapier«, das man an dem ausgefransten Büttenrand erkennt – sind keine Massenprodukte, sondern werden nur noch für besondere Zwecke (Liebhaber- oder bibliophile Ausgaben) verwendet. Allerdings ist nicht alles Papier, das heutzutage einen »Büttenrand« aufweist, echtes, handwerklich hergestelltes Papier, denn mit besonders geformten Schneidwerkzeugen kann ein Büttenrand künstlich erzeugt werden.

Natürlich hat auch bei der Herstellung von Drucklettern und Druckmaterial die Maschine die Handarbeit abgelöst: Gießmaschinen sind an die Stelle des Handgießinstrumentes getreten. Ein halbes Jahrhundert hat man auf diesem Gebiet experimentiert, ehe eine erste Lettern-Gießmaschine (1806) so weit vervollkommnet worden war, daß 1853 die erste Gieß- und Fertigmachmaschine entstehen konnte. Weil sie die gewünschten Buchstaben fix und fertig liefert, nennt man sie auch Komplett-Gießmaschine. Auch hier haben viele Köpfe und geschickte Hände zur Verbesserung dieser sehr komplizierten Arbeitsvorgänge beigetragen, bis es die moderne Schnellgießmaschine mit einer Leistungsfähigkeit von vielen tausend Buchstaben in der Stunde gab.

Der Bilddruck, von dem wir Holzschnitt, Kupferstich und Radierung kennengelernt haben, hat Ende des 18. Jahrhunderts durch Alois Senefelder eine Revolution erfahren. In ihm haben wir den seltsamsten, lebenslänglichen Erfinder vor uns, der einen sechsten Sinn für technische Verbesserungen hatte, ohne jemals eine schulmäßige technische Ausbildung genossen zu haben. Alois Senefelder (1771–1834) war nämlich von Haus aus Schauspieler und Theaterschriftsteller, und ihm ging es zunächst lediglich darum, seine Theaterstücke selbst billig zu vervielfältigen. Das brachte ihn auf allerlei Ideen, aus denen zwar nützliche technische Verbesserungen der Drucktechnik hervorgingen, doch sein eigentliches Ziel erreichte er gar nicht so schnell. Schließlich gelang ihm die Erfindung der Autographie (Selbstschreibekunst), das heißt die mechanische Übertragung von Handgeschriebenem oder Zeichnungen auf eine Zinkplatte oder auf einen besonderen Stein. Für die Herstellung von Noten war die Autographie lange Zeit verwendet worden. Bei dieser Beschäftigung, die er nur nebenbei betreiben konnte, geriet er auf eine spezielle Steinart, den Solnhofener Schiefer (Bayern). Dieser Stein nimmt sowohl Wasser als auch Fett, zwischen denen von Natur aus Feindschaft besteht, leicht auf. An den Stellen, wo er mit Fett getränkt wird, nimmt er kein Wasser an, und umgekehrt haftet Fett dort nicht, wo Wasser die betreffende Stelle tränkt. Wenn nun eine Schrift oder Zeichnung auf ein besonders zugerichtetes Papier mit fetten Materialien geschrieben oder gezeichnet wurde, ließ sie sich auf diesen Stein übertragen und umdrucken. Später, nach weiterem Experimentieren, gelang ihm mit einer fetthaltigen Tinte der direkte Steindruck, indem er die Schrift oder Zeichnung mit fettem Material direkt auf die Steinoberfläche ausführte. Senefelder hat übrigens seine Erfindung als »chemischen Druck« bezeichnet. Als er 1818 sein berühmtes, später in mehreren Übersetzungen erschienenes Lehrbuch veröffentlichte, nannte er es »Vollständiges Lehrbuch der Steindruckerey«. Wir verwenden heute überwiegend die Bezeichnung Lithographie und fassen dabei die zwei im Grunde verschiedenen Tätigkeiten des Zeichnens auf Stein, die eigentliche Lithographie, und den »Steindruck« zusammen.

Wenn wir den Buchdruck und den Holzschnitt als Hochdruck, den Kupferstich, die Radierung und andere im Prinzip ähnliche Techniken des Bilddruckes als Tiefdruck bezeichnen, so ist die Lithographie die Grundlage aller der Verfahren geworden, die wir als Flachdruck zusammenfassen: alle Arten des Druckes, bei denen die Teile der Druckform, die abdrucken sollen, weder erhöht (= Hochdruck) noch vertieft (= Tiefdruck) zu stehen kommen, sondern »flach«, d. h. in einer Ebene liegen. Wenn das, was flach liegt, trotzdem druckt, so muß es sich um ein grundsätzlich anderes Verfahren handeln. Auf der Lithographie beruhen zahlreiche jener modernen Druckverfahren des Flachdrucks, vor allem für den Bilddruck, wie die Photolithographie, der photomechanische Offsetdruck und der Lichtdruck, vorwiegend für hoch qualitative vielfarbige Bilddrucke (z. B. Faksimiles) in begrenzter Auflagenhöhe.

Für das Drucken von Büchern ist neben dem klassischen Hochdruck mit den dargelegten technischen Neuerungen der Offsetdruck führend geworden. Er ist eine amerikanische Erfindung aus dem Anfang unseres Jahrhunderts. Dabei handelt es sich um ein indirektes Druckverfahren des Flachdrucks. Das zum Druck bestimmte Bild (bzw. der Text) wird von der Druckform zunächst auf ein Gummidrucktuch, das auf einen Zylinder gespannt ist, und von da aus auf das zu bedruckende Papier (bzw. Material) übertragen. Wenn man beim modernen Drucken den indirekten Weg, also wie hier über ein Gummituch, einen Umweg wählt, muß es gute Gründe dafür geben. In der Tat lassen sich mit Hilfe des Offsetverfahrens auch schlechtere, billigere Papiersorten verhältnismäßig gut bedrucken, vor allem erweist es sich beim Farbdruck als qualitativ sicher und stets billiger als der Hochdruck. Hinzu kommt in neuster Zeit der Siebdruck, der zu den Durchdruck-Verfahren gezählt wird. Auf Papier oder auch Metall-, Textil- bzw. Plastgewebe, bei dem die Bildstellen farbdurchlässig, die bildfreien Stellen farbundurchlässig aufbereitet sind, wird Druckfarbe durch ein feinmaschiges Sieb übertragen. Der Druck kann manuell, zum Beispiel für graphische Blätter, oder maschinell, also dann mittels der Siebdruckmaschine erfolgen. Die Anwendungsmöglichkeiten des Siebdrucks sind fast unbegrenzt, weil sich die verschiedensten Materialien dafür eignen.

So ist der biedere handwerkliche Buchdruck in Verbindung mit dem Bilddruck ein außergewöhnlich vielseitiges Gebiet der Technik geworden. Ein ausgedehntes und kompliziertes Studien- und Wissenschaftsgebiet bildet heute die Grundlage der polygraphischen Praxis. Es befindet sich seit den letzten dreißig Jahren in einer so schnellen Entwicklung, daß nur noch der Fachmann ihr zu folgen vermag. Schreibsatz, Photosatz, Lichtsatz sind die modernen Verfahren, die die neuesten Erkenntnisse der Photographie, der Filmchemie und der Elektronik auch für den Buch- und Bilddruck nutzen. Mathematik, Chemie und Physik sind die unentbehrlichen Gehilfen der modernen Drucktechnik geworden.

DER BUCHHANDEL

 IT handgeschriebenen Büchern, also Handschriften, ist schon vor zweitausend Jahren in der Sklavenhaltergesellschaft Handel getrieben worden, in Griechenland und im Römischen Reich. Das waren, wie wir bereits gesehen haben, Papyri. Wir wissen es zwar nicht mit Sicherheit, aber wahrscheinlich ist diese Abschreibearbeit schon organisiert gewesen, nämlich so, daß mehrere Schreiber nach Diktat einen bestimmten Text vervielfältigen mußten. Vom 3. Jahrhundert an sind in Rom hergestellte Handschriften bis in die entlegensten Gebiete des römischen Weltreiches vertrieben worden, das heißt also im Norden bis »Gallien« (Frankreich), »Germanien« (Deutschland) und »Britannien« (England).

Nach der Vernichtung des Römischen Reiches (476), als die christlichen Klöster für Jahrhunderte die einzigen Zentren der Bildung im Auftrag der Kirche waren, hat es keinen Buchhandel gegeben, wohl aber erlangten einzelne Schreibstuben (Skriptorien) wegen ihrer textgetreuen, sauberen handschriftlichen Überlieferung einen besonderen Ruf, z. B. Reichenau, St. Gallen und Fulda. Mit dem Verfall der Kirchenzucht und dem unchristlichen Leben des Klerus gingen diese guten Traditionen unter, und es kam im 13. und 14. Jahrhundert schließlich zu einem Verfall des Handschriftenwesens in den Klöstern.

Mittlerweile hatte sich an den Universitäten Europas ein Schreiberwesen entfaltet, das aber nur auf den Bedarf der einzelnen Universitäten an Handschriften ausgerichtet war. Die Tradition der Schreibstuben außerhalb der Klöster und Universitäten ist nie ganz abgebrochen, aber mit dem Wandel des Beschreibstoffes – Pergament statt Papyrus – veränderte sich sowohl das Schreiberwesen als auch der Vertrieb der Handschriften. Pergamenthandschriften wurden für die Spitzen des Klerus und für Feudalherren oder als Repräsentationsgeschenke hergestellt, für die breiten Massen des Volkes waren und blieben sie wegen ihres hohen Preises unerschwinglich.

Das änderte sich erst mit dem Aufkommen des Beschreibstoffes Papier in Verbindung mit dem wirtschaftlichen Aufschwung der Städte. Als mehr und mehr Schulen in den größeren Handelsstädten eingerichtet wurden, wuchs der Bedarf an Lehr- und Lesebüchern. Hand in Hand damit entstanden in dem begüterten Teil des Bürgertums Bildungsbedürfnisse, die, wie wir im Zusammenhang mit der Entwicklung des Schriftwesens bereits gesehen haben, durch gewerbsmäßige Schreibstuben befriedigt wurden, verbunden mit einem regen Handschriftenhandel. Er bildete bis zur Erfindung des Buchdrucks die dieser Epoche gemäße Form des Buchhandels.

Wieder erkennen wir die große Bedeutung der Buchdruck-Erfindung, wenn wir ihre Wirkung auf den Handel mit Büchern bemessen: Eine zweitausendjährige Geschichte des geschriebenen Buches mit zwar recht beachtlichen Vertriebsformen ging nun zu Ende, und ein großes und bedeutsames Handels- und Vertriebswesen von Büchern bildete sich heraus. Die Buchdruck-Erfindung stellte alle am Buch Mitwirkenden und die mit Büchern Handelnden vor Massenprobleme. Wenn auch nicht mit einem Schlage, wohl aber nach und nach machte der Buchdruck die berufsmäßigen Schreiber brotlos. Auf der anderen Seite gab er vielen anderen handwerklichen Berufen Brot, und vor allem befriedigte er neue und breite Lesebedürfnisse. Der private Buchbesitz, der bisher über lange, lange Zeit das Vorrecht einer sehr kleinen begüterten und daher bevorrechteten Schicht gewesen war, wurde allmählich, wenn auch vorerst nur in bescheidenem Maße, vielen ermöglicht. Das alles vollzog sich nicht plötzlich, im Gegenteil, nach der Buchdruck-Erfindung ist ein recht vorsichtiges Tasten zu beobachten: Niemand übersah damals sofort die Folgen. Anfangs wagte man gar nicht, die neue Vervielfältigungstechnik voll zu nutzen, sondern riskierte nur bescheidene Auflagen.

Aber eines fragte sich jeder Drucker in Deutschland, Italien oder Frankreich sofort besorgt: Wie sollte man den jetzt nach Hunderten zählenden Drucken einer einzigen Auflage den Weg zu den Käufern bahnen, wie sollte man sie an den Leser bringen? Denn ganz selbstverständlich waren die ersten Drucker auch ihre eigenen Verleger, eben Drucker-Verleger. Eine Arbeitsteilung drängte sich auf, nämlich aus den Erfahrungen mit dem Absatz der neuen Ware Buch.

Eine erste Erfahrung wurde bereits in der Zeit nach Erfindung des Buchdrucks gemacht: Von größeren Druckwerken konnte in der näheren Umgebung des Druckortes immer nur ein Teil auch geringer Auflagen verkauft werden. Lediglich kleine, billige Drucke waren selbst bei solch örtlich begrenztem Vertrieb leichter absetzbar. Natürlich war auch der Druckort und die Möglichkeit, die er für Handel und Wandel bot, von Wichtigkeit: In Städten mit regen Handelsverbindungen, in Süddeutschland Augsburg, Ulm, Nürnberg, Straßburg, Basel, im Norden Lübeck und Leipzig, entstanden die leistungsfähigsten Druckereien des 15. Jahrhunderts.

Die Ungewißheit, wie viele Exemplare eines fertiggestellten Buches umgehend oder in absehbarer Zeit verkauft werden konnten, verbot das sofortige Binden aller fertigen Drucke von selbst. Deshalb wurden Bücher grundsätzlich ungebunden zum Kauf angeboten, und der Käufer ließ sich das in rohen Bogen erworbene Exemplar binden, wenn und wann er dazu Geld hatte. Die Buchbinder waren also wichtige Partner der Buchdrucker. Anstelle von Handschriften bekamen sie jetzt gedruckte Bücher zum Einbinden, und das erfolgte im Geschmack der Zeit, überwiegend und für lange Zeit mit Ledereinbänden. Als Schmuckformen wurden Linien und Ornamente benutzt, die das ganze Mittelalter hindurch als Einzelstempel, vom 16. Jahrhundert an mit Hilfe von Metallplatten oder Rollen »blind«, das heißt ohne Farbe, in das Leder eingedruckt wurden. Dazu gehörte eine große Geschicklichkeit, denn bei diesem Verfahren mußte das Leder angefeuchtet, der Stempel bzw. die Platte angewärmt und mit sicherer Hand aufgesetzt werden.

Noch folgenreicher war die weitere Erfahrung unmittelbar aus der Praxis, daß die Herstellung eines Druckwerkes und sein Vertrieb zwei ganz verschiedene Dinge waren: Ein guter Drucker brauchte noch längst kein guter Händler mit seiner eigenen Ware zu sein und umgekehrt. So ergab sich nicht als Regel, aber allmählich doch in ausgeprägter Weise eine Arbeitsteilung nach Herstellung und Vertrieb. Der Buchhändler bildete sich als Berufsstand heraus. Kleine und kleinste Drucke, religiöse Schriften und Kalender wurden von Leuten vertrieben, die ohnehin gewohnt waren, ihre Ware von Haus zu Haus anzupreisen. Bei Festen, Kirchweihen und an Sonntagen boten die Hausierer ihre Sachen auf Auslagetischen vor der Kirche oder auf dem Markt feil. Während diese Händler lediglich eine neue Ware mehr anboten, ohne sich viel darum zu kümmern, worum es sich im einzelnen handelte, wurden größere und teure Druckschriften im Auftrag der herstellenden Druckerverleger von sogenannten Buchführern oder Reisedienern außerhalb des Druckortes gehandelt, mit Vorliebe natürlich dort, wo viele Menschen zusammenkamen. Dasselbe ließ sich erreichen, wenn ein Drucker in einer volkreichen fremden Stadt jemanden gewinnen konnte, der dort seine Bücher zum Kauf feilhielt. Solche geschäftlichen Verbindungen haben sich von den Hauptdruckstädten Deutschlands aus schon sehr früh zum Beispiel nach Wien, Krakau, Paris und Lyon entwickelt.

Auf der anderen Seite interessierten sich mehr und mehr Kaufleute für das neue Büchergeschäft und gründeten, erwarben oder finanzierten Druckereien, die von Buchdruckern geleitet wurden, während der Herr und Besitzer mit frühkapitalistischen Methoden diesem Drucker und seinen Gesellen Lohn zahlte. So entstanden auf der einen Seite Lohndrucker, die nur für Dritte die verschiedensten Druckaufträge ausführen mußten, auf der anderen Seite Verleger, die vom Drucken zwar nicht das geringste verstanden, dafür aber von anderen Geschäften her Kapital besaßen oder geerbt hatten und sich im Handel auskannten. Sie waren also bereits als Verleger tätig und betrieben lediglich den Absatz von Druckerzeugnissen; sie waren entweder ihre eigenen Buchführer, oder sie organisierten, wenn sie reich und mächtig genug waren, ein ganzes, über Deutschland weit hinausgehendes Vertriebssystem mit fremden Buchführern oder Buchhändlern.

Die erste Buchhandlung 1796

Friedrich Christoph Perthes gründete 1796 in Hamburg als erster in Deutschland eine Buchhandlung im modernen Sinne – ohne eine dazu gehörige Druckerei oder einen Verlag.

Fette Haenel-Antiqua und Walbaum-Antiqua

Ob Druckerverleger, ob Buchführer oder Verleger, alle mußten bemüht sein, an Bücherinteressenten heranzukommen und neue Bücherkäufer zu gewinnen. Dazu mußten sie alle Möglichkeiten der Werbung nutzen, die sich ihnen boten: das individuelle Verkaufsgespräch, Märkte und Festlichkeiten, Werbeblätter, die die Titel von Drucken einer Offizin (lat. officina = Werkstatt) oder auch mehrerer Druckereien anboten und sonstwie höchst geschickt anpriesen. Wir kennen solche Bücheranzeigen bereits aus den frühen siebziger Jahren des 15. Jahrhunderts. Ganz natürlich ergab sich bei diesen Werbemaßnahmen, daß es billiger war, wenn solche Anzeigen nicht nur die verkäuflichen Werke eines Verlegers auswiesen, sondern die mehrerer Verleger. Auch zeigte es sich sehr bald als vorteilhaft, wenn die Buchführer oder reisenden Buchhändler die Neuerscheinungen oder auch »Ladenhüter« mehrerer Druckerverleger oder Verleger ausboten. Genauso fließend ist der Übergang von dem im Auftrage eines, dann mehrerer Verleger tätigen Buchführers bis zum selbständigen Buchhändler gewesen. So ist der sogenannte Sortimentsbuchhandel mit dem Sortimenter in seinen ersten Anfängen schon im 15. Jahrhundert entstanden. Als Sortiment bezeichnet man den Verkauf und Vertrieb von Büchern im Ladengeschäft auf der Grundlage eines vielfältigen Angebotes.

Eine besonders charakteristische Vertriebsform für Bücher hat sich auf den Messen herausgebildet. Auch ihre Entstehung geht auf ökonomische Überlegungen zurück: Wenn man Neuerscheinungen schnell bekanntmachen und absetzen wollte, war ein Treffen mit Kollegen an einem bestimmten Ort zu einem festgelegten Zeitpunkt zweckmäßig. Ein erster Zentralpunkt für buchhändlerische Messen ist Frankfurt am Main geworden, eine im Knotenpunkt von Nord-Süd- und Ost-West-Handelsstraßen äußerst günstig gelegene Handelsstadt, die schon seit dem

14. Jahrhundert in ganz Europa als Messestadt für allerlei Waren bekannt geworden war. Ein findiger Augsburger Buchhändler, Georg Willer, unternahm es, ab 1564 alljährlich zur Frankfurter Messe einen Katalog der von ihm vertriebenen Bücher zu drucken; ab 1598 übernahm der Rat der Stadt Frankfurt am Main diesen Messekatalog als amtliches Verzeichnis, auf den ganzen Büchermarkt ausgedehnt.

Neben Frankfurt am Main entwickelte sich im 16. Jahrhundert Leipzig zu einer Stadt buchhändlerischer Messen, und auch hier wurden ab 1594 – von dem Leipziger Buchhändler Henning Grosse – Messekataloge herausgebracht. Leipzig bildete auf Grund seiner Lage ein natürliches Zentrum für den Handel in und nach Mitteldeutschland, zugleich als Vorposten für Norddeutschland und als Tor für alle östlichen Länder.

Einhundertfünfzig Jahre bestanden beide Messen nebeneinander, bis schließlich Leipzig der Konkurrenzstadt Frankfurt am Main den Rang ablief. Dabei gereichte es der Leipziger Messe zum Vorteil, daß das Druck- und Verlagswesen Mitteldeutschlands durch die Reformation einen großen Auftrieb erfahren hatte. Im Zuge dieser Verschiebung von Süddeutschland nach Mittel- und Norddeutschland hatten sich in Leipzig selbst, nachdem die Wunden des Dreißigjährigen Krieges vernarbt waren, ein regsames Druck- und Verlagswesen herausgebildet.

Diese Anfänge des Buchhandels, vor allem die Werbetätigkeit der Verlage, muten ganz modern an. Aber die Wirklichkeit sah doch anders aus: Der Handel mit Büchern war lange Zeit recht schwerfällig und umständlich. Die neuen oder auch alten, bisher unverkauften Bücher, mit denen man zur Messe Geschäfte machen wollte, mußten verpackt und auf Pferdewagen angerollt werden. Dabei hatte sich die Verpackung in Fässern als günstig erwiesen, weil es üblich war, Bücher in rohen Bogen, nicht in gebundener Form anzubieten. Sie ließen sich zusammengerollt gerade in Fässern recht gut transportieren. Der übliche Geschäftsverkehr zwischen den einzelnen Verlegern bildete sich als Tausch heraus, auch Stechen bzw. Verstechen genannt. Die Buchführung über das, was man und wofür man es getauscht hatte, geschah nämlich in sogenannten Stichregistern. Dieses Tauschverfahren ist scheinbar eine recht seltsame Sache, im Grunde ein Rückschritt, denn der Gang der Handelsbeziehungen ist sonst genau entgegengesetzt: vom Tausch- zum Geldhandel. Aber dieser Tauschverkehr Bogen gegen Bogen hat seine natürlichen Ursachen gehabt: Das Risiko wurde gemindert, wenn ein Buch schlecht oder gar nicht absetzbar war; man konnte mit Waren handeln, in die man noch nicht sein gutes Bargeld, das außerdem knapp war, gesteckt hatte, und schließlich wurden dadurch die Verrechnungsschwierigkeiten gemindert, die man mit den vielen unterschiedlichen Geld- und Münzwährungen gerade im damaligen Deutschland hatte.

Die Entwicklung des selbständigen Sortimenters, der, ohne selbst Verleger zu sein, mit Büchern handelte, wurde wieder unterbrochen. Schlimmer war, daß mancher Sortimenter, um diesen Tausch zwischen Verlegern mitzumachen, dazu überging, selbst einige billige und minderwertige Drucke herauszubringen. Aber auch bei den gleichwertigen Geschäftspartnern wuchsen die Bücherlager allmählich an, weil die ungangbare Ware liegenblieb. Außerdem war es unvermeidlich, daß die Tauschobjekte sich wertmäßig häufig nicht entsprachen.

Diese Mängel des »Stechens« wurden mit der Zeit immer offenbarer, vor allem in Leipzig, wo sich durch die Messen so viele Verleger-Sortimenter zusammengefunden hatten. Der Leipziger Buchhändler Philipp Erasmus Reich (1712–1787) ist es gewesen, der als einer der ersten ganz entschieden gegen den Tauschhandel Front gemacht hat. Er setzte dagegen, zusammen mit anderen Kollegen, den Nettoverkauf oder einen einheitlichen Kredit bis zu einem halben Jahr.

Nachdem dadurch ein heftiger Meinungsstreit entfacht worden war, vollzog sich im Buch- und Verlagswesen um die Wende des 18. zum 19. Jahrhundert eine Modernisierung in vielen Punkten. Auf diese Weise ist die Grundlage für ein Vertriebssystem geschaffen worden, das noch heute für uns eine geeignete Plattform ist. Der Tauschhandel auf den Messen wurde abgeschafft. An seine Stelle trat ein System, das sehr viel beweglicher war: Die Buchhändler schickten sich gegenseitig neue Bücher zu mit der Bedingung (Kondition), bis zu einem bestimmten Tage darüber abzurechnen, indem der Partner die verkauften Exemplare nach Abzug seiner Verdienstspanne ($33^1/_3\%$) zu bezahlen hatte und die nicht abgesetzten zurückgeben durfte.

Diese neue und bessere Geschäftsgrundlage veränderte aber auch den Charakter der Messen. Aus den Verwaltern von Lagervorräten in den Messestädten entwickelten sich sogenannte Kommissionäre, die mehrere oder viele (bis zu 30) Verleger vertraten, ohne daß jeder Verleger deswegen persönlich zur Messe reisen mußte. Diese Kommissionäre erledigten auch außerhalb der Messetage, also praktisch die ganze Zeit zwischen den Messen, die Auslieferung bestellter Bücher. Nur zur Ostermesse blieb es noch weiterhin üblich, die Abrechnung mit seinem Geschäftspartner persönlich vorzunehmen. Das war mit allerlei Lauferei verbunden. Zur Vereinfachung dieser notwendigen Abrechnungen entstand in der Messestadt Leipzig auf Wunsch der auswärtigen Buchhändler und Verleger die Buchhändlerbörse, ein Haus, in dem man gleichzeitig viele Geschäftspartner während der Messetage antraf und mit ihnen abrechnen und verhandeln konnte.

Die engeren Kontakte zwischen Buchhändlern und Verlegern ganz Deutschlands und der wirtschaftliche Vorteil, der sich aus dieser engeren Zusammenarbeit ergab, ließ den Wunsch nach einer Berufsorganisation heranreifen. Außerdem gab es noch viele Probleme für den Verlags- und Sortimentsbuchhandel, die eine Lösung verlangten (Preisgestaltung, Zensur usw.). Als eine Interessenvertretung des gesamten Berufsstandes wurde der »Börsenverein der deutschen Buchhändler« am 30. April 1825 gegründet. Sein erster Vorsteher wurde der Nürnberger Buchhändler Friedrich Campe. So vereint, konnte nun auch endlich dem unlauteren Nachdruck ein Ende gemacht werden. Das geschah durch Beschluß der Bundesversammlung des Deutschen Bundes Ende 1835. Damit wurde ein fast vierhundertjähriger Mißstand beseitigt. In dem seit 1835 herausgegebenen »Börsenblatt für den Deutschen Buchhandel« schufen sich die deutschen Buchhändler und Verleger ein wichtiges Informationsblatt, das, wie sein Name sagt, in erster Linie dem Buchvertrieb diente, indem es neue Bücher und Zeitschriften anzeigte. In seiner heute fast 150jährigen Geschichte hat es mit wechselndem Erfolg auch viel zur Erhellung der Geschichte des Buches beigetragen. Von 1867 bis zum zweiten Weltkrieg ist diese Zeitschrift täglich erschienen. Mit dem Börsenverein und dem Börsenblatt, die beide von Anfang an ihren Sitz in Leipzig hatten, und unterstützt von der Deutschen Bücherei, an deren Gründung (1912/1913) der Buchhandel maßgeblich beteiligt war, ist die Stellung Leipzigs als Buchstadt mehr und mehr gefestigt worden. Leipzig und die Buchmesse sind heute ein fester Begriff in der ganzen Welt.

Zweifellos haben sich die Aktivitäten der Verleger und Buchhändler in Deutschland besonders im 19. Jahrhundert positiv auf die Verbreitung von Literatur ausgewirkt. Doch vertraten viele von ihnen – wie andere Unternehmer auch – vorrangig die eigenen Interessen und die ihres Berufsstandes. Der »gottgewollten« Ordnung waren sie untertan, da diese die Aufrechterhaltung ihrer Geschäfte sicherte. Wenn sie sich dennoch z. B. gegen Zensur auflehnten, so vor allem deshalb, weil sie nicht ihre weiten Geschäftsverbindungen und guten Absatzmöglichkeiten verlieren wollten. Höhere Verdienste um die Verbreitung von Literatur – weil es ihnen in erster Linie um Leserinteressen und weniger um Gewinne ging, erwarben sich demokratisch gesinnte Verleger wie Joseph Meyer (1796–1856), Gründer des Bibliographischen Instituts (zuerst in Gotha, dann in Hildburghausen, später in Leipzig), oder Anton Philipp Reclam (1807–1896), der 1867 seine Universal-Bibliothek ins Leben rief. Sie und manch andere bürgerliche Demokraten setzten sich dafür ein, daß breite Schichten des Volkes Zugang zu Büchern bekamen.

Bedeutendes zur Verbreitung marxistischer Ideologie hat ab 1871 Wilhelm Bracke (1842–1880) in Braunschweig als Verleger und Drucker geleistet. Sozialistische Bestrebungen, wie sie ab 1847 vom »Bund der Kommunisten« ausgingen und besonders von Karl Marx und Friedrich Engels vertreten wurden, waren auch dem organisierten bürgerlichen Buchhandel verdächtig. Deshalb mußte die Arbeiterklasse andere Wege einschlagen, um ihre Literatur zu veröffentlichen und zu verbreiten. Ein Mittel war die stets kostenaufwendige Einrichtung eigener genossenschaftlicher Druckereien zum Druck des notwendigen politischen Materials (Plakate, Wahlmaterial, Flugblätter, Flugschriften, Zeitschriften und Zeitungen) und theoretischer Werke des Marxismus. Die Anfänge dieser Entwicklung liegen in der Zeit nach dem Gothaer Vereinigungsparteitag, also in den siebziger Jahren des 19. Jahrhunderts. Noch schwieriger war es, eine eigene Vertriebsorganisation zu finden, um neben dem bürgerlichen Sortimentsbuchhandel einen Volksbuchhandel mit freiwilligen Mitarbeitern aufzubauen. In der Weimarer Republik hat die Kommunistische Partei Deutschlands einen eigenen Literaturvertrieb organisiert, fußend auf einem dichten Netz von Literaturobmännern in Betrieben und Wohngebieten.

Die Entwicklung des Buchhandels in der Deutschen Demokratischen Republik ist gekennzeichnet durch eine Konzentration und Zentralisierung in der Organisation. An die Stelle von etwa 50 Kommissionären, wie sie vor 1945 z. B. allein in Leipzig ansässig waren, ist ein volkseigenes Großhandelsunternehmen getreten: LKG – »Leipziger Kommissions- und Großbuchhandel«. Er ist der Kommissionär der Verlage der DDR und beliefert den gesamten Buch-Einzelhandel unserer Republik mit Büchern, Kunstblättern und Musikalien. Für den Buchexport ist, gleichfalls in Leipzig, der »Buch-Export, Volkseigener Außenhandelsbetrieb der DDR« (BE) verantwortlich. Der traditionsreiche Volksbuchhandel ist zum Motor des Buchvertriebes in unserer Republik geworden; er bewältigt bis zu 85% des gesamten jährlichen Literaturumsatzes.

ZAHLEN UND TATSACHEN ZUR BUCHPRODUKTION IN DER DDR

1983 betrug die Buchproduktion 6388 Titel mit einer Auflagenhöhe von 141,8 Millionen Exemplaren. An der Buchproduktion der DDR sind 76 Verlage beteiligt, davon 38 Verlage für wissenschaftliche und Fachliteratur, 22 für Belletristik, Kinder- und Jugendliteratur, 11 Kunst- und Musikverlage sowie 5 religiöse Literatur- und CDU-Verlage.

Times-Antiqua

Um den Bücher-, Zeitschriften- und Zeitungskauf für jedermann so bequem wie möglich und unabhängig von seinem städtischen oder ländlichen Wohnsitz zu machen, werden alle modernen Vertriebsformen eingesetzt, die der internationale Buchhandel bis heute ersinnen konnte: Verkauf in Buchläden, die allgemein orientiert sind, Buchhandlungen mit bestimmten Fachbuchabteilungen oder mit umfassenden Spezialabteilungen sowie Spezialbuchhandlungen für ein bestimmtes Gebiet (z. B. Medizin und Technik). Daneben gibt es Musikalienhandlungen und Kunstkabinette für Kunstwerke, insbesondere Graphik und farbige Reproduktionen. Um den stetig wachsenden Bedarf an Literatur in Stadt und Land zu befriedigen, beteiligen sich auch die Warenhäuser und großen Kaufhallen mit Bücherspezialabteilungen am Buchvertrieb. Durch den Postzeitungsvertrieb der Deutschen Post kann jedermann aufgrund einer jährlich neu erscheinenden und bei den Postämtern ausliegenden Liste, der »Postzeitungsliste für die DDR«, nicht nur Zeitungen, sondern auch Zeitschriften bestellen, die dann regelmäßig zugestellt werden.

Neue Formen des Buchvertriebs und der Literaturpropaganda sind: die verschiedensten Wettbewerbsarten, Buchplakate, Schriftstellerlesungen, Buchbasare, auf denen Schriftsteller und Wissenschaftler ihre Bücher signieren, Schaufensterwerbung in den Buchhandlungen bei besonderen Anlässen (wie 1. Mai, Tag der Republik, Jubiläen), der sogenannte gesellschaftliche Buchvertrieb, bei dem viele ehrenamtliche Helfer und Bibliothekare in Industriebetrieben, Wohngemeinschaften und öffentlichen Bibliotheken Bücher unmittelbar zum Kauf bereithalten. Zahlreiche Antiquariate, voran das Zentralantiquariat der Deutschen Demokratischen Republik in Leipzig, unterstützen die Propagierung des Buches durch den An- und Verkauf gebrauchter und alter Literatur. Das Wichtigste aber ist, daß in der DDR nur humanistische Literatur propagiert und verkauft wird. Über alles Wissenswerte auf dem Gebiet des Buchhandels unterrichtet das in Leipzig erscheinende »Börsenblatt für den Deutschen Buchhandel«.

Die Verlagsarbeit verläuft in den sozialistischen Ländern profiliert und planmäßig. Das heißt, daß die einzelnen Verlage ein bestimmtes Gesicht (Profil) haben, daß sie mit anderen ähnlichen oder sachlich verwandten Verlagen in Arbeitsgemeinschaften zusammenarbeiten und ihre Themenpläne für künftige Veröffentlichungen untereinander abstimmen, damit das Buch- und Zeitschriftenangebot für den Bücherkäufer und Leser so breit und vielgestaltig wie möglich ausfällt. In diesen Arbeitsgemeinschaften der Verleger und Buchhändler arbeiten z. B. Vertreter der Pionierorganisation, der Freien Deutschen Jugend, des Freien Deutschen Gewerkschaftsbundes, Literaturwissenschaftler, Schriftsteller und Bibliothekare mit.

In der Deutschen Demokratischen Republik sind rund 80 – überwiegend volkseigene, aber auch Blockparteien, gesellschaftlichen Organisationen oder zentralen Einrichtungen unterstellte – Verlage tätig, die jährlich rund 6 000 Titel (neue und neu aufgelegte Bücher) in einer Gesamtauflage von rund 140 Millionen Exemplaren herausbringen.

Der sozialistische Buchhandel in der DDR hat bereits die nächste Stufe, die der Kooperation mit der Sowjetunion und anderen europäischen sozialistischen Ländern, erklommen. Erfahrungsaustausch, Themenabstimmung, gemeinsame Veröffentlichungen auf der Ebene von Verlagen, die internationale sozialistische Gemeinschaftsarbeit pflegen, werden immer häufiger.

Das Hauptziel ist ein vielseitiges Buch- und Zeitschriftenangebot. Dazu ist ein abgestimmtes, planvolles Vorgehen notwendig, um so weit wie möglich zu vermeiden, daß dasselbe Buch von zwei oder gar mehreren Verlagen geplant wird. Die von der Regierung der DDR betriebene Kulturpolitik beweist, daß Sozialismus Reichtum und Vielfalt bedeutet. Die Buchhändler in der DDR fühlen sich für die Verbreitung guter Literatur verantwortlich, sie sind wie die Bibliothekare Propagandisten sozialistischer Literatur.

DIE BIBLIOTHEKEN

IBLIOTHEKEN als Sammlungen schriftlicher Zeugnisse der Menschheit sind uns seit vier Jahrtausenden bekannt. Von den ältesten unter ihnen ist uns zwar nichts Greifbares überliefert, trotzdem wissen wir aus anderen Quellen einiges über sie. In allen Kriegen sind Bibliotheken immer besonders gefährdet gewesen, sei es, daß sie durch Feuer in Mitleidenschaft gezogen, sei es, daß sie bewußt vernichtet worden sind. Es scheint so, als ob Bibliotheken blindwütig zerstörende Angreifer geradezu angezogen haben, gleichsam als könnte man den verhaßten Gegner am empfindlichsten treffen, wenn man seine Schatzkammern des Geistes vernichtete und dadurch seine kulturellen Errungenschaften auslöschte.

Den Charakter dieser ältesten Bibliotheken der Welt bestimmte das jeweilige Schriftwesen, das wiederum an verschiedene Beschreibstoffe gebunden war. So ist eine der ältesten Bibliotheken der Welt und die älteste Chinas überhaupt zwei Jahrhunderte vor unserer Zeitrechnung durch Willkür eines chinesischen Kaisers in Rauch und Asche aufgegangen. Diese Zeugnisse aus zwei Jahrtausenden v. u. Z. waren auf Bambus, Holz und Schildpatt festgehalten worden.

Als 47 v. u. Z. der römische Tyrann Cäsar Alexandria im alten Ägypten eroberte, ging die bedeutendste Bibliothek jener Tage unter: 700000 Papyrusrollen soll diese von den Ägyptern gegründete und von den Griechen ausgebaute Bibliothek, »Museion« (Haus der Musen) benannt, damals besessen haben.

Von der berühmten Bibliothek in Ninive aus dem 7. Jahrhundert v. u. Z. ist uns zum Glück ein Teil alter Schätze deswegen überliefert, weil sie aus Ton bestehen. Ninive, die Hauptstadt des Neuassyrischen Großreiches am Tigris, wurde von den Feinden dem Erdboden gleichgemacht, aber 22 000 Tontafeln der Bibliothek konnten nach rund 2 500 Jahren (Mitte des 19. Jahrhunderts) durch Ausgrabungen geborgen werden: Sie zählen zu den größten Kostbarkeiten des Britischen Museums in London.

Sowohl in Griechenland wie im Römischen Reich bestanden neben öffentlichen staatlichen Bibliotheken, meist mit einem Archiv verbunden, auch schon private Bibliotheken, z. B. von Gelehrten wie Plato. Im 4. Jahrhundert u. Z. soll es in Rom bereits 28 öffentliche Bibliotheken gegeben haben.

Das frühe Christentum war weltlicher Kunst und Gelehrsamkeit gegenüber mißtrauisch oder gar feindlich. Doch bedenkt man, daß die christliche Lehre in der Sklavenhaltergesellschaft zunächst überwiegend von den Armen und Unterdrückten angenommen worden war, so wird ihre Zurückhaltung gegenüber ihren Verfolgern aus der Oberschicht und deren Ideologie verständlich. Erst lange nachdem die christliche Lehre im Römischen Reich als eine neben anderen gleichberechtigte Religion anerkannt worden war (313 unter Kaiser Konstantin dem Großen), bildete sich eine in den Anfängen noch sehr eng an die christliche Lehre gebundene Wissenschaft und Kunst heraus. Neben der Entfaltung einer eigenen christlichen Literatur wurden in strenger Auswahl auch die in griechischer und lateinischer Sprache überlieferten Schriften klassischer Autoren der Antike gesichtet. Diese Kursänderung ist für die Geschichte des Buches und der Bibliotheken deshalb wichtig, weil die christlichen Klöster vom 6. Jahrhundert an lange Zeit die einzigen Bildungsstätten Europas gewesen sind. In ihren Schreib- und Malwerkstätten wurden handgeschriebene Bücher auf Pergament hergestellt. Es waren freilich nur kleine Bibliotheken, die auf diese Weise entstanden, verglichen mit denen, die z. B. bereits im alten Rom bestanden hatten. Sie zählten nach Hunderten, und eine Klosterbibliothek, die 1 000 Handschriften besaß, war schon sehr reich. Das änderte sich mit der Zeit, als in den Klöstern Schulen eingerichtet wurden.

Die Buchform ist, nachdem die Buchrolle von dem Codex, also unserer modernen Buchform, abgelöst worden war, seit über 1 500 Jahren die gleiche geblieben. Ganz und gar verändert hat sich im Laufe der Jahrhunderte der Bibliotheksraum. Für die Buchrolle bot der Schrank (Armarium) mit Fächern, häufig noch mit einer Tür versehen, die beste Aufbewahrung. Das mußte sich mit der modernen Buchform ändern. Eine mittelalterliche Bibliothek mit wenigen oder bestenfalls mit einigen hundert Handschriften hatte nur entfernte Ähnlichkeit mit einer modernen Bibliothek. Der Einband mit Holzdeckeln vergrößerte noch das Gewicht der Pergamenthandschriften, außerdem war jedes dieser handgeschriebenen Bücher ein Wertobjekt. Kein Wunder, daß man sie gut hütete: sie wurden auf Pulten, an denen der Lesende stand, ausgelegt. In vielen Fällen kettete man diese schweren Bücher noch regelrecht an. Am oberen Ende des hinteren Deckels war eine Kette befestigt, die wiederum mit einer Stange so verbunden war, daß das Buch einigen Spielraum nach rechts und links hatte, also bewegt werden konnte. Die Ketten sind dann allmählich abgeschafft worden, aber die Pulte blieben, nur daß man dann, als die Sammlungen anwuchsen, in den Pulten unten mehrere Fächer zur Aufstellung von Büchern einrichtete. Zum Glück sind uns noch einige solcher Pultbibliotheken mit Kettenbüchern erhalten, und auch viele Handschriften mit Resten solcher Ketten im Buchdeckel sind überliefert.

Das Anwachsen des Buchbestandes im späten und ausgehenden Mittelalter führte zunächst zur Aufstellung von Wandschränken und eingebauten Bücherregalen an den Wänden des Bibliotheksraumes, der sich dann zu einem Bibliothekssaal ausdehnte. Es gibt in allen europäischen Ländern noch Saalbibliotheken, zum Teil mit herrlichen Bücherwänden aus edlen, kunstvoll bearbeiteten Hölzern, meist mit alten Deckengemälden. Als im 18. und 19. Jahrhundert die Buchproduktion sehr stark zunahm, mußten in diese Säle quer gestellte Büchergestelle eingebaut werden. Das ist der Anfang der modernen Bibliothek mit dicht gestellten Reihen von Büchern.

Im späten Mittelalter legten sich auch einzelne Feudalherren Bibliotheken zu, und mit der Gründung der Schulen (Kollegien) und Universitäten entstanden neben den Klosterbibliotheken auch Universitätsbibliotheken. Gelehrsamkeit hörte auf, ein Privileg der Kirche zu sein. Mit der Entwicklung der Städte entstand eine bürgerliche Kultur auf der Grundlage von Handel und Handwerk. Auch einzelne Gelehrte und Schriftsteller bürgerlicher Herkunft strebten nach Erweiterung ihrer Kenntnisse. Sie begnügten sich nicht mehr mit den von der Kirche gebilligten und überlieferten Lehren, sondern waren bemüht, auf die Quellen menschlichen Wissens zurückzugehen. Diese Männer, die man Humanisten nennt, haben eine große Bedeutung für die gesellschaftliche Entwicklung gehabt, weil sie als erste die Bedeutung der Wissenschaft und der Kunst für das Fortschreiten der Menschheit erkannt haben. Friedrich Engels sah in der Epoche dieser »Männer, die die moderne Herrschaft der Bourgeoisie begründeten« eine bedeutsame gesamteuropäische Kulturbewegung und bezeichnete sie uneingeschränkt als »die größte progressive Umwälzung, die die Menschheit bis dahin erlebt hatte«. Einige dieser Humanisten haben sich neue und selbständige Gedanken über die Stellung des Bürgertums in der Feudalgesellschaft gemacht. Und weil sie erkannt hatten, daß Bücher die besten Hilfsmittel zu ihrer Verbreitung waren, haben sie auch als erste deren Bedeutung für die Menschen immer wieder gerühmt. Sie sind die eigentlichen Entdecker der Bücherliebe – der Bibliophilie, die auch für den gebildeten Sozialisten unserer Tage eine Quelle der Kraft geblieben ist.

Die Humanisten begriffen sogleich die zukunftsträchtigen Möglichkeiten, die die Erfindung des Buchdrucks durch Johann Gutenberg in diesen Auseinandersetzungen zu bieten vermochte. Deshalb setzten sie sich für die Verbreitung, Förderung und zweckmäßige Verbesserung dieser so bedeutsamen neuen Technik ein. Ihre persönlichen Bibliotheken, die zum Teil sehr umfangreich waren, haben allen fortschrittlichen Kräften große Hilfe geleistet.

Überhaupt sind die Anstöße für Bibliotheksgründungen überwiegend politischer Natur. Schon bei den Klosterbibliotheken ist das ganz eindeutig gewesen: Es ging um die Verbreitung der christlichen Religion und um Stärkung der Position der christlichen Kirche. Auch bei den Universitätsgründungen und bei der Einrichtung dazugehöriger Bibliotheken ist das Streben nach Verbreitung des Wissens, das der herrschenden Klasse diente, deutlich erkennbar. Bei den Bibliotheken einzelner Feudalherren, von denen viele selbst nicht eigentlich gebildet waren, blieb das Motiv der Besitzerfreude und der sichtbaren Machtentfaltung unverkennbar, und insofern hatten die Bibliotheken eine politische Tendenz.

Die fortschrittlichsten Ausstrahlungen sind ohne Zweifel, zunächst wenigstens im 15. und 16. Jahrhundert, von den Humanistenbibliotheken ausgegangen, auf die wir bereits hingewiesen haben.

Ganz deutlich wird das politische Anliegen bei den neuen Bibliotheken der Städte, die in großer Zahl im 15. und 16. Jahrhundert entstanden. Die Verwaltung der Städte, deren Finanzwesen und Handel vielerlei kaufmännische und juristische Kenntnisse, z. B. eine exakte Buchführung, verlangten, benötigten einen Wissensspeicher, der den dafür Verantwortlichen zur Verfügung stehen mußte. Hinzu kam, daß die Reformatoren, Martin Luther an der Spitze, die Bedeutung von »Libreyen oder Bücherhäusern« für die Verbreitung der reformatorischen Gedanken und bei der Erziehung der Jugend rechtzeitig erkannt hatten. Im Verlaufe der Reformation wurden zahlreiche Klöster und Stifte enteignet, wodurch Bücher frei wurden. Sie fanden Aufnahme in den neu gegründeten Schul-, Rats- und Stadtbibliotheken oder in bestehenden bzw. neu entstandenen Universitätsbibliotheken.

Schon in den ersten tausend Jahren Bibliotheksgeschichte in Deutschland zeigte sich, daß die

Bibliotheken aufs engste mit der politischen Entwicklung der Klassengesellschaft und der Weltpolitik zusammenhängen.

Der Krieg ist der ärgste Feind der Bibliotheken geblieben. Vom Mittelalter bis in den zweiten Weltkrieg hinein sind ihnen unermeßliche Schäden durch Feuer und Wasser, durch mutwillige Zerstörungen und durch Bücherraub (Verschleppung in andere Länder) zugefügt worden. Abgesehen von solchen außergewöhnlichen Schicksalen haben die Bibliotheken in der Vergangenheit immer im Dienst der herrschenden Klasse gestanden und sind deren Politik ausgeliefert gewesen, abhängig von Gunst oder Mißgunst ihrer feudalen Besitzer, von Glanz oder Elend der Universitäten. Infolgedessen ist ihre Entwicklung wechselhaft und ungleichmäßig gewesen. So ist die einst unbedeutende Kurfürstliche Bibliothek zu Cölln an der Spree zu einer Weltbibliothek, der Königlichen Bibliothek zu Berlin (heute Deutsche Staatsbibliothek), im Zuge der politischen Machtentfaltung Preußens vom 17. zum 19. Jahrhundert aufgestiegen. In derselben Epoche kennen wir Fälle von grober Vernachlässigung einst bedeutender Feudalbibliotheken während der Regierungszeit von geistig beschränkten Landesherren. Noch unbeständiger ist das Schicksal von Privatbibliotheken gewesen, weil sie ganz und gar der Willkür der Erben ihrer einstigen Besitzer ausgeliefert waren. Es gibt Beispiele von Privatbibliotheken großen Umfangs, die nach dem Tode der Sammler in wenigen Tagen in alle Winde zerstreut worden sind.

Übrigens sind Krieg und Unwissenheit nicht die einzigen Feinde der Bibliotheken gewesen – es gibt sogar heute noch allerlei Schädlinge für Bibliotheken: Wie viele Bücher in alten, nicht mehr benutzten Bibliotheken mögen allein von Ratten und Mäusen angefressen oder bis zur Unbrauchbarkeit benagt worden sein! Wie das Feuer ist auch das Wasser ein gefährlicher Feind. Bei Überschwemmungskatastrophen, zum Beispiel vor wenigen Jahren in Florenz, werden Büchern schwere, zuweilen niemals mehr behebbare Schäden zugefügt. Auch Feuchtigkeit und direktes grelles Sonnenlicht, Kälte und Hitze können sich bibliotheksfeindlich auswirken. Natürlich dürfen wir auch nicht den bekanntesten Schädling der Bücher, den Bücherwurm, vergessen. Allerdings sind wir heute in der Lage, ihn dort, wo er noch auftritt, wirksam zu bekämpfen. Aber Bücherwurm ist nur eine Sammelbezeichnung für verschiedene, lange Zeit unbekannte Insektenarten, die mit Vorliebe in alten Handschriften und Büchern auftreten und dort das Papier und den Einband zerfressen, besonders wenn er aus einem hölzernen Deckel besteht. Dann mundet er diesen Schädlingen besonders gut, vor allem wenn er noch mit altem Buchbinderkleister aus Weizen, Roggen, Kartoffeln und Mais gewürzt ist.

Und schließlich gibt es noch die Bücherdiebe. Die gefährlichsten sind in der Geschichte der Bibliotheken immer die gescheitesten gewesen, die nämlich Bücher- und wissenschaftliche Kenntnisse hatten, um sich gleich die wertvollsten Bücher, Handschriften oder Bildwerke auszusuchen. In der Geschichte der Bibliotheken gibt es berüchtigte Diebe, die jahrelang ihr Unwesen in einer oder mehreren Bibliotheken getrieben haben.

Heute sind in den sozialistischen Ländern solche Diebe am Volkseigentum kaum noch zu befürchten. Aber »Minidiebe« gibt es überall noch: Leser, die hin und wieder eine oder mehrere Seiten, vor allem mit Bildern (Autotypien z. B.) herausschneiden. Und Schaden stiftet jeder, der Bibliotheksbücher nicht genau so pfleglich wie seine eigenen behandelt und nicht gewissenhaft auf sie achtgibt.

Wenn wir unseren Blick auf die Bibliotheksentwicklung in der Neuzeit richten, so ist an erster Stelle der Dreißigjährige Krieg (1618–1648) zu nennen, weil er besonders für Deutschland ein nationales Unglück bedeutet hat: Das Land war zerstört und die Bevölkerung, besonders die männliche, wesentlich verringert. Für die Bibliotheken hat dieser lange und schreckliche Krieg die größte Katastrophe bedeutet: Brand, Plünderung und vorsätzlicher Raub von Bibliotheksschätzen waren an der Tagesordnung. Kriegsbeute wurde z. B. die Würzburger Bibliothek, schwedische und sächsische Heerführer teilten sie unter sich auf. Auch die Mainzer Bibliotheken erlitten schwerste Verluste. Seit dieser Zeit befinden sich wertvolle Handschriften und Drucke aus

Deutschland und Böhmen in Schweden: Gustav II. Adolf, König von Schweden, hat sie als Beutegut in sein Land verschleppt. Ein anderes Beispiel feudaler Willkür bietet die Geschichte der Universitätsbibliothek Heidelberg. Diese schon Ende des 14. Jahrhunderts entstandene Bibliothek der Pfalz, durch Stiftungen reich vermehrt, wurde nach kriegerischen Auseinandersetzungen von dem Herzog Maximilian I. von Bayern erbeutet und an den Papst in Rom »verschenkt«.

Nach dem Dreißigjährigen Krieg setzte sich im Zuge des Wiederaufbaus sowie in den Jahrzehnten danach auch in Deutschland wie in anderen europäischen Ländern politisch die Tendenz zum Absolutismus durch. Während aber in den meisten europäischen Ländern diese Entwicklung zu einer mehr oder weniger starken Zentralgewalt führte, bildete sich in Deutschland das Zerrbild einer Kleinstaaterei mit vielen einzelnen Fürstenherrschaften heraus. Und wie die deutsche Geschichte von der Mitte des 16. Jahrhunderts bis zum Ende des 18. Jahrhunderts (Französische Revolution 1789) die Geschichte dieser einzelnen Staaten ist, so ist auch die Geschichte der Bibliotheken aufs engste mit diesen politischen Wandlungen verknüpft. Die Fürsten- oder Hofbibliotheken, aus kleinen privaten Sammlungen hervorgegangen, bestimmten für zwei Jahrhunderte das Bibliothekswesen. Nur in einzelnen Fällen haben sie zur Förderung von Wissenschaft und Kunst beigetragen. Überwiegend dienten sie dazu, das Ansehen ihrer Besitzer zu erhöhen, und so war auch die Darbietung der Bücherschätze weniger auf Nutzung als auf Schau eingestellt. Von einer Öffentlichkeit dieser Bibliotheken konnte kaum die Rede sein, Zugang zu ihnen hatten in der Regel nur die Familie der Besitzer und ein kleiner Kreis von Bevorrechteten des Hofes.

Erst im 18. Jahrhundert traten einige Universitätsbibliotheken als wissenschaftliche Zentren hervor, aber auch ihre Wirksamkeit war auf den Kreis der Professoren beschränkt. Ihre Nutzung durch die Studierenden war unterschiedlich, aber durchgängig mit großen Vorbehalten geregelt. Als eine Auswirkung der Französischen Revolution traten Veränderungen im Kräfteverhältnis von feudalem Absolutismus und dem Bürgertum ein, in Deutschland in der Weise, daß die noch immer herrschende alte Feudalklasse dem Bürgertum und auch den Volksmassen einige Zugeständnisse machen mußte. Um die Wende vom 18. zum 19. Jahrhundert begann der Einfluß des Bürgertums in Deutschland zuzunehmen. Im 19. Jahrhundert bildeten sich in zahlreichen Ländern große zentrale Bibliotheken heraus, sogenannte Nationalbibliotheken, in Frankreich z. B. schon 1792 als Nationalbibliothek (Bibliothèque nationale), hervorgegangen aus der ehemaligen Königlichen Bibliothek. In London übernahm diese Aufgabe die Bibliothek des Britischen Museums, in Moskau sammelte die Bibliothek des Rumjanzew-Museums alle Veröffentlichungen aus ganz Rußland und schuf damit den Grundstock zur heutigen Staatlichen Lenin-Bibliothek. In den USA wurde 1800 die bis heute dort führende Kongreß-Bibliothek in Washington gegründet.

Neben einer großen Anzahl von Fürstenbibliotheken übernahm in Deutschland die Königliche Bibliothek in Berlin im 19. Jahrhundert die führende Rolle. Aber erst ab 1913, mit der Gründung der Deutschen Bücherei in Leipzig, wurde eine vollständige Sammlung des deutschsprachigen Schrifttums geschaffen.

Während diese Bibliotheken aber noch das ganze 19. Jahrhundert hindurch nur einem begrenzten Kreis von Benutzern offenstanden, schuf sich das Bürgertum, überwiegend als städtische Einrichtungen, mit den sogenannten Volksbüchereien eine neue Bibliotheksart; sie standen zwar allen Bevölkerungsschichten offen, aber ihre Wirksamkeit war ideologisch an die Bourgeoisie gefesselt, die sich in der Epoche ihrer vollen Herrschaft und zugleich ihres Niedergangs befand.. Die Bestrebungen dieser Bibliotheken wie der ganzen bürgerlichen Volksbildungsbewegung »von oben« war auf Klassenharmonie gerichtet, so daß in diesen Bibliotheken z. B. keine der Religion abträglichen oder den bürgerlichen Klassenstaat gefährdenden Schriften Platz fanden.

Deshalb war der politisch bewußte und organisierte Teil der Arbeiterklasse in Deutschland schon seit den dreißiger Jahren des 19. Jahrhunderts bemüht, sich eigene Bibliotheken zu schaffen. Angesichts der Schwierigkeiten, die das Proletariat auf allen Gebieten bei der Wahrnehmung seiner Interessen hatte, konnten diese Bestrebungen zunächst nicht in die Breite wirken und blieben lange Zeit auf Großstädte mit einer großen Anzahl organisierter Mitglieder begrenzt. Einer der Höhepunkte in der bibliothekarischen Bildungsarbeit war um die Mitte des 19. Jahrhunderts die Tätigkeit des »Bundes der Gerechten« (gegründet 1836), der Vorläufer des »Bundes der Kommunisten«, der seinerseits in der gleichen Richtung tätig gewesen ist. Ein erster bedeutender Aufschwung setzte in den sechziger Jahren des 19. Jahrhunderts ein, als die Arbeiterbildungsvereine, unterstützt von August Bebel und Wilhelm Liebknecht, nach Jahren des Verbotes ihre Arbeit wieder aufnehmen konnten. In der Zeit von 1890 (1890: Aufhebung des seit 1878 gegen die Sozialdemokratie erlassenen Ausnahmegesetzes, des sogenannten »Sozialistengesetzes«) bis 1914, als die Arbeiterbildungsbewegung einen kräftigen Auftrieb erfuhr, waren zahlreiche Arbeiterbibliotheken, in den größeren Städten als Arbeiterzentralbibliotheken, bereits eine wirksame Waffe im Kampf des Proletariats.

In der Deutschen Demokratischen Republik gibt es über 17 000 *Bibliotheken mit rund 70 Millionen Bänden.* Rund 30% der Bevölkerung nutzt diese Bestände. Die fleißigsten Benutzer sind die Kinder. Bei den sieben- bis vierzehnjährigen beträgt der Anteil sogar 76,7%.

Garamond-Antiqua

Aber diese Entwicklung verlief nicht geradlinig. Opportunismus und Revisionismus als internationale Erscheinungen wirkten sich vielerorts auch auf die Bildungseinrichtungen und Bibliotheken der Arbeiterklasse aus, das heißt, es machten sich Tendenzen breit, den revolutionären Inhalt der wissenschaftlichen Weltanschauung der Arbeiterklasse zu beseitigen und eine »Annäherung« an bürgerliche Theorien zur Aufrechterhaltung des bürgerlichen Klassencharakters der Gesellschaft herbeizuführen.

Das Erbe der deutschen Arbeiterbibliotheken hat nach der Nacht des Faschismus die Deutsche Demokratische Republik angetreten und erfüllt. Unter den neuen sozialistischen Bedingungen stehen heute alle Bibliotheken arbeitsteilig im Dienst der Werktätigen in Stadt und Land. Die wissenschaftlichen Allgemein- und Fachbibliotheken unterstützen die Forschung, die wissenschaftliche Arbeit auf allen Gebieten und die Ausbildung der Studierenden an Universitäts-, Hoch- und Fachschulen. Die staatlichen Allgemeinbibliotheken bilden ein dichtes Netz und dienen der wissenschaftlichen Arbeit, der Allgemeinbildung sowie der beruflichen Aus- und Weiterbildung. Sie arbeiten eng mit den Gewerkschaftsbibliotheken in den Betrieben der sozialistischen Produktion zusammen. Die Kinderbibliotheken und Kinderbuchabteilungen der staatlichen Allgemeinbibliotheken in Verbindung mit Zweigbibliotheken und Ausleihstellen für Kinder, auf dem Lande die Gemeindebibliotheken mit Kinderbuchbeständen versorgen die Kinder und Jugendlichen mit Literatur. Auch die Bibliotheksarbeit der Schulen und der Pionierorganisation »Ernst Thälmann« dient diesem Ziel.

So wie an allen Hoch- und Fachschulen der DDR für die Studenten eine Einführung in die Benutzung von Bibliotheken zu Beginn des Studiums auf dem Programm steht, sollen auch alle Schüler entsprechend ihrer Altersstufe durch Belehrung und Führungen in den örtlichen staatlichen Allgemeinbibliotheken als Leser dieser Bibliotheken gewonnen werden.

Unser sozialistisches Bibliothekswesen sorgt dafür, daß jeder Bürger vom Kindesalter an Zugang zu Büchern findet, daß jeder Lernende und Studierende sich mit Hilfe von Büchern und Bibliotheken Wissen und Bildung zur Ergänzung der Ausbildung in Schule und Lehre, an Fach- und Hochschulen nach seiner Wahl erwerben kann. Der beste Freund des Buches und der Bibliotheken ist Wladimir Iljitsch Lenin gewesen. Es war sein Vermächtnis, »daß ein dichtes Netz von Bibliotheken verschiedenen Typs die gesamte Bevölkerung ohne Ausnahme mit dem notwendigen Buch versorgt, das immer mehr anwachsende Verlangen der Massen nach Wissen befriedigt, ihren Horizont erweitert und ihren Bedürfnissen entspricht.«* Alle Anstrengungen unseres Arbeiter-und-Bauern-Staates zur Förderung der Bibliotheken sind wie die Arbeit der Bibliothekare selbst von diesem Leninschen Geiste erfüllt.

DAS BUCH HEUTE UND MORGEN

Es ist uns klargeworden, wie hilfreich die Maschinenkraft dem Buch- und Bilddruck gewesen ist, wir konnten aber auch feststellen, daß das »Maschinenbuch« gegenüber dem alten handwerklichen Buch Qualitätseinbußen in Kauf nehmen mußte. Vor allem im 19. Jahrhundert beteiligten sich immer mehr Unternehmer, darunter skrupellose, nur nach Gewinn strebende, denen allein Geldverdienen und nicht Buchkultur am Herzen lag, am Geschäft des Büchermachens. Das mit den geringsten Kosten hergestellte, meist mittelmäßige oder schlechte Buch an möglichst viele Käufer zu bringen war ihr ganzes Streben. In der zweiten Hälfte des 19. Jahrhunderts verfiel das Verlagswesen mehr und mehr, und der Büchermarkt wurde vom Mittelmaß beherrscht: schlechteres Papier, schlechterer Druck, Sparsamkeit mit Illustrationen und sonstigem Buchschmuck. Besonders die photomechanischen Verfahren des Bilddruckes verführten zur Schluderei auf Kosten der Qualität. Alles mußte schnell gehen, damit es billig sein konnte.

Dabei hat sich etwas Verhängnisvolles eingestellt: Genau zu der Zeit, als das künstlerisch gestaltete Buch immer seltener wurde und die lieblose Massenware den Markt beherrschte, fand das Proletariat Zugang zum Buch, brauchte das Proletariat das Buch. Diese ersten massenhaften Begegnungen fanden im Lande Gutenbergs wie übrigens auch in anderen europäischen Ländern ausgerechnet zu der Zeit statt, als die Buchdruckerkunst ihren schwersten Qualitätseinbruch erlebte. Gut gedruckte und kunstvoll ausgestattete Bücher, die es in kleinerer Zahl neben dem Massenbuch schlechter Qualität auch gegeben hat, waren damals nur für Sammler und Bücherfreunde erreichbar, die der Oberschicht angehörten und vermögend waren. Das erklärt auch, warum das Buch als künstlerische Form von vielen Menschen erst in unseren Tagen entdeckt worden ist. Das Verlagswesen, der Buchhandel und die Bibliotheken haben die große und wichtige Aufgabe, dabei nach besten Kräften mitzuhelfen und diesen Prozeß zu beschleunigen.

* N. K. Krupskaja, Was Lenin über die Bibliotheken schrieb und sagte. Leipzig 1956, S. 8.

In allen europäischen Ländern, auch in Deutschland, haben verantwortungsbewußte Männer dieses Absinken der typographischen Leistungen mit Sorge verfolgt und erwogen, wie dieser Tiefstand zu überwinden wäre. Dazu zählen Karl Berend Lorck, Wilhelm Drugulin und andere. Aber sie konnten der Massenerscheinung nur tüchtige Einzelleistungen entgegenstellen.

Große Beachtung fanden in ganz Europa die Bemühungen des Engländers William Morris (1834–1896), eines vielseitigen und gebildeten Mannes, der Dichter, Kritiker, Kunstgewerbler und schließlich Drucker in einer Person war. Es ist gewiß kein Zufall, daß er sich der sozialistischen Partei in seiner Heimat angeschlossen hatte. Wie andere sah auch er die Verfallserscheinungen nicht nur im Buchwesen, sondern auf vielen Gebieten des Kunstgewerbes und kämpfte mutig dagegen an. Neben anderen Reformbestrebungen nahm er 1891 mit einer Druckerei, der Kelmscott Presse, eine eigene Druckertätigkeit auf. Er knüpfte an die besten Traditionen des europäischen, besonders des deutschen Buchdrucks im 15. und 16. Jahrhundert an und stellte wieder, wie diese alten Drucker, handwerkliche Bücher her, die auf einer Handpresse sorgfältig gedruckt wurden. Sein beharrliches Einstehen für das schöne Buch und seine eigene praktische Tätigkeit erregten Aufsehen in seinem Lande und im Ausland. Man mußte zwar bald einsehen, daß die Wiederaufnahme handwerklicher Buchherstellung durch Ausschaltung aller Errungenschaften der modernen Technik keine Lösung für die Zukunft des Buches sein konnte. Das Rad der Geschichte läßt sich nun einmal nicht zurückdrehen. Trotzdem hat sein Wirken und sein literarisches Bekenntnis zum guten und schönen Buch weit über England hinaus zur Besinnung aufgerufen. Viele andere haben nach ihm versucht, durch die Gründung von Privatpressen sauber gedruckte und ansprechende Bücher herzustellen. Die Drucke von William Morris waren viel zu teuer, um eine breite Wirkung zu erlangen, und so blieben auch die Drucke von Privatpressen nur einem kleinen Kreis von Bücherfreunden zugänglich. Nach wie vor bestand ein Bedürfnis nach dem einwandfreien Massenbuch zu erschwinglichen Preisen. Vor dem ersten Weltkrieg und zwischen den zwei Weltkriegen sind von einigen bürgerlichen Verlagen erfreuliche Ansätze dazu gemacht worden.

Das Beispiel, das W. Morris gegeben hatte, begegnete sich in Deutschland mit diesen Anstrengungen verschiedener Drucker und Verleger, die Buchkunst aus eigener Kraft zu erneuern. Um die Jahrhundertwende nahmen die Bestrebungen größere Ausmaße an. Es entstand eine Buchkunstbewegung, die aber in erster Linie von Künstlern und Schriftstellern getragen wurde. Auch Vereine und Gesellschaften, Zeitschriften und private Pressen setzten sich für das künstlerisch gestaltete Buch ein. Einige Verlage wie der Insel-Verlag in Leipzig, die Verlage von Eugen Diederichs in Jena, S. Fischer in Berlin, Georg Müller und Hans von Weber in München wirkten im Sinne der neuen Buchkunstbewegung. Auch einige Druckereien und Schriftgießereien beteiligten sich daran. Treibende Kräfte bildeten manche Künstler von Rang, die sich nun als »Buchkünstler« ganz und gar in den Dienst des Buches stellten. Sie arbeiteten in der Regel mit bestimmten Verlagen als Berater zusammen, haben aber auch selbst viele neue Bücher gestaltet, z. B. Fritz Helmut Ehmcke (1878–1965), Rudolf Koch (1876–1934), Walter Tiemann (1876–1951), Emil Rudolf Weiss (1875–1942). Wer in Bibliotheken oder Antiquariaten achtgibt, kann heute noch gelegentlich Bücher in die Hand bekommen, die an versteckter Stelle meist sehr bescheiden einen dieser Namen als Buchgestalter nennen.

Diese positiven Kräfte fanden Unterstützung durch einige Werkstätten, die sich nach englischem Vorbild Pressen nannten. Hier wurden, freilich nur in kleiner Auflage und daher nur wenigen erreichbar, in traditioneller Weise Bücher gesetzt und gedruckt, eben Handpressendrucke hergestellt. Zu diesen wenigen und zugleich zu den leidenschaftlichsten Förderern der neuen Buchkunstbewegung zählten Bücherfreunde und Sammler, die Bibliophilen, die sich in einzelnen Gesellschaften oder Vereinen zusammenfanden.

An diese fortschrittliche bürgerliche Erneuerungsbewegung aus der Zeit von 1890 bis 1914, von einigen Verlagen nach dem zweiten Weltkrieg wieder aufgenommen, knüpfte unsere sozialistische Buchkultur der Deutschen Demokratischen Republik unmittelbar an. Sie hat dieses Erbe angetreten, und unser Verlagswesen verwaltet es in einem sozialistischen Sinne: Das gute und künstlerisch gestaltete Buch mit Hilfe der modernsten Technik hergestellt, ist unser Ziel, aber als Massenbuch zu niedrigen Preisen, so daß sich jedermann Erzeugnisse unserer Buchkunst leisten kann, sei es ein Kinder- oder Jugendbuch, sei es ein Sachbuch oder ein wissenschaftliches Buch.

So dürfen wir mit berechtigtem Stolz sagen, daß die besten Traditionen der deutschen Buchkunst in unserem sozialistischen Verlagswesen bewahrt sind. Die Erfolge unserer Bücher bei internationalen Wettbewerben beweisen das aufs deutlichste.

Wenn man jedoch bedenkt, daß das Buch sich in seiner äußeren Form in rund 2 000 Jahren nicht wesentlich verändert hat, drängt sich die Frage auf, ob das immer so bleiben wird. In den letzten 50 Jahren hat man unter dem Eindruck so vieler technischer Neuerungen – des Radios, des Fernsehens, der Atomforschung und des Weltraumfluges – diese Frage immer wieder aufgeworfen. Soweit es sich dabei um Gesichtspunkte zur äußeren Veränderung des Buches gehandelt hat, haben sie sich als unwirksam erwiesen. Nach dem ersten Weltkrieg, als Wirtschaft und Wissenschaft viel aufzuholen hatten, stellte sich ein Bedürfnis nach schneller Unterrichtung über die neuesten Ergebnisse von Wissenschaft und Technik in der Welt ein. Dabei ergab sich, daß Bücher, die stets eine gewisse Herstellungszeit brauchen, die neuesten Erkenntnisse zu spät vermittelten oder, anders ausgedrückt, daß die vermittelten wissenschaftlichen und technischen Neuerungen beim Erscheinen der Bücher schon gar nicht mehr die »neuesten« waren. Die Zeitschrift z. B. mit monatlicher oder 14tägiger Erscheinungsweise jedes Heftes erwies sich dafür als viel vorteilhafter. Nun gab es aber schon wenige Jahre nach dem ersten Weltkrieg so viele Fachzeitschriften für jedes Gebiet der Technik, daß der einzelne Wissenschaftler oder auch ein kleineres Wissenschaftlerkollektiv nicht mehr alles Wichtige lesen konnte oder seine ganze Zeit und Kraft nur zum Lesen gebraucht hätte – statt selbst zu arbeiten und zu forschen. Deshalb begannen die Wissenschaftler, allen voran die Techniker, in den 20er Jahren unseres Jahrhunderts, zu fordern: Wenn wir selbst noch schöpferisch tätig sein sollen, müssen uns die wichtigsten Arbeitsunterlagen in Form von Dokumenten, die den neuesten Stand des Wissens nachweisen, auf den Tisch gelegt werden, und zwar nur in einer Auswahl des Allerwichtigsten. So ist die sogenannte Dokumentation entstanden: Fachlich ausgebildete Mitarbeiter wurden in Forschungsinstituten eingestellt, um auf wichtige neuste Zeitschriftenaufsätze oder andere Druckschriften, z. B. Prospekte ausländischer Firmen, Berichte von Fachtagungen usw. hinzuweisen und im vollständigen Wortlaut oder im Auszug den Forschern, Ingenieuren, Konstrukteuren zur Verfügung zu stellen.

In den nachfolgenden Jahrzehnten haben sich die einzelnen Wissenschaftsgebiete noch weiter spezialisiert, und die technische Entwicklung, die stets auch als Grundlage die neuesten naturwissenschaftlichen Erkenntnisse braucht, ist noch komplizierter geworden. Es wird heute in sehr viel mehr Ländern als früher an technischen und naturwissenschaftlichen Fortschritten gearbeitet; es erscheint infolgedessen immer mehr Fachliteratur für jeden Spezialisten in immer mehr Sprachen. Der in der Forschung unmittelbar Mitarbeitende braucht deshalb heute einen Extrakt aus dem Neuesten und Wichtigsten: Er kann nicht alle Sprachen beherrschen, er hat keine Zeit, die gewachsene und ständig noch anwachsende Zahl von Aufsätzen auf seinem Arbeitsgebiet zu lesen, er muß aber das Wesentlichste kennen, was darin steht. Diese verdichteten, auf das Allerwichtigste zurückgeführten Mitteilungen für Spezialisten nennt man Information, bezogen auf ein bestimmtes Gebiet Fachinformation. Um zu solchen Informationen zu gelangen, die dem spezialisierten Forscher wirklich bei einer ganz bestimmten Aufgabe nützlich sind, muß der Informator, der das tut, sehr gute Fachkenntnisse und vielseitige Sprachkenntnisse besitzen und gelernt haben, das Wichtigste zu erfassen und so knapp und verständlich wie möglich wiederzugeben.

Bei dieser Entwicklung von Dokumentation und Information hat das herkömmliche Buch schlecht abgeschnitten: In ihm waren und sind die wenigsten allerneuesten Informationen zu finden. Sie sind vielmehr in Zeitschriften oder in anderen, in kürzeren Abständen erscheinenden Fachveröffentlichungen enthalten.

Buchhändler-Ausbildung in der DDR

An der »Betriebsberufsschule des Volksbuchhandels« in Leipzig erhalten etwa 200 Lehrlinge in jedem Schul- und Lehrjahr ihre theoretische Ausbildung zum Facharbeiter.

Diese Ausbildungsstätte beging 1978 ihr 125jähriges Jubiläum. Als »Lehranstalt für Buchhändlerlehrlinge«, später als »Deutsche Buchhändlerlehranstalt« bezeichnet, wurde sie 1853 feierlich eröffnet. Das war damals, verglichen mit anderen europäischen Ländern, eine bedeutende Errungenschaft des deutschen Buchhandels.

Walbaum-Antiqua und Unger-Fraktur

Deshalb ist es auch ganz naheliegend, daß in dem Zeitalter der sich entfaltenden Dokumentation und Information das Buch von manchem für veraltet, ja für tot erklärt worden ist und daß man gemeint hat, die Zukunft gehöre dem beweglichen oder »mobilen« Buch, im Prinzip so angelegt wie ein Hefter, nur technisch verbessert. Man braucht immer nur das neu zu drucken, was sich geändert hat, und diese neuesten Druckseiten würden dann an der Stelle eingeheftet, wo die inzwischen veralteten Informationen zu finden waren.

Nach dem zweiten Weltkrieg ist man darauf zurückgekommen, wieder haben manche das scheinbar so veraltete feste Buch mitleidig belächelt – und wieder haben sich die Dinge anders entwickelt, als die Propheten von damals vor fünfzig Jahren und die neuen Propagandisten des »mobilen« Buches von vor fünfzehn Jahren gemeint haben. Diese beweglichen, aus auswechselbaren Einzelblättern bestehenden buchähnlichen Gebilde in Heftern oder Klemm-Mappen – als Ringbücher »Karteibuch« oder »Loseblattausgabe« genannt – haben sich zwar auf einzelnen Gebieten für ganz bestimmte Zwecke als praktisch erwiesen, den Charakter des Buches haben sie jedoch nicht zu verändern vermocht.

Auch die Dokumentation und Information bezieht ihre Erkenntnisse über den neuesten Stand des Wissens in der ganzen Welt noch immer überwiegend aus Zeitschriften, also aus einer nun schon Jahrhunderte alten Sonderform des Buches. Wenn alle Zeitschriftenhefte eines Jahres erschienen sind, gilt der betreffende Jahrgang als komplett und »bindereif«. Das heißt, er wird in allen Bibliotheken gebunden (auch viele Einzelbezieher von Fachzeitschriften lassen sich die einzelnen Jahrgänge binden) und sieht dann wie ein Buch aus und wird wie ein Buch behandelt.

Was nun die Perspektive des Buches betrifft, so kann man immer wieder in Zeitungen sensationell Aufgemachtes, Halbwahres oder Unsinniges lesen wie »Datenbanken lösen das Buch ab«, »Fünf Millionen Bücher auf einem Kristall«, »Automaten als Bibliothekare« usw. In der westlichen Presse werden solche Fehlorientierungen natürlich noch wesentlich übertrumpft durch Überschriften mit Parolen wie vom »Ende eines Monopols«, »Das Buchzeitalter geht zu Ende« und ähnliches mehr.

Was ist daran wahr, was mag daran richtig sein? Zunächst wissen wir bereits, daß wir heute eigentlich nur noch aus alter Anhänglichkeit vom »Buch« sprechen, darunter aber alles mögliche verstehen – aber nicht erst seit heute, sondern seit einem Jahrhundert: Bücher der verschiedensten Größe, Broschüren als dünne Bücher, alle regelmäßig erscheinenden Veröffentlichungen, ob sie einmal im Jahr, z. B. als Kalender oder Jahrbuch (Pionier-Kalender), einmal in der Woche (»Wochenpost«) oder 14tägig (»Bummi«) erscheinen. Zu den periodischen Erscheinungen gehören natürlich auch alle Zeitungen, die in der Regel sechsmal in der Woche herauskommen. Schon seit Jahrhunderten zählen Musikalien (Musiknoten-Drucke) und Atlanten zu den Büchern. Das sind bei weitem noch nicht alle Druckschriften-Arten, die wir zu den Büchern rechnen, sondern nur einige, doch die wichtigsten. Sie alle bieten ganz bestimmte Dokumente für die Literatur, d. h. alles schriftlich Überlieferte, dar; deshalb kann man sie auch als »literarische Dokumente« bezeichnen. Unter »Buch« verstehen wir also die verschiedenartigsten literarischen Dokumente. Wenn man nun an moderne Formen der Darbietung von Musik und Sprache, sogenannte auditive Medien, denkt (Tonband, Schallplatte, Tonfilm und Radio), so liegen ihnen doch auch in der Regel wieder literarische Dokumente in Gestalt von aufgeschriebenen oder gedruckten Noten oder andere schriftliche Aufzeichnungen zugrunde, die beim Theater wie beim Film häufig sogar gedruckt werden.

Auch wenn optische, visuelle Medien verwendet werden wie Diapositive, Mikrofilme, Schmalfilm, um literarische oder künstlerische Dokumente wiederzugeben, handelt es sich ja nur um technische Ersatzleistungen für originale literarische Dokumente.

So sind also eine Reihe von Medien neben dem Buch in unserem 20. Jahrhundert entstanden, die wir als audiovisuelle Medien zusammenfassen. Sie haben ihren Nutzen für ganz bestimmte Zwecke, z. B. für Sprachkabinette zum Erlernen von Fremdsprachen. Aber das Buch lebt trotzdem weiter. Als nach dem ersten Weltkrieg – seit Mitte der zwanziger Jahre – der Rundfunk nach und nach in alle Häuser einzog, erschien vielen der Untergang des Buches ganz gewiß, und als nach dem zweiten Weltkrieg das Fernsehen, zwanzig Jahre nach seinen Anfängen, für viele erreichbar und selbstverständlich wurde, hat sich dasselbe wiederholt. Man hat nun zwar festgestellt, daß heute viele Menschen in ihrer Freizeit nichts anderes als den Fernseher kennen, aber nur ein kleiner Teil von diesen hat vorher Bücher gelesen.

Die hohe Wertschätzung von Wissen und Bildung, die Aktivität unserer Bibliotheken hat aber trotz Rundfunk und Fernsehen viele Menschen zum Buch geführt, und einzelne Untersuchungen haben sogar ergeben, daß bestimmte Fernsehsendungen, z. B. Sendungen oder Filme, die auf berühmten Romanen der Weltliteratur oder auf Reisebeschreibungen beruhen, regelrechtes Interesse bei vielen wecken, nun auch noch das Buch kennenzulernen, das die Quelle dieser Sendungen gewesen ist.

Die elektronische Datenverarbeitung auf dem Gebiet der Wissenschaft ist bereits in Aktion. Wir sehen aber auch deutlich, wie arbeits- und kostenaufwendig sie ist, und wir fragen uns heute schon stets, bevor wir ihre Anwendung hier oder da beschließen: Lohnt sich der hohe finanzielle Aufwand wirklich?

Es kann gar keinen Zweifel geben, daß die elektronische Datenverarbeitung die Wissenschaftsentwicklung wesentlich fördert und künftig noch viel mehr unterstützen wird. Und vielleicht stehen wir hier überhaupt erst an einem Anfang: Wie einst vor rund 200 Jahren in der industriellen Revolution die Dampfmaschine die Handarbeit abzulösen begonnen hat, so leitet heute die Automatisierung einen Prozeß ein, in dem die maschinensteuernde und regelnde Menschenhand mehr und mehr durch Automatik ersetzt wird.

Auch im Buchwesen vollzieht sich also die technische Revolution. So erleben wir z. B., wie das Blei mitsamt dem Setzkasten zurücktritt hinter neuen technischen Vervielfältigungsverfahren. Der Hochdruck wird mehr und mehr abgelöst vom Flachdruck, insbesondere vom Offsetdruck und vom Lichtsatz. Die Rechentechnik ist in die Produktionsprozesse der Polygraphie eingezogen, und der computergesteuerte Elektronik-Lichtsatz ist bereits Wirklichkeit. Das Endprodukt kann entweder ein vervielfältigtes originalgroßes oder verkleinertes Manuskript oder ein Tonträger als

Phonogramm sein. Eine Lichtsatzanlage vom Typ Linotron 505 vermag in einer Minute 100 Zeitungszeilen abzuarbeiten. Eine Mehrfarben-Offsetbogenrotationsmaschine unserer Produktion (Planeta-Variant 27) druckt in einer Stunde 8000 Bogen in einem Papierformat bis 100 cm × 140 cm. Und wie ein technisches Märchen mutet es an, wenn wir von Versuchen in Japan hören, den Zeitungsdruck in die Wohnung zu verlagern: Zeitungsseiten können elektronisch übertragen werden, und zwar mit Radiowellen. Eine Zeitungsseite wird in fünf Minuten gesendet und von einem Empfängergerät aufgenommen. Die Anwendung dieser Faksimiletechnik ist schon auf vielen Gebieten erprobt worden. Allerdings sind die Kosten gegenwärtig noch viel zu hoch, um grundsätzlich mögliche Verfahren massenwirksam einzusetzen.

Ebenso klar sind aber bestimmte Vorzüge des Buches: das Nachschlagewerk, in dem ich mich schnell über Wissenswertes unterrichten kann, ist immer noch der billigste in der Breite wirkende »Computer«. In allen größeren Bibliotheken stehen sie uns zur Verfügung. Wer sich freilich nach und nach die wichtigsten Nachschlagewerke selbst zulegt, hat den Vorteil, daß er sich dieser Wissensquellen jederzeit und sooft er will bedienen kann. Eine Anfrage an eine Datenbank (spezielle Sammelstelle von Informationen) ist mit besonderen und hohen Kosten verbunden, so wenn ich z. B. die wichtigsten Daten aus dem Großen Deutschen Bauernkrieg und zu Thomas Müntzer vergessen habe, wäre es finanziell gar nicht zu verantworten, einen Datenspeicher zu bemühen. Solche Fragen beantwortet ein Nachschlagewerk, in unserem Fall das »Lexikon der Geschichte« oder auch »Meyers Neues Lexikon«. Das ist heute so und wird so bald nicht anders sein.

Wenn ich eine Erzählung, einen Roman kennenlernen will, kann ich mir einen Kassettenrecorder kaufen oder borgen. Ich könnte mir dann das Gewünschte anhören, sofern es auf Band vorhanden ist, aber ich bin an ein Übertragungsgerät gebunden, das zur Hand und vor allem in Ordnung sein muß. Der Vorteil des kleinen handlichen Buches, dessen Inhalt ich ganz ohne technische Hilfsmittel, allenfalls mittels Brille, aufzunehmen vermag, besteht darin, daß ich lesen kann, wann und wo ich will, daß ich keinen anderen im Zimmer nötigen muß, mit mir zu hören, daß ich ohne jede technische Manipulation eine besonders schöne Stelle noch einmal lesen, daß ich überhaupt mühelos zurückblättern kann, daß mich beigegebene Illustrationen beeindrucken oder mindestens zum Nachdenken über das Gelesene anregen. Sicher ist, daß das Buch auf dem Gebiet der schöngeistigen Literatur (Belletristik) noch lange erhalten bleibt.

Schließlich hat jedes Buch sein bestimmtes Gewand, und wir sprechen nicht zufällig von schönen und schönsten Büchern. Zu den »Schönsten« der DDR zu zählen ist eine hohe Auszeichnung. Wer sich länger mit Büchern beschäftigt, bekommt einen Blick für die Schönheiten eines Buches, in seinem Äußeren sowie Inneren. Auch nach solchen schönen Büchern, Kunstwerken der Typographie und der Buchillustration, besteht heute ein Bedürfnis, und wir meinen, daß es noch lange Bestand haben wird.

Alles in allem: das liebe alte Buch, so verstanden, wie wir es dargelegt haben, hat sich in seinen vielfältigen alten und neuen Formen als äußerst zählebig erwiesen. Gewiß wird es in Zukunft noch andere Formen und Methoden der Wissensvermittlung geben, vor allem auf dem Gebiet des Buches und der Zeitschrift für Wissenschaft und Forschung. Aber das große humanistische Anliegen des Sozialismus ist die entfaltete Persönlichkeit, ist Freude und Genuß an künstlerischer Selbstbetätigung. Neben Theater und Film, Musik und Kunst ist der Reichtum inhaltlich wertvoller und ansprechend gestalteter Bücher ein guter und dauerhafter Nährboden für die Persönlichkeitsentfaltung. Und deshalb wird das Buch in allen sozialistischen Ländern ganz gewiß eine große Zukunft behalten. Darin kann uns unsere Wanderung durch die Geschichte des Buches, sein Werden und Wirken, nur bestärken, und schon darum ist sie nicht umsonst gewesen.

DU UND DEIN BUCH

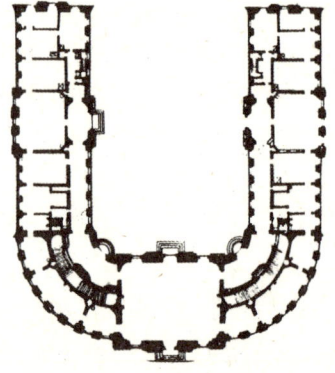M zu verstehen, was das Buchwesen uns heute bedeutet und wie es morgen sein mag, muß man wissen, wie es geworden ist. Deshalb haben wir verfolgt, wie die Menschen zur Schrift gelangt sind, wie unser Buch sich aus vielerlei Vorstufen heraus entwickelt hat und wie es durch die Jahrhunderte hergestellt, vertrieben und gesammelt worden ist. Goethe hat einmal diese Zusammenhänge und das Wechselspiel von Gestern – Heute – Morgen so ausgedrückt:

Liegt dir Gestern klar und offen,
Wirkst du heute kräftig frei;
Kannst du auf ein Morgen hoffen,
das nicht minder glücklich sei.

Kurzum, die Geschichte des Buches, so voller Entdeckungen und Überraschungen sie auch sein mag, will uns nur hinführen zu dem wichtigsten Anliegen: Du, jüngster und junger Leser, wie stehst du zum Buch? Was gilt es dir, und was könnte es dir bedeuten?

Natürlich sind diese Fragen nicht neu. Sie sind schon unzählige Male gestellt und beantwortet worden. Jede Generation muß sich diese Frage aufs neue stellen, und die Antwort wird im einzelnen immer etwas anders ausfallen müssen. Und doch gilt für alle sozialistischen Länder eine Grundeinstellung zum Buch. Sie ergibt sich zwangsläufig daraus, daß der allseitig gebildete, geistig interessierte Mensch, von Ausbeutung und Unterdrückung befreit und seine Gaben und Fähigkeiten voll entfaltend, als gesellschaftliches Wesen das Maß aller Dinge ist. Eben dabei ist noch immer das Buch der beste Mittler und Berater. Zu seinem Lob ist schon vieles gesagt worden, das Schönste, was sich überhaupt dazu sagen läßt, hat uns Maxim Gorki zum Nachdenken aufgegeben: »Liebt das Buch, es erleichtert euch das Leben; es hilft als guter Freund, euch in dem bunten und stürmischen Wirrsal der Gedanken und Geschehnisse zurechtzufinden, es lehrt euch, den Menschen und euch selbst zu achten; es beschwingt Geist und Herz durch Liebe zur Welt und zum Menschen.«

Mit Stolz sprechen wir davon, daß die Deutsche Demokratische Republik ein Land des Lesens ist. Ein solches Land erkennt man auch daran, in welchem Maße das Lesen und die Leseinteressen untersucht und erforscht werden. Dieses Wissen vom Lesen als eine gesellschaftliche Erscheinung auf dem Wege zur Bildung und die Erkenntnis, daß es dabei um eine Summe individueller Besonderheiten geht, ist wichtig für die Schlußfolgerungen, die daraus gezogen werden müssen: unter welchen Gesichtspunkten und mit welchen Literaturformen die Bevölkerung des betreffenden Landes mit Büchern, Zeitschriften und Zeitungen zu versorgen ist. Wenn die Sowjetunion heute auf diesem Gebiet führend ist, so wird dazu beigetragen haben, daß W. I. Lenin immer wieder darauf hingewiesen hat, daß die Bibliotheken der sicherste Maßstab für die Kultur eines Landes sind. Denn mögen das Verlagswesen und der Buchhandel noch so gut organisiert sein, die Bibliotheken sind in der modernen Gesellschaft mit wachsenden unterschiedlichen Literaturbedürfnissen der Bürger die wichtigsten Umschlagplätze für Literatur, ob es nun um wissenschaftliche Arbeit oder Aus- und Weiterbildung, um geistig-kulturelle Bereicherung oder Unterhaltung geht.

Es ist gewiß eine große Errungenschaft der Menschheitsentwicklung, daß wir heute getrost sagen können: Das Buch ist für uns alle von den frühesten Tagen der Kindheit an zum Lebensgefährten geworden. Lange bevor ihr lesen lernt, ist das Bild im Buch – das Bilderbuch – eure erste Berührung mit der Kunst. Eltern und Erzieher vermitteln euch Bildeindrücke, die ihr selbst ordnet. Wie sie im einzelnen euch prägen und bilden, das hängt von jedem Kind selbst und seiner nächsten Umgebung, von Elternhaus und Schule, ab. Aber ein erster Schatz bildet sich dabei in euch heraus, etwas Unverlierbares, mögen die Eindrücke auch verblassen. Auf jeden Fall ist das Bilderbuch der beste Führer zur eigenen, selbständigen Lektüre. Damit der Übergang von diesen ersten Erlebnissen mit schönen, farbigen Büchern zu den notwendigen Bildungs- und Erziehungsmitteln der Schule – den Schulbüchern – ein natürlicher und fließender ist, hat der Schulbuchverlag unserer Republik (Volk und Wissen Volkseigener Verlag Berlin) in langer, beharrlicher Arbeit für alle Altersstufen Lehrmittel schreiben und bebildern lassen, die das notwendige, unausweichliche Lernenmüssen leichter, freudiger machen. Deshalb sind die Schulbücher zu Beginn eines neuen Schuljahres immer interessant, wenn auch die Freude dann etwas gedämpft wird, weil man sie 300 oder 600 Tage hintereinander in die Hand nehmen muß. Aber bald kommt die Zeit, da ihr neben der Schulbuchaufnahme und Pflichtlektüre eure eigenen Wege geht und die Bücher selbst aussucht, die euch gefallen.

So hat heute fast jedes Kind von einem bestimmten Alter an seine Buchgefährten, Geschenke der Eltern, Verwandten und Freunde, als persönlichen Besitz. Daneben stehen euch die Kinderbibliotheken überall in Stadt und Land offen, wo ihr schmökern und euch mit Altersgefährten aufhalten könnt. Gewiß gibt es in den öffentlichen Bibliotheken für Kinder und Jugendliche noch viele Unterschiede, günstige und weniger günstige Bedingungen, schöne geräumige Abteilungen und bescheidene, enge. Die meisten dieser Einrichtungen sind in den letzten Jahrzehnten neu erbaut worden, obwohl wir auf vielen Gebieten, nicht zuletzt im Wohnungsbau, vieles neu zu schaffen, aber auch wertvolles Altes zu erhalten hatten und haben.

Vergeßt nicht, daß jedes Buch, ob es euch nun besonders zusagt oder weniger, etwas Gutes will: euch zu unterhalten, zu erfreuen, zu erheitern oder über Wissenswertes zu unterrichten. Um das erreichen zu können, mußten viele Köpfe und Hände harmonisch zusammenwirken, mußte ein ganzes Kollektiv tätig sein: der Verfasser (Autor), Verlagsmitarbeiter (Lektor), Setzer, Drucker, häufig sich in das Ganze einfügend der Illustrator, Buchgestalter, Buchbinder und Buchhändler, in den Bibliotheken schließlich noch die Bibliothekare, die die neuen Bücher in Katalogen verzeichnen, instand halten, ausleihen, zurücknehmen und wieder einordnen müssen. Aus unserem Gang durch die Geschichte des Buches wissen wir, daß noch vieles andere, nicht zu jedem einzelnen Buch, wohl aber zum Büchermachen gehört: für die Druckschrift der Stempelschneider und Schriftgießer, für das Drucken die Druckerschwärze und für bunte Illustrationen die Druckfarben, für die weißen und farbigen Papier- und Einbandmaterialien Fachleute für Papier- und Pappenherstellung und für den Buchbinder eine Vielzahl von Zubehör.

Das ist ein großer Aufwand von Arbeitskraft, Material und Materialbereitung. Habt also Achtung vor dem Buch und geht sorgsam damit um! Selbst bei bester Verarbeitung ist es nicht aus Eisen! Man kann sehr wohl sagen: Zeige mir deine Bücher, zeige mir, wie du mit ihnen umgehst, und ich sage dir, ob du Achtung vor ihnen hast und ob sie dir etwas bedeuten oder nicht.

Allerdings soll man einen Unterschied machen zwischen eigenen und fremden Büchern, die man sich in der Schulbibliothek oder in der öffentlichen Bibliothek oder auch von Freunden ausgeliehen hat. Fremde Bücher, ob also Volkseigentum aus einer Bibliothek oder ob persönlicher Besitz eines anderen, muß man besonders pfleglich behandeln, denn so selbstverständlich ist es nun wieder nicht, daß man sie lesen darf. Unserem Staat kosten die Bibliotheken, die Hunderttausende benutzen, jedes Jahr viele Millionen Mark, und wenn man das Buch eines Freundes, das ihm lieb und wert ist, sorglos behandelte, würde man ihn kränken.

Natürlich wird jeder mit seinen eigenen Büchern genauso wie mit seinen anderen persönlichen Besitztümern sorgsam umgehen. Ein gepflegtes Buch wirkt schon von außen her viel angenehmer als ein schmuddeliges, unappetitliches. Aber im Innern meines eigenen Buches kann ich, wenn ich will, mir das eine oder andere anstreichen, um es leicht wiederzufinden oder, wenn es meinen Widerspruch herausfordert, um noch ein andermal darüber nachzudenken. Natürlich kann man am Rand der Seite sich auch Notizen machen – wohlgemerkt, nur in eigenen Büchern, nie in Bibliotheksbüchern. Denn wie würden wohl die Bücher aussehen, wenn das alle Leser täten?

Wie lang schreibt ein Bleistift?

Im Schnitt 10–20 Kilometer. Da ein Kugelschreiber nur drei bis fünf Kilometer schafft, ist der Bleistift noch immer das billigste Schreibgerät. Den uns vertrauten Stift gibt es erst, nachdem im 16. Jahrhundert das Graphit (in Cumberland) entdeckt worden war.

Rautendelein und Akzidenz-Grotesk

Wie man anstreicht, wie man sich Notizen in eigenen Büchern macht, das ist eine Sache des persönlichen Geschmacks. Es kommt dabei nicht auf schreiende und dicke Filzstiftmalereien in Büchern an, sondern auf brauchbare Gedächtnisstützen, Hilfen bei nochmaliger Lektüre oder um jemandem etwas ganz Bestimmtes in einem Buch schnell zeigen zu können. Und das vermag eine Bleistiftanmerkung auch. Findet man in einem eigenen Buch besondere Gedanken, die einen beschäftigen und die man sich merken möchte, so kann man sich die betreffende Stelle abschreiben und gesondert aufheben, oft genügt auch im inneren hinteren Buchdeckel eine kurze Notiz.

Nicht zusammen passen Schere und Buch: Bücher schlachten – das ist keine gute Sache, auch wenn es sich um ein Buch handelt, von dem man meint, man habe es wie ein Paar Schuhe verwachsen. Erstens kann man sich dabei sehr irren, weil man kein Hellseher in eigener Sache ist. Öfter als man vermutet, gewinnen Dinge, die man für abgetan, erledigt, überwunden hält, später doch noch einmal an Bedeutung. Außerdem lebt man nicht allein auf der Welt, vielleicht bereitet das für mich überholte Buch in ein paar Jahren jüngeren Geschwistern Spaß? Davon abgesehen, könnte man es ja auch jemandem schenken.

Die Schere kann aber trotzdem gebraucht werden. Unsere Druckschriftenproduktion ist sehr vielgestaltig geworden. Während früher alles Gedruckte noch jahrhundertelang Seltenheitswert gehabt hat, so daß sich Bücher in einer Familie von einer Generation zur anderen vererbt haben, ist ein Teil dessen, was heute gedruckt wird, Verbrauchs- oder »Wegwerfliteratur«. Das gilt für Zeitungen und viele Zeitschriften, die sogenannten allgemeinen Zeitschriften, die durch den Postzeitungsvertrieb bezogen und meist innerhalb der Familie oder gemeinsam mit Hausbewohnern abonniert werden.

Für die Gesellschaft genügt es, wenn diese Drucksachen an einigen Stellen, überwiegend in Bibliotheken, vollständig erhalten werden. Neben ihrem aktuellen Informationswert oder ihrer Unterhaltungs- und Belehrungsfunktion als Spiegel einer ganz bestimmten Zeit – also etwa der achtziger Jahre des 20. Jahrhunderts in der DDR – werden sie auch später noch Aussagekraft für die Wissenschaft besitzen. Solche Verbrauchsliteratur enthält manches Wissenswerte und literarisch Wertvolle. Sofern etwas von besonderem persönlichem Interesse ist, darf hier die Schere in Aktion treten. Um später in der Schule, im Jugendverband mit solchen Ausschnitten noch etwas Bestimmtes (z. B. Wandzeitung oder Presseinformation) anfangen zu können, darf man nicht vergessen, auf jedem Ausschnitt das Datum und die Quelle (woher entnommen) zu vermerken. Man hebt solche Dinge zweckmäßig entweder lose in Mappen (Aktendeckeln) oder seitlich gelocht in sogenannten Heftern auf.

Überlegungen zur Ordnung der eigenen gedruckten und handgeschriebenen Umwelt, be-

23,2 Millionen Tonnen Zeitungspapier wurde laut UNESCO
im Jahre 1974 in der Welt bedruckt.

In den Industrieländern verbraucht jeder erwachsene Einwohner
im Durchschnitt 35–40 Kilo Papier jährlich, in den Entwicklungsländern
vorerst noch sehr viel weniger (etwa ein Zehntel davon).

Im Durchschnitt verbraucht jeder an bedrucktes wie unbedrucktes
Papier gewöhnte Mensch in seinem Leben 200 ausgewachsene Bäume.

Bodoni-Antiqua

stehend aus Büchern, Broschüren, Heften, Notizen, Zetteln und gedruckten, vervielfältigten Bildern, werfen manche Frage auf. Es gibt so viele Möglichkeiten der Ordnung, daß man gar nicht das für jeden Richtige als Rezept geben kann. Eines steht aber fest: Keine Ordnung ist unfruchtbar und schlecht, zuviel Ordnerei ist belastend und kann zu einem Ordnungsfimmel werden, zur Ordnung um der Ordnung willen. Das Alphabet ist noch immer die sicherste Ordnungsfolge, und der Gegenstand, dem etwas zugeordnet werden soll, eben die Sache, um die es geht, liefert ein oder zwei Sachwörter, die man entweder Stichwörter oder Schlagwörter nennt. Die Fachleute auf diesem Gebiet, die Bibliographen und Bibliothekare, verstehen unter Stichwörtern die Hauptsinnwörter eines Titels (eines Buches oder eines Zeitschriftenaufsatzes), z. B. »Reisen zu Fuß durch den Thüringer Wald« – Stichwörter: Reisen und Thüringer Wald.

Schlagwörter dagegen geben den Inhalt eines Buches oder Aufsatzes so knapp und so genau wie möglich wieder. Zum Beispiel gibt es ein Buch über den Strafvollzug mit dem Titel »Menschen ohne Schlüssel«. Das Schlagwort dafür lautet »Strafvollzug«, die Stichwörter »Menschen« und »Schlüssel«. Die Schlagwörter werden alphabetisch geordnet. Kämen zwei Stellen = zwei Sachwörter für das Einordnen in Frage, so entscheidet man sich für eine Stelle. Von der anderen, unter der man später auch suchen könnte, »verweist« man, d. h. man legt einen Zettel an, auf dem vermerkt wird, daß man dazu auch an der anderen Stelle etwas findet.

Wichtig ist für die Ordnung und für das Wiederfinden, daß man einmal nicht so einen, das nächste mal einen anderen x-beliebigen Zettel, sondern nur Papiere gleichen Formates nimmt. Im Handel bezeichnet man die Papierformate nach einheitlichen Festlegungen (staatliche Standards). Am besten ist A 5 geeignet, das ist das Papierformat der kleineren Schulhefte. Wer sich viel vornimmt, kann auch das nächstgrößere Format = A 4 (doppelt so groß wie A 5), das der größeren Schreibhefte, wählen. Wer sehr klein schreibt, kann auch A 6 = Postkartengröße erwägen.

Diese Aufbewahrungs- und Ordnungstechnik löst noch eine andere Möglichkeit persönlicher Buch- und Literaturverbundenheit aus. Gelegentlich begegnet man in einem Buch, im Fernsehen, Radio oder Theater einem Spruch, einem Gedicht, zuweilen liest man eine Anekdote, eine Geschichte oder auch einen Witz, kurzum irgend etwas, was Eindruck macht. Auch solche handgeschriebenen Notizen oder Abschriften lassen sich in gleicher oder ähnlicher Weise aufbewahren.

Schließlich muß sich jeder selbst fragen, ob er für seine Bücher und Broschüren, wenn sie sich, wie es sich sehr häufig ergibt, vermehren, einen Katalog haben möchte, wie ihn die Bibliotheken zum Wiederfinden der von ihnen angeschafften Bücher unbedingt brauchen. Gewiß ist es nur eine Spielerei, wenn sich der Besitzer von zehn oder zwanzig Büchern einen Katalog bastelt. Das wäre etwa so, als ob man sich einen Personenkatalog für eine Kindergruppe von zehn Pionieren anlegte, für die man längere Zeit anleitend verantwortlich ist. Besser ist es, man überblickt seine Weg-gefährten – die Bücher wie die Pioniere – und hat sie im Gedächtnis. Das heißt, man sollte seine Bücher genau kennen. Wenn man sie nicht mehr übersieht, stünde die Frage, ob man nicht zu viele hat, die anderswo besser aufgehoben wären – oder man muß sich für einen Katalog ent-scheiden. Wie man das macht, sieht man sich am besten in einer Bibliothek an, oder man läßt sich von einer Bibliothekarin beraten.

Im Umkreis der Bücher gibt es allerlei Interessantes. Wer erst einmal darauf zu achten begon-nen hat, staunt über die vielen künstlerisch anziehenden Formen und Herstellungsarten. Da gibt es größere oder kleinere Drucke mit Bildern oder nur Bilder mit Unterschriften. An erster Stelle steht die Briefmarke mit den vielfältigen Möglichkeiten, sie zu sammeln: nach Ländern, nach Motiven, bzw. nach Gebieten (Kunst, Sport, Technik), Normpostkarten mit eingedruckten Marken, bedruckte Briefumschläge, wie sie in manchen Ländern, z. B. in der UdSSR üblich sind. Was gibt es nicht alles sonst noch auf diesem Sammelgebiet der Graphik, wie man das Gebiet be-druckter Blätter unterschiedlichsten Formates nennt: Linolschnitte, Bildbeilagen in Zeitungen oder Zeitschriften, Postkarten, Briefmarken, Etiketten von Weinflaschen, Zigarrenbauchbinden, Zündholzschachteletiketten, Apfelsinenpapiere, Buntpapiere, Speisekarten, Einwickelpapier. Für das Sammeln von Pralinenschachteln, von denen es sehr hübsche gibt, braucht man leider zuviel Platz. Kino- und Theaterprogramme sollen den Reigen der Sammelmöglichkeiten schließen, und sie führen bereits wieder zum Buch zurück. Unsere Theaterprogramme haben meistens ein sehr hohes Niveau. Sie sind gut ausgestattet und sehr preiswert.

Dieses Sammeln als Hobby mußte, wenigstens was die Papierverwandten des Buches betrifft, er-wähnt werden, weil Bücherlesen, Bücheraufheben und Bücherliebe mit Sammeln eng zusammen-hängen. Was als Spiel begonnen und betrieben worden ist – dies und jenes zunächst nur beiseite zu legen, dann mit Umsicht und Ausdauer zu sammeln –, kann über ein Hobby hinauswachsen. Es gibt viele Beispiele von Sammlern, die als Kinder zu sammeln begonnen und ihr Sammelgebiet ihr Leben lang gepflegt haben. Erst später kümmerten sie sich ernsthaft und wissenschaftlich um die damit verbundene Sache: Aus ihnen sind zuweilen bedeutende Spezialisten und Experten ge-worden. Was aber das Wichtigste ist und wovon wir sowohl bei uns als auch im Ausland viele Beispiele kennen, ist die Tatsache, daß solche persönlichen Sammlungen Museen oder Bibliotheken geschenkt wurden und damit, jedermann zugänglich, in öffentlichen Besitz übergegangen sind.

Gibt es unter euren Verwandten und Freunden einen oder mehrere Graphiker, so bekommt ihr vielleicht auch ein graphisches Blatt geschenkt, von dem es heißt, daß es sich um »Ori-ginalgraphik« handele. Darunter versteht man Arbeiten, bei denen der Künstler nicht nur seine Idee in eine Zeichnung umgesetzt, sondern auch die technisch notwendige handwerkliche Arbeit gemacht hat, bei einem Holzschnitt also das Schneiden mit dem Messer in das Holz. Vielfach sind solche Blätter auch auf einer Handpresse, also nach alter Weise ganz handwerklich gedruckt wor-den. Das sind richtige Kunstwerke, die man besonders liebevoll, am besten in einer aus zwei starken Pappen selbst gebastelten Mappe aufbewahren soll. Alle großformatigen Einzelblätter, auch Reproduktionsdrucke, faßt man nie mit einer Hand an, sondern mit beiden Händen und auch das nur, wenn man sie z. B. umwenden will: Sie sollen stets »plan«, d. h. flach aufliegen, so-fern man sie nicht gerahmt, mit Pappe versteift als Wandschmuck verwendet. Schon Goethe ärgerte sich darüber, daß manche Leute sich »roh gegen die schätzbarsten Kunstwerke« ver-halten. Er ist selbst auf die Behandlung von Kunstblättern eingegangen und hat, was man im Zusammenhang mit Buch, Literatur und Kunst gar nicht oft genug wiederholen kann, hinzu-gefügt: »Niemand denkt daran, daß, wenn nur zwanzig Menschen hintereinander ebenso ver-führen, der einundzwanzigste nicht mehr viel davon zu sehen hätte.« Das gilt sinngemäß auch für alle geborgten Bücher und ihre Behandlung.

Im Zusammenhang mit dem Schriftwesen vergangener Zeiten haben wir darauf hingewiesen, daß handgeschriebene Bücher bis heute fortleben, z. B. als Poesiealbum, als Tagebuch oder als

Notizbuch, die beiden letzten sind auch dazu geeignet, besondere Eindrücke aufzunehmen, die z. B. ein Buch, ein Theaterstück, ein Film oder ein Gedicht vermittelt hat.

Damit sind wir beim Buch als Lektüre, beim Lesen überhaupt. Wozu lesen wir? Am Anfang, nachdem die erste Hürde des Buchstabierens genommen worden ist und wir lesen gerlernt haben, steht die Pflicht des Schulunterrichts, lesen zu müssen, aber bald schon stellt sich die Freude ein, lesen zu können. Das ist zugleich der Übergang vom passiven Zuhören beim Vorlesen zum aktiven Selbstlesenkönnen. Auch die ersten Eindrücke vom Bilderbuch sind passiv: Es wird etwas von Erwachsenen Ausgewähltes vorgelesen. Die nächste Stufe ist das Bildbetrachten nach eigener Wahl, in der Kinderbibliothek oder zu Hause. Es ist ganz natürlich, daß die erste Wahl beim selbständigen Lesen zu Büchern führt, in denen sich etwas ereignet: Außergewöhnliche Begebenheiten und Abenteuer üben zunächst die stärkste Anziehungskraft aus.

Aber auch echtes Interesse am Wissen meldet sich früh. Am besten behalten wir, was wir gern haben, das heißt, daß das Lesen aus Spaß und Vergnügen auch am meisten bereichert. Ist der Lesende geboren, wächst mit dem Interesse am Stoff auch das Verständnis dafür, wie etwas in einem Buch dargestellt ist. Überhaupt kommt es nicht auf Viellesen und auch nicht darauf an, daß man alles behält, was man gelesen hat – das könnte sogar zu einer geistigen Magenverstimmung führen. Buch um Buch mit Heißhunger verschlungen, führt zu nichts. Wer mit Aufmerksamkeit liest und mitdenkt, sich vielleicht außerdem noch über das eine oder andere mit Freunden austauscht, hat den höchsten Gewinn beim Lesen und aus der Lektüre. Irgendwann kommt der Augenblick, da so Gespeichertes wieder »nach oben«, ins Bewußtsein steigt und unser Handeln bestimmt. Kurzum, es gibt keine Rezepte für das Lesen, es gibt nur die nicht immer geradlinige Entwicklung zum guten Buch, um in Sachen Lektüre einen eigenen Standpunkt zu finden. Eine Sportart, eine Wanderung kann man zu einem bestimmten Zweck ausführen. In diesem Sinne hat das Lesen keinen bestimmten Zweck, es bewirkt vielmehr »etwas« – es ist ein Stück Umwelt- und Welteroberung. Das Leitbild eines Helden, richtiger, eines »Buchhelden«, die Handlungsweise einer Buchpersönlichkeit in einer bestimmten Situation, das alles kann heranreifende Kräfte aktivieren, kann das Bewußtsein des jungen Lesers bilden, ja prägen, und das heißt: bestimmte Orientierungen für künftige Anforderungen geben, die Schule und Leben, Elternhaus und Freundschaften stellen. Es geht also nicht um Vielleserei oder um jugendliche Gelehrte, sondern um junge sozialistische Leser, heranwachsende vielseitig gebildete Persönlichkeiten, die offen sind für ihre Umwelt und für die Probleme ihrer Mitmenschen.

Nicht das einzelne Buch, nicht die Vielzahl gelesener Bücher machen den Leser aus, sondern welchen Einfluß die Bücher auf ihn ausüben, was er für sich selbst aus dem Lesen macht. So wird die Lektüre zum Schatz und das Buch der gute und hilfreiche Freund, der das zuwege bringt.

Beim Umgang mit Büchern macht jeder selbst die Erfahrung, daß Lesen und Lesen nicht dasselbe ist: Lesen zur Wissensbereicherung, um Kenntnisse zu erwerben, sei es für die Schule oder aus eigenem Antrieb – das ist eine Arbeit, die Aufmerksamkeit und Mitdenken verlangt, Kopfarbeit mit dem Stift in der Hand, um als Gedächtnisstütze Wichtiges schriftlich festzuhalten.

Demgegenüber ist das Lesen von Geschichten, Erzählungen, Romanen oder Gedichten nach eigener Wahl (selbst eine Pflichtlektüre der Schule kann darunter fallen) ein Lesen zum Vergnügen und zur eigenen Bereicherung – das ist die Lektüre, die nicht nur den Kopf, sondern auch das Empfinden anspricht: mitfühlend oder abstoßend, indem man sich selbst in eine ganz bestimmte Lage versetzt oder ihr zu entfliehen trachtet.

Und schließlich das Lesen, um die anderen Menschen, die Umwelt, die Welt zu verstehen, zu begreifen, warum wir leben, was die sozialistische Gesellschaft von uns fordert und warum sie es fordern muß. Da geht es um Antworten auf sehr große und schwere Fragen wie »Sinn des Lebens«, »Glück«, »Moral«. Nennen wir es das Orientierungslesen, an dem alle Sinne geschärft teilnehmen: Verstand und Gefühl liegen gleichsam auf der Lauer, um wachsam und vorsichtig das zu prüfen, was Schriftsteller, Eltern und Erzieher für richtig halten und dazu zu sagen wissen.

Die Zeiten ändern sich, und wir müssen gut beobachten und tiefgründig nachdenken, um zu merken, was wir ändern müssen – an Althergebrachtem. Es war früher ganz selbstverständlich, daß die Eltern oder Verwandten die Bücher für Kinder aussuchten, um sie damit zu überraschen. Wieviel lange Gesichter der Beschenkten hat es da nicht schon gegeben! Muß das immer so bleiben? Für die untere Altersstufe wird das geschenkte Buch auch weiterhin überwiegen, aber mit zehn, zwölf Jahren solltet ihr schon selbst aktiv werden. Wünsche äußern darf jeder, aber vielleicht setzt ihr es sogar durch, daß eure Eltern euch zum Bücherkauf mitnehmen, daß die Verwandten vorher eine Karte schreiben und fragen, was es denn für ein Buch beispielsweise zum Geburtstag sein soll. In allen Bibliotheken, die als Kinderbuchabteilungen eure Bibliotheken sind, könnt ihr euch umsehen, auch Buchhandlungen sind nicht nur zum Betrachten der Schaufenster, sondern auch zum Kennenlernen der Bücher in den Verkaufsräumen da. Daß man die neuen Bücher in einer Buchhandlung ganz besonders vorsichtig behandelt, ist selbstverständlich, denn niemand möchte ein neues Buch bereits in einem unsauberen Zustand kaufen.

Um zum Buch hinzuführen und zugleich die Auswahl des richtigen Buches zu erleichtern, gibt es zum Beispiel in der DDR (aber auch in anderen Buchländern) einen »Buchklub der Schüler«. Dadurch wird auch den jungen Lesern der Weg zum Buch als persönlicher Besitz geebnet. Die durch den Buchklub vertriebenen wertvollen und gut ausgestatteten Bücher werden zu wesentlich niedrigeren Preisen, als sie sonst im Laden kosten, abgegeben.

Wie es für den erwachsenen Spezialisten nützlich ist, seine Fachverlage zu übersehen, d. h. die Verlage der DDR zu kennen, in denen die Fachliteratur seines Gebietes erscheint, so sollte auch der junge Bücherfreund seine Verlage kennen.

An der Spitze steht Der Kinderbuchverlag Berlin mit der größten Buchproduktion, 1949 gegründet, zugleich Verlag der Pionierorganisation »Ernst Thälmann«. Er verlegt Bücher für alle Altersstufen, vom Vorschulalter bis zum Lesealter von 14 Jahren. Etwa 450 Titel, von denen etwa ein Drittel Neuauflagen sind, erscheinen jährlich in einer Gesamtauflage von rund 11 Millionen Exemplaren. Das ist eine gewaltige verlegerische Leistung. Das Verlagsprogramm umfaßt Gegenwarts- und historische Literatur der DDR und des Auslands, besonders der Sowjetunion und der anderen sozialistischen Länder, Lyrik, das Beste des kulturellen Erbes der ganzen Welt sowie populärwissenschaftliche Literatur. Seit 1951 gibt es den Verlag Junge Welt, der für Kinder und besonders Jugendliche Bücher, Zeitschriften und Bastelbogen veröffentlicht. Unter seinen 15 Zeitungen und Zeitschriften ist auch die Tageszeitung »Junge Welt«, das Organ des Zentralrates der Freien Deutschen Jugend, mit einer ausgezeichneten monatlichen Literaturbeilage in der dicken Freitagsausgabe.

Der schon 1946 gegründete Verlag Neues Leben, der Verlag der jungen Generation, bringt, vorwiegend für Jugendliche, ein breites Angebot von Romanen, Erzählungen und Abenteuerbüchern sowie Lyrik zeitgenössischer deutschsprachiger und ausländischer Autoren bis zum kulturellen Erbe heraus und verlegt Bücher, die die Allgemeinbildung der Jugend fördern. Als der älteste Kinderbuchverlag der DDR ist der Altberliner Verlag Lucie Groszer zu nennen, der seit seiner Gründung (1945) viele schöne und wertvolle Bücher herausgebracht hat. Ein besonderes Gesicht hat der Alfred Holz Verlag seinen Kinder- und Jugendbüchern aus aller Welt ebenfalls fast 30 Jahre lang (gegr. 1945) – gegeben. Er wird als »Edition Holz« im Kinderbuchverlag weitergeführt.

Alle die genannten Verlage und noch einige weitere, kleinere Kinderbuchverlage der DDR stellen – wie auch alle anderen Verlage – anläßlich der Leipziger Messe oder zu Beginn eines neuen Kalenderjahres, zusammenfassend bei Verlagsjubiläen, Prospekte mit Ankündigungen vorbereiteter oder neu erschienener Bücher zur Verfügung: Das sind die besten Informationen für junge Bücherfreunde. Viele Wege führen also zum Buch. Es ist für jeden nicht nur erreichbar, sondern es wird ihm sogar in vielfältiger Weise angeboten. Man braucht nur zuzugreifen.

Wer zum guten Buch greift, bereichert sich. Um zu zeigen, wie diese Schätze, die heute jedem zugänglich sind, entstanden sind, haben wir rund 5000 Jahre Buchgeschichte durchwandert. Dabei ist uns deutlich geworden, daß die Kunst, Bücher zu drucken, eine der bedeutendsten Erfindungen in der Geschichte der Menschheit gewesen ist. Während der mittelalterliche Schreiber mit viel Fleiß und Ausdauer stets nur an einem Buch arbeiten konnte, war es nun mit der neuen Drucktechnik möglich, viele Exemplare auf einmal herzustellen. Aber das ist nur die eine Seite, die technische, der Buchdruck-Erfindung. Die für die menschliche Gesellschaft gar nicht hoch genug zu bemessende Errungenschaft, die wir der Buchdruck-Erfindung zu verdanken haben, bestand darin, daß dadurch zwar nicht das scheinbar unerschütterliche Bildungsprivileg einer dünnen Oberschicht mit einem Male gebrochen worden war, wohl aber der Zugang zu Wissen und Bildung in Büchern freigelegt wurde. Es mußten noch die sozialen Voraussetzungen dafür geschaffen werden, daß jedermann diese Bildungsmöglichkeiten des Buches auch wirklich nutzen konnte. Und das ist erst jetzt – fast ein halbes Jahrtausend nach dieser großartigen Erfindung durch Johannes Gutenberg – Wirklichkeit geworden.

LITERATURHINWEISE

Eigene Informationsmittel

»Wir wollen anders aus dem Buch heraustreten, als wir in das Buch eingekehrt sind.« Johannes R. Becher meinte damit die verwandelnde und bereichernde Wirkung der Lektüre. Eine Voraussetzung dafür ist, daß wir auch alles verstehen, was der Autor uns bedeuten will. Dazu sollte der aufmerksame Leser einige Nachschlagewerke als persönliches Eigentum zu Hause haben. Ein Minimum, das nach persönlichen Interessen und Ausbildungsanforderungen nach und nach ausgebaut werden sollte, könnte bestehen aus:

Der Große Duden
Wörterbuch und Leitfaden der deutschen Rechtschreibung. 18. Neubearbeitung
Leipzig: VEB Bibliographisches Institut 1985.

Großes Fremdwörterbuch
4., durchgesehene Auflage.
Leipzig: VEB Bibliographisches Institut 1982.

Lexikon A bis Z in einem Band
4. Auflage
Leipzig: VEB Bibliographisches Institut 1983.

Meyers Jugendlexikon
9. Auflage.
Leipzig: VEB Bibliographisches Institut 1979.

Von Anton bis Zylinder
Das Lexikon für Kinder. 11. Auflage.
Berlin: Der Kinderbuchverlag 1985.

Die Erde
Haack Kleiner Atlas, 10., überarbeitete Auflage.
Gotha, Leipzig: VEB Hermann Haack 1983.

Weiterführende Literatur

Die Deutsche Demokratische Republik und ihre Bibliotheken
Ein informativer Überblick.
Berlin: Deutscher Bibliotheksverband 1969.

Wilhelm Eule, Schwarz auf Weiß
Leipzig: VEB Fachbuchverlag 1961.
(Neue Technik – leichtverständlich.)

Paul Fritzsche, Der Schriftsetzer.
Eine Berufskunde
Mit 202 Bildern und vielen Satzbeispielen. 3. Auflage.
Leipzig: VEB Fachbuchverlag 1968.

Fritz Funke, Buchkunde
Ein Überblick über die Geschichte des Buch- und Schriftwesens. 3. Auflage.
Leipzig: VEB Verlag für Buch- und Bibliothekswesen 1972.
(Lehrbücher für den Nachwuchs an wissenschaftlichen Bibliotheken. Bd. 3.)

Elisabeth Hering, Rätsel der Schrift
4. Auflage.
Leipzig: Prisma-Verlag 1969.

Albert Kapr, Buchgestaltung
Ein Fachbuch für Graphiker, Schriftsetzer, Drucker.
Dresden: VEB Verlag der Kunst 1963.

Albert Kapr, Johannes Gutenberg
Tatsachen und Thesen. (Insel-Bücherei. 1020.)
Leipzig: Insel-Verlag 1977.

Béla Kéki, 5000 Jahre Schrift
2. Auflage
Leipzig, Jena, Berlin: Urania-Verlag 1978.

Heinz Knobloch, Rund um das Buch
2. Auflage
Leipzig: Verlag für die Frau 1979.

Lehrbuch für Buchhändler
Leipzig: VEB Fachbuchverlag 1977.

Lexikon des Bibliothekswesens
2 Bände. 2. Auflage.
Leipzig: VEB Bibliographisches Institut 1974 bis 1975.

Lexikon der graphischen Technik
5. Auflage.
Leipzig: VEB Fachbuchverlag 1979.

Winfried Löschburg, Alte Bibliotheken
in Europa
Leipzig: Edition Leipzig 1974.

Hans Lülfing, Hans-Erich Teitge
Handschriften und alte Drucke. Kostbarkeiten
aus Bibliotheken der DDR.
Leipzig: Edition Leipzig 1981.

Willy Pohle und Erich Wagner,
Die Buchherstellung
Leipzig: VEB Fachbuchverlag 1970.

Wolfgang Schlieder, Papier. Traditionen
eines alten Handwerks
Leipzig: VEB Fachbuchverlag 1984.

Karl Schubarth-Engelschall, Die Bibliothek
und Du
Eine Einführung in die Benutzung der Bibliotheken und ihrer Literatur. 2. Auflage.
Leipzig: VEB Bibliographisches Institut 1972.

Sprache, Schrift, Buchwesen, Presse, Funk
Leipzig: VEB Verlag Enzyklopädie 1959.
(Kleine Enzyklopädie. Taschenbuchreihe.)

Bertram Winde, Information – Schlüssel
zum Wissen
Methoden und Probleme der wissenschaftlich-
technischen Information.
Leipzig, Jena, Berlin: Urania-Verlag 1972.

NAMEN- UND SACHREGISTER

FOTOVERZEICHNIS

ADN-Zentralbild, Berlin (15) · Akademie der Künste der DDR, Berlin (1) · Berliner Verlag, Berlin (37) · Bild und Heimat, Reichenbach (1) · Christen, Leipzig (1) · Deutsche Bücherei, Leipzig (2) · Deutsches Buch- und Schriftmuseum, Klemm-Sammlung (2) · Deutsche Fotothek, Dresden (4) · Deutsche Staatsbibliothek, Berlin (181) · Dietz Verlag Berlin (2) · Eckstein, Leipzig (5) · Fetzer, Berlin (42) · Frewel, Potsdam (80) · Garloff, Magdeburg (2) · Gerlich, Neuruppin (1) · Grafischer Großbetrieb Völkerfreundschaft, Dresden (1) · Gutenbergmuseum, Mainz (1) · Institut für Marxismus-Leninismus, Berlin (4) · H. F. Jütte-VOB Leipzig (1) · Kinderbuchverlag – Archiv, Berlin (24) · Krüger, Halle (1) · Krob, Černošice (2) · Kunze, Berlin (1) · Makusen, Tessin (1) · Müller, Leipzig (4) · Museum Carolino Augusteum, Salzburg (1) · Musée National de Prénisvoire des Eyzies, Frankreich (1) · Nagel, Berlin (1) · Nationalbibliothek, Florenz (2) · Pätzold, Berlin (1) · Penzold, Berlin (17) · Pinkert, Leipzig (3) · Redaktion »Wissenschaft und Fortschritt« (1) · Sächsische Landesbibliothek, Dresden (2) · Schloßmuseum Gotha (1) · Schröter, Leipzig (1) · Schulze, Berlin (1) · Schweizer Antiquariat, Bern (2) · Staatliche Leninbibliothek, Moskau (2) · Staatliche Museen zu Berlin, Kupferstichkabinett (1) · Staatsarchiv, Dresden (1) · Stark, Berlin (3) · Strobel, Leipzig (1) · Tschuschke, Berlin (1) · Universitätsbibliothek, Berlin (1) · Universitätsbibliothek, Göttingen (Kneidl) (1) · Universitätsbibliothek der Wilhelm-Pieck-Universität, Rostock (2) · VEB Papiermaschinenwerke, Freiberg (3) · VEB Polygraph, Leipzig (10) · VEB Zeitungsausschnittdienst Globus, Berlin (1) · Weibrecht, Leipzig (3) · Zumstein, Bern (1)

ISBN 3-358-00793-6

2., verbesserte Auflage 1986
© DER KINDERBUCHVERLAG BERLIN – DDR 1983
Redaktionelle Mitarbeit, Illustrationen
und Gestaltung: Hans-Joachim Walch
Lizenz-Nr. 304-270/405/86-(27,5)
Lichtsatz: INTERDRUCK Graphischer Großbetrieb Leipzig – III/18/97
Bleisatz der Zitate im Textteil:
Offizin Andersen Nexö, Leipzig
Reproduktion, Druck und buchbinderische Verarbeitung:
Grafischer Großbetrieb Sachsendruck Plauen
LSV 7830 · Für Leser von 13 Jahren an
Bestell-Nr. 631 468 9
03800

S. MARSCHAK
Das Katzenhaus

GULLIVERS REISEN

JONATHAN SWIFT

E.T.A. HOFFMANN

NUSSKNACKER UND MAUSEKÖNIG

Gianni Rodari
KOPF BLUMEN
7×7 Gedichte für Kinder

Eva Strittmatter
auf die Schaukel
Ich schwing mich

Gerhard Holtz-Baumert

Sieben
und dreimal sieben
Geschichten

GOTTHOLD GLOGER

Berliner Guck-kasten

Uwe Kant · Egbert Herfurth
Wie Janek eine Geschichte holen ging

GESCHICHTEN